Goebel

Optimierte Vollstreckung

AnwaltsPraxis

Optimierte Vollstreckung

mit den Formularen nach der Zwangsvollstreckungsformular-Verordnung (ZVFV)

---

2. Auflage

Von

Frank-Michael Goebel,

Vorsitzender Richter am Oberlandesgericht Koblenz

DeutscherAnwaltVerlag

Zitiervorschlag:
Goebel, Optimierte Vollstreckung, § 1 Rn 1

Hinweis
Die Ausführungen in diesem Werk wurden mit Sorgfalt und nach bestem Wissen erstellt. Sie stellen jedoch lediglich Arbeitshilfen und Anregungen für die Lösung typischer Fallgestaltungen dar. Die Eigenverantwortung für die Formulierung von Verträgen, Verfügungen und Schriftsätzen trägt der Benutzer. Herausgeber, Autoren und Verlag übernehmen keinerlei Haftung für die Richtigkeit und Vollständigkeit der in diesem Buch enthaltenen Ausführungen.

Anregungen und Kritik zu diesem Werk senden Sie bitte an
kontakt@anwaltverlag.de
Autor und Verlag freuen sich auf Ihre Rückmeldung.

Satz: PMGi – Agentur für intelligente Medien GmbH, Hamm
Druck: Hans Soldan Druck GmbH, Essen
Umschlaggestaltung: gentura, Holger Neumann, Bochum
ISBN 978-3-8240-1748-5

Bibliografische Information der Deutschen Nationalbibliothek
Die Deutsche Nationalbibliothek verzeichnet diese Publikation in der Deutschen Nationalbibliografie; detaillierte bibliografische Daten sind im Internet über http://dnb.d-nb.de abrufbar.

Vorwort

Die 1. und die 2. Änderungsverordnung zur Zwangsvollstreckungsformular-Verordnung sowie die ersten Erfahrungen aus der Praxis mit den seit dem 22.12.2022 einsetzbaren neuen Formularen ließen es als sinnvoll erscheinen, schon nach kurzer Zeit die zweite Auflage folgen zu lassen. Neben den Änderungen und Praxiserfahrungen steht im Fokus dieser deutlich erweiterten Neuauflage auch die Optimierung der Vollstreckungsaufträge. Das soll auch der leicht geänderte Titel des Werks ausdrücken.

Mehrere Millionen Vollstreckungsaufträge erreichen jedes Jahr die vier Vollstreckungsorgane, den Gerichtsvollzieher, das Vollstreckungsgericht, das Prozessgericht und das Grundbuchamt. Schon die schiere Zahl begründet, warum Standardisierung und Automatisierung und damit die Nutzung der Möglichkeiten der Digitalisierung zwingend sind. Dies gilt nicht nur für die antragstellenden Gläubiger und ihre Bevollmächtigten, sondern auch für die weiterverarbeitende Justiz und viele Drittschuldner und sonstige Vollstreckungsbeteiligte als Adressaten. Im Zentrum solcher Notwendigkeiten steht die Software als Ausgangspunkt für die Erstellung eines Antrags, dessen Bearbeitung und Weiterverarbeitung sowie die spätere Ergänzung und Korrektur von Anträgen und Beschlüssen neben der Verwaltung des Vollstreckungsvorgangs. Aufgrund der Vielzahl der beteiligten Akteure, natürlich zuerst den Gläubigern und den Schuldnern sowie den Vollstreckungsorganen, aber auch einer Vielzahl von Rechtsdienstleistern in Form von Rechtsanwälten und Inkassodienstleistern und natürlich der breiten Zahl an Drittschuldnern sind aber nicht nur eine operative Software, sondern auch die Verbindung dieser Systeme, die technischen und nichttechnischen Schnittstellen in den Blick zu nehmen. Genau hier kommt Formularen und strukturierten Daten eine hoffentlich verbindende, aktuell aber auch noch teilweise trennende Schlüsselfunktionen zu.

In diesem Kontext beschreibt die seit dem 22.12.2022 gültige und – nach der 1. Änderungsverordnung zur Zwangsvollstreckungsformular-Verordnung – seit dem 1.9.2024 endgültig verbindliche Zwangsvollstreckungsformular-Verordnung – in Ablösung der Testphase mit der ZVFV 2012 und der GVFV 2015 – die fortzuschreibende Zukunft, vernetzt mit den gleichermaßen fortschreitenden Maßnahmen des elektronischen Rechtsverkehrs. Das erschien dem Autor der richtige Zeitpunkt, um sich neben den AnwaltFormularen Zwangsvollstreckung in einem eigenen Buch sowohl den formellen als auch inhaltlichen Anforderungen der Formulare nach der ZVFV zu widmen. Ziel ist es, die Praxis der Vollstreckung in ihren Möglichkeiten mit den Formularen in jeder Form, auch strukturierten Daten, abzubilden. Zugleich soll gezeigt werden, wo noch Problemlagen in der Anwendung verbleiben und wie diese pragmatisch und eingebettet in die sonstigen Grundsätze des Vollstreckungsrechts gelöst werden können. Dabei mögen auch Impulse für die

Fortentwicklung der Formulare und deren Ausweitung auf andere Fallgestaltungen und Zusatzanträge gelingen, die Gesetzgeber und Verordnungsgeber aufgreifen mögen. Stand in der ersten Auflage des Werks die technische und fachliche Implementierung sowie der Umgang mit den neuen Formularen im Fokus, bringt die zweite Auflage dazu vielfache Hinweise für die fachliche Optimierung. In diesem Sinne soll das Werk unmittelbares Arbeitsbuch sein, das man täglich zur Hand nehmen kann. Dem dient auch das deutlich erweiterte Stichwortverzeichnis.

Sind die Rechtsgrundlagen für verbindliche Formulare noch gering ausgeprägt, spricht doch vieles dafür, weitere optionale Formulare zu entwickeln. Dies empfiehlt sich für die isolierten Zusatzanträge in der Zwangsvollstreckung (etwa §§ 850c Abs. 6, 850d, 850e, 850f Abs. 2 ZPO) oder auch Rechtsmittelschriften im formellen Vollstreckungsrecht (§§ 766, 793 ZPO) mit identischen inhaltlichen Anforderungen bei der Bezeichnung von Gläubigern, Schuldnern und Vollstreckungstiteln (Module A bis C), der Notwendigkeit, den aktuellen Forderungsstand aufzuzeigen (Anlagen 6 bis 8 ZVFV), aber auch bei der Entwicklung weiterer freier Module unter Verwendung der mit der ZVFV bereits geschaffenen Texte und Texteingabefelder, die dann in der automatisierten und strukturierten Weiterverarbeitung Erleichterung verschaffen.

Das Werk war in diesem Sinne von Anfang an auf Fortsetzung, Fortschreibung und Vertiefung angelegt und nimmt in dieser Folgeauflage Rechtsprechung und Praxis auf. Lebte die erste Auflage insoweit vor allem von den Erfahrungen aus der Praxis mit den alten Formularen und die dazu ergangene Rechtsprechung sowie die Diskussionen um den Referentenentwurf und die endgültige Fassung der Formulare, die der Autor mit dem Verordnungsgeber, Softwareentwicklern und vor allem Anwendern aus der Praxis mit unterschiedlichen Sichtweisen führen konnte, sind in die zweite Auflage schon vielfältige Erfahrungen mit den aktuellen Formularen eingeflossen. Dabei stand an erster Stelle, nicht nur Probleme zu beschreiben, sondern auch taugliche Lösungen dazu vorzuschlagen. Autor und Verlag danken weiterhin für Fragen, für Hinweise auf Praxisprobleme, Monierungen und gerichtliche Entscheidungen, die häufig nicht veröffentlicht werden. Schreiben Sie uns!

Aus Gründen der besseren Lesbarkeit und Verständlichkeit einer ohnehin komplexen Fragestellung wurde auf die gleichzeitige Verwendung der Sprachform männlich, weiblich und divers sowie auf ein Gendern verzichtet. Sehr bewusst wurde dabei teilweise die männliche, teilweise die weibliche – soweit wie möglich eine neutrale – Sprachform gewählt. Sämtliche Personenbezeichnungen gelten vielmehr gleichermaßen für alle Geschlechter.

Ich habe vielfach zu danken. Ohne die vielen Menschen um mich herum, die mich tagtäglich unterstützen, auch ohne die Diskussionen um Fach- und Organisationsfragen, ist es nicht möglich, ein solches Buch in so kurzer Zeit vorzulegen. So danke ich ganz besonders *Claudia Wagener-Neef* für den erneuten fachlichen Austausch und intensive Diskussionen, die es mir ermöglicht haben, viele Praxiskonstellationen zu sehen und zu berücksichtigen. Ihr fachlicher und – aus Sicht einer von Beginn an den elektronischen Rechtsverkehr und die elektronische Akte nutzenden Anwenderin – technischer Input kann in diesem Werk nicht hinweg gedacht werden. Ich danke *Florian Goebel*, *Lea Meckel und Annika Alt* für die organisatorische Unterstützung und dem Deutschen Anwaltverlag, insbesondere *Stefanie Lörsch*, *Andrea Albers*, *Thorsten Thierbach* und natürlich meinem Verleger *Uwe Hagemann*, der immer wieder an meine Projekte glaubt, für die Geduld mit einem schwierigen Autor. Ich danke dem Bundesministerium der Justiz für die freundliche Aufnahme und Berücksichtigung der Stellungnahme[1] des Autors dieses Werks zum Referentenentwurf der ZVFV.[2] Nicht zuletzt gilt der Dank den Teilnehmerinnen und Teilnehmern meiner Seminare[3] und den Leserinnen und Lesern meiner Veröffentlichungen, also **Ihnen**, für die vielen Fragen, Hinweise und Diskussionen, die für mich so bereichernd sind.

Rhens, im August 2024

Frank-Michael Goebel

fmg@fm-goebel.de

1 https://www.bmj.de/SharedDocs/Gesetzgebungsverfahren/DE/2023_ZVFV-weitere-AendVO.html.

2 www.bmj.de/SharedDocs/Downloads/DE/Gesetzgebung/RefE/RefE_VO_Aenderung_Zwangsvollstreckung.pdf?__blob=publicationFile&v=3.

3 Beispielhaft www.jsr-expertenwissen.de oder https://www.anwaltspraxis-wissen.de/fovo-sprechstunde.

Der Autor

Frank-Michael Goebel ist Vorsitzender Richter am Oberlandesgericht in Koblenz und dort u.a. Vorsitzender des Kostensenats. Er ist Herausgeber und Autor zahlreicher Veröffentlichungen zum Zivilprozessrecht (u.a. Anwaltformulare Zivilprozessrecht, Die Praxis des Beschwerderechts), zum Zwangsvollstreckungsrecht (Anwaltformulare Zwangsvollstreckungsrecht, Reform der Sachaufklärung, Kontopfändung unter veränderten Rahmenbedingungen) und zum Kostenrecht (Praxisleitfaden Inkassodienstleistung und Inkassokosten, Anwaltsgebühren im Forderungseinzug) und ständiger Mitarbeiter der Fachzeitschrift *Forderung und Vollstreckung* und des Informationsdienstes *Forderungsmanagement professionell.* Er ist als erfahrener Referent auf vielen Kongressen, Seminarveranstaltungen, Inhouse-Seminaren und Workshops bekannt. Er begleitet die Funktionen des Lehrgangsleiters, Dozenten und Prüfungsvorsitzenden im Sachkundelehrgang nach dem Rechtsdienstleistungsgesetz für Inkassodienstleistungen. Seit mehr als 30 Jahren ist er in der Forderungseinziehung und hier vor allem mit den Problemen der täglichen Praxis, befasst.

Das Thema

Der Einsatz von Formularen in der täglichen Praxis der Zwangsvollstreckung ist dynamisch. Die hinter den Vollstreckungsorganen stehenden Menschen haben unterschiedliche Ansichten zu den Anforderungen und zum Verständnis der (ausgefüllten) Formulare. Das drückt sich manchmal, aber auch nicht immer in Gerichtsentscheidungen aus. Diese Dynamik aufzuarbeiten, Antworten auf Monierungen zu finden und als Arbeitshilfen zu formulieren sowie insgesamt Chancen der weiteren Optimierung aus Rechtsprechung und Gesetzgebung abzuleiten, hat sich die ***Zeitschrift Forderung & Vollstreckung*** mit *Frank-Michael Goebel* und *Claudia Wagener-Neef* als Herausgeber zur Aufgabe gesetzt. Ergänzungen und Fortführungen zu den Ausführungen im Buch werden Sie dort finden. Manchmal tut aber auch der persönliche Austausch zu diesen Themen gut. Das leistet die ***FoVo-Sprechstunde*** (https://www.anwaltspraxis-wissen.de/fovo-sprechstunde). Hier diskutiert unser Autor mit Ihnen praktische Fälle aus der Rechtsprechung, Probleme in der Zwangsvollstreckung und vor allem die Lösungen dazu sowie die Möglichkeiten der Informationsbeschaffung und der Optimierung der Vollstreckung in allen Facetten. Buch, Zeitschrift und Sprechstunde legen Grundlagen, begleiten Sie durch den Vollstreckungsalltag und geben Ihnen ein Forum.

Inhaltsverzeichnis

Abkürzungsverzeichnis

a.A.	anderer Ansicht
a.a.O.	am angegebenen Ort
a.E.	am Ende
ÄndVO	Änderungsverordnung
a.F.	alte Fassung
a.M.	anderer Meinung
Abs.	Absatz
abw.	abweichend
AG	Aktiengesellschaft; Amtsgericht
AGB	Allgemeine Geschäftsbedingungen
AGMV	Automatisiertes gerichtliches Mahnverfahren
AGS	Anwaltsgebühren Spezial
ALB	Allgemeine Lebensversicherungsbedingungen, Musterbedingungen für die Großlebensversicherung
allg.	allgemein
allg.M.	allgemeine Meinung
Alt.	Alternative
AnfG	Anfechtungsgesetz
Anh.	Anhang
Anm.	Anmerkung
AnwBl	Anwaltsblatt
AO	Abgabenordnung
ArbG	Arbeitsgericht
ArbGG	Arbeitsgerichtsgesetz
Art.	Artikel
Aufl.	Auflage
Az	Aktenzeichen
B2B	Business to Business
BAGE	Entscheidungen des Bundesarbeitsgerichts
BAnz	Bundesanzeiger
BayObLGZ	Entscheidungen des Bayerischen Obersten Landesgerichts in Zivilsachen
BB	Betriebs-Berater
Bd.	Band
BDIU e.V.	Bundesverband Deutscher Inkassounternehmen e.V.
BeurkG	Beurkundungsgesetz
BFH	Bundesfinanzhof
BFHE	Entscheidungen des Bundesfinanzhofs
BGB	Bürgerliches Gesetzbuch

BGBl I; II; III	Bundesgesetzblatt – Teil I; Teil II; Teil III
BGH	Bundesgerichtshof
BGHR	BGH-Rechtsprechung
BGHZ	Entscheidungen des Bundesgerichtshofs in Zivilsachen
Bl.	Blatt
BMF	Bundesministerium für Finanzen
BMG	Bundesmeldegesetz
BMJ	Bundesministerium der Justiz
BPatG	Bundespatentgesetz
BRAK-Mitt	Bundesrechtsanwaltskammer-Mitteilungen
BR-Drucks	Bundesrats-Drucksache
BSGE	Amtliche Sammlung der Entscheidungen des Bundessozialgerichts
bspw.	beispielsweise
BT-Drucks	Bundestags-Drucksache
BUrlG	Bundesurlaubsgesetz
BVerfG	Bundesverfassungsgericht
BVerfGE	Entscheidungen des Bundesverfassungsgerichts
BVerwGE	Entscheidungen des Bundesverwaltungsgerichts
bzgl.	bezüglich
bzw.	beziehungsweise
ca.	circa
d.h.	das heißt
DB	Der Betrieb
ders.	derselbe
DGVZ	Deutsche Gerichtsvollzieherzeitung
DRiZ	Deutsche Richterzeitung
Drucks	Drucksache
e.V.	eidesstattliche Versicherung
Einf.	Einführung
EMA	Einwohnermeldeamtsanfrage
Entw.	Entwurf
ERV	Elektronischer Rechtsverkehr
EStG	Einkommensteuergesetz
etc.	et cetera
EUR	Euro
evtl.	eventuell
f., ff.	folgende; fortfolgende
FamFG	Gesetz über das Verfahren in Familiensachen und in den Angelegenheiten der freiwilligen Gerichtsbarkeit
FamRZ	Zeitschrift für das gesamte Familienrecht

FMP	Forderungsmanagement professionell
Fn	Fußnote
FoVo	Forderung und Vollstreckung
GbR	Gesellschaft des bürgerlichen Rechts
gem.	gemäß
GemSOBG	Gemeinsamer Senat der obersten Gerichtshöfe des Bundes
GeschGehG	Gesetz zum Schutz von Geschäftsgeheimnissen
GewO	Gewerbeordnung
GG	Grundgesetz
ggf.	gegebenenfalls
GKG	Gerichtskostengesetz
Gl.	Gläubiger
GmbH	Gesellschaft mit beschränkter Haftung
GmbH i. Gr.	GmbH in Gründung
GmbHG	Gesetz betreffend die Gesellschaften mit beschränkter Haftung
GmbHR	GmbH-Rundschau
GoA	Geschäftsführung ohne Auftrag
GVFV	Gerichtsvollzieherformular-Verordnung
GVGA	Gerichtsvollziehergeschäftsanweisung
GvKostG	Gerichtsvollzieherkostengesetz
GVO	Gerichtsvollzieherordnung
h.L.	herrschende Lehre
h.M.	herrschende Meinung
HReg	Handelsregister
Hrsg.	Herausgeber
hrsg.	herausgegeben
Hs.	Halbsatz
i.A.	im Auftrag
i.d.F.	in der Fassung
i.d.R.	in der Regel
i.d.S.	in diesem Sinne
i.E.	im Ergebnis
i.H.v.	in Höhe von
i.S.d.	im Sinne des
i.S.v.	im Sinne von
i.Ü.	im Übrigen
i.V.m.	in Verbindung mit
IHK	Industrie- und Handelskammer
IDL	Inkassodienstleister
inkl.	inklusive
insb.	insbesondere

insg.	insgesamt
Jg.	Jahrgang
JurBüro	Juristisches Büro
JVEG	Justizvergütungs- und -entschädigungsgesetz
Kap.	Kapitel
Kfz	Kraftfahrzeug
KG	Kommanditgesellschaft; Kammergericht
KV	Kostenverzeichnis
lfd.	laufend
LG	Landgericht
Lit.	Literatur
LPartG	Lebenspartnerschaftsgesetz
m.E.	meines Erachtens
m.w.H.	mit weiteren Hinweisen
m.w.N.	mit weiteren Nachweisen
MDR	Monatsschrift für Deutsches Recht
mind.	mindestens
MK	Mietrecht kompakt
MüKo	Münchener Kommentar
MwSt	Mehrwertsteuer
n.v.	nicht veröffentlicht
NJW	Neue Juristische Wochenschrift
NJW-RR	NJW-Rechtsprechungsreport
Nr.	Nummer
NStZ	Neue Zeitschrift für Strafrecht
NVersZ	Neue Zeitschrift für Versicherung und Recht
NVwZ	Neue Zeitschrift für Verwaltungsrecht
NWB	Neue Wirtschaftsbriefe
NZA	Neue Zeitschrift für Arbeitsrecht
NZI	Neue Zeitschrift für Insolvenzrecht
NZM	Neue Zeitschrift für Miet- und Wohnungsrecht
o.g.	oben genannt
OHG	Offene Handelsgesellschaft
OLG	Oberlandesgericht
OLGE	Entscheidungssammlung der Oberlandesgerichte
OLGR	OLG Report
OLGZ	Entscheidungen der Oberlandesgerichte in Zivilsachen
PatG	Patentgesetz
PfÜB	Pfändungs- und Überweisungsbeschluss
PKH	Prozesskostenhilfe
PKHFV	Prozesskostenhilfeformularverordnung

Pkw	Personenkraftwagen
pp.	perge perge (fahre fort)
PStG	Personenstandsgesetz
RA	Rechtsanwalt
RAin	Rechtsanwältin
RBeistand	Rechtsbeistand
RDG	Rechtsdienstleistungsgesetz
RDGEG	Einführungsgesetz zum Rechtsdienstleistungsgesetz
RG	Reichsgericht
RGBl	Reichsgesetzblatt
RGZ	Entscheidungen des RG in Zivilsachen
Rn	Randnummer
RPfl.	Rechtspfleger
Rpfleger	Der Deutsche Rechtspfleger
RPflG	Rechtspflegergesetz
RpflJb	Rechtspfleger-Jahrbuch
RpflStud	Rechtspfleger-Studienhefte
RR	Rechtsprechungsreport
Rspr.	Rechtsprechung
RVG	Rechtsanwaltsvergütungsgesetz
S.	Satz; Seite
s.	siehe
s.a.	siehe auch
s.o.	siehe oben
s.u.	siehe unten
SGB I	Erstes Buch Sozialgesetzbuch
SGB II	Zweites Buch Sozialgesetzbuch
SGB VI	Sechstes Buch Sozialgesetzbuch
SGB XII	Zwölftes Buch Sozialgesetzbuch
SKL	Sachkundelehrgang
sog.	sogenannte (r/s)
st.Rspr.	ständige Rechtsprechung
StA	Staatsanwaltschaft
StB	Der Steuerberater
str.	streitig
StVG	Straßenverkehrsgesetz
u.a.	unter anderem; und andere
u.E.	unseres Erachtens
u.U.	unter Umständen
UhVorschG	Unterhaltsvorschussgesetz
umstr.	umstritten

unstr.	unstreitig
UrhG	Urheberrechtsgesetz
urspr.	ursprünglich
Urt.	Urteil
USt.	Umsatzsteuer
usw.	und so weiter
v.g.	vorgenannt
v.H.	vom Hundert
VE	Vollstreckung effektiv
Verf.	Verfassung; Verfasser
VersR	Versicherungsrecht
Verz.	Verzeichnis
vgl.	vergleiche
VKH	Verfahrenskostenhilfe
VuR	Zeitschrift für Wirtschafts- und Verbraucherrecht
VV	Vergütungsverzeichnis
VV RVG	Vergütungsverzeichnis zum Rechtsanwaltsvergütungsgesetz
VVG	Versicherungsvertragsgesetz
VVInK	Gesetz zur Verbesserung des Verbraucherschutzes im Inkassorecht
WEG	Wohnungseigentumsgesetz
WM	Zeitschrift für Wirtschafts- und Bankrecht
WoGG	Wohngeldgesetz
z.B.	zum Beispiel
z.T.	zum Teil
ZAP	Zeitschrift für die Anwaltspraxis
Ziff.	Ziffer
ZIP	Zeitschrift für Wirtschaftsrecht und Insolvenzpraxis
zit.	zitiert
ZMR	Zeitschrift für Miet- und Raumrecht
ZPO	Zivilprozessordnung
ZVFV	Zwangsvollstreckungsformular-Verordnung
ZVI	Zeitschrift für Verbraucher-Insolvenzrecht
zzgl.	zuzüglich
ZZP	Zeitschrift für Zivilprozess

§ 1 Einleitung und Genesis der ZVFV

A. Aus zwei mach eins: Von ZVFV und GVFV zur neuen ZVFV

Wie schon der etwas sperrige Wortlaut der „Verordnung zur Ablösung der Zwangsvollstreckungsformular-Verordnung und zur Änderung der Beratungshilfeformularverordnung und der Verbraucherinsolvenzformularverordnung sowie zur Aufhebung der Gerichtsvollzieherformular-Verordnung“ begründet, wurden zum 22.12.2022 zunächst die Zwangsvollstreckungsformular-Verordnung des Jahres 2012[1] und die Gerichtsvollzieherformular-Verordnung des Jahres 2015[2] aufgehoben, um dann eine neu konzipierte und umfassende und einheitliche Zwangsvollstreckungsformular-Verordnung (ZVFV) einzuführen. 1

Inzwischen wurde mit der Verordnung zur Änderung der Zwangsvollstreckungsformular-Verordnung vom 24.11.2023[3] (nachfolgend 1. ÄndVO ZVFV) der Termin zur Verbindlichkeit der Formulare vom 1.12.2023 auf den 1.9.2024 verschoben. Mit der Zweiten Verordnung zur Änderung der Zwangsvollstreckungsformularverordnung[4] wurden im Layout neue Formulare mit einer überschaubaren Zahl von Änderungen eingeführt (nachfolgend 2. ÄndVO ZVFV). Diese Formulare dürfen ab dem 1.9.2024 und müssen ab dem 1.10.2025 genutzt werden.

> *Hinweis*
>
> Soweit nicht anders vermerkt spricht dieser Praxisleitfaden in seiner 2. Auflage von den Formularen nach der ZVFV vom 16.12.2022 von den verbindlichen „aktuellen Formularen“ und von den Formularen nach der 2. ÄndVO ZVFV vom 24.11.2024, die erst ab dem 1.10.2025 verbindlich sind, von den „neuen Formularen“.

Die Namensgleichheit der Zwangsvollstreckungsformular-Verordnung der Jahre 2012 und 2022 darf nicht darüber hinwegtäuschen, dass eine weitgehend neue Regelung, teilweise als Symbiose der bisherigen Bestimmungen und Formulare, geschaffen wurde, die selbstständig zu betrachten ist. Auch ist zu sehen, dass es keinen ablösenden, sondern einen überlappenden Übergang gab. Die neue ZVFV wurde am 21.12.2022 im Bundesgesetzblatt verkündet[5] und gilt seit dem 22.12.2022. Seit diesem Tag dürfen die aktuellen Formulare verwandt werden, Art. 4 Abs. 1 ZVFV. Gleichzeitig können die „alten“ Formulare nach der ZVFV 2012 und der GVFV 2015 nach Maßgabe des § 6 ZVFV 2022 noch – nach der 2

1 BGBl I, 1822, i.d.F. vom 16.6.2014, BGBl I 2014, 754.

2 BGBl I 2015, 1586, i.d.F. vom 21.11.2016, BGBl I 2016, 2591.

3 BGBl v. 29.11.2023, Nr. 320, 1–2.

4 BGBl v. 21.6.2024, Nr. 203, 1–42.

5 BGBl I 2022, 2368.

1. ÄndVO ZVFV – bis zum 31.8.2024 genutzt werden. Mit dem 1.9.2024 dürfen die Formulare nach der ZVFV 2012 und der GVFV 2015 nicht mehr verwandt werden. Der Antrag mit diesen Formularen ist seit dem 1.9.2024 formunwirksam.

> *Hinweis*
>
> § 6 ZVFV stellt auf den jeweiligen Antrag ab. Der dem Formularzwang unterliegende Vollstreckungsauftrag muss also bis zum 30.8.2024 bei dem Vollstreckungsorgan eingegangen sein, wobei der Eingang bei der Gerichtsvollzieherverteilerstelle genügt. Unerheblich bleibt dagegen einerseits, wann der Auftrag versandt wurde, andererseits wie lange der Auftrag andauert. Monierungen oder mögliche Adressermittlungen sowie darauf fußende Abgaben an ein anderes Vollstreckungsorgan haben mithin keinen Einfluss auf die weiter formell wirksame Antragstellung. Erst eine ausdrückliche, konkludente oder fingierte[6] Antragsrücknahme würde dazu führen, dass eine neue Antragssituation entsteht. Wird also ein am 31.8.2024 gestellter Antrag mit den alten Formularen moniert und ggf. erst im Januar 2025 geändert und – mit den alten Formularen innerhalb des bisherigen Auftrags – neu eingereicht, ist er formwirksam gestellt.

B. Zielsetzung des Verordnungsgebers

3 Das Formular für den Auftrag an Gerichtsvollzieher zur Zwangsvollstreckung von Geldforderungen nach der GVFV 2015 und die Formulare für den Antrag auf Erlass einer richterlichen Durchsuchungsanordnung und auf Erlass eines Pfändungs- oder Pfändungs- und Überweisungsbeschlusses nach der ZVFV 2012 mussten aufgrund einer Vielzahl von gesetzlichen Änderungen seit 2012 bzw. 2015 an geänderte Rechtsvorschriften angepasst werden.

Sämtliche Formulare für die Zwangsvollstreckung werden an die Änderungen bei Vollmachten in den §§ 79 und 753a der Zivilprozessordnung (ZPO) durch das Gesetz zur Verbesserung des Verbraucherschutzes im Inkassorecht und zur Änderung weiterer Vorschriften vom 22.12.2020 (BGBl I, 3320) angepasst, das am 1.1.2021 in Kraft getreten ist. Berücksichtigt wird auch die in den §§ 130d, 753 Abs. 5 ZPO geregelte Pflicht, Anträge bzw. Aufträge elektronisch einzureichen, die durch das Gesetz zur Einführung der elektronischen Akte in der Justiz und zur weiteren Förderung des elektronischen Rechtsverkehrs vom 5.7.2017 (BGBl I, 2208) eingeführt wurde, das insoweit am 1.1.2022 in Kraft getreten ist. In den Formularen für den Antrag auf Erlass eines Pfändungs- oder Pfändungs- und Überweisungsbeschlusses wird zudem die Änderung des § 850c ZPO zum Pfändungsschutzkonto (kurz: P-Konto) durch das Pfändungsschutzkonto-Fortentwicklungsgesetz vom 22.11.2020 (BGBl I, 2466) berücksichtigt, die gem. Art. 7 Abs. 4 des Gesetzes zur Verbesserung

6 § 32 Abs. 1 S. 2 GVGA.

des Schutzes von Gerichtsvollziehern vor Gewalt und zur Änderungen weiterer zwangsvollstreckungsrechtlicher Vorschriften und zur Änderung des Infektionsschutzgesetzes vom 7.5.2021 (BGBl I, 850) am 8.5.2021 in Kraft getreten ist. In den Formularen für die Forderungsaufstellungen wird darüber hinaus die Neuregelung der Erstattungsfähigkeit der Kosten von Inkassodienstleistern in § 13e RDG durch das Gesetz zur Förderung verbrauchergerechter Angebote im Rechtsdienstleistungsmarkt vom 10.8.2021 (BGBl I, 3415) berücksichtigt, das zum 1.10.2021 in Kraft getreten ist.

Das Formular für Aufträge an Gerichtsvollzieher zur Zwangsvollstreckung von Geldforderungen wird an die genannten Vorschriften sowie außerdem an die geänderten Befugnisse von Gerichtsvollziehern und geänderte Regelungen zur Pfändbarkeit und Informationsermittlung in den §§ 755, 757a, 802d und 802l ZPO angepasst. Diese Vorschriften wurden durch das Gesetz vom 7.5.2021 geändert, das insoweit zum 1.12.2021 (§ 802l ZPO) bzw. ebenfalls zum 1.1.2022 in Kraft getreten ist. Noch keine Berücksichtigung hat das am 19.07.2024 in Kraft getretene *Gesetz zur Förderung des Einsatzes von Videokonferenztechnik in der Zivilgerichtsbarkeit und den Fachgerichtsbarkeiten*[7] mit der Änderung von § 802f ZPO.

Zugleich wurde die Rechtsprechung zu pfändbaren Ansprüchen dem Grunde und der Höhe nach berücksichtigt und in den Formulierungen etwa der pfändbaren Ansprüche eingearbeitet.

Ziel des Verordnungsgebers ist es darüber hinaus, die Formulare weitestgehend einheitlich und benutzerfreundlicher zu gestalten sowie die Texteingabefelder mit Blick auf die digitale Einreichung im Rahmen des elektronischen Rechtsverkehrs zu optimieren. Zudem erhalten die Formulare, soweit aus Sicht des Verordnungsgebers möglich, ein einheitliches Layout. Dieses wurde mit der 2. ÄndVO ZVFV noch einmal geändert. Es wurden verschiedene Eingabefelder vergrößert, das Layout (vermeintlich) im Hinblick auf die Lesbarkeit nach dem Scannen verbessert und vor allem auf die grauen Hintergründe bei den Modulbezeichnungen verzichtet und diese durch Rahmenlinien oben, links und unten ersetzt. 4

7 BGBl I 2024, Nr. 237.

Alt

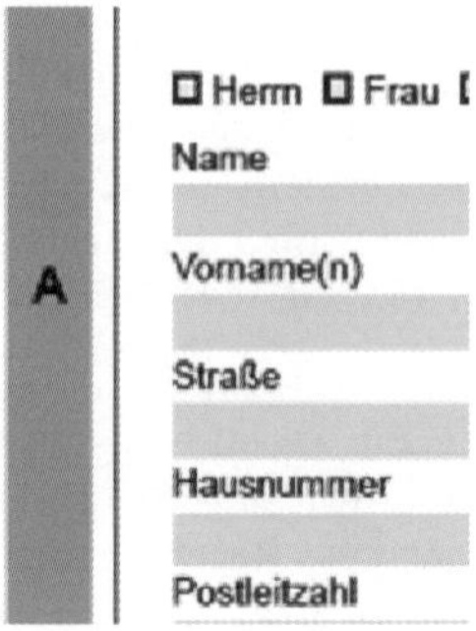

A

☐ Herrn ☐ Frau [

Name

Vorname(n)

Straße

Hausnummer

Postleitzahl

Neu

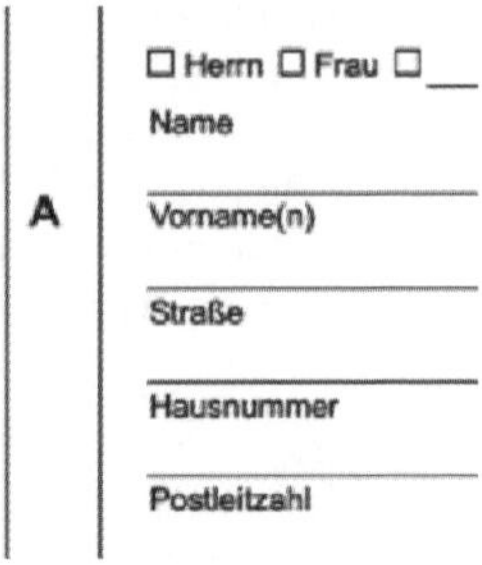

A

☐ Herrn ☐ Frau ☐___

Name

Vorname(n)

Straße

Hausnummer

Postleitzahl

Die Nutzung der Formulare soll flexibilisiert werden, indem einzelne Formularbestandteile mehrfach genutzt oder weggelassen werden können. Die grundlegende Überarbeitung der Formulare sollte dazu führen, dass diese ausdifferenzierter sind, zusätzliche Auftrags- und Antragsmöglichkeiten enthalten und die Eingabefelder und Kontrollkästchen eindeutiger bezeichnet werden. Hierdurch werde das Ausfüllen erleichtert. Dies ist im Rahmen eines Vollstreckungsstandards jedenfalls besser gelungen als bei den Formularen nach der ZVFV 2012 und der GVFV 2015. Leider wurde es dabei versäumt, Vollstreckungsoptimierungen und -varianten in den Blick zu nehmen. So sind etwa zu Beginn des Vollstreckungsauftrags an den Gerichtsvollzieher erste Angaben zum Schuldner und dessen Wohnsitz zu machen, um – vermeintlich – die örtliche Zuständigkeit des Gerichtsvollziehers zu bestimmen. Dabei wird verkannt, dass bei der Sachpfändung nicht der Gerichtsvollzieher zuständig ist, an dem der Schuldner wohnt, sondern der Gerichtsvollzieher an dem Ort, an dem sich zugriffsfähiges Vermögen des Schuldners in Form körperlicher Sachen befindet. Das kann auch am Arbeitsplatz der Fall sein (Auto, Handy, Bargeld etc.) oder auch in der anderweitigen Wohnung eines Lebensgefährten oder einer Lebensgefährtin. Leider wurde es insbesondere mit der 2. ÄndVO ZVFV versäumt, weitere Optimierungen vorzunehmen.

> *Hinweis*
>
> Allerdings ist davon auszugehen, dass es vor der Verbindlichkeit der Formulare nach der 2. ÄndVO ZVFV zu einer weiteren Änderung kommen wird, da die neuen Formulare den Entwurf des *Gesetzes zur weiteren Digitalisierung der Zwangsvollstreckung* oder auch das am 19.7.2024 in Kraft getretene *Gesetz zur Förderung des Einsatzes von Videokonferenztechnik in der Zivilgerichtsbarkeit und den Fachgerichtsbarkeiten* noch nicht berücksichtigt.

Des Weiteren werden Texteingabefelder gegenüber der GVFV 2015 und der ZVFV 2012 konkreter bezeichnet, um die Übertragung in elektronische Datensätze und mithin die Digitalisierung und den elektronischen Rechtsverkehr zu erleichtern.

Die letztgenannten Ziele werden allerdings nur teilweise erreicht. Die Gestaltung in Modulen und die – leider nur teilweise – Gleichförmigkeit dieser Module über die Formulare hinweg ist zu begrüßen. Dies gilt auch für die Möglichkeit, mehrere Gläubiger, Schuldner, Drittschuldner und Vollstreckungstitel aufzuführen und diese in Beziehung zueinanderzusetzen. Leider wurde es versäumt, gerade in den Modulen A (zum Gläubiger) und B (zum Schuldner) weitere freie Eingabemöglichkeiten zu schaffen oder weitere Identifizierungsmerkmale – gerade im Hinblick auf den Schuldner – wie Aliasnamen, das Geburtsdatum, den Geburtsort oder frühere Adressen aufzunehmen. Nur für das Geburtsdatum und den Geburtsort wird dies durch die ab dem 1.9.2024 einsetzbaren Formulare nach der 2. ÄndVO ZVFV nachgeholt. Das hindert allerdings die Eintragung notwendiger Daten in die aktuellen Formulare nicht, wie dieses Werk zeigt. Auch wurde es leider versäumt, aktiv auf die Softwarebranche – jedenfalls für die professionellen Rechtsdienstleister – zuzugehen und mit diesen Standards abzustimmen. Dies gilt insbesondere für die Gestaltung der Forderungsaufstellungen, die ein deutliches Ärgernis bleiben werden und einer weiteren Automatisierung der Datenübernahme zwar nicht abschließend im Wege stehen werden, aber dies mit einem unnötig hohen Aufwand verbinden. Die Hoffnung, dass es zeitnah zur zwingenden Nutzung der Formulare ab dem 1.12.2023 und dann dem 1.9.2024 (1. ÄndVO) zu einem Erfahrungsaustausch mit der Breite der Praxis kommt, der in eine Fortentwicklung der Formulare der Zwangsvollstreckungsformular-Verordnung im Hinblick auf den vollständigen elektronischen Rechtsverkehr zum 1.1.2026 einfließt, hat sich leider zerschlagen. Die Option, weitere Standardanträge als zwingende Formulare einzufügen und dafür eine Rechtsgrundlage zu schaffen, wurde bisher vom Gesetzgeber (noch) nicht genutzt. In der 20. Legislaturperiode ist dies wohl auch nicht mehr zu erwarten. Die Ankündigung des Bundesministeriums der Justiz, die Erfahrungen mit der Nutzung der Formulare fortwährend im Hinblick auf weiteren Änderungsbedarf zu prüfen, sodass es einer festen Evaluierungsfrist nicht bedürfe,[8] hat in der Praxis nicht gefruchtet. Die bisher vorgenommenen Änderungen stifteten und stiften weiter Unsicherheit und sorgen dafür, dass die Formulare nicht auf breiter Front frühzeitig eingesetzt wurden. 5

Der Verordnungsgeber ist der Auffassung, dass die neue Struktur der Formulare dazu führt, dass der Aufwand zum Ausfüllen um zehn Minuten je Formular verringert werden kann.[9] Hieraus will er über alle Vollstreckungsanträge hinweg eine Einsparung der Wirtschaft von rund 24,5 Mio. EUR jährlich sehen. Allein die Einschätzung zeigt, dass der Wille zur Digitalisierung nicht konsequent zu Ende gedacht ist. Müssten die Formulare tatsächlich manuell ausgefüllt werden, käme die professionelle Zwangsvollstreckung zum Erliegen. Angesichts einer 0,3-Verfah- 6

8 Referentenentwurf, S. 50.

9 Referentenentwurf, S. 46.

rensgebühr nach Nr. 3309 VV RVG zuzüglich einer Post- und Telekommunikationspauschale nach Nr. 7002 VV RVG, bei einem Gegenstandswert bis 500 EUR – mehr als 1/3 aller titulierten Forderungen bewegen sich in diesem Segment – beträgt die Vergütung eines Rechtsanwalts hier nur wegen der Mindestgebühr von 15 EUR insgesamt 18 EUR. Bei einem Gegenstandswert von bis zu 1.000 EUR beträgt die Vergütung 31,68 EUR und bei einem Wert bis 1.500 EUR dann 45,72 EUR. Dies wohlgemerkt für die Entgegennahme des Auftrags, die Informationsbeschaffung, die Zahlungsaufforderung mit Vollstreckungsandrohung, sodann für die Antragstellung in der Vollstreckung, die Beantwortung von Anfragen der Vollstreckungsorgane und die Verarbeitung des Vollstreckungsergebnisses einschließlich der Zahlungseingangsüberwachung einer – insoweit nicht gesondert vergüteten – Zahlungsvereinbarung des Schuldners mit dem Gerichtsvollzieher. In diesem Kontext ist eine manuelle Antragstellung wirtschaftlich nicht darstellbar. Die Forderung nach einer Anpassung des Gebührensatzes nach Nr. 3309 VV RVG hat der Gesetzgeber bisher überhört und diese auch im Entwurf eines Kostenrechtsänderungsgesetzes 2025[10] nicht aufgegriffen. Dabei ist eine Antragstellung in der Zwangsvollstreckung weit aufwändiger und komplexer als eine vorgerichtliche Zahlungsaufforderung, bei der immerhin ein Gebührenrahmen einer 0,5 bis 1,3-Geschäftsgebühr eröffnet ist.

Insgesamt ist festzustellen, dass die aktuellen wie die neuen Formulare nur auf den ersten Blick den bisherigen Formularen nach der ZVFV 2012 und der GVFV 2015 ähneln. Tatsächlich zeigen sich eine Vielzahl von formalen und inhaltlichen Änderungen im Detail, die eine komplette Neujustierung des Umgangs mit den Formularen erfordert. Dazu müssen insbesondere die Optimierungen in die Anwendung der Formulare implementiert werden.

C. Rechtsgrundlage für den Akt der Exekutive

7 Die Zwangsvollstreckungsformular-Verordnung vom 16.12.2022[11] in der aktuellen Fassung der 2. ÄndVO ZVFV ist ein Akt der Exekutive. Sie beruht auf § 753 Abs. 3 ZPO, soweit der Auftrag an den Gerichtsvollzieher (Anlage 1 ZVFV) nebst der dazugehörigen Forderungsaufstellung (Anlage 6 ZVFV) betroffen ist, auf § 758a Abs. 6 ZPO, soweit der Antrag auf eine richterliche Durchsuchungsanordnung (Anlage 2 und 3 ZVFV) gestellt werden soll, und auf § 829 Abs. 4 ZPO, soweit die Forderungspfändung (Anlage 4, 5, 7 und 8 ZVFV) betroffen ist.

10 https://www.bmj.de/SharedDocs/Downloads/DE/Gesetzgebung/RefE/RefE_KostRAEG.pdf?__blob=publicationFile&v=4.

11 BGBl I 2022, 2368.

Hinweis

§ 758a Abs. 6 ZPO ermächtigt das Bundesministerium der Justiz lediglich zur Einführung von Formularen für den Antrag auf Erlass einer richterlichen Durchsuchungsanordnung. Dementsprechend bezieht sich nach § 2 Abs. 1 Nr. 2 ZVFV auch nur hierauf die Nutzungspflicht. Soweit die ZVFV auch einen Antrag für eine richterliche Anordnung für die Vollstreckung zur Nachtzeit bzw. an Sonn- und Feiertagen enthält, ist dieser mithin optional. Er kann, muss aber nicht genutzt werden, da die Regelung über die Verbindlichkeit nach § 758a Abs. 6 S. 2 ZPO insoweit nicht greift.

Die Verordnung stellt mithin ein Akt der Exekutive dar. Als solches setzt er nach Art. 80 GG einerseits voraus, dass Inhalt, Zweck und Ausmaß der erteilten Ermächtigung im Gesetz bestimmt werden müssen. Andererseits kann die Verordnung damit nicht die gesetzlichen Grundlagen ändern oder anderweitig gestalten. Die Verordnung und die mit ihr eingeführten aktuellen wie die neuen Formulare dienen also der Umsetzung der Regelungen der Zivilprozessordnung in formalisierter Art und Weise und müssen in diesem Kontext gelesen und genutzt werden. Aus dem Gesetz heraus ist damit auch das Verständnis der Formulare und der Anforderungen an deren Befüllung zu entwickeln.

D. Vom Referentenentwurf zur Verordnung

Ausgangspunkt der Zwangsvollstreckungsformular-Verordnung war der Referentenentwurf einer „Verordnung zur Änderung der Zwangsvollstreckungsformular-Verordnung, der Beratungshilfeverordnung und der Verbraucherinsolvenzformularverordnung sowie zur Aufhebung der Gerichtsvollzieherformular-Verordnung“ vom 16.6.2022.[12] 8

Bis zum 15.7.2022 wurde den Bundesländern und verschiedenen Verbänden, Vereinigungen und Institutionen sowie ausgewählten Einzelpersonen, darunter dem Autor,[13] Gelegenheit gegeben, zu dem Entwurf Stellung zu nehmen.[14] Die auf der Homepage des Bundesministeriums der Justiz (BMJ) veröffentlichten Stellungnahmen geben einen guten Einblick zu den unterschiedlichen Zielen, die die stellungnehmenden Personen verfolgen. Aus der Übernahme oder der Nichtübernahme von

12 https://www.bmj.de/SharedDocs/Downloads/DE/Gesetzgebung/RefE/RefE_VO_Aenderung_Zwangsvollstreckung.pdf?__blob=publicationFile&v=3.

13 https://www.bmj.de/SharedDocs/Gesetzgebungsverfahren/DE/2023_ZVFV-weitere-AendVO.html.

14 https://www.bmj.de/SharedDocs/Gesetzgebungsverfahren/DE/2023_ZVFV-weitere-AendVO.html.

Änderungsvorschlägen lassen sich Rückschlüsse für die Auslegung der letztendlich verordneten ZVFV ziehen.

9 Die Auswertung der Stellungnahmen hat zu wenigen größeren und vielen kleineren Anpassungen der Verordnung geführt. Die größte Änderung liegt sicher in der Übernahme des Vorschlags, eine Gliederung der Formulare in Module vorzunehmen. Wesentlich sind auch die klareren Strukturen bei mehreren Gläubigern, Schuldnern, Vollstreckungstiteln oder auch Drittschuldnern und die zwischen diesen herzustellenden Verbindungen.

Die Änderungen mündeten dann in der dem Bundesrat am 2.11.2022 zugeleiteten Drucksache[15] zur notwendigen Zustimmung des Bundesrats.[16] Unter TOP 54 der Bundesratssitzung vom 16.12.2022 hat der Bundesrat dem Verordnungsentwurf ohne Aussprache, aber mit kleineren Änderungswünschen und begleitet von einer Entschließung, zugestimmt.

Dem Wunsch, dass in Modul C der Anlage 1 ZVFV bestimmt wird, dass der Gläubiger neben dem Vollstreckungsantrag auch die Forderungsaufstellung(en) nach Anlage 6 ZVFV zu übermitteln hat, hat das BMJ entsprochen.

In der Sache richtig hat der Bundesrat darauf hingewiesen, dass nach der gesetzlichen Regelung des § 802a Abs. 2 S. 2 ZPO die gütliche Erledigung auch ohne ausdrücklichen Auftrag des Gläubigers stets und damit kraft Gesetzes beauftragt ist, wenn der Gläubiger dem nicht widerspricht. Insoweit bedürfe es eines Feldes, wonach der Gläubiger der gütlichen Erledigung zustimme, nicht. Dementsprechend wurde das Feld gestrichen. Verblieben ist allein das fehlende Einverständnis sowie das Einverständnis unter Bedingungen.

Hinweis

Setzen der Gläubiger oder sein Bevollmächtigter damit kein Kreuz, gilt kraft Gesetzes die gütliche Einigung – nach Nr. 207, 208 KV GvKostG kostenpflichtig – als beauftragt. Das wird nicht jedem Gläubiger, der nicht durch einen Rechtsdienstleister vertreten wird, bewusst sein. Deshalb wäre es transparenter gewesen, es wäre bei der Fassung des Referentenentwurfs verblieben.

Letztlich begehrte der Bundesrat, dass in der Anlage 5 zur ZVFV, dem Entwurf eines Pfändungsbeschlusses oder Pfändungs- und Überweisungsbeschlusses nach Modul C kein Modul D für folgenden Abschnitt gebildet wird.

15 BR-Drucks 561/22.

16 Hierzu die Beschlussvorlage BR-Drucks 561/1/22.

Wegen dieser Ansprüche

D	*Vom Gericht auszufüllen:* ☐ sowie wegen der Kosten für die Zustellung dieses Beschlusses an sämtliche aufgeführte Schuldner und sämtliche aufgeführte Drittschuldner

werden

(Fassung aus dem Referentenentwurf)

Der Bundesrat war hier – fälschlich – der Ansicht, dass der Text keine Eingabemöglichkeit für den Antragsteller enthalte, sodass auch kein Modul gebildet werden müsse. Diese Sichtweise ist allerdings unzutreffend, weil der Gläubiger – wie bisher – vorgeben muss, ob er eine entsprechende Anordnung wünscht.

Das BMJ hat der Vorgabe allerdings entsprochen und die Modulbezeichnung gestrichen.

Wegen dieser Ansprüche

Vom Gericht auszufüllen: ☐ sowie wegen der Kosten für die Zustellung dieses Beschlusses an sämtliche aufgeführte Schuldner und sämtliche aufgeführte Drittschuldner

werden

Mit der 1. ÄndVO ZVFV wurde dann lediglich § 6 ZVFV geändert, in dem der Zeitpunkt der Verbindlichkeit der aktuellen Formulare vom 1.12.2023 auf den 1.9.2024 verschoben wurde.

> *Hinweis*
>
> Dies erscheint eine Reaktion auf Lobbyisten unter den Softwareherstellern, die zu spät begonnen haben, die ZVFV umzusetzen und die Komplexität unterschätzt haben.

Mit der 2. ÄndVO ZVFV wurden „neue" Formulare eingeführt und § 6 ZVFV erneut angepasst. Es wurden zusätzliche Eintragungsmöglichkeiten bei den Angaben zum Schuldner geschaffen, bestimmte Eingabefelder vergrößert, das Layout im Hinblick auf die Lesbarkeit nach einem Scannen verbessert, die Nutzungsmöglichkeiten bei der Vollstreckung öffentlich-rechtlicher Forderungen angepasst und die Forderungsaufstellungen (vermeintlich) übersichtlicher gestaltet. Zugleich wurden offensichtliche Fehler bereinigt. Die Übergangsregelungen in § 6 ZVFV werden dergestalt angepasst, dass bis zum 30.9.2025 die durch die 2. ÄndVO ZVFV bestimmten Formulare weiter genutzt werden dürfen. Soweit für Vollstreckungsaufträge an Gerichtsvollzieher zur Zwangsvollstreckung wegen öffentlich-rechtlicher Forderungen die Nutzung der Formulare der Anlagen 1 und 6 verbindlich ist, müssen diese Formulare ebenfalls erst ab dem 1.10.2025 genutzt werden.

E. Entschließung des Bundesrats oder der Blick in den ERV

10 Neben den förmlichen Änderungswünschen hat der Bundesrat noch eine Entschließung gefasst, die schon darauf hinweist, wie sich der Bundesrat die Fortentwicklung der ZVFV und letztlich die Fortentwicklung des Formularwesens in der Zwangsvollstreckung vorstellt. Die neue ZVFV stellt also nicht den Beginn, aber eben auch nicht das Ende der Entwicklung dar. Der Bundesrat hat danach folgende Entschließung gefasst:

Entschließung

a) Das Anliegen, die gesetzlichen Regelungen auf den elektronischen Rechtsverkehr und die elektronische Aktenführung anzupassen, ist ausdrücklich zu begrüßen.

Dabei muss insbesondere berücksichtigt werden, dass die Bearbeitung der betroffenen Vordrucke ein absolutes Massengeschäft der Amtsgerichte darstellt. Im Jahr 2020 gab es bei den Amtsgerichten bundesweit 2 273 940 Vollstreckungssachen, davon 28 949 Anträge auf Erlass einer Anordnung der Durchsuchung der Wohnung des Schuldners. Die Verordnung selbst geht von 2 000 000 Anträgen auf Pfändungs- und Überweisungsbeschlüsse aus.

b) Es müssen daher Regelungen getroffen werden, die sicherstellen, dass die eingehenden Formulare schnell und effektiv weiterbearbeitet werden können. Dies ist eine notwendige Voraussetzung dafür, dass die nach PEBB§Y für diese Verfahren vorgesehenen Bearbeitungszeiten auskömmlich sind.

c) Die Formulare gehen zukünftig nicht wie bisher ausschließlich in Papier ein, sondern müssen gemäß § 130d ZPO, der auch im Vollstreckungsrecht gilt, von Anwälten, Behörden etc. elektronisch eingereicht werden. Spätestens mit der verpflichtenden Führung von E-Akten ab dem 1.1.2026 muss die Bearbeitung unabhängig von der Einreichungsart elektronisch erfolgen können; vorzugsweise sollten hierfür mit Standardtools genügen. Diese Möglichkeit der einfachen Weiterbearbeitung gewährleistet die Verordnung in der vorliegenden Fassung nicht. Denn eine elektronische Einreichung kann auch mittels Scan eines händisch ausgefüllten Formulars erfolgen. Auch gibt es bei der Verwendung von Line-Signaturen Fälle, in denen die Formularfelder „eingebrannt" werden und eine Weiterbearbeitung des Dokuments kaum noch möglich ist.

In beiden Fällen wird dem Gericht die Bearbeitung oftmals erheblich erschwert sein, da die im Formular eingetragenen Angaben händisch in ein anderes Dokument, in dem das Gericht seine Entscheidung vorbereitet, übertragen werden müssen. Es ist abzusehen, dass es dann nicht zu Einsparungen, sondern zu einem Mehrbedarf an Arbeitszeit pro Fall kommen dürfte.

d) Abhilfe kann eine Regelung schaffen, nach der die mit den Formularen einzureichenden Beschlussentwürfe als durch das Gericht weiterbearbeitbare Datei und ohne qualifizierte elektronische Signatur übermittelt werden sollen.

Sofern es an einer gesetzlichen Grundlage für eine solche Regelung bislang fehlt, müsste eine solche geschaffen werden.

Die Entschließung des Bundesrats entspringt einem Dilemma. Zum einen ist die Zwangsvollstreckung noch nicht im Zeitalter der Digitalisierung angekommen. Seit Jahren wehrt sich das Bundesministerium der Justiz gegen ein zentrales Titelregister oder aber gegen die Umkehrung der vereinfachten Vollstreckung nach § 754a ZPO und § 829a ZPO in dem Regelfall: Der Gläubiger oder sein Vertreter versichern, im Besitz des Originaltitels zu sein, übersenden ein Dokument mit der Kopie des Titels und das Vollstreckungsorgan fordert den Originaltitel nur an, wenn es begründete Zweifel gibt. Diese Grundvoraussetzung muss erfüllt sein, um zu einem vollständigen elektronischen Verfahren zu gelangen.

Hinweis

Das aktuelle Verfahren, dass insbesondere Rechtsanwälte die Anträge elektronisch einreichen müssen, § 130d ZPO, dann aber der Vollstreckungstitel nachgesandt wird, ist nicht nur antiquiert, sondern hat die Verlustgefahr erheblich vergrößert und verzögert die Verfahren durchgängig, was auch Fragen des Pfändungszeitpunkts und der Reihenfolge der Gläubiger i.S.d. § 804 Abs. 3 ZPO berührt. Dem Autor zu Ohren gekommene Fälle des Titelverlustes sowie der Verfahrensverzögerung mit Rangverlusten lassen dabei schon an Fragen der Amtshaftung denken.

Der Gesetzgeber hat hierauf zwar mit den bisherigen Änderungen der ZVFV nicht reagiert. Jedoch wurde das Gesetz zur weiteren Digitalisierung der Zwangsvollstreckung[17] vorgelegt, dessen Hauptziel darin liegt, hybride Anträge zu vermeiden. Der Gesetzgeber will die Antragstellung vereinfachen und Streitfragen einer Lösung zuführen. Dazu wird vorgeschlagen,

- die Vollmachtsregelungen für die Prozess- und Verfahrensvollmacht in einem neuen § 752a ZPO und diejenigen zur Geldempfangsvollmacht in dem bisherigen § 753a ZPO zu konzentrieren;
- die vereinfachten Vollstreckungsanträge nach § 754a ZPO (Gerichtsvollzieher) und § 829a ZPO (Forderungsvollstreckung) auf alle Vollstreckungstitel zu erweitern und die einschränkenden Bestimmungen weitgehend entfallen zu lassen;
- als Folgeänderung alle Bestimmungen zu ändern, die Rechte und Pflichten des Gerichtsvollziehers vom Besitz der vollstreckbaren Ausfertigung abhängig machen und dies durch die ausreichende elektronische Übermittlung einer Kopie zu ersetzen;
- Regelungen für sichere Übermittlungswege in der Kommunikation mit dem Gerichtsvollzieher zu schaffen.

17 BR-Drucks 124/24.

Sodann gibt die ZVFV in § 5 die Möglichkeit, dass die Länder – koordiniert – die Formulare als strukturierte Datensätze fortentwickeln. Diese können dann für Rechtsanwälte und Inkassodienstleister für verbindlich erklärt werden. Ähnlich dem gerichtlichen Mahnverfahren oder bei der Abgabe der Steuererklärung könnte für alle übrigen Antragsteller ein Zwangsvollstreckungsportal geschaffen werden, über das die entsprechenden Eingaben gemacht und dann strukturiert an das zuständige Vollstreckungsorgan übersandt werden könnten. Daran wird inzwischen gearbeitet, ohne dass verbindliche Aussagen dazu getroffen werden, wann strukturierte Datensätze zur Verfügung stehen.

Die Mitglieder des Bundesrats sollten weniger nach neuen normativen Regelungen – mit Ausnahme des digitalen Vollstreckungstitels – rufen, sondern im eigenen Zuständigkeitsbereich zunächst die Grundlagen für den vollständigen elektronischen Rechtsverkehr schaffen.

§ 2 Inkrafttreten und Übergangsrecht

A. In- und Außerkrafttreten der Formularverordnungen

Inkrafttreten, Außerkrafttreten 1

(1) Diese Verordnung tritt vorbehaltlich des Absatzes 2 am Tag nach der Verkündung in Kraft. Gleichzeitig treten die Zwangsvollstreckungsformular-Verordnung vom 23.8.2012 (BGBl I S. 1822), die durch Artikel 1 der Verordnung vom 16.6.2014 (BGBl I S. 754) geändert worden ist, und die Gerichtsvollzieherformular-Verordnung vom 28.9.2015 (BGBl I S. 1586), die durch Artikel 8 des Gesetzes vom 21.11.2016 (BGBl I S. 2591) geändert worden ist, außer Kraft.

(2) Artikel 2 tritt am ersten Tag des dritten auf die Verkündung folgenden Monats in Kraft.

Der Bundesrat hat zugestimmt.

I. Unmittelbare Geltung der ZVFV

Die Zwangsvollstreckungsformular-Verordnung (ZVFV) ist am 22.12.2022 in 2
Kraft getreten, da sie am 21.12.2022 im Bundesgesetzblatt verkündet wurde.[1]

Sie ist damit seitdem geltendes Recht, sodass die damit eingeführten Formulare verwandt werden dürfen und prinzipiell nach § 753 Abs. 3 S. 2, § 758a Abs. 6 S. 2 und § 829 Abs. 4 S. 2 ZPO auch genutzt werden müssen. Hiervon macht allerdings § 6 ZVFV Ausnahmen; zunächst bis zum 30.11.2023 und dann durch die 1. ÄndVO ZVFV verlängert bis zum 31.8.2024, auf die im nachfolgenden Abschnitt einzugehen sein wird.

Mit Art. 4 Abs. 1 S. 1 ZVFV wird mithin das „dürfen“ ab dem 22.12.2022 und das „müssen“ ab dem 1.12.2023 beschrieben. Der letztgenannte Zeitpunkt wurde mit der 1. ÄndVO ZVFV für die aktuellen Formulare auf den 1.9.2024 und mit der 2. ÄndVO ZVFV für die neuen Formulare auf den 1.10.2025 bestimmt. Soweit die Formulare genutzt werden, gelten für diese die Regelungen der ZVFV 2022 in der jeweils aktuellen Fassung. Werden nicht mehr zugelassene Formulare genutzt, ist der Antrag formunwirksam und die Vollstreckung damit – dauerhaft – anfechtbar.

II. Aufhebung der bisherigen GVFV und der ZVFV

In gleicher Weise regelt Art. 4 Abs. 1 S. 2 ZVFV, dass die bisherige ZVFV 2012 3
und die GVFV 2015 am 22.12.2022 außer Kraft getreten sind, während § 6 ZVFV die Nutzung der alten Formulare nach diesen Formularverordnungen bis zum 30.11.2023 aufschob, soweit bis zu diesem Zeitpunkt Aufträge nach den bisherigen Verordnungen gestellt wurden. Mit der 1. ÄndVO ZVFV wurde diese Frist noch einmal bis zum 31.8.2024 verlängert.

1 BGBl I 2022, 2368.

Insgesamt sorgt Art. 4 Abs. 1 ZVFV für eine klare Abgrenzung. Wer die zum 22.12.2022 eingeführten neuen Formulare nutzt, muss sich auch nach den Bestimmungen der neuen ZVFV richten. Dies ist die Regel. Für Aufträge, die bis zum Ablauf des 31.8.2024 das Vollstreckungsorgan mit den Formularen nach der ZVFV 2012 oder der GVFV 2015 erreichen, gelten dagegen die – weniger flexiblen – Regelungen dieser alten Verordnungen fort. Soweit zu sehen, haben die maßgeblichen Softwarehersteller im April 2023 zunächst die Formulare statisch (ausfüllbares PDF) eingepflegt und Ende 2023 – manche erst im Jahre 2024 – eine Fortentwicklung zum dynamischen Einsatz in Anwendung der Abweichungen nach § 3 Abs. 2 ZVFV vollbracht.

III. Änderungen zur Beratungshilfeverordnung

4 Art. 4 Abs. 2 ZVFV betrifft allein die Änderungen an der Beratungshilfeverordnung und bleibt für die Zwangsvollstreckung unerheblich.

Nach Art. 2 ZVFV erhält Anlage 2 der Beratungshilfeformularverordnung vom 2.1.2014[2] eine neue Fassung. Die wesentliche Änderung besteht darin, dass der Beratungshilfeschein nun nicht mehr im Original vorgelegt werden muss, was einen Medienbruch bei der elektronischen Antragstellung auf Erstattung begründet hatte. Vielmehr genügt es nunmehr, statt der Übersendung zu versichern, dass der Beratungshilfeschein im Original vorliegt.

☒ Ich versichere hiermit anwaltlich, dass mir das Original des Berechtigungsscheins vorliegt.

☐ Ich habe das Original des Berechtigungsscheins beigefügt (bei schriftlicher Antragstellung) bzw. werde es gesondert übersenden (bei elektronischer Antragstellung).

☐ Ich habe einen Antrag auf nachträgliche Bewilligung der Beratungshilfe beigefügt.

B. Übergangsregelung in § 6 ZVFV im Wortlaut

5 § 6 hat inzwischen drei verschiedene Fassungen erhalten. Die verschiedenen Fassungen können in den Übergangszeiträumen Bedeutung erlangen.

I. Aktuelle Fassung nach der 2. ÄndVO ZVFV vom 17.6.2024

6 Die aktuelle Fassung gilt (erst) seit dem 1.9.2024.

§ 6

Übergangsregelung

(1) Für bis einschließlich 30.9.2025 gestellte

1. Vollstreckungsaufträge an Gerichtsvollzieher zur Zwangsvollstreckung wegen privatrechtlicher Geldforderungen,

2 BGBl I 2014, 2.

2. Anträge auf Erlass einer richterlichen Durchsuchungsanordnung nach § 758a Absatz 1 der Zivilprozessordnung,
3. Anträge auf Erlass eines Pfändungsbeschlusses nach § 829 der Zivilprozessordnung und
4. Anträge auf Erlass eines Pfändungs- und Überweisungsbeschlusses nach den §§ 829 und 835 der Zivilprozessordnung

dürfen diejenigen Formulare weiter genutzt werden, die durch diese Verordnung in der Fassung vom 24.11.2023 für solche Aufträge und Anträge bestimmt sind.

(2) Ist für Vollstreckungsaufträge an Gerichtsvollzieher zur Zwangsvollstreckung wegen öffentlich-rechtlicher Geldforderungen die Nutzung der Formulare der Anlagen 1 und 6 verbindlich, so müssen diese Formulare erst für solche Vollstreckungsaufträge genutzt werden, die ab dem 1.10.2025 gestellt werden.

II. Fassung nach der 1. ÄndVO ZVFV vom 24.11.2023

Die nachfolgende Fassung galt vom 30.11.2023 bis zum 31.8.2024. 7

§ 6

Übergangsregelung

(1) [1]Für Vollstreckungsaufträge an Gerichtsvollzieher zur Zwangsvollstreckung wegen privatrechtlicher Geldforderungen, die bis einschließlich 31.8.2024 gestellt werden, dürfen diejenigen Formulare weiter genutzt werden, die durch die Gerichtsvollzieherformular-Verordnung vom 28.9.2015 (BGBl I S. 1586), die durch Artikel 8 des Gesetzes vom 21.11.2016 (BGBl I S. 2591) geändert worden ist, für solche Aufträge bestimmt sind. [2]Ist für Vollstreckungsaufträge an Gerichtsvollzieher zur Zwangsvollstreckung wegen öffentlich-rechtlicher Geldforderungen die Nutzung der Formulare der Anlagen 1 und 6 verbindlich, so müssen diese Formulare erst für solche Vollstreckungsaufträge genutzt werden, die ab dem 1.5.2025 gestellt werden.

(2) Für Anträge auf Erlass einer richterlichen Durchsuchungsanordnung nach § 758a Absatz 1 der Zivilprozessordnung, auf Erlass eines Pfändungsbeschlusses nach § 829 der Zivilprozessordnung sowie auf Erlass eines Pfändungs- und Überweisungsbeschlusses nach den §§ 829 und 835 der Zivilprozessordnung, die bis einschließlich 31.8.2024 gestellt werden, dürfen diejenigen Formulare weiter genutzt werden, die durch die Zwangsvollstreckungsformular-Verordnung vom 23.8.2012 (BGBl I S. 1822), die durch Artikel 1 der Verordnung vom 16.6.2014 (BGBl I S. 754) geändert worden ist, für solche Anträge bestimmt sind.

III. Fassung nach der ZVFV vom 16.12.2022

Die ursprüngliche Fassung galt seit dem Inkrafttreten am 22.12.2022 bis zum 29.11.2023. 8

§ 6

Übergangsregelung

(1) [1]Für Vollstreckungsaufträge an Gerichtsvollzieher zur Zwangsvollstreckung privatrechtlicher Geldforderungen, die vor dem 1.12.2023 gestellt werden, dürfen die bis einschließlich 21.12.2022 für solche Aufträge durch die Gerichtsvollzieher-Formularverordnung vom 28.9.2015 (BGBl I S. 1586), die durch Artikel 8 des Gesetzes vom 21.11.2016 (BGBl I S. 2591) geändert worden ist, bestimmten Formulare weiter genutzt werden. [2]Sofern die Nutzung der Formulare der Anlagen 1 und 6 für Vollstreckungsaufträge an Gerichtsvollzieher zur Zwangsvollstreckung öffentlich-rechtlicher Geldforderungen verbindlich ist, müssen diese Formulare nur für solche Vollstreckungsaufträge genutzt werden, die ab dem 1.6.2024 gestellt werden.

(2) Für Anträge auf Erlass einer richterlichen Durchsuchungsanordnung nach § 758a Absatz 1 der Zivilprozessordnung, auf Erlass eines Pfändungsbeschlusses nach § 829 der Zivilprozessordnung und auf Erlass eines Pfändungs- und Überweisungsbeschlusses nach den §§ 829 und 835 der Zivilprozessordnung, die vor dem 1.12.2023 gestellt werden, dürfen die bis einschließlich 21.12.2022 für solche Anträge durch die Zwangsvollstreckungs-Formularverordnung vom 23.8.2012 (BGBl I S. 1822), die durch Artikel 1 der Verordnung vom 16.6.2014 (BGBl I S. 754) geändert worden ist, bestimmten Formulare weiter genutzt werden.

IV. Weiternutzung der bisherigen Formulare nach der GVFV 2015

9 Der Anwendungsbereich der ZVFV geht weiter als derjenige der GVFV 2015, die nach § 1 Abs. 2 S. 2 GVFV 2015 auf die Einziehung titulierter privatrechtlicher Geldforderungen beschränkt war.

Im Rahmen des bisherigen Anwendungsbereichs der GVFV 2015 konnte das danach verbindliche Formular zur Beauftragung des Gerichtsvollziehers nach der 1. ÄndVO ZVFV noch bis zum 31.8.2024 weiter benutzt werden.

10 Nahezu unbemerkt hat sich die öffentliche Hand – man möchte sagen wieder einmal – privilegiert. Da die Vollstreckung öffentlich-rechtlicher Forderungen nach der Zivilprozessordnung durch den Gerichtsvollzieher bisher von der GVFV 2015 nicht erfasst wurde, wäre für die Einziehung dieser Forderungen die ZVFV grundsätzlich ab dem 22.12.2022 einsetzbar und ab dem 1.12.2023 verbindlich gewesen. Stattdessen wurde die Verbindlichkeit aufgeschoben. Wäre dies – wie für den Privatrechtsgläubiger – bis zum 1.12.2023 nachvollziehbar gewesen, genehmigt sich die öffentliche Hand zunächst einen weitergehenden Aufschub bis zum 31.5.2024, der dann durch die 1. ÄndVO noch einmal bis zum 1.5.2025 verlängert wurde. An einer sachlichen Rechtfertigung dafür fehlt es, weil auch Privatrechtsgläubiger und ihre Bevollmächtigten in der wesentlich kürzeren Frist die notwendigen technischen Anpassungen schaffen müssen. Letztlich wird diese Ungleichbehandlung allerdings ungehört bleiben. Was nicht gesehen wird, ist, dass dies auch insgesamt

die Umstellung bei den Gerichtsvollziehern auf die aktuellen und die neuen Formulare hindert.

> *Hinweis*
>
> Denkbar wäre allenfalls, dass ein Privatgläubiger oder sein Bevollmächtigter, denen die Umstellung auf die neuen Formulare in Hard- und Software nicht bis zum 1.9.2024 gelungen ist, gegen die formelle Zurückweisung der alten Formulare wegen der ungerechtfertigten Ungleichbehandlung nach Art. 3, 12 GG vorgeht.

Werden die alten Formulare nach der GVFV 2015 bis zum Stichtag, dem 31.8.2024, weiter genutzt, so gelten notwendigerweise für den Formularzwang gleichermaßen die Bestimmungen der GVFV 2015. Die ZVFV ist auf diese Verfahren dann nicht anwendbar. **11**

Die Frist ist eingehalten, wenn der Vollstreckungsauftrag bis zum 31.8.2024 bei dem Vollstreckungsorgan eingegangen ist. Dies ist bereits mit dem Eingang bei der Gerichtsvollzieherverteilerstelle der Fall, § 753 Abs. 2 ZPO, § 31 Abs. 1 S. 2 GVGA. Unerheblich bleibt also, ob der Gerichtsvollzieher den bis zum 31.8.2024 gestellten Auftrag moniert und dieser erst nach dem 31.8.2024 angepasst wird oder ob es bei einem solchen Auftrag nach dem 31.8.2024 zu einem Ruhen der Vollstreckung kommt (§ 27 GVO) und das Verfahren dann später fortgesetzt wird.

V. Weiternutzung der bisherigen Formulare nach der ZVFV 2012

Im Rahmen des bisherigen Anwendungsbereichs der ZVFV 2012 konnten die bisher danach verbindlichen Formulare nach § 6 ZVFV in der Fassung der 1. ÄndVO ZVFV gleichfalls noch bis zum 31.8.2024 weiter genutzt werden, d.h. das Formular zur Beantragung eines Durchsuchungsbeschlusses, der Antrag auf Erlass eines isolierten Pfändungsbeschlusses, insb. bei der Vollstreckung nach § 720a ZPO oder § 852 ZPO und bei der Beantragung eines Pfändungs- und Überweisungsbeschlusses nach §§ 829, 835 ZPO. **12**

Denkbare Ausnahmen für die öffentliche Hand sind hier – anders als beim Gerichtsvollzieher – nicht vorgesehen.

Werden die alten Formulare nach der ZVFV 2012 bis zum Stichtag, dem 31.8.2024, weiter genutzt, so gelten notwendigerweise für den Formularzwang gleichermaßen die Bestimmungen der ZVFV 2012. Die neue ZVFV ist auf diese Verfahren dann nicht anwendbar.

Die Frist ist eingehalten, wenn der Vollstreckungsauftrag bis zum 31.8.2024 bei dem Vollstreckungsgericht eingegangen ist. Unerheblich bleibt, ob der Richter den Antrag nach § 758a Abs. 1 ZPO oder der Rechtspfleger den Pfändungs- oder Pfändungs- und Überweisungsbeschluss, der bis zum 31.8.2024 gestellt wurde, moniert und dieser erst nach dem 31.8.2024 angepasst wird oder ob es bei einem solchen

Auftrag nach dem 31.8.2024 zu einem Ruhen der Vollstreckung kommt und das Verfahren dann später fortgesetzt wird. Dies gilt auch dann, wenn der Rechtspfleger – wie nicht selten – verlangt, dass ihm ein „neuer“ ausgefüllter Formularausdruck vorgelegt wird. Dieser darf dann noch nach den Formularen der alten ZVFV 2012 erstellt werden.

§ 3 Einzelbestimmungen der ZVFV

A. Einführung von Formularen nach § 1 ZVFV

I. Eingeführte Formulare nach § 1 ZVFV im Wortlaut

§ 1 1

Einführung von Formularen

(1) Für Vollstreckungsaufträge an Gerichtsvollzieher nach § 753 Absatz 1 der Zivilprozessordnung wird das Formular der Anlage 1 eingeführt.

(2) Für Anträge auf Erlass richterlicher Anordnungen nach § 758a der Zivilprozessordnung werden die Formulare der Anlagen 2 und 3 eingeführt.

(3) Für Anträge auf Erlass eines Pfändungsbeschlusses nach § 829 der Zivilprozessordnung und für Anträge auf Erlass eines Pfändungs- und Überweisungsbeschlusses nach den §§ 829 und 835 der Zivilprozessordnung werden die Formulare der Anlagen 4 und 5 eingeführt.

(4) Für die Aufstellung von Forderungen werden folgende Formulare eingeführt:
1. für Vollstreckungsaufträge an Gerichtsvollzieher nach Absatz 1 das Formular der Anlage 6,
2. für Anträge nach Absatz 3
   a) wegen Geldforderungen, die keine gesetzlichen Unterhaltsansprüche sind, das Formular der Anlage 7 und
   b) wegen gesetzlicher Unterhaltsansprüche das Formular der Anlage 8.

II. Vollstreckung mit dem Gerichtsvollzieher

Anders als noch in § 1 der GVGA 2015 wird ein generelles Formular für die Beauftragung des Gerichtsvollziehers (Anlage 1 ZVFV) ohne die Beschränkung auf privatrechtliche Antragsteller und die Beauftragung der Vollstreckung wegen Geldforderungen eingeführt. Das Formular bildet neben der Zustellung die Beauftragung des Gerichtsvollziehers im Rahmen seiner Regelbefugnissen nach § 802a ZPO ab. 2

Von der generellen Einführung des Formulars ist dessen Verbindlichkeit im Sinne der Nutzungspflicht zu unterscheiden, die erst in § 2 ZVFV geregelt wird. Das Formular kann also über die bloße Vollstreckung von Geldforderungen hinaus auch etwa bei der Räumungsvollstreckung als Form der Herausgabevollstreckung genutzt werden.

> *Hinweis*
>
> Ob dies sinnvoll ist, ist von der Frage abhängig, welche Möglichkeiten die Software des Anwenders bietet. Generell die Module A bis C für den Gläubiger, Schuldner und Vollstreckungstitel auch bei Anträgen ohne Formularpflicht nut-

zen zu können, erscheint als Vorteil. Dies gilt erst recht, wenn hinter dem Formular ein nutzbarer strukturierter Datensatz steht.

Diese Bandbreite der Formulare zeigt schon der Verweis auf § 753 Abs. 1 ZPO in § 1 Abs. 1 ZVFV. Anderenfalls hätte auf § 802a ZPO im Abschnitt über die Zwangsvollstreckung wegen Geldforderungen referenziert werden müssen.

Anlage 1

Vollstreckungsauftrag an Gerichtsvollzieher

An

Bitte beachten Sie die Ausfüllhinweise zu diesem Formular auf www.bmj.de/Zwangsvollstreckungsformulare.

, den

Mit der Einführung eines Formulars mit der Möglichkeit eines über die Vollstreckung von Geldforderungen hinausgehenden Anwendungsbereichs schafft der Verordnungsgeber schon jetzt die Möglichkeit einer späteren Erweiterung der Nutzungspflicht nach § 2 ZVFV. Das wird vor allem im Kontext des zunehmenden und sich zum 1.1.2026 finalisierenden elektronischen Rechtsverkehrs von besonderer Bedeutung sein und begründet die Notwendigkeit, bei der Integration der Formulare in die eigene Software dies schon mitzudenken. Gerade Rechtsanwälte sollten die Erweiterungen des Formulars für Anträge auf Räumung, Herausgabe und Auskunft im gleichen Stil optional mitberücksichtigen. Sie können also optionale Ergänzungen zu Modul „O“ – weitere Aufträge – vorsehen.

O	weitere Aufträge
	☐
	☐

Dies gelingt insbesondere dann, wenn die Software in der Lage ist, die Leerzeilen in beliebiger Zahl zu multiplizieren.

3 Der Auftrag an den Gerichtsvollzieher steht im unmittelbaren und untrennbaren Zusammenhang zu der hierauf bezogenen Forderungsaufstellung nach Anlage 6 der ZVFV. Anders als bei der Forderungsvollstreckung (hier Anlage 7 – gewöhnliche Forderungen – und Anlage 8 – Unterhaltsforderungen) und auch anders als noch im Referentenentwurf vorgesehen, differenziert die Anlage 6 dabei nicht zwischen der Einziehung von Unterhaltsforderungen und anderen (gewöhnlichen) Geldforderungen. Unabhängig von der Qualifizierung der vom Gerichtsvollzieher einzuziehenden Forderung ist immer Anlage 6 der ZVFV zu verwenden.

Anlage 6

Aufstellung von Forderungen
für Vollstreckungsaufträge an Gerichtsvollzieher

Lfd. Nr.

Die Gläubiger können von den Schuldnern aus dem Vollstreckungstitel (zu Ziffer) die nachfolgend aufgeführten Beträge beanspruchen:

I. Hauptforderungen einschließlich dazugehöriger Zinsen und Säumniszuschläge

Das Formular enthält künftig keine amtlichen Ausfüllhinweise mehr; § 1 Abs. 1 S. 2 Nr. 3 GVFV 2015 hat keine Entsprechung in der ZVFV gefunden. Dies ist auch richtig, weil es hierfür an einer Ermächtigungsgrundlage fehlt. 4

Hinweis

Das Bundesministerium der Justiz stellt allerdings – unverbindliche – Ausfüllhinweise auf seiner Webseite bereit.[1] Die Unverbindlichkeit ergibt sich einerseits daraus, dass es für amtliche Ausfüllhinweise an einer Rechtsgrundlage fehlt, andererseits dass die auf der Website des BMJ zu findenden Hinweise zum Ausfüllen der Formulare schon formell nicht Bestandteil der Zwangsvollstreckungsformular-Verordnung geworden sind.

Bundesministerium
der Justiz

Stand: 5. Juni 2023

Hinweisblatt für den
Vollstreckungsauftrag an Gerichtsvollzieher

Dieses Hinweisblatt dient der Hilfe bei der Antragstellung. Es entfaltet keine Bindungswirkung für Gerichtsvollzieher.

Es bleibt zu berücksichtigen, dass die Hinweise nicht immer aktuell sein müssen. So ist im Hinweisblatt die Angabe von vergangenen Zahlungen angesprochen (S. 4), obwohl diese in der Anlage 6 gerade nicht mehr angegeben werden müssen, was im Einklang mit der höchstrichterlichen Rechtsprechung steht.[2] Auch die 2. ÄndVO ZVFV ergänzt die Anlage 6 zwar um Saldierungen der Forderungen,

1 https://www.bmj.de/DE/service/formulare/form_zwangsvollstreckung/form_zwangsvollstreckung_node.html – abgerufen am 1.8.2024.

2 BGH v. 15.6.2016 – VII ZB 58/15.

bringt aber trotz der Forderungen aus der Praxis keine Möglichkeiten zur Eintragung von vorherigen Teilzahlungen oder durch diese verrechnete Zinsen und Kosten. Dies steht im Einklang mit der höchstrichterlichen Praxis, nach der die Vollstreckungsorgane nicht berechtigt sind, die Verrechnung nach §§ 366, 367 BGB zu prüfen.[3] Dies obliegt allein dem Schuldner über die Vollstreckungsgegenklage nach § 767 ZPO, wenn der Gläubiger auf die schuldnerische Zahlung eine Zahlungsverrechnung vornimmt, die nicht akzeptiert werden soll. Faktisch wird damit nämlich der materiell-rechtliche Erfüllungseinwand geltend gemacht.

III. Anträge zur Durchsuchung

5 Entsprechend der Ermächtigungsgrundlage in § 758a Abs. 6 ZPO unterliegt der Antrag auf Erlass eines Durchsuchungsbeschlusses nach § 758a Abs. 1 ZPO dem Formularzwang. Anders verhält es sich für den optional zu nutzenden Antrag auf eine richterliche Anordnung der Vollstreckung zur Nachtzeit und an Sonn- und Feiertagen.

Anlage 2

Antrag auf Erlass einer richterlichen Durchsuchungsanordnung und einer richterlichen Anordnung der Vollstreckung zur Nachtzeit und an Sonn- und Feiertagen

Vom Gericht auszufüllen:
Eingangsstempel

An das Amtsgericht

– Vollstreckungsgericht –

Bitte beachten Sie die Ausfüllhinweise zu diesem Formular auf www.bmj.de/Zwangsvollstreckungsformulare.

, den

Die Verordnung führt dabei in § 1 Abs. 2 i.V.m. der Anlage 2 den Antrag an das Amtsgericht auf die richterliche Durchsuchungsanordnung und mit der Anlage 3 den Entwurf eines auf den Antrag bezogenen Beschlusses ein.

Anlage 3

Amtsgericht
– Vollstreckungsgericht –

Vom Gericht auszufüllen:
Geschäftszeichen:

Beschluss

In der Zwangsvollstreckungssache

des Gläubigers (zu Ziffer)

3 BGH v. 15.6.2016 – VII ZB 58/15, Rn 21.

Anders als bei der Beauftragung des Gerichtsvollziehers oder Anträgen in der Forderungspfändung muss dem Antrag auf Erlass eines Durchsuchungsbeschlusses keine Forderungsaufstellung beigefügt werden. Das erklärt sich aus dem Umstand, dass der Richter keine Zahlungen des Schuldners entgegennimmt. 6

Wie schon beim Gerichtsvollzieherauftrag sind auf den Webseiten des BMJ[4] auch hier – unverbindliche – Hinweise zum Ausfüllen der beiden Formulare der Anlagen 2 und 3 zu finden. 7

Hinweisblatt für den Antrag auf Erlass einer richterlichen Durchsuchungsanordnung und auf Erlass einer richterlichen Anordnung der Vollstreckung zur Nachtzeit und an Sonn- und Feiertagen

Dieses Hinweisblatt dient der Hilfe bei der Antragstellung. Es entfaltet keine Bindungswirkung für Gerichte.

IV. Anträge zur Vollstreckungszeit

Ohne eine entsprechende Ermächtigungsgrundlage in § 758a Abs. 6 ZPO führt der Verordnungsgeber in § 1 Abs. 2 ZVFV i.V.m. der Anlage 2 auch die – optionale und damit nicht verbindliche – Möglichkeit ein, die Vollstreckung zur Nachtzeit, d.h. nach 21.00 Uhr abends und vor 06.00 Uhr morgens, sowie die Vollstreckung an Sonn- und Feiertagen mit dem Formular zu beantragen. 8

Anlage 2

Antrag auf Erlass einer richterlichen Durchsuchungsanordnung und einer richterlichen Anordnung der Vollstreckung zur Nachtzeit und an Sonn- und Feiertagen

Vom Gericht auszufüllen:
Eingangsstempel

An das Amtsgericht

– Vollstreckungsgericht –

Bitte beachten Sie die Ausfüllhinweise zu diesem Formular auf www.bmj.de/Zwangsvollstreckungsformulare.

, den

Die Anlage 3 enthält dann den Entwurf eines auf den Antrag bezogenen richterlichen Beschlusses.

4 https://www.bmj.de/DE/service/formulare/form_zwangsvollstreckung/form_zwangsvollstreckung_node.html – abgerufen am 1.8.2024.

Anlage 3

Amtsgericht
– Vollstreckungsgericht –

Vom Gericht auszufüllen:
Geschäftszeichen:

Beschluss

In der Zwangsvollstreckungssache

des Gläubigers (zu Ziffer)

Bei der Antragstellung zur Vollstreckungszeit stellt die Nutzung der Formulare nach Anlage 2 und Anlage 3 ZVFV allerdings nur eine Möglichkeit dar, da § 758a ZPO dem Bundesministerium der Justiz keine Ermächtigung erteilt, verbindliche Formulare einzuführen.

9 Anders als bei der Beauftragung des Gerichtsvollziehers oder Anträgen in der Forderungspfändung muss dem Antrag auf Erlass eines richterlichen Beschlusses zur Vollstreckung zur Nachtzeit oder eines richterlichen Beschlusses zur Vollstreckung an Sonn- und Feiertagen keine Forderungsaufstellung beigefügt werden.

10 Wie schon beim Gerichtsvollzieherauftrag sind auf den Webseiten des BMJ[5] auch hier – unverbindliche – Hinweise zum Ausfüllen der beiden Formulare der Anlagen 2 und 3 zu finden.

Hinweisblatt für den
Antrag auf Erlass einer richterlichen Durchsuchungsanordnung und auf Erlass einer richterlichen Anordnung der Vollstreckung zur Nachtzeit und an Sonn- und Feiertagen

Dieses Hinweisblatt dient der Hilfe bei der Antragstellung. Es entfaltet keine Bindungswirkung für Gerichte.

V. Anträge zur Forderungspfändung

11 Für die Forderungspfändung wird nach § 1 Abs. 3 ZVFV einerseits mit der Anlage 4 ZVFV ein Antrag auf Erlass eines Pfändungsbeschlusses nach § 829 ZPO und andererseits eines Pfändungs- und Überweisungsbeschlusses nach den §§ 829, 835 ZPO eingeführt. Nicht eingeführt wird mithin ein Antrag auf Erlass eines isolierten Überweisungsbeschlusses, der bei der Sicherungsvollstreckung nach § 720a ZPO sowie bei der Pfändung von Pflichtteilsansprüchen, Ansprüchen auf Zugewinnausgleich oder des Rückforderungsanspruchs des Schenkers nach § 852 ZPO erforderlich werden kann.

5 https://www.bmj.de/DE/Service/Formulare/Formulare_node.html – abgerufen am 1.8.2024.

Bislang sah die ZVFV 2012 für die Vollstreckung wegen gesetzlicher Unterhaltsansprüche einerseits und wegen sonstiger Geldforderungen andererseits zwei verschiedene Formulare vor. Auch waren Antrag und Beschlussentwurf unmittelbar verbunden, während diese nunmehr in den Anlagen 4 und 5 ZVFV getrennt sind. Die beiden Formulare zur Vollstreckung gewöhnlicher Geldforderungen und Unterhaltsforderungen wurden nun auf der Ebene des Antrags (Anlage 4) und des Beschlussentwurfs (Anlage 5) zusammengeführt, bleiben aber bei den Forderungsaufstellungen (Anlage 7 ZVFV – gewöhnliche Geldforderungen und Anlage 8 ZVFV – Unterhaltsforderungen) getrennt. Dies kann insbesondere bei der Nutzung der Vorteile der Digitalisierung relevant werden. Die Anlage 4 kann nun – unabhängig von der Frage der rechtlichen Notwendigkeit – mittels qualifizierter elektronischer Signatur „unterschrieben" werden, während die Anlage 5 stets ohne Unterschrift des Gläubigers bzw. seines Bevollmächtigten an das Vollstreckungsgericht zu übermitteln ist, da diese vom Rechtspfleger qualifiziert signiert wird.

Die Formulare unterschieden sich untereinander und zum bisherigen Vollstreckungsauftrag an den Gerichtsvollzieher bislang insbesondere durch die jeweils integrierte Forderungsaufstellung. Sie wird nun in zwei Anlagen (Anlage 7 – gewöhnliche Geldforderung – und Anlage 8 – Unterhaltsforderung) ausgegliedert, wie es früher nach der GVFV 2015 beim Auftrag an Gerichtsvollzieher gehandhabt wurde.

Anlage 4

**Antrag auf Erlass eines Pfändungsbeschlusses
und eines Pfändungs- und Überweisungsbeschlusses**

An das Amtsgericht – Vollstreckungsgericht –	*Vom Gericht auszufüllen:* Raum für Kostenvermerke und Eingangsstempel *Bitte beachten Sie die Ausfüllhinweise zu diesem Formular auf www.bmj.de/Zwangsvollstreckungsformulare.* , den

Dem Wortlaut nach erfasst § 1 Abs. 3 ZVFV die Forderungspfändung wegen Geldforderungen nach §§ 829 ZPO. Neben der Pfändung von Geldforderungen verweisen allerdings § 846 ZPO wegen der Vollstreckung in Herausgabeansprüche auf § 829 ZPO und § 857 ZPO wegen der Vollstreckung in sonstige Vermögensrechte auf § 829 ZPO. Der Verweis auf die entsprechende Anwendung muss dann auch § 829 Abs. 4 ZPO umfassen. Insoweit sind auch diese Anträge von dem mit § 1 Abs. 3 ZVFV eingeführten Formular – zumindest optional – erfasst. Nicht eindeutig ist dies im Hinblick auf die Nutzungspflicht, da § 2 Abs. 1 Nr. 3 ZVFV im Wortlaut nicht auf die Zwangsvollstreckung wegen „Geldforderungen" beschränkt ist, sondern auf § 829 ZPO referenziert, der von §§ 846, 857 ZPO in Bezug genommen wird. Es spricht also vieles dafür, dass die Formulare nach den Anlagen 4 und 5 auch bei einer Vollstreckung nach § 846 oder § 857 ZPO verbindlich sind.[6]

> *Hinweis*
>
> Dass der Verordnungsgeber dies ähnlich bewertet, ergibt sich auch daraus, dass das Modul K in Anlage 5 ZVFV nicht nur von der Pfändung weiterer Forderungen, sondern eben auch weiterer Ansprüche (§ 846 ZPO) und weiterer Vermögensrechte (§ 857 ZPO) spricht. Insoweit bietet Modul K auch hinreichende Möglichkeiten, die nach §§ 846, 857 ZPO zu vollstreckenden Vermögensgegenstände zu bezeichnen.
>
> 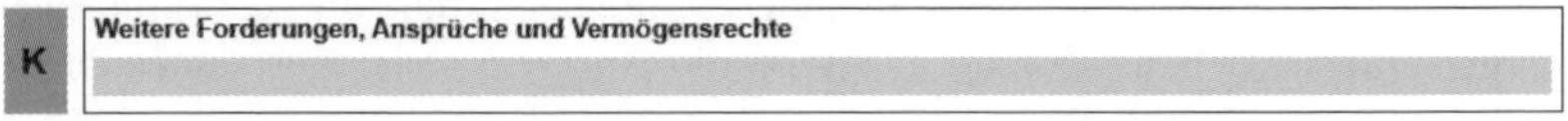
> K Weitere Forderungen, Ansprüche und Vermögensrechte

Eine andere Sichtweise liefe dem Bestreben entgegen, (auch) die Zwangsvollstreckung stärker zu digitalisieren, was eine weitgehend strukturierte Antragstellung voraussetzt. Gleichwohl wäre es hilfreich, wenn der Verordnungsgeber bei nächster Gelegenheit die Streitfrage entscheidet. Ansonsten birgt die formfreie Pfändung nach §§ 846, 857 ZPO die Gefahr eines Rangverlustes, wenn die Rechtsprechung im Einzelfall den Formularzwang annimmt und dann ein Rangverlust nach § 804 Abs. 3 ZPO droht.

12 Für den isolierten Antrag auf Erlass eines Überweisungsbeschluss, der auf eine Sicherungsvollstreckung nach § 720a ZPO bei Rechtskraft oder Sicherheitsleistung erfolgen oder nach den Voraussetzungen des § 852 ZPO beantragt werden kann, wird kein Formular eingeführt. Es bedarf dann faktisch auch nur eines Einzeilers, dass dem Gläubiger die gepfändeten Ansprüche zur Einziehung überwiesen werden, wenn der Vollstreckungstitel rechtskräftig geworden ist (§ 720a ZPO) bzw. bei den nach § 852 ZPO gepfändeten Ansprüchen der Anspruch anerkannt oder rechtshängig geworden ist, was kurz zu begründen wäre.

Ebenfalls nicht vom Formularzwang erfasst ist die Vorpfändung nach § 845 ZPO, d.h. die Zustellung des Benachrichtigungsschreibens des Gläubigers oder die Beauftragung des Gerichtsvollziehers, ein solches Benachrichtigungsschreiben zu fertigen und zuzustellen.

6 A.A. Zöller/*Seibel*, ZPO, 35. Aufl. 2024, § 829 Rn 43; Musielak/Voit/*Flockenhaus*, ZPO, 21. Aufl. 2024, § 829 Rn 2a; *Dirk/Griedel*, NJW 2013, 3201, 3206 zur ZVFV 2012 jeweils jedoch ohne Auseinandersetzung mit Sinn und Zweck der Regelung und der Reichweite der Ermächtigungsgrundlage.

K	**Vorpfändung (§ 845 ZPO)** Anfertigung der Benachrichtigung über die Vorpfändung und Zustellung sowie unverzügliche Mitteilung über die ☒ pfändbaren Forderungen, die dem Gerichtsvollzieher bekannt sind oder bekannt werden ☐ mit Ausnahme folgender Forderungen: ☐ folgenden Forderungen:

Dem Gläubiger oder seinem Bevollmächtigten bleibt also die Möglichkeit, die Pfändung einer Forderung gegenüber dem Drittschuldner und dem Schuldner durch ein formfreies Schreiben anzukündigen. Zu beachten ist lediglich, dass dieses durch einen Gerichtsvollzieher zugestellt werden muss. Auch der Zustellungsantrag an den Gerichtsvollzieher kann allerdings – wie nachfolgend bei den Ausführungen zu § 2 ZVFV noch zu zeigen sein wird – formfrei gestellt werden.

Hinweis

Ungeachtet dessen kann es sinnvoll sein, Formulare für einen Überweisungsbeschluss oder eine Vorpfändungsbenachrichtigung nach den Texten, Texteingabefeldern und Modulen der Anlagen 4 und 5 zu entwickeln. Ohnehin ist davon auszugehen, dass bei der Einführung weiterer Formulare auch der Verordnungsgeber in Zukunft entsprechend verfahren wird.

Auf den Antrag nach § 1 Abs. 3 ZVFV i.V.m. der Anlage 4 folgt dann in der Anlage 5 der Entwurf eines Pfändungs- oder eines Pfändungs- und Überweisungsbeschlusses. Dieser ist vom Gläubiger außerhalb der allein dem Gericht vorbehaltenen Felder zum Erlass vorzubereiten. Auch dort, wo das Gericht zum Ausfüllen berufen ist, kann es sich allerdings empfehlen, dies vorzubereiten. Insoweit muss es dem Rechtspfleger (§ 20 Abs. 1 Nr. 17 RPflG) aber möglich sein, den Vorschlag abzuändern. Für den fehlenden Entwurf eines Überweisungsbeschlusses gilt das zum Antrag Gesagte. 13

Anlage 5

Amtsgericht
– Vollstreckungsgericht –

Vom Gericht auszufüllen: Geschäftszeichen:

Beschluss

In der Zwangsvollstreckungssache

des Gläubigers (zu Ziffer)
☐ Herrn ☐ Frau ☐ Unternehmen ☐

ergeht folgender

☐ Pfändungs- und Überweisungsbeschluss ☐ Pfändungsbeschluss:

14 Der Antrag auf die Forderungspfändung wegen der Vollstreckung einer Geldforderung steht im unmittelbaren und untrennbaren Zusammenhang zu den hierauf bezogenen Forderungsaufstellungen nach den Anlagen 7 und 8 der ZVFV. Anders als bei der Vollstreckung mit dem Gerichtsvollzieher wird hier allerdings zwischen der Art der Vollstreckungsforderung differenziert. Anlage 7 betrifft die Forderungspfändung wegen einer gewöhnlichen Geldforderung, während Anlage 8 die Einziehung von Unterhaltsforderungen erfasst. Anlage 7 ist dann auch zu verwenden, wenn neben Herausgabeansprüchen (§ 846 ZPO) oder sonstigen Vermögensrechten (§ 857 ZPO), die nicht unmittelbar auf Geld gerichtet sind, die Vollstreckungskosten vollstreckt werden sollen.

Anlage 7

Aufstellung von Forderungen, die keine gesetzlichen Unterhaltsansprüche sind, für den Antrag auf Erlass eines Pfändungsbeschlusses und eines Pfändungs- und Überweisungsbeschlusses

Lfd. Nr.

Die Gläubiger können von den Schuldnern aus dem Vollstreckungstitel (zu Ziffer) die nachfolgend aufgeführten Beträge beanspruchen:

I. Hauptforderungen einschließlich dazugehöriger Zinsen und Säumniszuschläge

Anlage 8

Aufstellung von Forderungen bei der Vollstreckung von gesetzlichen Unterhaltsansprüchen für den Antrag auf Erlass eines Pfändungsbeschlusses und eines Pfändungs- und Überweisungsbeschlusses

Lfd. Nr.

	Name	Vorname(n)	geboren am
Unterhaltsberechtigter:			

Der Gläubiger kann von dem Schuldner (zu Ziffer) aus dem Vollstreckungstitel (zu Ziffer) die nachfolgend aufgeführten Beträge beanspruchen:

I. Rückständigen Unterhalt einschließlich dazugehöriger Zinsen und Säumniszuschläge

Unterhaltsrückstand für die Zeit vom bis Euro

15 Wie schon beim Gerichtsvollzieherauftrag und bei den Anträgen auf richterliche Anordnungen nach § 758a ZPO sind auf den Webseiten des BMJ[7] auch hier – unverbindliche – Hinweise zum Ausfüllen der Formulare der Anlagen 4, 5, 7 und 8 zu finden.

7 https://www.bmj.de/DE/service/formulare/form_zwangsvollstreckung/form_zwangsvollstreckung_node.html – abgerufen am 1.8.2024.

Hinweisblatt für den Antrag auf Erlass eines Pfändungsbeschlusses und eines Pfändungs- und Überweisungsbeschlusses

Dieses Hinweisblatt dient der Hilfe bei der Antragstellung. Es entfaltet keine Bindungswirkung für Gerichte.

Es bleibt zu berücksichtigen, dass die Hinweise nicht immer aktuell sein müssen. So ist im Hinweisblatt die Angabe von vergangenen Zahlungen angesprochen (S. 5), obwohl diese in der Anlage 7 oder 8 gerade nicht mehr angegeben werden müssen, was im Einklang mit der höchstrichterlichen Rechtsprechung steht.[8] Vollstreckungsorgane sind danach nicht berechtigt, die Verrechnung von Teilzahlungen nach §§ 366, 367 BGB zu prüfen. Es handelt sich bei Beanstandungen der Verrechnung um die Behauptung, die noch geltend gemachte Forderung sei bereits (teilweise) erfüllt. Die Erfüllung ist ein materiell-rechtlicher Einwand, den allein der Schuldner mit der Vollstreckungsgegenklage verfolgen muss.

VI. Forderungsaufstellung in drei Varianten

Neben den Formularen für die Antragstellung und den hierauf bezogenen Formularen für die auf den Antrag folgenden Beschlüssen führt der Verordnungsgeber in § 1 Abs. 4 ZVFV insgesamt drei Forderungsaufstellungen ein. 16

Anlage 6 der ZVFV bildet die einheitliche Forderungsaufstellung für die Beauftragung des Gerichtsvollziehers ungeachtet der Art der zu vollstreckenden Forderungen ab. Demgegenüber betrifft die Anlage 7 allein die Vollstreckung wegen einer gewöhnlichen Geldforderung, die keine Unterhaltsforderung ist, um letztere dann dem Formularzwang nach der Anlage 8 zu unterwerfen.

Anlage 6

Aufstellung von Forderungen für Vollstreckungsaufträge an Gerichtsvollzieher

Lfd. Nr.

Die Gläubiger können von den Schuldnern aus dem Vollstreckungstitel (zu Ziffer) die nachfolgend aufgeführten Beträge beanspruchen:

I. Hauptforderungen einschließlich dazugehöriger Zinsen und Säumniszuschläge

8 BGH v. 15.6.2016 – VII ZB 58/15.

Anlage 7

Aufstellung von Forderungen, die keine gesetzlichen Unterhaltsansprüche sind, für den Antrag auf Erlass eines Pfändungsbeschlusses und eines Pfändungs- und Überweisungsbeschlusses

Lfd. Nr.

Die Gläubiger können von den Schuldnern aus dem Vollstreckungstitel (zu Ziffer) die nachfolgend aufgeführten Beträge beanspruchen:

I. Hauptforderungen einschließlich dazugehöriger Zinsen und Säumniszuschläge

Anlage 8

Aufstellung von Forderungen bei der Vollstreckung von gesetzlichen Unterhaltsansprüchen für den Antrag auf Erlass eines Pfändungsbeschlusses und eines Pfändungs- und Überweisungsbeschlusses

Lfd. Nr.

	Name	Vorname(n)	geboren am
Unterhaltsberechtigter:			

Der Gläubiger kann von dem Schuldner (zu Ziffer) aus dem Vollstreckungstitel (zu Ziffer) die nachfolgend aufgeführten Beträge beanspruchen:

I. Rückständigen Unterhalt einschließlich dazugehöriger Zinsen und Säumniszuschläge

Unterhaltsrückstand für die Zeit vom bis Euro

17 Dabei ergibt sich aus § 2 Abs. 5 ZVFV, dass die Forderungsaufstellung der Anlagen 6 bis 8 insgesamt mehrfach zu nutzen sind, wenn bei einfacher Nutzung die erforderlichen Angaben nicht gemacht werden können. Dies kann insbesondere bei mehreren Vollstreckungstiteln (mindestens eine Forderungsaufstellung je Vollstreckungstitel), aber auch bei einer Mehrzahl von Hauptforderungen in der Praxis relevant werden, da die Formulare nur die Angabe von drei Hauptforderungen zulassen. Zu diesem Zwecke sind in den Anlagen 1 (Gerichtsvollzieherauftrag) und 4 (Antrag auf Erlass eines Pfändungs- oder Pfändungs- und Überweisungsbeschlusses) die Zahl der beigefügten Forderungsaufstellungen anzugeben.

Anlage 1 in Modul C

und die Forderungsaufstellung (bei Mehrfachverwendung Forderungsaufstellungen) übermittelt.

Anlage 4 auf S. 2

Es werden

- **die in dem Beschlussentwurf bezeichneten Vollstreckungstitel mit den jeweiligen Zustellungsnachweisen**
- **und die Forderungsaufstellung (bei Mehrfachverwendung: Forderungsaufstellungen)**

übermittelt.

Allerdings können die Forderungsaufstellungen nach § 3 Abs. 2 Nr. 6 lit. a) ZVFV zulässigerweise abgewandelt werden, was eine mehrfache Nutzung zumindest bei mehr als drei Hauptforderungen entbehrlich machen kann, weil die Zeilen zu der Hauptforderung mehrfach dupliziert werden können.[9] Dies kann insbesondere bei

9 BR-Drucks 561/22, 63.

Forderungen aus Dauerschuldverhältnissen, etwa Mieten, geltend gemacht werden, wobei für jede Hauptforderung andere Zinszeitpunkte zu berücksichtigen sind.

18 Aus der Regelungsstruktur des § 1 Abs. 4 ZVFV ergibt sich zugleich, dass den Anträgen nach § 758a ZPO auf Erlass einer Durchsuchungsanordnung oder die richterliche Ermächtigung zur Vollstreckung zur Nachtzeit oder an Sonn- und Feiertagen keine Forderungsaufstellung beigefügt werden muss. Das Amtsgericht und der hier funktionell zuständige Richter nehmen keine Zahlungen des Schuldners entgegen. Die Antragstellung impliziert die Versicherung, dass noch eine Vollstreckungsforderung besteht.

B. Nutzungspflicht nach § 2 ZVFV

I. § 2 ZVFV im Wortlaut

§ 2 19

Nutzung der Formulare

(1) Die Formulare der Anlagen 1 bis 5 sind ausschließlich für die folgenden Zwecke verbindlich:

1. das Formular der Anlage 1 für Vollstreckungsaufträge an Gerichtsvollzieher zur Zwangsvollstreckung wegen Geldforderungen,
2. die Formulare der Anlagen 2 und 3 für Anträge nach § 758a Absatz 1 der Zivilprozessordnung,
3. die Formulare der Anlagen 4 und 5 für Anträge nach § 829 der Zivilprozessordnung und für Anträge nach den §§ 829 und 835 der Zivilprozessordnung.

(2) Vollstreckungsaufträgen an Gerichtsvollzieher zur Zwangsvollstreckung wegen Geldforderungen ist das Formular der Anlage 6 beizufügen.

(3) Für Anträge nach § 1 Absatz 2 ist dem Formular der Anlage 2 das Formular der Anlage 3 beizufügen.

(4) Für Anträge nach § 1 Absatz 3 ist dem Formular der Anlage 4 beizufügen:

1. das Formular der Anlage 5,
2. das Formular der Anlage 7, wenn die Zwangsvollstreckung wegen Geldforderungen betrieben wird, die keine gesetzlichen Unterhaltsansprüche sind, sowie
3. das Formular der Anlage 8, wenn die Zwangsvollstreckung wegen gesetzlicher Unterhaltsansprüche betrieben wird.

(5) Die Formulare der Anlagen 6 bis 8 sind insgesamt mehrfach zu nutzen, wenn bei

einfacher Nutzung die erforderlichen Angaben nicht gemacht werden können, es sei denn, die erforderlichen Angaben werden in einem nach § 3 Absatz 2 Nummer 6 Buchstabe a zulässigerweise abweichenden Formular gemacht.

II. Einführung

20 Die eingeführten Formulare greifen in ihren Nutzungsmöglichkeiten über die tatsächlichen Nutzungsverpflichtungen hinaus. Insoweit baut § 2 ZVFV auf den mit § 1 ZVFV i.V.m. den Anlagen 1 bis 8 eingeführten Formularen auf und ordnet an, in welchen Fällen die Verwendung der Formulare – ab dem 1.9.2024 – verbindlich ist. Dies ist selbstverständlich primär durch die gesetzlichen Ermächtigungsgrundlagen bestimmt. Der Verordnungsgeber hat keine Möglichkeit, ein Formular für verbindlich zu erklären, ohne dass es dafür eine gesetzliche Ermächtigungsgrundlage gibt. Dabei bezieht sich die Nutzungspflicht nicht nur auf die Antragsformulare (Anlagen 1, 2 und 4 ZVFV), sondern auch die Beschlussentwürfe (Anlagen 3 und 5 ZVFV) sowie die Forderungsaufstellungen (Anlagen 6, 7 und 8 ZVFV).[10] Das ergibt sich schon unmittelbar aus der in § 2 ZVFV vorgenommenen Zuordnung der Formulare untereinander. Adressat der Nutzungspflicht sind mithin nicht nur die Gläubiger mit ihren Bevollmächtigten, sondern auch die Gerichte.

21 Der Umfang der Nutzungspflicht richtet sich also primär nach der Ermächtigungsgrundlage. So erlaubt § 758a Abs. 6 ZPO durch den Verweis auf § 758a Abs. 1 ZPO zwar die Einführung eines verbindlichen Formulars für die Durchsuchungsanordnung, nicht aber auch für die Anordnung der Vollstreckung zur Nachtzeit, d.h. von abends 21.00 Uhr bis morgens 06.00 Uhr (§ 758a Abs. 4 S. 2 ZPO) oder an Sonn- und Feiertagen. Gleichwohl führt § 1 Abs. 2 ZVFV auch für die letztgenannten Anordnungen ein Formular ein. Es bleibt als eingeführtes Formular also obligatorisch, d.h. unverbindlich. Das macht es nicht weniger zweckmäßig, das Formular zu nutzen. Andererseits erlaubt § 829 Abs. 4 ZPO ein verbindliches Formular für den Pfändungs- und Überweisungsbeschluss und damit konsequenterweise auch für den isolierten Pfändungsbeschluss und den isolierten Überweisungsbeschluss. Da letzterer allerdings nur kurz zu fassen ist, hat der Verordnungsgeber, das BMJ, wohl auf die verbindliche Verordnung eines Formulars für den Entwurf eines Überweisungsbeschlusses verzichtet. Im Hinblick auf eine elektronische Bearbeitung durch Gläubiger- und Schuldnervertreter und eine entsprechende Weiterverarbeitung durch die Gerichte ist es wünschenswert, dass der Verordnungsgeber die Möglichkeit, weitere Formulare zu schaffen, nutzt.

Die Nutzungspflicht beinhaltet, dass die Anträge und die Beschlussentwürfe bei den richterlichen Anordnungen und dem Pfändungsbeschluss- bzw. Pfändungs- und Überweisungsbeschluss so vollständig und richtig auszufüllen sind, wie es die rechtlichen Vorgaben des Vollstreckungsantrags nach Maßgabe der ZPO verlangen. Es stellt einen Verstoß gegen die Nutzungspflicht dar, wenn im Formular mögliche Eintragungen in Anschreiben oder sonstige Anlagen übernommen werden. Die Ausnahmen hiervon sind in § 3 ZVFV normiert. Es bleibt danach aber bei dem Grundsatz, dass primär die Eintragungsmöglichkeiten in den Formularen zu nutzen

10 BR-Drucks 561/22, 60 ff.; Referentenentwurf, S. 52.

sind. Das ist auch zwingende Voraussetzung für eine (künftige) automatisierte Weiterverarbeitung. Maßgeblich ist dabei der potenzielle Eintragungsumfang in die Formulare, wie sie im Bundesgesetzblatt bekannt gemacht wurden. So dürfen Forderungsaufstellungen der Bevollmächtigten der Gläubiger den Vollstreckungsanträgen nicht beigefügt werden. Hier ist allein auf die Anlagen 6 bis 8 ZVFV zurückzugreifen. Erst wenn dort definitiv und auch unter Nutzung der Möglichkeiten des § 3 Abs. 2 Nr. 5 und 6 ZVFV keine Eintragungsmöglichkeit für notwendige Angaben besteht, darf eine eigene Forderungsaufstellung mit übersandt werden.[11] Es muss beachtet werden, dass eine andere Verfahrensweise die Formunwirksamkeit des Antrags begründen könnte.

> *Hinweis*
>
> Die Hinweise des BMJ geben dagegen keinen verbindlichen Rahmen für das Ausfüllen der Formulare vor. So müssen beispielsweise weder die bisherigen Zahlungen des Schuldners in den Formularen angegeben werden noch müssen diese zwingend unterschrieben sein, obwohl beide Aspekte in den Hinweisen angesprochen sind.

III. Nutzungspflicht bei der Vollstreckung mit dem Gerichtsvollzieher

Anders als noch nach § 1 Abs. 2 S. 2 GVFV 2015 beschränkt sich die ZVFV in § 2 **22**
Abs. 1 Nr. 1 ZVFV nicht mehr auf privatrechtliche Forderungen. Alle Vollstreckungsaufträge an den Gerichtsvollzieher unterliegen im nachfolgend beschriebenen Umfang der Nutzungspflicht. Wie dargelegt gilt dies für private Gläubiger allerdings zwingend ab dem 1.9.2024, während der öffentlich-rechtliche Gläubiger noch eine Schonfrist bis zur Verbindlichkeit bis zum 1.5.2025 genießt.

> *Hinweis*
>
> Die Formulare nach Anlage 1 und 6 ZVFV sind im Anwendungsbereich des § 753 ZPO verbindlich, grundsätzlich also nur für die Zwangsvollstreckung wegen Forderungen aus bürgerlichen Rechtstreitigkeiten vor den ordentlichen Gerichten (§ 3 des Gesetzes betreffend die Einführung der Zivilprozessordnung, ZPOEG). Dies gilt unabhängig davon, wer Antragsteller ist. Der Formularzwang gilt also auch für Behörden, die privatrechtliche Forderungen vollstrecken, etwa Jugendämter, die aus abgetretenen Unterhaltsforderungen vollstrecken. Für die Beitreibung öffentlich-rechtlicher Forderungen (vgl. § 1 Abs. 2 S. 2 GVFV 2015) gilt der Formularzwang hingegen nicht aufgrund von § 753 Abs. 3 ZPO. Sofern allerdings die entsprechende Geltung des § 753 Abs. 3 ZPO durch die Vorschrift eines anderen – öffentlich-rechtlichen – Gesetzes angeord-

11 BR-Drucks 561/22, 63.

net wird, gilt der Formularzwang auch für die Beitreibung öffentlich-rechtlicher Forderungen. Das ergibt sich auch aus der Verbindlichkeitsregelung in § 6 ZVFV. Eine pauschale Regelung zur Verbindlichkeit der Formulare für den Auftrag an den Gerichtsvollzieher wegen öffentlich-rechtlicher Forderungen sollte allerdings nach dem Willen des Verordnungsgebers in der Formularverordnung nicht mehr erfolgen.[12] § 1 Abs. 2 S. 2 GVFV 2015 hat daher keine Entsprechung in der ZVFV gefunden.

Wie bisher ist die Nutzungspflicht auch in Zukunft auf Aufträge an den Gerichtsvollzieher wegen der Vollstreckung von Geldforderungen, mithin auf Aufträge nach § 802a Abs. 2 ZPO beschränkt. Ausgenommen von dem Formularzwang bleiben mithin etwa

- Räumungsvollstreckungen
- Sonstige Herausgabevollstreckungen nach §§ 883 ff. ZPO
- Aufträge auf Abnahme von eidesstattlichen Versicherungen auf originär titulierte Auskunftsansprüche

Isolierte Zustellungsaufträge stellen keine Vollstreckungsaufträge dar, sodass auch sie grundsätzlich vom Formularzwang ausgenommen bleiben. Es wäre auch nicht vermittelbar, für eine einfache Zustellung einen mehrseitigen Antrag zu verlangen. Allerdings kann das Modul F in Anlage 1 in Zusammenhang mit weiteren Angaben als Vorlage für einen eigenen, nicht verbindlichen Zustellungsauftrag genutzt werden.

Anlage 1 mit Modul F

F	**Zustellung** ☐ sämtlicher beigefügter Vollstreckungstitel ☐ des Vollstreckungstitels (zu Ziffer) ☐ der beigefügten Vorpfändungsbenachrichtigung nach § 845 ZPO ☐

Die Nutzungspflicht für den Antrag nach der Anlage 1 ZVFV wird dann in § 2 Abs. 2 ZVFV auf die korrespondierende Forderungsaufstellung in Anlage 6 erstreckt (dazu nachfolgend).

IV. Nutzungspflicht bei richterlichen Anordnungen

23 Während § 1 Abs. 2 ZVFV mit der Anlage 2 ZVFV einen Antrag auf Erlass einer Durchsuchungsanordnung und einen Antrag auf eine richterliche Anordnung der Vollstreckung zur Nachtzeit und an Sonn- und Feiertagen und in Anlage 3 die hierauf bezogenen Entwürfe der Beschlüsse einführt, erklärt § 2 Abs. 1 Nr. 2 ZVFV

12 BR-Drucks 561/22, 61; Referentenentwurf, S. 52.

ausdrücklich nur den erstgenannten Antrag auf die richterliche Durchsuchungsanordnung für verbindlich in dem er (nur) auf § 758a Abs. 1 ZPO verweist.

Da die Rechtsgrundlage in § 758a Abs. 6 ZPO nur die Verbindlichkeit des **Antrags, nicht aber auch des Beschlusses** vorsieht, sind die Gerichte nicht gezwungen, den als Anlage 3 ZVFV eingeführten Entwurf eines Beschlusses für die Anordnung der Durchsuchung zu verwenden. Dies ist letztlich Teil der richterlichen Freiheit und Unabhängigkeit. Es würde allerdings eigenartig anmuten, wenn Gerichte penibel auf die Einhaltung des Formularzwangs beim Antragsteller achten, sich selbst aber nicht an die optionalen Vorgaben halten. Es wird bei den optionalen Beschlüssen erwartet werden dürfen, dass die Gerichte eine Vorbildfunktion wahrnehmen. Ungeachtet dieser Beschränkung in der Ermächtigungsgrundlage ordnet § 2 Abs. 2 Nr. 2 ZVFV die Verbindlichkeit auch des Beschlussentwurfs nach Anlage 3 ZVFV an.

Der Antrag auf eine richterliche Anordnung der Vollstreckung zur Nachtzeit und an Sonn- und Feiertagen und in Anlage 3 ZVFV der hierauf bezogene Entwurf des Beschlusses sind beide nur obligatorischer Natur. Die Rechtsgrundlage für die Einführung von Formularen verweist ausdrücklich nur auf die richterliche Durchsuchungsanordnung. Die Anlage 2 ZVFV kann, muss aber insoweit nicht vom Gläubiger oder den Bevollmächtigten genutzt werden.

Anders als bei den übrigen Anträgen muss dem Antrag auf eine richterliche Durchsuchungsanordnung keine Forderungsaufstellung beigefügt werden. Beizufügen ist nach § 2 Abs. 3 ZVFV lediglich der Beschlussentwurf nach der Anlage 3. Dieser ist insoweit vorauszufüllen, wie die Anordnungen nicht ausdrücklich dem Richter vorbehalten sind. 24

Hinweis

Soweit die Anlage 3 ZVFV vorsieht, dass einzelne Textfelder „*Vom Gericht auszufüllen*" sind, hindert dies den Antragsteller nicht, hier bereits Angaben zu machen, sofern nur gesichert ist, dass der Richter diese Angaben ändern kann (veränderliches PDF). Es muss dann mithin ein ausfüllbares und änderbares Formular übermittelt werden. Die richterliche Praxis wird ob der Arbeitsersparnis dafür dankbar sein. Die Vorstellung des Verordnungsgebers, die Vollstreckungsorgane – Richter und Rechtspfleger – würden die Beschlüsse stets eigenständig befüllen, widerspricht nicht nur der aktuellen Praxis, sondern ist von den genannten Funktionsträgern auch nicht gewollt.

V. Nutzungspflicht in der Forderungspfändung

Die Nutzungsverpflichtung in der Forderungspfändung bezieht sich zunächst auf den Antrag auf Erlass eines Pfändungsbeschlusses oder eines Pfändungs- und Überweisungsbeschluss nach Anlage 4 ZVFV. 25

Zwingend ist der Antrag sodann mit dem Entwurf des Pfändungsbeschlusses oder Pfändungs- und Überweisungsbeschlusses nach Anlage 5 ZVFV zu verbinden. Da die Rechtsgrundlage in § 829 Abs. 4 ZPO aber nur die Verbindlichkeit des Antrags vorsieht und sich auch nur an den Antragsteller richtet, sind die Vollstreckungsgerichte erneut nicht gezwungen, den als Anlage 5 eingeführten Entwurf eines Beschlusses zu verwenden. Ungeachtet dieser Beschränkung in der Ermächtigungsgrundlage ordnet § 2 Abs. 2 Nr. 3 die Verbindlichkeit auch des Beschlussentwurfs nach Anlage 5 ZVFV an. Grundsätzlich ist es dem Vollstreckungsgericht nicht versagt, die Angaben in dem Beschlussentwurf in ein eigenes Formular oder eine sonstige Beschlussform zu übertragen.

> *Hinweis*
>
> Die Annahme des Verordnungsgebers, das Vollstreckungsgericht müsse den Beschlussentwurf des Antragstellers nicht nutzen, sondern könne diese selbst entwerfen,[13] dürfte allerdings wenig mit der Praxis zu tun haben. In der Regel moniert der Rechtspfleger den Beschlussentwurf und verlangt die Vorlage eines geänderten Entwurfs. Die Begründung des Verordnungsgeber gibt allerdings Rückenwind für den Hinweis an den Rechtspfleger, er möge den Beschluss dann eigenständig fassen und erlassen und im Übrigen – rechtsmittelfähig – zurückzuweisen.

Es mutet ansonsten eigenartig an, wenn Gerichte penibel auf die Einhaltung des Formularzwangs beim Antragsteller achten würden, sich selbst aber nicht an die optionalen Vorgaben halten und die Anlagen 3 und 5 ZVFV nicht nutzen würden. Das Vollstreckungsgericht kann von dem Antragsteller nicht verlangen, einen eigenen Beschlussentwurf des jeweiligen Gerichts oder gar des konkreten Rechtspflegers zu verwenden. Hierfür fehlt es an einer Rechtsgrundlage in der ZPO.

26 Auf der Ebene der Forderungsaufstellungen zum Antrag und zum Beschlussentwurf ist dann zu unterscheiden, ob die Zwangsvollstreckung wegen Geldforderungen betrieben wird, die keine gesetzlichen Unterhaltsansprüche sind, oder ob die Zwangsvollstreckung wegen gesetzlicher Unterhaltsansprüche betrieben wird. Im erstgenannten Fall ist dem Antrag die Anlage 4 ZVFV und dem Beschlussentwurf nach Anlage 5 ZVFV die Forderungsaufstellung nach Anlage 7 ZVFV beizufügen, während diese bei der Zwangsvollstreckung wegen gesetzlicher Unterhaltsansprüche durch die Anlage 8 ZVFV ersetzt wird.

VI. Mehrfache Nutzungspflicht bei den Forderungsaufstellungen

27 Die Forderungsaufstellungen waren bereits in der Vergangenheit das größte Problem der eingeführten Formulare nach der ZVFV 2012 und der GVFV 2015. Wäh-

13 BR-Drucks 561/22, 62, 73.

rend die GVFV 2015 diese immerhin schon als Anlage kannte, war sie nach der ZVFV 2012 in den Beschlussentwurf für den Pfändungs- und Überweisungsbeschluss (dort S. 3) integriert. In der Sache korrespondierten die Forderungsaufstellungen allerdings nicht mit den Forderungsaufstellungen in den klassischen Softwareprodukten für die Forderungseinziehung. Diese zeichnen einen historischen Verlauf der Forderung nach, was diese aus sich heraus verständlich macht. Nicht wenige Gerichtsvollzieher und Vollstreckungsgerichte waren den Gläubigern bzw. ihren Bevollmächtigten dankbar, wenn sie den Aufträgen eine historische Forderungsaufstellung beigefügt haben. Teilweise wurde und wird die Vorlage einer solchen Gesamtforderungsaufstellung auch verlangt. Vor dem Hintergrund der rechtlichen Anforderungen und der Regelungen in § 3 ZVFV ist dies aber mit der ZVFV 2022 nicht mehr zulässig.

Die damaligen ebenso wie die heutigen Forderungsaufstellungen in den Anlagen 6 bis 8 ZVFV stellen dagegen Zusammenfassungen dar, die in komplexeren Konstellationen gerade nicht mehr aus sich heraus verständlich sind. Dies zeigt sich gerade dann, wenn eine Vielzahl von Hauptforderungen mit unterschiedlich hierauf zu verrechnenden Teilzahlungen, unterschiedlichen Zinszeitpunkten und ggf. auch Zinssätzen abzubilden sind. Schon bei Forderungen aus einem Mietverhältnis (als ein Standardfall), die sich über viele Monate mit unterschiedlichen Beträgen ziehen und Mietzinsansprüche, Nebenkostenansprüche und Schadensersatzansprüche umfassen, kann dies in der Darstellung der Formulare kompliziert werden.

Diese Problematik löst die ZVFV 2022 ebenso wenig wie die beiden Ergänzungen zur Saldierung mit der 2. ÄndVO ZVFV. Obwohl die klassischen Forderungsaufstellungen insbesondere von Rechtsanwälten und Inkassodienstleistern alle maßgeblichen Angaben enthalten, konnte sich der Verordnungsgeber nicht dazu durchringen, die Vorlage solcher Forderungsaufstellungen als Anlage zu den jeweiligen Anträgen zuzulassen. Dies überrascht nicht zuletzt vor dem Hintergrund, dass die Gerichtsvollzieher und Vollstreckungsgerichte in der Praxis regelmäßig genau diese Forderungsaufstellungen anfordern. Ein sachlicher Grund für die gewählte Vorgehensweise ist nicht zu sehen. Zwar enthalten die Forderungsaufstellungen der Rechtsdienstleister auch die erfolgten Zahlungen des Schuldners in der Vergangenheit und zeigen die von dem Gläubiger vorgenommenen Verrechnungen auf Kosten, Zinsen und Hauptforderung nach Maßgabe der §§ 366, 367 ZPO. Höchstrichterlich entschieden ist zwar, dass die Verrechnung dem materiellen Recht unterworfen und damit von den Vollstreckungsorganen nicht zu prüfen ist.[14] Um dies sicherzustellen, hätte es allerdings keiner eigenständigen Forderungsaufstellungen bedurft. Die mangelnde Prüfungskompetenz der Vollstreckungsorgane und die Möglichkeit für den Gläubiger, dies im Wege der Erinnerung oder sofortigen Beschwerde auch durchzusetzen, wäre ausreichend gewesen, um dies zu gewähr-

14 BGH v. 15.6.2016 – VII ZB 58/15.

leisten. Für die Gerichtsvollzieher hätte eine Ergänzung der Gerichtsvollziehergeschäftsanweisung in Betracht gezogen werden können, die das Verbot der Prüfung von Zahlungsverrechnungen ausdrücklich regelt. Dies gilt umso mehr, als sowohl der Gerichtsvollzieher-Auftrag in Modul D als auch der Antrag auf Erlass eines Pfändungsbeschlusses oder Pfändungs- und Überweisungsbeschlusses die Möglichkeit vorsieht, eine Aufstellung über die geleisteten Zahlungen als Anlage zu übermitteln, wenn dies im Einzelfall zwar nicht rechtlich zwingend, aber zweckmäßig ist.

> *Hinweis*
>
> Vor dem Hintergrund der höchstrichterlich geklärten Frage, dass insoweit keine Prüfungskompetenz der Vollstreckungsorgane für eine zutreffende Verrechnung durch den Gläubiger besteht und dem Schuldner die Möglichkeit verbleibt, nach § 767 ZPO im Wege der Vollstreckungsgegenklage eine aus seiner Sicht unzutreffende Verrechnung zu beanstanden, kann dem Gläubiger oder seinem Bevollmächtigten nicht geraten werden, eine solche Aufstellung der bisherigen Zahlungen vorzulegen. Eine Rechtsgrundlage für ein Verlangen nach einer Zahlungsaufstellung fehlt. Es obliegt dem Schuldner, die (Teil-)Erfüllung darzulegen und zu beweisen. Nachweise des Schuldners i.S.d. § 775 ZPO führen dabei nur zur einstweiligen Einstellung der Zwangsvollstreckung. Einen Abschluss kann wiederum nur der Schuldner über den Weg der Vollstreckungsgegenklage erreichen, §§ 775 Nr. 1, 776 ZPO. Sich darauf einzulassen, verzögert die Zwangsvollstreckung und begründet damit die Gefahr von Rangverlusten nach § 804 Abs. 3 ZPO.

Die Problematik des elektronischen Rechtsverkehrs sowie der Übermittlung strukturierter Daten hätte dadurch gelöst werden können, dass den Softwareherstellern aufgegeben wird, die maßgeblichen Daten auf ihren Forderungsaufstellungen in bestimmter Weise darzustellen.[15] Dies gilt umso mehr als die Anträge auch eine Vielzahl weiterer unstrukturierter Anlagen erfordern können.

§ 2 Abs. 5 ZVFV will die Problematik lösen, in dem die Nutzungspflicht auf eine mehrfache Nutzung der Anlagen 6 bis 8 ZVFV erstreckt wird. Eine mehrfache Nutzung soll immer dann notwendig werden, wenn bei der einfachen Nutzung die erforderlichen Angaben nicht gemacht werden können. Dies bringt die Notwendigkeit mit sich, im Antragsformular die Zahl der Forderungsaufstellungen zu benennen und die jeweilige Forderungsaufstellung laufend zu nummerieren. Dies zeigt das nachfolgende Formular für den Gerichtsvollzieherauftrag in Anlage 1 und Anlage 6 ZVFV:

15 Regelbar in der Spezifikation 3.4.1 für XJustiz, vgl. https://xjustiz.justiz.de/xjustiz_3_4_1/index.php – abgerufen am 1.8.2024.

Anlage 1/Anlage 6

C

sowie der Vollstreckungstitel (zu Ziffer)

Art	Aussteller
Datum	Geschäftszeichen

☐ **zuzüglich Zustellungsnachweis**

☐ sowie die weiteren Vollstreckungstitel aufgeführt in weiterer Anlage

und die Forderungsaufstellung (bei Mehrfachverwendung Forderungsaufstellungen) übermittelt.

Aufstellung von Forderungen für Vollstreckungsaufträge an Gerichtsvollzieher

Lfd. Nr.

Die Gläubiger können von den Schuldnern aus dem Vollstreckungstitel (zu Ziffer) die nachfolgend aufgeführten Beträge beanspruchen:

I. Hauptforderungen einschließlich dazugehöriger Zinsen und Säumniszuschläge			
☐ Haupt-forderung	☐ Restforderung aus Hauptforderung in Höhe von Euro	☐ Teilforderung aus Hauptforderung in Höhe von Euro	Euro

Technisch sind damit nicht unerhebliche Herausforderungen verbunden, wenn vermieden werden soll – und vor dem Hintergrund der extrem niedrigen Vergütung einer 0,3-Verfahrensgebühr nach Nr. 3309 VV RVG auch muss –, dass diese Eintragungen manuell vorgenommen werden.

Eine Ausnahme von der mehrfachen Verwendung ergibt sich aus dem Verweis von § 2 Abs. 5 ZVFV auf die Ausnahme nach § 3 Abs. 2 Nr. 6 lit. a) ZVFV. Danach ist es zulässig, den Text einschließlich der dazugehörigen Texteingabefelder, der sich innerhalb von Rahmen befindet, insgesamt oder teilweise mehrfach zu verwenden oder teilweise wegzulassen.[16] Der Antragsteller hat also die Wahl zwischen der mehrfachen Verwendung der Forderungsaufstellung als Ganzes oder der Duplizierung einzelner Textzeilen mit den darin enthaltenen Texteingabefeldern, was im Hinblick auf eine Mehrzahl von Hauptforderungen denkbar und sinnvoll ist. Die letzte Möglichkeit steht selbstredend nur dem Gläubiger zur Verfügung, in dessen Software die Formulare zeilenweise oder in Sinnabschnitten als Textbausteine abgebildet werden, sodass diese zu duplizieren sind. Dies ermöglicht es dem Antragsteller dann, etwa eine Vielzahl von Hauptforderungen nebst den darauf bezogenen Zinsforderungen untereinander darzustellen. Die dadurch mögliche Individuelle Gestaltung der Formulare widerspricht im Kern der gewollten strukturellen Vereinfachung und Gleichförmigkeit. Vor dem Hintergrund dieser Option wäre die Zulassung der Übersendung einer Forderungsaufstellung als Anlage nach Maßgabe der **28**

16 BR-Drucks 561/22, 63; Referentenentwurf, S. 54.

gängigen Softwaresysteme sehr viel sinnvoller gewesen, insbesondere wenn hierzu Vorgaben im XJustiz-Format gemacht worden wären.

Beispiel

Die Erweiterung der Anlage 6 ZVFV – Aufstellung von Forderungen für Vollstreckungsaufträge an Gerichtsvollzieher

Der Antragsteller hat sechs Mieten à 350 EUR (2.100 EUR) für Juni bis November 2022 zuzüglich Verzugszinsen von fünf Prozentpunkten über dem jeweiligen Basiszinssatz ab dem dritten Werktag des jeweiligen Monats, in dem die Mietzinsforderung fällig war, durch streitiges Urteil tituliert. Zahlungen des Schuldners sind bisher nicht erfolgt. Er möchte dies genauso in der Forderungsaufstellung nach Anlage 6 ZVFV zum Gegenstand eines Vollstreckungsauftrags machen. Die Forderungsaufstellung nach Anlage 6 ZVFV enthält aber nur zwei Zeilen mit Zeitabschnitten und nicht die weiter erforderliche Anzahl an Zeilen nach Zeitabschnitten.

Die Gläubiger können von den Schuldnern aus dem Vollstreckungstitel (zu Ziffer 1.) die nachfolgend aufgeführten Beträge beanspruchen:

I. Hauptforderungen einschließlich dazugehöriger Zinsen und Säumniszuschläge			
☒ Hauptforderung	☐ Restforderung aus Hauptforderung in Höhe von Euro	☐ Teilforderung aus Hauptforderung in Höhe von Euro	2.100 Euro
(Teil-/Rest-)Zinsen wie im Vollstreckungstitel ausgerechnet			Euro
(Teil-/Rest-)Zinsen in Höhe von			
☒ 5 Prozentpunkten über dem jeweiligen Basiszinssatz ☐ Prozent aus 350 Euro seit dem 04.06.2022 bis 05.07.2022			1,26 Euro
☒ 5 Prozentpunkten über dem jeweiligen Basiszinssatz ☐ Prozent aus 700 Euro seit dem 06.07.2022 bis 03.08.2022			2,29 Euro
☐ Prozentpunkten über dem jeweiligen Basiszinssatz ☐ Prozent aus Euro seit dem			

Er muss also weitere Zeilen einfügen,

Die Gläubiger können von den Schuldnern aus dem Vollstreckungstitel (zu Ziffer 1.) die nachfolgend aufgeführten Beträge beanspruchen:

I. Hauptforderungen einschließlich dazugehöriger Zinsen und Säumniszuschläge			
☒ Hauptforderung	☐ Restforderung aus Hauptforderung in Höhe von Euro	☐ Teilforderung aus Hauptforderung in Höhe von Euro	2.100 Euro
(Teil-/Rest-)Zinsen wie im Vollstreckungstitel ausgerechnet			Euro
(Teil-/Rest-)Zinsen in Höhe von			
☒ 5 Prozentpunkten über dem jeweiligen Basiszinssatz ☐ Prozent aus 350 Euro seit dem 04.06.2022 bis 05.07.2022			1,26 Euro
☒ 5 Prozentpunkten über dem jeweiligen Basiszinssatz ☐ Prozent aus 700 Euro seit dem 06.07.2022 bis 03.08.2022			2,29 Euro

☒ 5 Prozentpunkten über dem jeweiligen Basiszinssatz ☐ Prozent aus 1.050 Euro seit dem 04.08.2022 bis 05.09.2022	3,91 Euro
☒ 5 Prozentpunkten über dem jeweiligen Basiszinssatz ☐ Prozent aus 1.400 Euro seit dem 06.09.2022 bis 05.10.2022	4,74 Euro

☒ 5 Prozentpunkten über dem jeweiligen Basiszinssatz ☐ Prozent aus 1.750 Euro seit dem 06.10.2022 bis 03.11.2022	5,73 Euro
☒ 5 Prozentpunkten über dem jeweiligen Basiszinssatz ☐ Prozent aus 2.100 Euro seit dem 04.11.2022	

wenn er vermeiden will, zwei Forderungsaufstellungen nach der Anlage 6 zu verwenden.

Hinweis

Wie in anderen Zusammenhängen wäre es denkbar und wünschenswert gewesen, in Absprache mit den Softwareentwicklern der Rechtsdienstleister eine weitergehende Standardisierung voranzutreiben.

VII. Zusammenfassung und Übersicht zur Nutzungspflicht

Aus den vorstehenden Ausführungen ergeben sich die aus der nachfolgenden Tabelle ersichtlichen Kombinationen von Anträgen, Beschlussentwürfen und Forderungsaufstellungen. 29

Antrag	**Beschluss(-entwurf)**	**Forderungsaufstellung (FOA)**
Vollstreckungsauftrag GV Anlage 1	Keiner	FOA zum GV-Auftrag Anlage 6
Antrag PfÜB Gewöhnliche Geldforderung Anlage 4	Beschlussentwurf PfÜB Gewöhnliche Geldforderung Anlage 5	FOA ohne Unterhalt Gewöhnliche Geldforderung Anlage 7
Antrag PfÜB Unterhaltsforderung Anlage 4	Beschlussentwurf PfÜB Unterhaltsforderung Anlage 5	FOA ohne Unterhalt Unterhaltsforderung Anlage 8
Antrag Durchsuchungsanordnung Anlage 2	Beschlussentwurf Durchsuchung Anlage 3	Keine
Antrag Nacht-, Sonn- und Feiertagsbeschluss Anlage 2	Beschlussentwurf Nacht-, Sonn- und Feiertagsbeschluss Anlage 3	Keine

C. Zulässige Abweichungen von den Formularen nach § 3 ZVFV

I. § 3 ZVFV im Wortlaut

30 § 3

Abweichungen von den Formularen

(1) Abweichungen von den Formularen sind ausschließlich zulässig
1. nach Maßgabe der Absätze 2 und 3 und
2. unter der Voraussetzung, dass durch die Abweichungen Folgendes nicht beeinträchtigt wird:
   a) die Verständlichkeit und die Lesbarkeit der eingereichten Formulare sowie
   b) die Zuordnung von Text zu den jeweiligen Sinneinheiten, die durch einen mit einem Buchstaben versehenen und grau hinterlegten Balken gekennzeichnet sind (Module).

(2) Zulässig ist es,
1. die Formulare an geänderte Rechtsvorschriften anzupassen,
2. die Währungsangaben in den Formularen zu ändern,
3. unwesentliche Änderungen der formalen Gestaltung vorzunehmen,
4. den vorgesehenen Umfang von Texteingabefeldern zu erweitern oder zu verringern,
5. den Text einschließlich der dazugehörigen Texteingabefelder außerhalb der Rahmen für die Angaben zum Gläubiger in Modul A und zum Schuldner in Modul B in den Formularen der Anlagen 1, 3 und 5 insgesamt mehrfach zu verwenden,
6. den Text einschließlich der dazugehörigen Texteingabefelder, der sich innerhalb von Rahmen befindet,
   a) insgesamt oder teilweise mehrfach zu verwenden oder teilweise wegzulassen,
   b) insgesamt einschließlich des dazu gehörigen Rahmens und der insoweit betroffenen Modulbezeichnung wegzulassen,
7. weitere Anlagen beizufügen, soweit in dem Formular die gewünschten Angaben nicht gemacht werden können.

(3) Auf Text, der sich innerhalb von Rahmen befindet, die als vom Gericht auszufüllen gekennzeichnet sind, ist
1. Absatz 2 Nummer 4 und 6 Buchstabe a nicht anwendbar,
2. Absatz 2 Nummer 6 Buchstabe b nur bei den Modulen R, S und T des Formulars der Anlage 5 und nur dann anwendbar, wenn das jeweils am Anfang des betreffenden Moduls befindliche Kontrollkästchen nicht markiert wird.

II. Einführung

31 Die Vorgaben für die Nutzung der Formulare liegt in der grundsätzlichen Nutzungspflicht der unveränderten Formulare nach § 2 ZVFV i.V.m. § 3 Abs. 1 ZVFV. Die Regelung lässt grundsätzlich keine Ausnahmen zu, soweit Abweichungen nicht ausdrücklich in der Verordnung für zulässig erklärt werden. Es handelt sich mithin um ein Verbot der Nutzung geänderter Formulare mit Erlaubnisvorbehalt. Diese

Ausnahmen bestimmt vor allem § 3 Abs. 2 ZVFV, der sich insoweit als Ausnahme zur in § 2 ZVFV niedergelegten Regel präsentiert. Die grundsätzliche Unzulässigkeit von Abweichungen besteht dabei unabhängig von der Art und Weise, wie die Formulare ausgefüllt werden (handschriftlich oder am PC bzw. elektronisch), von der Form (Schriftstück, Datei oder Datensatz) oder vom Übermittlungsweg (postalisch oder elektronisch).[17]

§ 3 Abs. 1 i.V.m. Abs. 2 ZVFV regelt die Ausnahmen zu § 2 ZVFV, d.h. die Möglichkeit, die Formulare zu ändern, zu ergänzen, zu erweitern oder zu reduzieren. Die Änderung kann dabei in einer Anpassung in inhaltlicher oder formeller Hinsicht bestehen oder aber in einer Erweiterung oder Verringerung von Text, den Texteingabefeldern, Modulen oder Teilen der Module (Rahmen). Die Aufzählung ist dabei grundsätzlich enumerativ und abschließend. Für die Frage, ob eine Abweichung vorliegt, ist allein die im Bundesgesetzblatt jeweils letzte veröffentlichte Fassung maßgeblich.[18] 32

Hinweis

Änderungen im Sinne von Ergänzungen und Erweiterungen dienen dabei vor allem der fachlichen Optimierung im Hinblick auf den Vollstreckungserfolg, während die Reduzierung dem Kostenminderungsgebot genügt, wenn Kopier- und Beglaubigungskosten im Rahmen der Zustellung von Beschlüssen an Schuldner und Drittschuldner erspart werden sollen. Letzteres sollte allerdings bei einem zunehmenden elektronischen Rechtsverkehr in der Bedeutung abnehmen, zumal mit dem zum Zeitpunkt des Redaktionsschlusses dieser Auflage geplanten,[19] aber noch nicht beschlossenen Kostenrechtsmodernisierungsgesetzes 2025 jedenfalls die Beglaubigungskosten entfallen sollen, wenn dem Gerichtsvollzieher der Auftrag nebst Anlagen als elektronisches Dokument überlassen wird.

§ 3 Abs. 3 ZVFV begründet dann wiederum eine Ausnahme von der Ausnahme, indem er die vorbezeichneten Änderungsmöglichkeiten nach Abs. 2 für Text, der sich innerhalb von Rahmen befindet, die als vom Gericht auszufüllen gekennzeichnet sind, teilweise wieder eingeschränkt. Diese Textfelder müssen stets unverändert erhalten bleiben, damit das Gericht die Dispositionshoheit über den Beschluss behält. Mit der 2. ÄndVO ZVFV wurde dabei klargestellt, dass dies nicht gilt, wenn ein auf die Ausfüllmöglichkeit für das Gericht bezogener Antrag gar nicht gestellt wird, beispielswese also bei den Modulen Q, R und S im Entwurf eines Beschlusses für einen Pfändungs- und Überweisungsbeschluss zur privilegierten Vollstreckung. 33

17 BR-Drucks 561/22, 63; Referentenentwurf, S. 54.

18 BR-Drucks 561/22, 63; Referentenentwurf, S. 54.

19 https://www.bmj.de/SharedDocs/Gesetzgebungsverfahren/DE/2024_KostRAEG.html – abgerufen am 1.8.2024.

Zugleich wird die Möglichkeit von Änderungen insoweit eingeschränkt, als dass diese – auch wenn sie nach den weiteren Bestimmungen grundsätzlich zulässig wären – die Verständlichkeit und Lesbarkeit sowie die Zuordnung von Text zu Sinneinheiten nicht beeinträchtigen dürfen.

34 Ungeachtet der Regelungen in § 3 ZVFV wird die fortgeltende Rechtsprechung des BGH zum Formularzwang zu beachten sein. Als Ausnahme zur unveränderlichen Nutzungspflicht nach § 2 ZVFV i.V.m. § 3 ZVFV werden die Entscheidungen des BGH vom 13.2.2014 zu beachten sein. Danach können die den Formularzwang für Anträge auf Erlass eines Pfändungs- und Überweisungsbeschluss regelnden Rechtsnormen verfassungskonform dahingehend ausgelegt werden, dass der Gläubiger vom Formularzwang entbunden ist, soweit das Formular unvollständig, unzutreffend, fehlerhaft oder missverständlich ist.[20] Das gilt auch unter der ZVFV 2022 fort. Auch hat der BGH es zugelassen, dass der Gläubiger in einem seinen Fall nicht zutreffend erfassenden Rahmen oder Modulen Streichungen, Berichtigungen oder Ergänzungen in dem Formular vornehmen kann oder auch das Formular insoweit nicht nutzt, sondern auf beigefügte Anlagen verweist.[21]

Andererseits hat der BGH in seiner Rechtsprechung auch deutlich gemacht, dass immer dann, wenn das Formular eine vollständige Eintragungsmöglichkeit bietet, ausschließlich das vorgegebene Formular zu nutzen ist.[22] Insoweit bieten die aktuellen und die neuen Formulare sehr viel mehr und flexiblere Eintragungsmöglichkeiten, was den Spielraum für Änderungen deutlich einschränkt.

III. Verbot mit Erlaubnisvorbehalt

35 § 3 Abs. 1 ZVFV begründet zunächst ein Verbot von Abweichungen von den Formularen, um also dann in den Abs. 1 Nr. 2 i.V.m. Abs. 2 und 3 einen Erlaubnisvorbehalt zu konstituieren. Für die Frage, ob eine Abweichung vorliegt, ist allein die im Bundesgesetzblatt jeweils letzte veröffentlichte Fassung maßgeblich.[23]

§ 3 Abs. 1 Nr. 1 ZVFV verweist dabei auf die enumerativ aufgezählten Änderungen in Abs. 2, die durch Abs. 3 teilweise wieder eingeschränkt werden. Dies umschreibt den Erlaubnisvorbehalt.

§ 3 Abs. 1 Nr. 2 ZVFV begründet dann den übergeordneten Grundsatz, dass durch die Abweichungen die Verständlichkeit und Lesbarkeit der eingereichten Formulare sowie die Zuordnung von Text zu den jeweiligen Sinneinheiten der Module nicht

20 BGH v. 13.2.2014 – VII ZB 39/13 und viele andere Entscheidungen mehr.

21 BGH v. 13.2.2014 – VII ZB 46/13.

22 BGH v. 4.11.2015 – VII ZB 22/15; BGH v. 11.5.2016 – VII ZB 54/15.

23 BR-Drucks 561/22, 63; Referentenentwurf, S. 54; insoweit für die aktuellen Formulare (verbindlich ab 1.9.2024 und nutzbar bis zum 30.9.2025) die Fassung der ZVFV v. 16.12.2022, BGBl I 2022, 2368 und für die neuen Formulare (nutzbar ab dem 1.9.2024 und verbindlich ab dem 1.10.2025) die 2. ÄndVO ZVFV v. 17.6.2024, BGBl v. 21.6.2024, Nr. 203, 1–42.

beeinträchtigt werden dürfen. Zusammengenommen müssen die eingereichten Formulare trotz der Änderungen aus sich heraus für ein verständiges Vollstreckungsorgan nachvollziehbar sein und den gestellten Antrag mit hinreichender Bestimmtheit individualisieren.

Der BGH hat in diesem Kontext entschieden, dass sich die Formunwirksamkeit nicht daraus herleiten lässt, dass sich der Antragsteller eines Antragsformulars bedient, dass im Layout geringe, für die zügige Bearbeitung des Antrags nicht ins Gewicht fallende Änderungen enthält.[24] Eingereichte Anträge mit Änderungen sind deshalb verständig und mit dem Ziel der Rechtsverwirklichung entgegenzunehmen und zu betrachten. Der Formularzwang ist kein Selbstzweck und muss deshalb dort zurücktreten, wo das Anliegen des Antragstellers ohne Weiteres zu erfassen und ihm ohne Beeinträchtigung der Interessen der übrigen Beteiligten Rechnung zu tragen ist.

Die Möglichkeit der Änderungen stellt dabei die Alternative zu der ebenfalls möglichen Ergänzung der Formulare um Anlagen dar, wenn das Formular in der im Bundesgesetzblatt wiedergegebenen Fassung keine (weiteren) Eintragungen zulässt. Dies wird in § 3 Abs. 2 Nr. 7 ZVFV klargestellt, ergibt sich aber auch aus dem übergeordneten Grundsatz, dass die ZVFV die Möglichkeit der ZPO umsetzt, nicht aber beschränken kann. Das Arbeiten mit Anlagen lässt allerdings nur die Erweiterung der Formulare zu. Dies führt zu mehr Seiten und damit zu höheren Auslagen bei Beglaubigungs- und Kopierkosten sowie ggf. auch beim Porto, wenn der elektronische Rechtsverkehr nicht konsequent genutzt werden kann. Mehr Seiten begründen am Ende auch komplexere Anforderungen an die Weiterverarbeitung und Beachtung durch Vollstreckungsorgane, Drittschuldner und Schuldner. Auch die Gefahr von Widersprüchen wird größer. Die zulässigen Änderungen entfalten ihre für den Antragsteller positive – kostenrechtliche – Wirkung in der Reduzierung des Umfangs. Dies gilt für alle Teile der jeweiligen Formulare, die keinen Nutzzweck im Hinblick auf den zu erteilenden Auftrag haben.

IV. Anpassung an geänderte Rechtsvorschriften

Durchaus bemerkenswert ist es, dass es nach § 3 Abs. 2 Nr. 1 ZVFV zulässig ist, die 36
Formulare an geänderte Rechtsvorschriften anzupassen. Man sollte grundsätzlich erwarten, dass mit der Änderung von für die Formulare relevanten Rechtsänderungen zugleich auch die Formulare geändert werden. Die rechtstechnischen Schwierigkeiten dabei sollen aber nicht übersehen werden, wenn eine Rechtsnorm durch Gesetz geändert wird, während die Änderung der ZVFV erneut im Verordnungswege erfolgen müsste. Dies ist in einem Verfahren nicht möglich. Während bei der Gesetzesänderung als Akt der Legislative auch Bundestag und Bundesrat beteiligt

24 BGH v. 13.2.2014 – VII ZB 46/13 und VII ZB 39/13.

sind, ist an der Änderung der Verordnung als Akt der Exekutive nur der Bundesrat beteiligt. Wegen einer gesetzlichen Änderung insgesamt den Aufwand einer Änderung der gesamten ZVFV mit ihren Anlagen zu betreiben, kann im Einzelfall einen unangemessenen Aufwand begründen.

Der Zulässigkeit dieser Änderung liegt also die Erkenntnis zugrunde, dass regelmäßige Rechtsänderungen nicht auszuschließen sind; die Änderung der Formulare soll aber möglich sein, ohne dass jeweils der aufwändige Prozess einer Änderung der Zwangsvollstreckungsformular-Verordnung, insbesondere ihrer Anlagen, mit Zustimmung des Bundesrats durchlaufen werden muss.

So enthielten die früheren Formulare nach der ZVFV 2012 noch den Hinweis auf § 850c Abs. 4 ZPO für den Antrag auf Nichtberücksichtigung gesetzlich unterhaltsberechtigter Personen, während dieser Antrag schon seit dem 8.5.2021 seinen Platz in § 850c Abs. 6 ZPO gefunden hat. In diesem Fall ist der Anwender nunmehr berechtigt, die Formulierung „§ 850c Abs. 4“ durch „§ 850c Abs. 6“ zu ersetzen. Die Notwendigkeit, so zu verfahren, ist bereits absehbar, wenn das *Gesetz zur weiteren Digitalisierung der Zwangsvollstreckung* beschlossen wird, weil sich dann die Zuordnung der Verfahrensvollmacht (von § 753a ZPO in § 752a ZPO) und der Geldempfangsvollmacht (dann § 753a ZPO n.F.) ändert.

37 Die Änderungsbefugnis umfasst allerdings nicht nur die Berechtigung, die Formulare in der normativen Verortung anzupassen. Die Regelung greift deutlich weiter. Sie ermöglicht es auch, in die Module derart einzugreifen, dass zusätzliche Ankreuzmöglichkeiten und Textfelder geschaffen und zusätzlicher Text eingegeben wird, wenn der neue oder geänderte Norminhalt nicht nur an anderem Ort, sondern auch mit anderen Voraussetzungen geregelt wird. Dies ergibt sich daraus, dass § 3 Abs. 2 Nr. 1 ZVFV nicht nur von der Umnummerierung spricht, sondern von der „Anpassung der Formulare“ an die geänderte Rechtsvorschrift.

> *Beispiel*
>
> Zuletzt hätte dies etwa bei der umfassenden Änderung von § 802l ZPO, d.h. der Einholung von Auskünften Dritter durch den Gerichtsvollzieher, Anwendung finden können. Die neuen Formulare zeigen gerade, dass hier umfassende Ergänzungen im Hinblick auf die Versorgungseinrichtungen notwendig waren.

Soll der Formularzwang seinen Sinn der Strukturierung und Vereinheitlichung als Grundlage von Automatisierung sowie der effektiven und zügigen Bearbeitung nicht verlieren, wird dies aber immer nur zeitweise und bei vergleichbar geringen Änderungen der Fall sein können. Bei größeren Gesetzesreformen in der Zwangsvollstreckung, die letztlich auch vom BMJ ausgehen oder begleitet werden, wird zu verlangen sein, dass eine Anpassung der Zwangsvollstreckungsformular-Verordnung parallel betrieben wird, auch um Rechtsunsicherheiten zu vermeiden und den Prozess der Zwangsvollstreckung als Massenverfahren nicht zu stören. Dies wird etwa zeitnah zu fordern sein, wenn mit dem *Gesetz zur weiteren Digitalisierung der Zwangsvollstreckung* (auch) die Notwendigkeit der Vorlage eines Originaltitels in der Zwangsvollstreckung durch eine Erweiterung von §§ 754a, 829a ZPO nicht mehr notwendig sein wird.

Die Anpassungen können durch den Gläubiger oder seinen Bevollmächtigten erfolgen. Diese können sich wiederum auf Muster von Verlagen oder sonstigen Institutionen stützen.[25] Solche Mustervorlagen Dritter können allerdings – auch wenn sie vom BMJ oder den Landesjustizverwaltungen stammen –, keine Nutzungspflicht nach sich ziehen. Die Vollstreckungsorgane werden für den Fall von Rechtsänderungen deshalb die Anpassung stets hinzunehmen haben, soweit sie nur lesbar und verständlich ist.

V. Anpassung von Währungsangaben

Unter Berücksichtigung des Umstands, dass nach Maßgabe der ZPO nicht nur in **38**
Deutschland geschaffene Vollstreckungstitel Ausgangspunkt der Beauftragung eines Vollstreckungsorgans sein können oder auch ausländische Geldforderungen außerhalb des EUR in Deutschland tituliert werden können, hat sich der Verordnungsgeber gleichwohl entschieden, die Formulare – auch die Forderungsaufstellungen – grundsätzlich für Währungsangaben in EUR auszugestalten, gleichzeitig jedoch die Änderung der Währungsangabe in § 3 Abs. 2 Nr. 2 ZVFV für zulässig erklärt.

Dies erleichtert zunächst insbesondere die Zwangsvollstreckung bei ausländischen Unterhaltstiteln, die nicht auf EUR lauten. Zugleich nimmt diese Regelung allerdings auch die neue Rechtsprechung des BGH etwa zur Vollstreckung von Forderungen aus Park- oder Mautverstößen im Ausland auf.[26] Solche Fälle sind in großer Zahl zu verzeichnen, da die ausländischen Gläubiger die Forderungen gegen deutsche Schuldner regelmäßig zur Einziehung an deutsche Rechtsanwälte oder Inkassodienstleister übergeben.

Die Gläubiger können von den Schuldnern aus dem Vollstreckungstitel (zu Ziffer) die nachfolgend aufgeführten Beträge beanspruchen:

I. Hauptforderungen einschließlich dazugehöriger Zinsen und Säumniszuschläge			
☒ Hauptforderung	☐ Restforderung aus Hauptforderung in Höhe von Euro	☐ Teilforderung aus Hauptforderung in Höhe von Euro	23771,40 Euro

Hinweis

Diese Regelung ist fortschrittlich und geht über die beschränkte Regelung im gerichtlichen Mahnverfahren nach § 688 Abs. 1 ZPO hinaus. Im gerichtlichen Mahnverfahren kann nur eine Geldforderung in EUR tituliert werden. Hier muss entweder das Europäische Mahnverfahren oder aber das streitige Erkenntnisverfahren genutzt werden, wenn eine Geldforderung in einer ausländischen

25 BR-Drucks 561/22, 64; Referentenentwurf, S. 54.

26 BGH v. 28.9.2022 – XII ZR 7/22; BGH v. 7.12.2022 – XII ZR 34/22; BGH v. 8.3.2023 – XII ZR 37/22.

Währung, die nicht auf EUR lautet, tituliert werden soll. Es bleibt zu hoffen, dass der Gesetzgeber hier zeitnah mit einer Änderung von § 688 Abs. 1 ZPO reagiert.

VI. Änderungen in der Gestaltung

39 In § 3 Abs. 2 Nr. 3 ZVFV erlaubt der Verordnungsgeber unwesentliche Änderungen der formalen Gestaltung, des Layouts. Die strikte Bindung an die Vorgaben des Formulars sind nur insoweit erforderlich, als die einheitliche formale Gestaltung für den Wiedererkennungswert der Formulare für den Gerichtsvollzieher und für das Gericht sorgt, um die gewünschten Rationalisierungseffekte herbeizuführen.

Das Layout betrifft grundsätzlich nur die formale Gestaltung, sodass die hier geregelte Zulässigkeit einer Abweichung keine inhaltlichen Abweichungen insbesondere von den Texten und Texteingabefeldern rechtfertigt. Die komplette Wiederholung einer Seite des Formulars, etwa um mehr Gläubiger, Schuldner, Vollstreckungstitel oder Drittschuldner einzugeben, ist ebenso wenig eine unwesentliche Änderung der Gestaltung wie die Änderung der Modulbezeichnung.[27]

40 Das Element der Unwesentlichkeit gründet auf dem Sinn des Formularzwangs, den in der Einheitlichkeit liegenden Wiedererkennungseffekt nicht zu beeinträchtigen. Die Regelung steht dann im Kontext mit der Regelung in § 3 Abs. 1 Nr. 2 lit. a ZVFV, wonach die Verständlichkeit und Lesbarkeit nicht beeinträchtigt werden darf. In deren Beeinträchtigung liegt die Grenze der Änderungsbefugnis.[28]

Vor diesem Hintergrund erscheint eine Änderung der Schriftart, der Schriftgröße und/oder der Schriftfarbe ebenso unbedenklich wie eine Änderung des Zeilenabstands oder der Breite der Rahmenlinien. Im Sinne der höchstrichterlichen Rechtsprechung darf die Änderung des Layouts die zügige Bearbeitung nicht beeinträchtigen.[29] Dies wäre etwa der Fall, wenn die Schriftgröße unlesbar klein wird. Insoweit sollte die Schriftgröße nicht unter 8 Pt. fallen.

Eine zulässige Änderung im Layout kann auch darin liegen, beim Verzicht auf Text, Textfelder, Modulteile oder ganze Module die Seiten des Formulars neu durchzunummerieren. Dies macht nach außen deutlich, dass der eingereichte Auftrag, Beschlussentwurf oder die Forderungsaufstellung vollständig sind und nicht übersandte Module nicht versehentlich fehlen. Auch wird so deutlich gemacht, dass sich der Antragsteller dem Antrag bewusst und gewollt in dieser Form entäußern will. Andererseits dürfte aber auch das gänzliche Weglassen von Seitenzahlen eine zulässige Layoutänderung darstellen.

27 BR-Drucks 561/22, 65.

28 BR-Drucks 561/22, 65; Referentenentwurf, S. 54/55.

29 BGH v. 13.2.2013 – VII ZB 39/13.

Wohl keine bloße Änderung des Layouts dürfte es darstellen, außerhalb der nachfolgenden Regelungen neue Texteingabefelder zu schaffen, d.h. nicht nur vorhandene Texteingabefelder mehrfach zu verwenden. Darin läge eine inhaltliche Gestaltung, die über eine bloße geringfügige Änderung der formalen Gestaltung des Layouts hinausgeht.

Keine zulässige Änderung des Layouts stellt auch die Neubuchstabierung der Module dar, auch wenn auf einzelne Module aufgrund der nachfolgenden Regelungen verzichtet wird. Die Modulbezeichnungen sind inhaltlich fest mit der Sinneinheit des Auftrags verbunden.

Ebenfalls keine formelle, sondern eine inhaltliche Frage ist die Textbezeichnung von Texteingabefeldern. Diese dürfen auch dann nicht geändert werden, wenn die Bezeichnung im System des Antragstellers anders lautet, etwa Nachname statt Name oder Unternehmen statt Firma. Im Rahmen des § 3 Abs. 2 Nr. 3 ZVFV ist insoweit eine abweichende Bezeichnung nicht zulässig.

Das Weglassen von Text, Texteingabefeldern oder Rahmen ist keine Frage von § 3 Abs. 2 Nr. 3 ZVFV und damit von Änderungen des Layouts. Deren Zulässigkeit beurteilt sich vielmehr nach § 3 Abs. 2 Nr. 5 und 6 ZVFV.

VII. Anpassung der Texteingabefelder

Nach § 3 Abs. 2 Nr. 4 ZVFV ist es zulässig, den vorgesehenen Umfang von Texteingabefeldern zu erweitern oder zu verringern. 41 Zu beachten ist dabei die Einschränkung in § 3 Abs. 3 Nr. 1 ZVFV, wonach die Zulässigkeit dieser Abweichungen sich nicht auf Text und Texteingabefelder bezieht, der sich in Rahmen befindet, die ausdrücklich als vom Gericht auszufüllen bezeichnet sind.

Wie bei anderen zulässigen Änderungsmöglichkeiten ist es zunächst eine Frage der eingesetzten Software, ob die rechtliche Möglichkeit, die Zahl der Zeichen je Texteingabefeld zu erweitern oder zu verringern, auch tatsächlich als Funktionalität zur Verfügung steht. Im Standard-PDF lässt sich kein weiterer Text sonst eingeben.

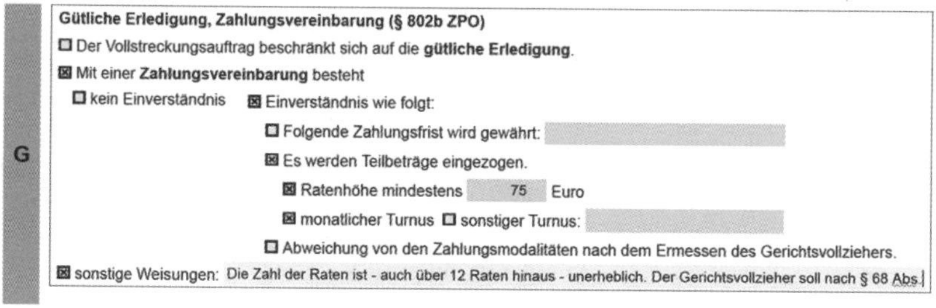
G

Gütliche Erledigung, Zahlungsvereinbarung (§ 802b ZPO)

☐ Der Vollstreckungsauftrag beschränkt sich auf die **gütliche Erledigung**.

☒ Mit einer **Zahlungsvereinbarung** besteht

☐ kein Einverständnis ☒ Einverständnis wie folgt:

☐ Folgende Zahlungsfrist wird gewährt:

☒ Es werden Teilbeträge eingezogen.

☒ Ratenhöhe mindestens 75 Euro

☒ monatlicher Turnus ☐ sonstiger Turnus:

☐ Abweichung von den Zahlungsmodalitäten nach dem Ermessen des Gerichtsvollziehers.

☒ sonstige Weisungen: Die Zahl der Raten ist - auch über 12 Raten hinaus - unerheblich. Der Gerichtsvollzieher soll nach § 68 Abs.

Die auf der Homepage des BMJ auffindbaren aktuellen Formulare erweitern Textfelder zulasten einer immer kleiner werdenden Schriftgröße, duplizieren also die Zeilen nicht, um einen Mehrtext in gleicher Schriftgröße aufzunehmen. Die Verkleinerung der Schrift wird dabei um 1–4 Pt. noch zumutbar sein und nicht gegen § 3 Abs. 1 Nr. 2 ZVFV verstoßen. Bei einer kleineren Schrift als 8 Pt. wird allerdings die Frage der Lesbarkeit tangiert sein.

G

Gütliche Erledigung, Zahlungsvereinbarung (§ 802b ZPO)

☐ Der Vollstreckungsauftrag beschränkt sich auf die **gütliche Erledigung**.

☒ Mit einer **Zahlungsvereinbarung** besteht

☐ kein Einverständnis ☒ Einverständnis wie folgt:

☐ Folgende Zahlungsfrist wird gewährt:

☒ Es werden Teilbeträge eingezogen.

☒ Ratenhöhe mindestens 75,00 Euro

☒ monatlicher Turnus ☐ sonstiger Turnus:

☐ Abweichung von den Zahlungsmodalitäten nach dem Ermessen des Gerichtsvollziehers.

☐ sonstige Weisungen: Die Zahl der Raten ist - auch über 12 Raten hinaus - unerheblich. Der Gerichtsvollzieher soll nach § 68 Abs. 2 ZPO S. 2 GVGA die Gründe protokollieren aufgrund derer eine güliche Erledigung gescheitert ist.

Wird das Formular – was möglich ist – heruntergeladen und in einem der gängigen PDF-Reader geöffnet, steht auch diese Möglichkeit der Textfelderweiterung – jedenfalls in den kostenfreien Versionen – teilweise nicht mehr zur Verfügung.

Besteht die Möglichkeit der Textfelderweiterung, ist darin auch die Option daraus resultierender Zeilenumbrüche eingeschlossen.

VIII. Mehrfache Verwendung von Text und Texteingabefeldern

42 Nach § 3 Abs. 2 Nr. 5 ZVFV ist es zulässig, den Text einschließlich der dazugehörigen Texteingabefelder außerhalb der Rahmen für die Angaben zum Gläubiger in Modul A und zum Schuldner in Modul B in den Formularen der Anlagen 1 ZVFV (Gerichtsvollzieherauftrag), 3 ZVFV (Entwurf eines Beschlusses der richterlichen Anordnungen nach § 758a ZPO) und 5 ZVFV (Entwurf eines Pfändungsbeschluss oder Pfändungs- und Überweisungsbeschlusses) insgesamt mehrfach zu verwenden. Die zulässige Änderung der genannten Formulare stellt dabei eine Alternative zu der Option dar, weitere Gläubiger oder Schuldner in einer ergänzenden Anlage aufzuführen.

☐ sowie der weiteren Gläubiger gemäß weiterer Anlage

☐ sowie die weiteren Schuldner gemäß weiterer Anlage

§ 3 Abs. 2 Nr. 5 ZVFV betrifft dabei nur den Text außerhalb von Rahmen und nur in den Modulen A und B (und nicht etwa auch C betreffend die Vollstreckungstitel). Änderungen innerhalb der Rahmen und in den übrigen Modulen regelt § 3 Abs. 2 Nr. 6 ZVFV. Die zulässige Änderungsoption ermöglicht es, mehr als einen Gläubiger oder einen Schuldner aufzuführen, was schon in deren Nummerierung („(zu Ziffer ...)“) angelegt ist. Aktuelles und neues Formular unterscheiden sich dabei nur im äußeren Layout – das neue Formular zeigt keine grau hinterlegten Felder mehr, nicht aber inhaltlich.

Aktuelles Formular:

des Gläubigers (zu Ziffer)

☐ Herrn ☐ Frau ☐ Unternehmen ☐

Name/Firma	ggf. Vorname(n)
Straße	Hausnummer
Postleitzahl	Ort
Land (wenn nicht Deutschland)	Geschäftszeichen
Registergericht	Registernummer

☐ Der Gläubiger ist vorsteuerabzugsberechtigt.

Neues Formular:

des Gläubigers (zu Ziffer ______)

☐ Herr ☐ Frau ☐ Unternehmen ☐ ______

Name/Firma	ggf. Vorname(n)
Straße	Hausnummer
Postleitzahl	Ort
Land (wenn nicht Deutschland)	Geschäftszeichen
Registergericht	Registernummer

☐ Der Gläubiger ist nicht vorsteuerabzugsberechtigt.

Anders als in der nachfolgenden Nr. 6 erlaubt § 3 Abs. 2 Nr. 5 ZVFV allerdings nur die Duplizierung als Ganzes. Die stellt sicher, dass zu jedem Gläubiger gesondert alle für erforderlich gehaltenen Daten angegeben werden. Text und Textfelder außerhalb von Rahmen stellen also grundsätzlich Basisangaben dar,[30] die in ihrer Kompaktheit vom Verordnungsgeber für unverzichtbar gehalten werden. Insoweit ist es nicht möglich, bei mehreren Gläubigern – etwa Ehegatten oder den Gesellschaftern einer Gesellschaft bürgerlichen Rechts (GbR) – mit einer Adresse nur Namen und Vornamen zu duplizieren, um dann die gemeinsame Adresse wiederzugeben. Vielmehr ist jeder Gläubiger einzeln zu benennen.

Hinweis

Ohne dass die Zwangsvollstreckungsformular-Verordnung Vorschriften zur Gestaltung der Anlagen macht, müsste die Gestaltung einer Anlage über weitere Gläubiger oder Schuldner – die als solches vorgesehen ist – gleichermaßen gestaltet sein, d.h. die identischen Einzeldaten aufweisen. Ansonsten liefe die Regelung in der Sache leer.

30 BR-Drucks 561/22, 66, 67; Referentenentwurf, S. 55.

IX. Anpassung von Text und Texteingabefeldern innerhalb von Rahmen

43 Nach § 3 Abs. 2 Nr. 6 ZVFV ist es zulässig, den Text einschließlich der dazugehörigen Texteingabefelder, der sich innerhalb von Rahmen befindet, insgesamt oder teilweise mehrfach zu verwenden oder teilweise wegzulassen oder auch insgesamt einschließlich des dazugehörigen Rahmens und der insoweit betroffenen Modulbezeichnung wegzulassen. Es handelt sich, bezogen auf die Mehrfachverwendung, um eine ansonsten zulässige Alternative zur Beifügung von Anlagen. Das ermöglicht es, weitere Gläubiger, Schuldner oder Drittschuldner, aber auch etwa in den Modulen der Anlage 5 (Pfändungs- und Überweisungsbeschluss) weitere Kinder anzugeben, in dem die Angaben in den Rahmen so häufig wie nötig dupliziert werden. Umgekehrt können Rahmen auch weggelassen werden, wenn dort keine Angaben gemacht werden und diese auch nicht notwendig sind.

Die Regelung betrifft im Gegensatz zu § 3 Abs. 2 Nr. 5 nur den Text und die Texteingabefelder innerhalb der Rahmen. Text und Textfelder als einzelne Zeilen können ebenso mehrfach verwendet werden wie ein gesamter Rahmen mit dem darin enthaltenen Text und den Textfeldern. Die Regelung ist grundsätzlich als Ausnahme eng auszulegen. Erforderlich ist, dass der Text und die Textfelder weiterhin in einer Sinneinheit stehen. Ein zusammenhangsloses Verbinden einzelner Wörter oder Texteingabefelder ist nicht zulässig.[31]

Um diese Abweichungsmöglichkeit nutzen zu können, stellen sich besondere Anforderungen an die eingesetzte Software. Hier muss die Möglichkeit gegeben sein, den Text und die Texteingabefelder oder den gesamten Rahmen zu duplizieren oder eben auch zu streichen. Verfügt die Software über diese Möglichkeiten nicht, hilft – nachfolgend besprochen – § 3 Abs. 2 Nr. 7 ZVFV jedenfalls insoweit, wie es zusätzlicher Angaben bedarf. Die duplizierenden Angaben können dann innerhalb von Anlagen gemacht werden. Der Nachteil, dass dann verbleibende, aber nicht genutzte Module und Modulteile ohne Wert für die Auftragserteilung sind, verbleibt in dem Fall der beschränkten Flexibilität der Software dann allerdings. Sofern Kopien oder Beglaubigungen des Auftrags oder des Beschlusses nebst Anlagen notwendig sind, verteuert dies auch die Vollstreckung insgesamt. Gleichwohl steht nicht infrage, dass es sich um notwendige Kosten der Zwangsvollstreckung nach § 788 ZPO handelt, weil den Gläubiger keine Verpflichtung gegenüber dem Schuldner trifft, eine bestimmte, in der Gestaltung flexible Software einzusetzen.

Zunächst betrifft dies die Vollstreckungsanträge in Gänze. Alle Module, die sich ausschließlich aus Rahmen zusammensetzen und zu Aufträgen, die nicht gestellt werden sollen, können also entfallen, was geeignet ist, den Vollstreckungsantrag nachhaltig zu verkürzen.

31 Referentenentwurf, S. 56.

Beispiel

Es soll dem Gerichtsvollzieher auf der Grundlage eines bereits zugestellten Vollstreckungsbescheids der Auftrag zur gütlichen Erledigung nach § 802b ZPO (Modul G) i.V.m. der Abnahme der Vermögensauskunft nach § 802c ZPO (Modul H) erteilt werden. Erscheint der Schuldner zur Abnahme der Vermögensauskunft nicht, soll über das weitere Vorgehen (Ruhen der Vollstreckung bzw. außergerichtliches Vorgehen, Haftbefehlsantrag oder Einholung von Auskünften Dritter nach § 802l ZPO) erst dann entschieden werden. In diesem Fall können die Module F, I bis O entfallen. In Modul P ist dann noch die Reihenfolge der Anträge (G vor H) anzugeben, während in Modul G, H oder Q eine weitere Steuerung der Auftragserledigung vorgenommen werden kann (§§ 31 Abs. 2, 58 Abs. 2 GVGA).

Aber auch innerhalb der Module sind Anwendungsfälle von § 3 Abs. 2 Nr. 6 ZVFV zu sehen. Sinnfällig wird dies etwa im Modul D des Pfändungs- und Überweisungsbeschlusses. Hier sind die Angaben zu drei Drittschuldnern vorgesehen. Tatsächlich kann der Pfändungs- und Überweisungsbeschluss – wie regelmäßig – nur einen oder zwei Drittschuldner betreffen (Arbeitsgeber und/oder Kreditinstitut) betreffen oder aber auch eine Vielzahl von Drittschuldnern (Arbeitgeber, Kreditinstitut, Rentenversicherungsträger, Finanzamt). Im ersten Fall können ein oder zwei vollständige Rahmen entfallen, während im zweiten Fall die Rahmen zu duplizieren sind, damit vier Rahmen zur Verfügung stehen.

Beispiel

Modul D nach aktueller[32] und neuer[33] Fassung der Anlage 5

D

sowie dem Drittschuldner (zu Ziffer)

☐ Herrn ☐ Frau ☐ Unternehmen ☐

Name/Firma	ggf. Vorname(n)
Straße	Hausnummer
Postleitzahl	Ort
Land (wenn nicht Deutschland)	Ort
Registergericht	Registernummer
Geschäftszeichen	elektronische Zustelladresse

wegen der Forderungen, Ansprüche und sonstigen Rechte des Schuldners (zu Ziffer) aus den Modulen

32 ZVFV v. 16.12.2022, BGBl v. 21.12.2022, 2368, verbindlich vom 1.9.2024 bis 30.9.2025.

33 2. ÄndVO ZVFV v. 17.6.2024, BGBl v. 21.6.2024, Nr. 203, optional einsetzbar seit dem 1.9.2024 und verbindlich ab dem 1.10.2025.

D

sowie dem Drittschuldner (zu Ziffer ______)

☐ Herrn ☐ Frau ☐ Unternehmen ☐ ______

Name/Firma	ggf. Vorname(n)
Straße	Hausnummer
Postleitzahl	Ort
Land (wenn nicht Deutschland)	
Registergericht	Registernummer
Geschäftszeichen	elektronische Zustelladresse

wegen der Forderungen, Ansprüche und sonstigen Rechte des Schuldners (zu Ziffer ______) aus den Modulen ______

Der Balken mit der Bezeichnung des Moduls ist dann entsprechend zu verkürzen oder zu verlängern.

Text und Texteingabefelder können innerhalb der Rahmen mehrfach verwendet werden. Dies kann etwa bei der Firmenbezeichnung des Gläubigers, des Schuldners oder des Drittschuldners der Fall sein, wenn diese sehr lang ist. Das Feld Name/Firma ist dann zu verlängern oder zu duplizieren, das Feld Vorname zu verkürzen. Denkbar ist dies auch bei natürlichen Personen als Schuldner oder Drittschuldner, wenn es weiterer Angaben zu deren Identifizierung bedarf (Aliasnamen, Geburtsdatum, Hinweise zum Zustellungsort [Hinterhof]). Vor allem wird dies aber dort zu gelten haben, wo nur eine Textzeile für weitere oder sonstige Angaben, Weisungen oder Hinweise zur Verfügung steht, etwa im Modul G des Gerichtsvollzieherauftrags (Anlage 1 ZVFV) bei den sonstigen Weisungen, wenn mehrere Zeilen ergänzt werden sollen – statt einer Anlage wie nachfolgend zu § 3 Abs. 2 Nr. 7 ZVFV dargestellt –, um umfassendere Weisungen nach § 68 GVGA zu erteilen.

Beispiel

G

Gütliche Erledigung, Zahlungsvereinbarung (§ 802b ZPO)

☐ Der Vollstreckungsauftrag beschränkt sich auf die **gütliche Erledigung**.

☒ Mit einer **Zahlungsvereinbarung** besteht

☐ kein Einverständnis ☒ Einverständnis wie folgt:

☐ Folgende Zahlungsfrist wird gewährt:

☒ Es werden Teilbeträge eingezogen.

☒ Ratenhöhe mindestens 75,00 Euro

☒ monatlicher Turnus ☐ sonstiger Turnus:

☐ Abweichung von den Zahlungsmodalitäten nach dem Ermessen des Gerichtsvollziehers.

☒ sonstige Weisungen:

☒ Die Zahl der Raten – auch über 12 Monate hinaus – soll unerheblich bleiben, § 68 Abs. 1 GVGA

☒ Als Zahlungstermin soll ein Kalendertag gewählt werden, an dem dem Schuldner Geld zufließt (Arbeitslohn, Kindergeld nach Auszahlungsplan (https://www.arbeitsagentur.de/datei/ueberweisungsplan-2024_ba046037.pdf), § 68 Abs. 2 S. 1 Nr. 1 GVGA

☒ Als Zahlungsweg soll vorrangig die Einrichtung eines Dauerauftrages gewählt werden, nachrangig die Einräumung eines SEPA-Lastschriftmandates und erst äußert hilfsweise die Überweisung, § 68 Abs. 2 S. 1 Nr. 3 GVGA; Muster für Dauerauftrag und Lastschrift sind dem Antrag beigefügt.

☒ Der Gerichtsvollzieher soll die Gründe protokollieren, die der Schuldner zur Glaubhaftmachung seiner Leistungsfähigkeit vorgebracht hat, § 68 Abs. 2 S. 1 Nr. 4 GVGA

☒ Der Gerichtsvollzieher soll die Gründe protokollieren, warum es nicht zu einer gütlichen Einigung gekommen ist, § 68 Abs. 2 S. 2 GVGA

Gleiches gilt etwa für die letzte Zeile im Modul H des Gerichtsvollzieherauftrags (Anlage 1 ZVFV) zur Formulierung konkreter und auf den Einzelfall bezogener und ergänzender Fragen, die im Formular für die Abnahme der Vermögensauskunft nicht enthalten sind. In jedem Fall notwendig sind solche Ergänzungen auch in Modul K des Entwurfs eines Beschlusses zum Erlass eines Pfändungsbeschlusses oder Pfändungs- und Überweisungsbeschlusses (Anlage 5 ZVFV) zur Bezeichnung der im Formular nicht besonders erwähnten weiteren Forderungen, Ansprüche und Vermögensrechte.

Die Textzeile „Land (wenn nicht Deutschland)" in den Modulen A und B der verschiedenen Formulare wird dagegen regelmäßig entbehrlich sein und weggelassen werden können, weil regelmäßig nur Drittschuldner mit Sitz in Deutschland betroffen sein werden. Auch die Zeile „Geschäftszeichen" und „elektronische Zustelladresse" im Modul D des Entwurfs eines Beschlusses zum Erlass eines Pfändungsbeschlusses oder Pfändungs- und Überweisungsbeschlusses (Anlage 5 ZVFV) wird (noch) weitgehend entbehrlich sein, weil solche Angaben dem Gläubiger (und auch dem Vollstreckungsgericht) nicht vorliegen. Es sind allerdings auch diffizilere Gestaltungen denkbar.

Beispiel

In Modul G des Gerichtsvollzieherauftrags (Anlage 1) soll die gütliche Erledigung ausdrücklich ausgeschlossen werden. In diesem Fall bedarf es nur der zweiten Zeile und eines Teils der dritten Zeile. Alle anderen Zeilen können entfallen, was den Vollstreckungsauftrag weiter verkürzt und damit auch die Kosten für den Ausdruck, Kopien oder Beglaubigungen reduziert.

Gütliche Erledigung, Zahlungsvereinbarung (§ 802b ZPO)
☒ Der Vollstreckungsauftrag beschränkt sich auf die gütliche Erledigung.

X. Zusätzliche Anlagen

44 Nach § 3 Abs. 2 Nr. 7 ZVFV ist es zulässig, weitere Anlagen einem Formular beizufügen, soweit in dem Formular die gewünschten Angaben nicht gemacht werden können. Unter „gewünscht" werden trotz der unglücklichen Wortwahl nur Angaben zu verstehen sein, die nach Maßgabe der gesetzlichen Bestimmungen für die Durchführung der Zwangsvollstreckung erforderlich sind. Dass personenbezogene Daten nur im erforderlichen Umfang in die Formulare übernommen werden dürfen, ergibt sich im Übrigen auch aus den Regelungen der Datenschutz-Grundverordnung.

Bestimmte Anlagen sehen die Formulare schon vor:

Beispiel 1

Gerichtsvollzieherauftrag nach Anlage 1

D

Es werden folgende weitere Anlagen übermittelt:
☐ Beschluss über bewilligte Prozesskosten- oder Verfahrenskostenhilfe
☐ Vollmacht
☒ Geldempfangsvollmacht
☐ Vorpfändungsbenachrichtigung
☐ Aufstellung über die geleisteten Zahlungen
☐ Aufstellung der Inkassokosten
☒ Aufstellung der bisherigen Vollstreckungskosten mit Belegen
☐ Bescheid nach § 9 Absatz 2 UhVorschG
☐ Negativauskunft des Einwohnermeldeamtes
☐
☐
☐

Beispiel 2

Antrag auf Erlass einer richterlichen Durchsuchungsanordnung oder der Anordnung der Vollstreckung zur Nachtzeit oder an Sonn- und Feiertagen nach Anlage 2

Es werden folgende weitere Anlagen übermittelt:
☐ Mitteilungen des Vollstreckungsorgans
☒ Unterlagen, die darlegen, dass eine Anhörung wichtige Interessen des Gläubigers gefährden würde
☐ Vollmacht
☐ Bescheid nach § 9 Absatz 2 UhVorschG
☐
☐

Beispiel 3

Antrag auf Erlass eines Pfändungs- und Überweisungsbeschlusses nach Anlage 4

Es werden folgende weitere Anlagen übermittelt:

- ☐ Verrechnungsscheck für Gerichtskosten
- ☐ Abdruck Gerichtskostenstempler
- ☒ Elektronische Kostenmarke
- ☐ Beschluss über bewilligte Prozesskostenhilfe
- ☐ Im Fall eines Antrags auf Bewilligung von Prozesskostenhilfe: Erklärung über die persönlichen und wirtschaftlichen Verhältnisse des Gläubigers mit Belegen
- ☐ Vollmacht
- ☒ Geldempfangsvollmacht
- ☐ Belege zu Angaben über die persönlichen und wirtschaftlichen Verhältnisse der Schuldner oder Dritter
- ☐ Aufstellung über die geleisteten Zahlungen
- ☐ Aufstellung der Inkassokosten
- ☒ Aufstellung der bisherigen Vollstreckungskosten mit Belegen
- ☐ Bescheid nach § 9 Absatz 2 UhVorschG
- ☐
- ☐
- ☐

Insoweit ergeben sich schon aus den Formularen eine Vielzahl von Anlagen, die den Anträgen beigefügt werden können oder müssen. Freie Anlagen widersprechen schon im Ansatz dem Ziel der Digitalisierung und elektronischen Weiterverarbeitung der Formulare in der Zwangsvollstreckung. Das Ziel muss es grundsätzlich sein, Anlagen zu vermeiden oder sie ihrerseits zu strukturieren. Sofern die Anlagen also auf Text und Texteingabefeldern oder gar ganzen Rahmen der vorhandenen Anlagen 1 bis 8 ZVFV beruhen, sollten sie genau aus diesen Zeilen gestaltet und auch möglichst als strukturierte Datenfelder ausgebildet werden. Das erhöht den Wiedererkennungseffekt und damit die Akzeptanz und erleichtert die Nutzung im elektronischen Rechtsverkehr sowie in der Strukturierung und Automatisierung.

Hinweis

Vor diesem Hintergrund ist es nicht nachvollziehbar, dass für die geltend gemachten Inkassokosten vom Antragsteller eine Anlage beigefügt werden soll, während für die anwaltliche Vergütung (unvollständige) Eingabefelder vorgesehen sind. Da die Vergütung von Inkassodienstleistern in der Zwangsvollstreckung nach § 13e Abs. 2 RDG der Vergütung von Rechtsanwälten jedenfalls wirtschaftlich folgt und die Inkassodienstleister in der Praxis spätestens seit der Einführung des Rechtsdienstleistungsgesetzes 2008 in der Zwangsvollstreckung eine Vergütung nach dem Rechtsanwaltsvergütungsgesetz vereinbaren, wäre es zielführender gewesen, die einheitliche Eingabe für Rechtsdienstleister (Rechtsanwälte und Inkassodienstleister) vorzusehen und eine Anlage nur dann zu verlangen, wenn keine Vergütung nach Maßgabe des Rechtsanwaltsvergütungsgesetzes mit dem Gläubiger vereinbart ist. Dies mag bei einer Überarbeitung auch im Hinblick auf die mögliche automatisierte Weiterverarbeitung bei Gerichten, Gerichtsvollziehern und Drittschuldnern bedacht werden.

Beispiel

Rechtsverfolgungskosten in der Anlage 7 – Forderungsaufstellung in der Forderungspfändung bei der Vollstreckung gewöhnlicher Geldforderungen

Kosten für dieses Verfahren:	
Rechtsanwaltskosten nach RVG für Vollstreckungsmaßnahme ; Gegenstandswert (§ 25 RVG): Euro	
Verfahrensgebühr (VV Nr. 3309, ggf. i. V. m. VV Nr. 1008)	Euro
Entgelte für Post- und Telekommunikationsdienstleistungen, ggf. Pauschale (VV Nr. 7001 oder 7002)	Euro
weitere Auslagen	Euro
Umsatzsteuer (VV Nr. 7008)	Euro
Rechtsanwaltskosten nach RVG für Vollstreckungsmaßnahme ; Gegenstandswert (§ 25 RVG): Euro	
Verfahrensgebühr (VV Nr. 3309, ggf. i. V. m. VV Nr. 1008)	Euro
Entgelte für Post- und Telekommunikationsdienstleistungen, ggf. Pauschale (VV Nr. 7001 oder 7002)	Euro
weitere Auslagen	Euro
Umsatzsteuer (VV Nr. 7008)	Euro
Kosten von Inkassodienstleistern nach § 13e RDG gemäß Aufstellung in weiterer Anlage	Euro

45 Die Beifügung von weiteren Anlagen ist nach § 3 Abs. 2 Nr. 7 ZVFV nicht in das Ermessen des Antragstellers gestellt. Voraussetzung ist vielmehr, dass die Angaben aus der Anlage einerseits notwendig für die Antragstellung sind und andererseits im Formular keinen Platz finden, d.h. dort nicht eingefügt werden können.[34] Dabei sind auch die vorrangigen Vervielfältigungs- und Ergänzungsmöglichkeiten nach § 3 Abs. 2 Nr. 5 und 6 ZVFV zu sehen.

Die Formunwirksamkeit ergibt sich dann allerdings nicht aus der Beifügung der Anlage – etwa der eigenen Forderungsaufstellung des Gläubigers oder seines Bevollmächtigten –, weil das Vollstreckungsorgan diese schlicht unbeachtet lassen kann, sondern allenfalls aus den fehlenden Angaben im Formular. Eine Dopplung bleibt nach der hier vertretenen Auffassung also unschädlich und führt allein dazu, dass die Anlage unberücksichtigt bleibt. Ob der Antragsteller darauf hingewiesen werden muss, bestimmt sich nach § 139 ZPO. Dies mag in der Rechtsprechung aber auch abweichend beurteilt werden, was dann zulasten des Gläubigers geht, der bei einem formunwirksamen Antrag seinen Rang nach § 804 Abs. 3 ZPO zu verlieren droht.

Maßstab für die Frage, ob die gewünschten Angaben in dem Formular gemacht werden können, ist die Fassung des Formulars im Bundesgesetzblatt. Wenn also in einem Modul nur eine Zeile für Hinweise, Anregungen oder Weisungen zur Verfügung steht, aber mehr Text erforderlich ist, so erlaubt zwar § 3 Abs. 2 Nr. 4, 5 und 6a ZVFV die Erweiterung des Textfelds und dessen Duplizierung. Ist dies aber aufgrund der beschränkten Möglichkeiten der eingesetzten Software nicht möglich, so kann der Antragsteller zur Ergänzung des Formulars alternativ auf eine Anlage zurückgreifen.

34 BT-Drucks 561/22, 68; Referentenentwurf, S. 56.

Beispiel

Der Antragsteller legt beim Auftrag nach § 802b ZPO besonderen Wert auf die Verfahrensweise des Gerichtsvollziehers und möchte die Möglichkeiten nach § 68 GVGA nutzen. Hier zeigt das Feld „sonstige Weisungen" aber nur eine Zeile.

G

Gütliche Erledigung, Zahlungsvereinbarung (§ 802b ZPO)

☐ Der Vollstreckungsauftrag beschränkt sich auf die **gütliche Erledigung**.

☒ Mit einer **Zahlungsvereinbarung** besteht

☐ kein Einverständnis ☒ Einverständnis wie folgt:

☐ Folgende Zahlungsfrist wird gewährt:

☒ Es werden Teilbeträge eingezogen.

☒ Ratenhöhe mindestens 75 Euro

☒ monatlicher Turnus ☐ sonstiger Turnus:

☐ Abweichung von den Zahlungsmodalitäten nach dem Ermessen des Gerichtsvollziehers.

☒ sonstige Weisungen: Die Zahl der monatlichen Raten soll - auch über 12 Raten hinaus - unerheblich bleiben, § 68 Abs. 1 GVGA

Hier kann er nun in der Zeile auch auf die Anlage hinweisen und diese dann beifügen:

G

Gütliche Erledigung, Zahlungsvereinbarung (§ 802b ZPO)

☐ Der Vollstreckungsauftrag beschränkt sich auf die **gütliche Erledigung**.

☒ Mit einer **Zahlungsvereinbarung** besteht

☐ kein Einverständnis ☒ Einverständnis wie folgt:

☐ Folgende Zahlungsfrist wird gewährt:

☒ Es werden Teilbeträge eingezogen.

☒ Ratenhöhe mindestens 75 Euro

☒ monatlicher Turnus ☐ sonstiger Turnus:

☐ Abweichung von den Zahlungsmodalitäten nach dem Ermessen des Gerichtsvollziehers.

☒ sonstige Weisungen: siehe hierzu die Anlage "Weisungen nach § 68 GVGA)

Anlage zum Modul G – Gütliche Einigung

Sonstige Weisungen

☒ sonstige Weisungen: siehe hierzu die Anlage "Weisungen nach § 68 GVGA)

☒ Die Zahl der Raten – auch über 12 Monate hinaus – soll unerheblich bleiben, § 68 Abs. 1 GVGA

☒ Als Zahlungstermin soll ein Kalendertag gewählt werden, an dem dem Schuldner Geld zufließt (Arbeitslohn, Kindergeld nach Auszahlungsplan (https://www.arbeitsagentur.de/datei/ueberweisungsplan-2024_ba046037.pdf), § 68 Abs. 2 S. 1 Nr. 1 GVGA

☒ Als Zahlungsweg soll vorrangig die Einrichtung eines Dauerauftrages gewählt werden, nachrangig die Einräumung eines SEPA-Lastschriftmandates und erst äußert hilfsweise die Überweisung, § 68 Abs. 2 S. 1 Nr. 3 GVGA; Muster für Dauerauftrag und Lastschrift sind dem Antrag beigefügt.

☒ Der Gerichtsvollzieher soll die Gründe protokollieren, die der Schuldner zur Glaubhaftmachung seiner Leistungsfähigkeit vorgebracht hat, § 68 Abs. 2 S. 1 Nr. 4 GVGA

☒ Der Gerichtsvollzieher soll die Gründe protokollieren, warum es nicht zu einer gütlichen Einigung gekommen ist, § 68 Abs. 2 S. 2 GVGA

46 *Checkliste*

Als Anlagenach § 3 Abs. 2 Nr. 7 ZVFV kommen danach etwa in Betracht:

- Beim Gerichtsvollzieherauftrag nach Anlage 1 zur ZVFV
  - Anlage mit Angaben zu mehr als einem Gläubiger zu Modul A
  - Anlage mit Angaben zu mehr als zwei gesetzlichen Vertretern oder mehr als einem Betreuer des Gläubigers zu Modul A
  - Anlage mit Angaben zu mehr als einem Schuldner zu Modul B
  - Anlage mit Angaben zu mehr als zwei gesetzlichen Vertretern oder mehr als einem Betreuer des Schuldners zu Modul B
  - Anlage mit Angaben zu mehr als zwei Vollstreckungstiteln zu Modul C
  - Anlage zu mehr als einer weiteren Versicherung, etwa zum Anfall der bisherigen Vollstreckungskosten nach § 104 Abs. 2 S. 1 ZPO zu Modul E
  - Anlage zu Weisungen zur gütlichen Erledigung nach § 802b ZPO in Modul G
  - Anlage zu Vorhalten und im Vordruck für die Abgabe der Vermögensauskunft nicht vorgesehenen Fragen zu Modul H
  - Anlage zu den von der Vorpfändung nach § 845 ZPO ausgenommenen und/oder von einer Vorpfändung erfassten Forderungen zu Modul K
  - Anlage zu Hinweisen, Anregungen und Weisungen (§§ 31Abs. 2, 58 Abs. 2 GVGA) zur Sachpfändung nach § 808 ZPO zu Modul K
  - Anlage zur Ermittlung des Aufenthaltsortes nach § 755 ZPO zu Modul M (konkreter Träger der Rentenversicherung, Geburtsdatum oder sonstige Individualisierungsmerkmale zum Schuldner, Erläuterungen zur Bescheinigung nach § 31 Abs. 4 GVGA)
  - Anlage zur Einholung von Auskünften Dritter nach § 802l ZPO zu Modul N (konkreter Träger der Rentenversicherung, Geburtsdatum oder sonstige Individualisierungsmerkmale zum Schuldner)

  - Anlage zu sonstigen Hinweisen und Vorgaben (§§ 31 Abs. 2, 58 Abs. 2 GVGA) an den Gerichtsvollzieher
- Antrag auf Erlass einer Durchsuchungsanordnung oder der Vollstreckung zur Nachtzeit oder an Sonn- und Feiertagen nach Anlage 2 zur ZVFV
  - Anlage zur weiteren Begründung des Antrages auf Erlass einer Durchsuchungsanordnung
  - Anlage zur weiteren Begründung des Antrages auf Erlass einer Anordnung zur Vollstreckung zur Nachtzeit oder an Sonn- und Feiertagen
  - Anlage zur Darlegung der Gründe, warum eine Anhörung des Schuldners den Vollstreckungserfolg begründet
- Entwurf eines Beschlusses zum Erlass einer Durchsuchungsanordnung oder der Vollstreckung zur Nachtzeit oder an Sonn- und Feiertagen nach Anlage 3 zur ZVFV
  - Anlage mit Angaben zu mehr als einem Gläubiger zu Modul A
  - Anlage mit Angaben zu mehr als zwei gesetzlichen Vertretern oder mehr als einem Betreuer des Gläubigers zu Modul A
  - Anlage mit Angaben zu mehr als einem Schuldner zu Modul B
  - Anlage mit Angaben zu mehr als zwei gesetzlichen Vertretern oder mehr als einem Betreuer des Schuldners zu Modul B
  - Anlage mit Angaben zu mehr als zwei Vollstreckungstiteln zu Modul C
- Antrag auf Erlass eines Pfändungs- oder eines Pfändungs- und Überweisungsbeschlusses nach Anlage 4 zur ZVFV
  - Anlage mit Angaben zu mehr als einem Schuldner
  - Anlage zu mehr als einer weiteren Versicherung, etwa zum Anfall der bisherigen Vollstreckungskosten nach § 104 Abs. 2 S. 1 ZPO
- Entwurf eines Beschlusses zum Erlass eines Pfändungs- oder eines Pfändungs- und Überweisungsbeschlusses nach Anlage 5 zur ZVFV
  - Anlage mit Angaben zu mehr als einem Gläubiger zu Modul A
  - Anlage mit Angaben zu mehr als zwei gesetzlichen Vertretern oder mehr als einem Betreuer des Gläubigers zu Modul A
  - Anlage mit Angaben zu mehr als einem Schuldner zu Modul B
  - Anlage mit Angaben zu mehr als zwei gesetzlichen Vertretern oder mehr als einem Betreuer des Schuldners zu Modul B
  - Anlage mit Angaben zu mehr als zwei Vollstreckungstiteln zu Modul C
  - Anlage mit Angaben zu mehr als drei Drittschuldnern zu Modul D
  - Anlage zu weiteren Pfändungsgegenständen bei der Pfändung von Arbeitseinkommen nach Modul E (Abfindungen anlässlich der Beendigung des Arbeitsverhältnisses; Sonstige pfändbare Zahlungen des Arbeitsgebers wie etwa die Inflationsausgleichspauschale)
  - Anlagen zu weiteren Pfändungsgegenständen im Kontext von Sozialleistungen (Modul F), Steuererstattungsansprüchen (Modul G), Ansprüchen

gegen Kreditinstitute (Modul H) oder Bausparkassen (Modul I), Versicherungsgesellschaften (Modul J)
- Anlage zu weiteren Geldforderungen, Herausgabeansprüchen oder sonstigen Vermögensrechten, die nicht in den Modulen E bis J aufgeführt sind
- Anlage zu weiteren Herausgabeansprüchen nach § 836 Abs. 3 ZPO (Bei der Pfändung von Arbeitseinkommen etwa der Arbeitsvertrag und entgeltrelevante Betriebsvereinbarungen) zu Modul M
- Anlage zur Begründung von Zusammenrechnungsanträgen nach § 850e ZPO nach Modul N
- Anlage zur Erläuterung der Angaben zur Erfüllung gesetzlicher Unterhaltspflichten durch den Schuldner sowie zu ergänzenden Angaben bei mehr als einem Schuldner oder mehr als drei betroffenen gesetzlich unterhaltsberechtigten Personen zu Modul O
- Anlage zur Erläuterung der Angaben zum eigenen Einkommen der gesetzlich unterhaltsberechtigten Personen durch den Schuldner sowie zu ergänzenden Angaben bei mehr als einem Schuldner oder mehr als drei betroffenen gesetzlich unterhaltsberechtigten Personen zu Modul P
- Anlage zu den Gründen zur privilegierten Unterhaltspfändung nach § 850d ZPO zu Modul Q
- Anlage zu den Gründen zur Nichtberücksichtigung unterhaltsberechtigter Personen nach § 850c Abs. 6 ZPO zu Modul R
- Anlage zu den Gründen zur privilegierten Pfändung aus einer Forderung aus vorsätzlich begangener unerlaubter Handlung nach § 850f Abs. 2 ZPO zu Modul S

D. Elektronisch auslesbare Formulare

47 **§ 4 ZVFV im Wortlaut**

§ 4

Elektronisch auslesbares Formular

In Papierform eingereichte Formulare können zur elektronischen Weiterverarbeitung der Daten elektronisch ausgelesen werden. Die Länder sind befugt, die Voraussetzungen hierfür festzulegen.

Regelungen zur Auslesung und zur elektronischen Weiterverarbeitung der Daten aus einem in Papierform eingereichten Formular (§ 3 Abs. 2 GVFV 2015) enthielt der Referentenentwurf zunächst nicht. Von dieser Regelung haben die Länder soweit ersichtlich in der Vergangenheit aufgrund der Möglichkeiten nach der ZVFV 2012 und der GVFV 2015 keinen Gebrauch gemacht. Sie wurde daher als entbehrlich angesehen.[35] Aufgrund der Stellungnahmen im Anhörungsverfahren wurde diese Bestimmung nun doch als § 4 ZVFV wieder übernommen.

Es wird abzuwarten bleiben, ob die Länder davon tatsächlich Gebrauch machen. **48** Sehr viel sinnvoller erscheint es, die Regelung in § 5 ZVFV umzusetzen und die Formulare als strukturierte Datensätze abzubilden, um zugleich durch ein öffentliches Portal, vergleichbar www.elster.de in der Steuerverwaltung, nicht nur den professionellen Rechtsdienstleistern, sondern auch jedem sonstigen Gläubiger unmittelbar die Möglichkeit zu geben, Vollstreckungsanträge online zu erstellen und zu übermitteln.

E. Strukturierte Daten und gemeinsame Koordinierungsstelle

§ 5 ZVFV im Wortlaut **49**

> § 5
>
> Strukturierte Datensätze; gemeinsame Koordinierungsstelle
>
> (1) Die Länder dürfen die Formulare als strukturierte Datensätze zum Zweck der Übermittlung an Gerichtsvollzieher oder Gerichte bereitstellen. Hierfür sind die Formulare in das gültige XJustiz-Format zu übertragen. Für die als strukturierte Datensätze bereitgestellten Formulare gelten die §§ 1 bis 3 entsprechend.
>
> (2) Die Länder können durch Verwaltungsvereinbarung eine gemeinsame Koordinierungsstelle für die Übertragung der in den Formularen enthaltenen Angaben einrichten. Besteht bereits eine solche Stelle, so können die Länder sich dieser bedienen.

§ 5 Abs. 1 S. 1 ZVFV erlaubt den Ländern die Umwandlung der als PDF im Bun- **50** desgesetzblatt bereitgestellten Formulare in strukturierte Datensätze. Die Regelung ersetzt § 4 S. 1 ZVFV 2012 und § 4 Abs. 1 S. 1 GVFV 2015, von der die Länder allerdings in der Vergangenheit keinen Gebrauch gemacht haben.

§ 5 Abs. 1 S. 2 regelt, auf welche Weise die Datensätze erzeugt werden und ermöglicht dadurch die Nutzung der sog. XJustiz-Datensätze.[36]

> *Hinweis*
>
> Die XJustiz-Version 3.4.1[37] ist seit dem 31.10.2023 gültig. Ab dem 30.4.2025 gilt die bereits veröffentlichte Version 3.5.1.[38] Als Nachlieferung für die XJustiz Version 3.4.1 steht nunmehr das Fachmodul Zwangsvollstreckung zur Ver-

35 Referentenentwurf, S. 56; BR-Drucks 561/22, 68.

36 https://xjustiz.justiz.de.

37 https://xjustiz.justiz.de/xjustiz_3_4_1/index.php – abgerufen am 1.8.2024.

38 https://xjustiz.justiz.de/xjustiz_3_5_1/index.php – abgerufen am 1.8.2024.

fügung XJustiz.ZVSTR 3.4.1.[39] Wer die Softwareentwicklung selbst betreibt oder jeden hierauf Einfluss nimmt, sollte sich damit entsprechend beschäftigen.

XJustiz

Der XJustiz-Standard beschreibt das Datenaustauschformat im elektronischen Rechtsverkehr (ERV) und stellt eine wesentliche technische Schlüsselkomponente für den ERV dar. Die Weiterentwicklung und Pflege des XJustiz-Standards obliegt der BLK-AG IT-Standards.

XJustiz gibt für konkrete Kommunikationsanlässe beim elektronischen Datenaustausch mit der Justiz vor, welche Inhaltsdaten in strukturierter Form übermittelt werden sollen, damit die gesamte Nachricht automatisiert an das richtige IT-System und den richtigen Bearbeiter weitergeleitet und so viele Daten wie möglich automatisiert in die IT-Systeme der Empfänger übernommen werden können.

XJustiz Release-Zyklus

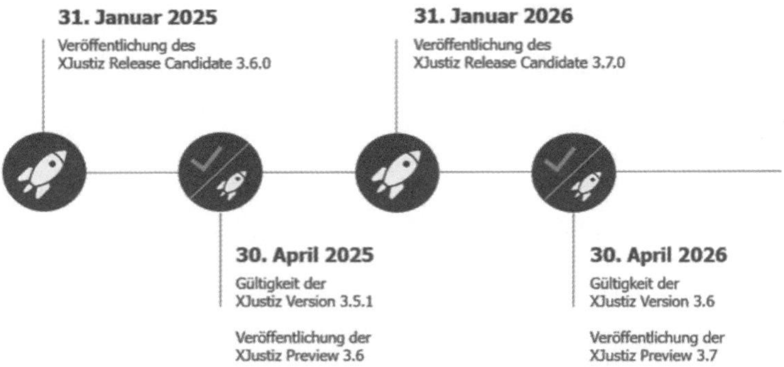

Neue XJustiz Versionen werden einmal jährlich am 30. April veröffentlicht. Dabei wird am 30. April eines jeden Jahres die neue XJustiz Version gültig und gleichzeitig die XJustiz Preview für das folgende Jahr veröffentlicht.

Zum Beispiel wird am 30. April 2025 die XJustiz Version 3.5.1 gültig, und die XJustiz Preview 3.6 für das nächste Jahr veröffentlicht.

39 https://xjustiz.justiz.de/xjustiz_3_4_1/index.php – abgerufen am 1.8.2024.

Die XJustiz Versionen werden auf der Plattform XRepository und auf der XJustiz Website veröffentlicht. XRepository ist die zentrale Plattform zur Bereitstellung und zum Bezug von XÖV-Standards. Sie wird im Auftrag des IT-Planungsrats durch die Koordinierungsstelle für IT-Standards (KoSIT) betrieben.

Um eine strukturierte und organisierte Veröffentlichung zu gewährleisten, gibt es spezifische Fristen und Termine im Vorfeld der Veröffentlichung.

31. Januar: Veröffentlichung des XJustiz Release Candidate (RC), der den Entwicklern und Anwendern zum Zwecke der Qualitätssicherung zur Verfügung gestellt wird.

30. April: Die XJustiz Preview wird gültig. Es wird eine neue XJustiz Preview, die am 30. April des Folgejahres gültig wird, veröffentlicht.

Zum Beispiel wird am 30. April 2025 die XJustiz Version 3.5.1 gültig und die neue XJustiz Preview 3.6 für das Jahr 2026 veröffentlicht.

Materialien

- Die Projektskizze liefert einen kurzen Überblick über Entwicklung und aktuellen Status des Standards.
- Die technische Dokumentation der zurzeit gültigen Version finden Sie in der XJustiz-Spezifikation 3.4.1.
- Die aktuellen XML-Schemata der zurzeit gültigen Version können Sie hier herunterladen.
- Für Änderungsanforderungen ist das folgende Formular zu verwenden: CR-Formular
- Informationen zum XRepository-Abo sind hier zu finden: XRepository-Abo

Die Regelung übernimmt § 4 S. 2 ZVFV 2012 und § 4 Abs. 1 S. 2 GVFV 2015 mit redaktionellen Änderungen. Während die Möglichkeiten in der Vergangenheit von den Ländern nicht genutzt wurden, ist davon auszugehen, dass sich dies in absehbarer Zeit ändert. In der Kombination aus den Formularen als strukturierte Datensätze und einer Option zur automatisierten Entgegennahme und Weiterverarbeitung liegen die potenziellen Einsparungsmöglichkeiten und Synergien nicht nur für die Antragsteller, die weiter beteiligten Schuldner, vor allem aber Drittschuldner, sondern gerade auch für die Gerichtsvollzieher und die Justiz. Dies gilt erst recht, wenn Vollstreckungstitel nach Maßgabe des *Gesetzes zur weiteren Digitalisierung der Zwangsvollstreckung* nicht mehr zusätzlich postalisch im Original vorgelegt werden müssen.

§ 5 Abs. 1 S. 3 knüpft an § 4 Abs. 2 GVFV 2015 an. Die Vorschrift bewirkt, dass auch die Regelungen zur Nutzung der Formulare nach § 2 ZVFV, insb. also zur Nutzungspflicht der Anträge, Beschlussentwürfe und Anlagen für Forderungsaufstellungen, und zu Abweichungen von der im Bundesgesetzblatt veröffentlichten Fassung der Formulare nach § 3 ZVFV auch für Nutzer der Datensätze umzusetzen sind.

§ 5 Abs. 2 S. 1 ZVFV enthält wie bislang § 4 S. 3 ZVFV 2012 und § 4 Abs. 1 S. 3 GVFV die Rechtsgrundlage für die Koordinierungsstelle der Länder für die XJustiz-Datensätze. Da die Koordinierungsstelle schon besteht,[40] wird mit S. 2 die Regelung aus § 4 Abs. 1 S. 3 Hs. 2 GVFV 2015 übernommen, wonach diese Aufgabe auch von einer schon existierenden Stelle wahrgenommen werden darf.

Hinweis

Nach den Verlautbarungen ist damit zu rechnen, dass jedenfalls in einem ersten Schritt der strukturierte Datensatz nach § 5 ZVFV das jeweilige Formular nur ergänzt. Erst in einem zweiten Schritt ist damit zu rechnen, dass allein die Einreichung eines strukturierten Datensatzes ausreichen wird.

40 Seit Anfang des Jahres 2008 ist die bei Information und Technik Nordrhein-Westfalen (IT.NRW) angesiedelte XJustiz-Pflegestelle durch die BLK – vertreten durch die BLK-AG IT-Standards – mit der Betreuung und Fortentwicklung von XJustiz beauftragt. Die Arbeiten der XJustiz-Pflegestelle werden – auf der Basis der vereinbarten Leistungsbeschreibung – durch die BLK-AG „IT-Standards in der Justiz" koordiniert.

§ 4 Anlagen zur ZVFV

A. Einleitung

1 Alle Formulare nach der ZVFV 2012 und der GVFV 2015 wurden durch die ZVFV 2022[1] zunächst formell überarbeitet, insbesondere vereinheitlicht, angepasst und ergänzt und in acht Anlagen zur ZVFV, drei Antragsformulare, zwei Beschlussentwürfe und drei Forderungsaufstellungen aufgeteilt. Diese Formulare sind seit dem 1.9.2024 und bis zum 30.9.2025 verbindlich. Im Vordergrund stand dabei (auch) eine neue, weitgehend einheitliche Gestaltung. Durch die 2. ÄndVO[2] wurden diese Formulare noch einmal in der äußeren Gestaltung angepasst, indem insbesondere die grauen Rahmen und Felder entfallen sind und durch bloße Randlinie ersetzt wurden. Dazu wurden verschiedene Änderungen inhaltlicher Art vorgenommen, die nachfolgend dokumentiert, d.h. in beiden Fassungen dargestellt werden. Die neuen Formulare dürfen ab dem 1.9.2024 und müssen ab dem 1.10.2025 eingesetzt werden.

> *Hinweis*
>
> Soweit nicht anders vermerkt spricht dieser Praxisleitfaden in dieser 2. Auflage von den Formularen nach der ZVFV vom 16.12.2022 von den „aktuellen Formularen" und von den Formularen nach der 2. ÄndVO ZVFV vom 24.11.2024 von den „neuen Formularen".

Die Formulare werden nunmehr – wie bisher schon das Formular für den Auftrag an den Gerichtsvollzieher – in einer Weise modular strukturiert, die die elektronische Einreichung und die mehrfache Verwendung von Teilen des Formulars vereinfacht. Zugleich mussten eine Vielzahl geänderter Rechtsvorschriften und die Rechtsprechung zur ZVFV 2012 und der GVFV 2015 berücksichtigt werden. Während die 1. ÄndVO ZVFV[3] nur die Zeitpunkte zur Verbindlichkeit der aktuellen Formulare vom 1.12.2023 auf den 1.9.2024 verschoben hat, hat die 2. ÄndVO neben den Änderungen im äußerlichen Layout erste Fehler und Auslassungen der aktuellen Formulare korrigiert. Diese lassen sich aber auch innerhalb der aktuellen Formulare durch entsprechende Ergänzungen in den Modulen reparieren bzw. ergänzen.

> *Hinweis*
>
> In allen neuen Formularen wurde der graue Hintergrund in den auszufüllenden Formularfeldern entfernt und durch eine Linie unter dem Formularfeld bzw. bei mehrteiligen Formularfeldern durch eine durchgängige Linie am linken und un-

1 BGBl I 2022, 2368.

2 BGBl v. 21.6.2024, Nr. 203, 1–42.

3 BGBl v. 29.11.2023, Nr. 320, 1–2.

teren Rand des Formulars ersetzt. Damit möchte der Verordnungsgeber die Lesbarkeit der Eintragungen in den Formularfeldern für den Fall verbessern, dass die elektronisch bei Gericht eingegangenen Formulare ausgedruckt werden und in der Folge erneut eingescannt werden müssen. Aus demselben Grund werden auch die grauen Hintergründe bei dem Modulbezeichnungen entfernt und durch Rahmenlinien oben, links und unten ersetzt.

Es bestehen insoweit keine Bedenken, wenn der Gläubiger auch in den aktuellen Formularen den grauen Hintergrund entfallen lässt. Nach der Begründung des Verordnungsgebers zur 2. ÄndVO ZVFV handelt es sich dann um eine unwesentliche Änderung der formalen Gestaltung i.S.d. § 3 Abs. 2 Nr. 3 ZVFV, der die Verständlichkeit und die Lesbarkeit der eingereichten Formulare nicht beeinträchtigt.

Alle Formulare sind nun modular gestaltet, erlauben bei Mehrfachnennungen etwa von Gläubigern, Schuldnern, Vollstreckungstiteln oder Drittschuldnern deren laufende Nummerierung und in der Kombination wechselseitige Bezugnahmen. Der Auftrag an den Gerichtsvollzieher und die Anträge für den Erlass der Durchsuchungsanordnung und den Erlass des Pfändungs- und Überweisungsbeschlusses sehen separate Eingabemöglichkeiten für zwei Vollstreckungstitel vor. Für weitere Titel kann auf Anlagen zurückgegriffen oder der entsprechende Rahmen mehrfach verwendet werden. Die Gestaltung in Rahmen und in Modulen erlaubt es, die Angaben als Textbausteinvorlagen zu programmieren und entsprechend zu befüllen, soweit diese inhaltsgleich und auch formal gleich gestaltet sind. Die meisten Softwaresysteme verfügen insoweit über einen Platzhalter oder ein Code-System.

Der Antragsteil sowohl für die Durchsuchungsanordnung als auch für den Pfändungsbeschluss und Pfändungs- und Überweisungsbeschluss wurde neugestaltet und um einen Rahmen mit Kontaktdaten der Gläubigerseite ergänzt, um die Kommunikation auch des Gerichts mit der Gläubigerseite zu erleichtern. Es wurde die Möglichkeit eingefügt, eine Ausfertigung des Beschlusses zu beantragen (§ 329 Abs. 1 S. 2, Abs. 2 i.V.m. § 317 Abs. 2 S. 1 ZPO).

Für die dem Antrag beigefügten Anlagen ist in allen drei Antragsformularen eine durch den Anwender ergänzbare Übersichtstabelle vorgesehen. Auf die im Referentenentwurf noch vorgesehene Pflicht, anzugeben, ob die Anlagen als elektronisches Dokument oder als Schriftstück einreicht werden, wurde letztlich verzichtet. Nur für den im Original vorzulegenden Titel muss angegeben werden, ob dieser zeitlich zum elektronisch eingereichten Antrag versandt wurde oder erst versandt werden soll, wenn das Aktenzeichen mitgeteilt wird. In der Fassung der 2. ÄndVO muss dann auch angegeben werden, ob der Vollstreckungsbescheid beim vereinfachten Antrag nach § 754a ZPO oder § 829a ZPO als Datei beigefügt ist.

Hinweis

Allerdings ist alsbald damit zu rechnen, dass der Vollstreckungstitel nur noch als elektronisches Dokument beigefügt werden muss.[4] Insoweit ist auch zu erwarten, dass die neuen Formulare noch vor ihrer Verbindlichkeit am 1.10.2025 noch einmal geändert werden (müssen).

Die Anträge wurden um die inzwischen zulässigen Versicherungen nach § 753a ZPO sowie § 754a und § 829a ZPO ergänzt.

In den Entwurf eines Pfändungs- und Überweisungsbeschlusses wurde auf die integrierte Forderungsaufstellung zugunsten gesonderter Anlagen (Anlagen 7 und 8 ZVFV) verzichtet und insoweit eine Angleichung an die schon bisher beim Gerichtsvollzieherauftrag geübte Praxis vorgenommen (hier jetzt die Forderungsaufstellung als Anlage 6 ZVFV). Gleichzeitig wurden zusätzliche Module zu den persönlichen und wirtschaftlichen Verhältnissen des Schuldners, für Angaben zu seinen Unterhaltsleistungen und zum Einkommen gesetzlich unterhaltsberechtigter Personen aufgenommen. Die Anträge nach §§ 850d, 850c Abs. 6 und § 850f Abs. 2 ZPO wurden entsprechend ihrer hohen praktischen Bedeutung weiter ausgestaltet. Hierauf beziehen sich dann auch die Änderungen und Ergänzungen der 2. ÄndVO ZVFV. Neu sind Eingabeoptionen zu den notwendigen Informationen, um die Anträge bescheiden zu können.

B. Vor die Klammer gezogen: Module A und B

I. Einführung

In den Antragsformularen der Anlagen 1 ZVFV (Gerichtsvollzieherauftrag) und 2 ZVFV (Antrag auf Durchsuchungsanordnung oder der Zulässigkeit der Vollstreckung zur Nachtzeit bzw. an Sonn- und Feiertagen) sowie in der Anlage 5 ZVFV (Entwurf für einen Pfändungs- oder Pfändungs- und Überweisungsbeschluss) wurden die Angaben zum Gläubiger, seinen gesetzlichen Vertretern und dem Bevollmächtigten als Modul A und die Angaben zum Schuldner, seinen gesetzlichen Vertretern und dem Bevollmächtigten in Modul B vereinheitlicht, sodass diese Module auch hier vor die Klammer gezogen und einheitlich dargestellt werden sollen. 2

Hinweis

Die Struktur dieser Module wird und sollte künftig sicher Vorbild für die Schaffung weiterer verbindlicher Formulare in der Zwangsvollstreckung sein. Ungeachtet dessen kann sie aber auch schon jetzt Grundlage für die Schaffung eigener optionaler Anträge in der Zwangsvollstreckung sein, etwa bei isolierten

4 Entwurf eines Gesetzes zur weiteren Digitalisierung der Zwangsvollstreckung, BT-Drucks 20/11310; vgl. hierzu *Goebel*, FoVo 2023, 45 ff.

Anträgen nach § 850c Abs. 6 ZPO, § 850d ZPO oder auch § 850f Abs. 2 ZPO. Werden diese Anträge zur Optimierung der Forderungspfändung nämlich nicht mit dem formgebundenen Ausgangsantrag auf Erlass eines Pfändungs- oder Pfändungs- und Überweisungsbeschlusses gestellt, so sind sie formfrei möglich.

Obwohl man meinen sollte, dass auch die Angaben zum Vollstreckungstitel konform gestaltet sein könnten, zeigen sich hier in den Anlagen zur ZVFV Unterschiede, sodass die Angaben zum Vollstreckungstitel bei der jeweiligen Anlage mit den Besonderheiten besprochen werden.

II. Modul A – Angaben zum Gläubiger

3 Modul A fasst die Angaben zum Gläubiger, seinen gesetzlichen Vertretern und seinen Bevollmächtigten zusammen. Die Angaben zu mindestens einem Gläubiger sind dabei zwingend, § 750 ZPO, während die weiteren Angaben in Abhängigkeit vom konkreten Einzelfall auf Ihre Erforderlichkeit zu prüfen sind. Änderungen zwischen dem aktuellen und dem neuen Formular ergeben sich allein im Hinblick auf die Angabe der Vorsteuerabzugsberechtigung.

4 Als Stammdaten sind zunächst die Daten zur Individualisierung zumindest eines Gläubigers zu benennen. Hierbei muss es sich gem. § 750 Abs. 1 ZPO um einen im Vollstreckungstitel benannten Gläubiger handeln. Anderenfalls würde es an den allgemeinen Vollstreckungsvoraussetzungen fehlen. Zwischen den aktuellen und den neuen Formularen besteht dabei – bis auf die Vorsteuerabzugsberechtigung – nur ein optischer, aber kein inhaltlicher Unterschied.

Aktuelles Formular:

In der Zwangsvollstreckungssache

des Gläubigers (zu Ziffer)

☐ Herrn ☐ Frau ☐ Unternehmen ☐

Name/Firma	ggf. Vorname(n)
Straße	Hausnummer
Postleitzahl	Ort
Land (wenn nicht Deutschland)	Geschäftszeichen
Registergericht	Registernummer

☐ Der Gläubiger ist vorsteuerabzugsberechtigt.

☐ sowie der weiteren Gläubiger gemäß weiterer Anlage

Neues Formular:

In der Zwangsvollstreckungssache

des Gläubigers (zu Ziffer ______)

☐ Herr ☐ Frau ☐ Unternehmen ☐ ____________

Name/Firma	ggf. Vorname(n)
Straße	Hausnummer
Postleitzahl	Ort
Land (wenn nicht Deutschland)	Geschäftszeichen
Registergericht	Registernummer

☐ Der Gläubiger ist nicht vorsteuerabzugsberechtigt.

☐ sowie der weiteren Gläubiger gemäß weiterer Anlage

Das Modulteil zu den Gläubigerdaten außerhalb der Rahmen darf gem. § 3 Abs. 2 Nr. 5 ZVFV mehrfach verwendet werden. In diesem Fall sind die Gläubiger fortlaufend zu nummerieren.

Die weiteren Angaben sind grundsätzlich selbsterklärend. Es kann sich danach bei dem Gläubiger um eine natürliche oder eine juristische Person handeln. Im letztgenannten Fall ist der Firmenname vollständig im Feld „Name/Firma" anzugeben, während das Feld „Vorname" ungenutzt bleibt. Auch bei längeren Firmennamen dürfen nicht beide Felder genutzt werden, da dies einer elektronischen Weiterverarbeitung in der Texteingabeerkennung entgegenstehen würde. In diesem Fall muss vielmehr das Texteingabefeld „Name/Firma" nach § 3 Abs. 2 Nr. 4 ZVFV erweitert werden. Das Feld „Vorname" darf nicht entfallen, weil § 3 Abs. 2 Nr. 5 ZVFV dies nicht vorsieht und § 3 Abs. 2 Nr. 6a ZVFV nur bei Text und Textfeldern innerhalb von Rahmen gilt. Gleiches gilt für die Felder „Land" und „Geschäftszeichen", auch wenn hier keine Eintragungen vorzunehmen sind, und die Felder „Registergericht" und „Registernummer", wenn solche nicht existieren, etwa weil der Gläubiger eine nicht eingetragene natürliche Person ist.

Vorsicht ist geboten bei der Angabe der Vorsteuerabzugsberechtigung des Gläubigers. Hier ergibt sich ein wesentlicher Unterschied zwischen den aktuellen und den neuen Formularen.

Die Vorsteuerabzugsberechtigung wird in den aktuellen Formularen lediglich angegeben, wenn diese vorliegt. Einer weiteren Versicherung bedarf es nach § 104 Abs. 2 S. 2 ZPO nicht. Dabei ist zu sehen, dass der Gläubiger zwar grundsätzlich zum Abzug der Vorsteuer berechtigt sein kann, dies aber für die konkret betroffene Forderung nicht der Fall ist.

☒ Der Gläubiger ist vorsteuerabzugsberechtigt.

Genau umgekehrt, aber der gesetzlichen Formulierung in § 104 Abs. 2 S. 3 ZPO entsprechend, ist dann die Erklärung im neuen Formular erfasst.

☐ Der Gläubiger ist nicht vorsteuerabzugsberechtigt.

Während also im aktuellen Formular für den Regelfall der Vorsteuerabzugsberechtigung das Kreuz stets zu setzen ist, muss es im neuen Formular stets entfallen.

Treten mehrere Gläubiger als Antragsteller auf, so bestehen hinsichtlich der Darstellung zwei Alternativen. Entweder kann der gesamte Text außerhalb der Rahmen – wie vorstehend grafisch dargestellt – wiederholt werden. Oder es wird eine Anlage aller weiteren Gläubiger beigefügt. Zu beachten ist, dass auch in diesem Fall ein Gläubiger in das Formular aufzunehmen ist. Wird eine Anlage beigefügt, ist das entsprechende Kreuzchen zu setzen.

☒ sowie der weiteren Gläubiger gemäß weiterer Anlage

Soweit eine Anlage mit weiteren Gläubigern beigefügt wird, muss diese die gleichen Angaben zu Anrede, Name/Firma, Vorname, Straße, Hausnummer, Postleitzahl, Ort, Land, Geschäftszeichen, Registergericht und Registernummer für jeden weiteren Gläubiger gesondert enthalten. Vorzugsweise sollte der Aufbau der Darstellung im Formular folgen.

Hinweis

Soweit mehr als ein Gläubiger angegeben wird, muss die Verbindung ins Kostenrecht in den Blick genommen werden. Die Verfahrensgebühr nach Nr. 3309 VV RVG ist dann nach den Voraussetzungen und Bestimmungen der Nr. 1008 VV zu erhöhen.

5 Im zweiten Teil des Moduls A sind die gesetzlichen Vertreter des Gläubigers anzugeben. Als gesetzliche Vertreter des Gläubigers kommen etwa in Betracht:

- Geschäftsführer einer GmbH, OHG, GbR
- Komplementär einer KG
- Vorstand einer AG
- Eltern eines Minderjährigen, § 1629 BGB
- Betreuer des Gläubigers

Es sind insgesamt so viele gesetzliche Vertreter anzugeben, wie erforderlich sind, damit der Gläubiger rechtswirksam agieren kann.

Beispiel

Verfügt eine GmbH über einen allein vertretungsberechtigten Geschäftsführer, so genügt allein dessen Angabe, auch wenn insgesamt mehrere Geschäftsführer bestellt sind. Umgekehrt müssen mehrere Geschäftsführer benannt werden, wenn die Gesellschaft nur durch mehrere Geschäftsführer gemeinsam vertreten werden kann.

A

Gläubiger (zu Ziffer ___) vertreten durch

☐ den gesetzlichen Vertreter

☐ Herrn ☐ Frau ☐ ___

Name

Vorname(n)

Straße

Hausnummer

Postleitzahl

Ort

Land (wenn nicht Deutschland)

☐ den gerichtlich bestellten Betreuer,

☐ der eine Ausschließlichkeits-erklärung abgegeben hat (§ 53 Absatz 2 ZPO)

☐ Herrn ☐ Frau ☐ ___

Firma/Name

ggf. Vorname(n)

Straße

Hausnummer

Postleitzahl

Ort

Land (wenn nicht Deutschland)

Firma oder Funktion

☐ ___

☐ diese vertreten durch

Funktion

Name

ggf. Vorname(n)

☐ den gesetzlichen Vertreter

☐ Herrn ☐ Frau ☐ ___

Name

Vorname(n)

Straße Hausnummer

Postleitzahl Ort

Land (wenn nicht Deutschland)

Die neuen Formulare bringen hier nur eine Vergrößerung des Eingabefelds für die Firma oder Funktion, ohne inhaltliche Änderungen.

A

Gläubiger (zu Ziffer ___) vertreten durch

☐ den gesetzlichen Vertreter

☐ Herrn ☐ Frau ☐ ___

Name

Vorname(n)

☐ den gerichtlich bestellten Betreuer,

☐ der eine Ausschließlichkeits-erklärung abgegeben hat (§ 53 Absatz 2 ZPO)

☐ Herrn ☐ Frau ☐ ___

Firma/Name

ggf. Vorname(n)

Firma oder Funktion

☐ ___

☐ diese vertreten durch

Funktion

Name

ggf. Vorname(n)

Da diese Angaben sich innerhalb eines Rahmens befinden, gilt für deren zulässige Mehrfachverwendung, Anpassung oder das Weglassen § 3 Abs. 2 Nr. 6 ZVFV. Dies gilt insbesondere für den zweiten Vertreter, der entfallen kann, oder die notwendigen Ergänzungen, wenn es mehr als zwei gesetzliche Vertreter gibt.

Die Zahl der Vertreter bestimmt sich nach dem materiellen Recht. Besonderheiten gibt es so etwa bei der GbR. Bei der GbR sind alle Gesellschafter gemeinsam zur Vertretung der GbR berechtigt oder verpflichtet, wenn der Gesellschaftsvertrag nichts anders bestimmt, § 720 BGB. Einzutragen sind hier also alle Gesellschafter der GbR, es sei denn, die Registereintragung beschränkt die vertretende Geschäftsführung einzelner Gesellschafter.

Hinweis

Die Beschränkung der eingetragenen Außen-GbR (eGbR) ergibt sich aus dem Gesellschaftsregister. Es kann – kostenfrei – unter www.handelsregister.de abgerufen werden. Unter dem Reiter „Normale Suche“ kann die Registerart angegeben werden. Hier findet sich dann auch das Gesellschaftsregister mit dem Kürzel GsR. Ist die eGbR gefunden, kann dann die Anmeldung als Dokument abgerufen werden. Hier ist dann ebenso wie aus dem aktuellen und dem chronologischen Abdruck ersichtlich, ob es eine Beschränkung bei den vertretungsberechtigten Gesellschaftern gibt.

6 Wird ein Betreuter in der Zwangsvollstreckung durch einen Betreuer vertreten, kann der Betreuer nach dem zum 1.1.2023[5] in Kraft getretenen § 53 Abs. 2 ZPO in jeder Lage des Verfahrens gegenüber dem Vollstreckungsorgan schriftlich, insoweit auch mit dem Vollstreckungsauftrag, oder zu Protokoll der Geschäftsstelle erklären, dass die Vollstreckung fortan ausschließlich durch ihn geführt wird (Ausschließlichkeitserklärung). Mit Eingang der Ausschließlichkeitserklärung steht der Betreute für die weitere Vollstreckung einer nicht prozessfähigen Person gleich. Dies hat etwa die Konsequenz, dass nicht der Betreute, sondern der Betreuer die Vermögensauskunft abzugeben hat. Der Betreuer kann die Ausschließlichkeitserklärung jederzeit mit Wirkung für die Zukunft zurücknehmen.

Hinweis

In der Praxis wird für den (betreuten) Gläubiger jeweils feststehen, ob eine solche Ausschließlichkeitserklärung abgegeben wurde. Die Beauftragung des Rechtsdienstleisters wird in diesen Fällen durch den Betreuer erfolgt sein. Anders verhält es sich in Modul B für den Schuldner, wo entsprechende Erkenntnisse nicht vorliegen. In jedem Fall muss der Bevollmächtigte in seiner Software ein Datenfeld für die Information über die Abgabe der Ausschließlichkeitserklärung vorsehen.

7 Wird der Gläubiger als juristische Person oder Personengesellschaft (etwa eine KG) zunächst durch eine andere juristische Person vertreten (etwa eine GmbH), wie bei der GmbH & Co KG, ist die Vertretungsgesellschaft namentlich als Firma oder Funktion zu benennen und der berechtigte Vertreter der Vertretungsgesellschaft namentlich anzugeben. Hier genügt dann die Angabe des Vor- und Nachnamens der letztlich für die vertretende Gesellschaft handelnden natürlichen Person.

5 BGBl I 2021, 882.

Beispiel

Da nach § 170 HGB der Kommanditist von der Vertretung der KG ausgeschlossen ist, wird diese nach §§ 161 Abs. 2 i.V.m. 124 HGB durch den Komplementär vertreten. Bei einer GmbH & Co KG ist also die Kapitalgesellschaft (GmbH) der Vertreter der KG. Die GmbH wird wieder durch ihre Geschäftsführer vertreten.

Die Eintragungen erfolgen dann also wie folgt:

Auf der Gläubigerebene:

In der Zwangsvollstreckungssache

des Gläubigers (zu Ziffer 1. **)**

☐ Herrn ☐ Frau ☒ Unternehmen ☐

Name/Firma	ggf. Vorname(n)
FFJ Verwaltung GmbH & Co KG	
Straße	Hausnummer
Neustrasse	2
Postleitzahl	Ort
56321	Rhens
Land (wenn nicht Deutschland)	Geschäftszeichen
Registergericht	Registernummer
AG Koblenz	HRA 12345

☒ Der Gläubiger ist vorsteuerabzugsberechtigt.

Und auf der Vertretungsebene:

A

Gläubiger (zu Ziffer 1.) vertreten durch

☒ den gesetzlichen Vertreter

☐ den gerichtlich bestellten Betreuer,
☐ der eine Ausschließlichkeitserklärung abgegeben hat (§ 53 Absatz 2 ZPO)

Firma oder Funktion
☒ GmbH

☒ diese vertreten durch

☐ Herrn ☐ Frau ☐	☐ Herrn ☐ Frau ☐	Funktion
		Geschäftsführer
Name	Firma/Name	Name
FFJ Verwaltung GmbH		Markus
Vorname(n)	ggf. Vorname(n)	ggf. Vorname(n)
		Mustermann
Straße	Straße	
Neustrasse		
Hausnummer	Hausnummer	
2		
Postleitzahl	Postleitzahl	
56321		
Ort	Ort	
Rhens		
Land (wenn nicht Deutschland)	Land (wenn nicht Deutschland)	

8 Im letzten Teil des Moduls A ist dann der Bevollmächtigte des Gläubigers anzugeben.

A

Gläubiger (zu Ziffer) vertreten durch den Bevollmächtigten

☐ Herrn ☐ Frau ☐ Unternehmen ☐

Name/Firma | ggf. Vorname(n)

Straße | Hausnummer | Postleitzahl | Ort

Land (wenn nicht Deutschland) | Geschäftszeichen

Wesentliche Unterschiede zwischen dem aktuellen und dem neuen Formular gibt es hier nicht. Lediglich der Umstand, dass das Modul aufgrund des Seitenumbruchs nochmals mit „A“ bezeichnet wird.

A

Gläubiger (zu Ziffer ______) vertreten durch den Bevollmächtigten

☐ Herr ☐ Frau ☐ Unternehmen ☐ ______

Name/Firma | ggf. Vorname(n)

Straße | Hausnummer | Postleitzahl | Ort

Land (wenn nicht Deutschland) | Geschäftszeichen

Bevollmächtigte werden in der Regel Rechtsanwälte nach § 79 Abs. 2 S. 1 ZPO oder Inkassodienstleister nach § 10 Abs. 1 Nr. 1 RDG i.V.m. § 79 Abs. 2 S. 2 Nr. 4 ZPO sein. Auch die weiter in § 79 Abs. 2 S. 2 ZPO genannten Personen können allerdings als Bevollmächtigte in Betracht kommen.

9 Da es bei einer Mehrzahl von Gläubigern (theoretisch) denkbar ist, dass diese durch verschiedene Bevollmächtigte vertreten werden, ist einerseits der Rahmen für die Bevollmächtigten entsprechend zu vervielfältigen und sind die Bevollmächtigten dann den Gläubigern zuzuordnen („(zu Ziffer ...)“). Die übrigen Angaben sind selbsterklärend. Die Kontaktdaten (Telefon- und Fax-Nr., E-Mail, beA, eBO) werden kontextbezogen in den Formularen gesondert abgefragt, sodass sie hier nicht angegeben werden müssen.

10 Werden Bevollmächtigte benannt, muss entweder die Versicherung über die Bevollmächtigung nach § 753a ZPO abgegeben werden oder eine Vollmacht vorgelegt werden. Die Versicherung ist dabei auch durch Rechtsanwälte abzugeben, was sich aus dem eindeutigen Verweis von § 753a ZPO auf § 79 Abs. 2 S. 1 ZPO ergibt. Zu sehen ist, dass die Erklärung nach § 753a ZPO sich nicht auf die Verfahrensvollmacht beschränkt, während etwa § 81 ZPO nur die Prozess- bzw. Verfahrensvollmacht betrifft. Während § 81 ZPO im Außenverhältnis eine Bevollmächtigung fingiert, verhält sich § 753a ZPO über die tatsächlich vorliegende Bevollmächtigung für das konkrete Vollstreckungsverfahren. Insoweit deckt die Versicherung auch das Vorliegen einer Geldempfangsvollmacht ab. Wer also die Versicherung nach

§ 753a ZPO abgibt, muss weder eine Verfahrens- noch eine Geldempfangsvollmacht vorlegen.[6] Dies ergibt sich auch aus der Gesetzesbegründung zu § 753a ZPO,[7] entspricht der Auffassung des Verordnungsgebers, d.h. des BMJ,[8] und ist inzwischen auch höchstrichterlich entschieden.[9]

Hinweis

Der Gesetzgeber will auf die Streitfrage reagieren. Mit dem *Gesetz zur weiteren Digitalisierung der Zwangsvollstreckung*[10] soll die Versicherung der Verfahrensvollmacht in § 752a ZPO-E und die Versicherung der Geldempfangsvollmacht in § 753a ZPO geregelt werden.

Die vorgesehene Regelung in § 752a ZPO-E betrifft ausschließlich die Verfahrensvollmacht für die Durchführung der Zwangsvollstreckung mit dem Gerichtsvollzieher oder dem Vollstreckungsgericht bei der Mobiliarzwangsvollstreckung wegen Geldforderungen. Die Vollmacht muss (!) von Rechtsanwälten (§ 79 Abs. 2 S. 1 ZPO), Verbraucherzentralen (§ 79 Abs. 2 S. 2 Nr. 4 ZPO) sowie Inkassodienstleistern (§ 79 Abs. 2 S. 2 Nr. 4 ZPO) nicht vorgelegt, sondern zumindest in Textform (§ 126b BGB) versichert werden. Das entspricht im Ausgang der bisherigen Regelung in § 753 ZPO, erweitert diese aber dahin, dass keine Wahlmöglichkeit besteht, statt der Versicherung die Urkunde vorzulegen. § 752a ZPO-E erweitert entgegen dem bisher ausdrücklichen Ausschluss in § 753a S. 2 ZPO die Option der Versicherung der Vollmacht auf das Verfahren über die Beantragung des Haftbefehls beim Vollstreckungsgericht wie im eigentlichen Verhaftungsverfahren. Ist die Versicherung schon gegenüber dem Gerichtsvollzieher abgegeben, der den Haftbefehlsantrag weiterreicht, genügt dies auch für das weitere gerichtliche Verfahren (BR-Drucks 124/24, 24).

Der BGH hatte am 5.7.2023[11] entschieden, dass die Versicherung der Bevollmächtigung nach § 753a ZPO im aktuellen Formular im Kontext mit der Angabe der Bankverbindung des Bevollmächtigten auch die Versicherung einer vorliegenden Geldempfangsvollmacht umfasst. Eine schriftliche Vollmacht muss dem Gerichtsvollzieher dann nicht mehr vorgelegt werden. Diese Entscheidung nimmt der Gesetzentwurf nun in § 753a ZPO-E auf und berechtigt und verpflichtet, Rechtsanwälte, Verbraucherschutzverbände und Inkassodienstleister (§ 79 Abs. 2 S. 1 und S. 2 Nr. 3 und 4 ZPO) beschränkt auf die Zwangsvollstreckung des Gerichtsvollziehers wegen Geldforderungen in das bewegliche Vermögen die Geldempfangsvollmacht ausschließlich zu versichern. Durch den

6 AG Burg v. 31.5.2021 – 36 M 905/22.

7 Vgl. BT-Drucks 19/20348, 72.

8 Schreiben des BMJ an den Autor vom 1.12.2021, RA4 – 3740/18 – R4 369/2021.

9 BGH v. 5.7.2023 – VII ZB 35/21.

10 BT-Drucks 20/11310, vgl. hierzu *Goebel*, FoVo 2024, 41.

11 BGH v. 5.7.2023 – VII ZB 35/21.

Anwendungsbereich wird zugleich deutlich, dass es nur um die Empfangnahme von Geld geht, nicht auch von sonstigen Gegenständen (z.B. Urkunden, körperliche Sachen, Daten).

III. Modul B – Angaben zum Schuldner

11 Modul B fasst die Angaben zum Schuldner, seinen gesetzlichen Vertretern und seinen Bevollmächtigten zusammen und gleicht in der Struktur Modul A. Die Angaben zu mindestens einem Schuldner sind dabei zwingend, § 750 ZPO, während die weiteren Angaben in Abhängigkeit vom konkreten Einzelfall auf ihre Erforderlichkeit zu prüfen sind. Anders als beim Gläubiger zeigen sich hier Änderungen zwischen den aktuellen und dem neuen Formular, die nicht nur optischer Art sind, sondern auch die Stammdaten betreffen. Auf die Kritik der Praxis reagierend, hat der Verordnungsgeber nun auch Angaben zum Geburtsdatum und zum Geburtsort des Schuldners vorgesehen.

12 Als Stammdaten sind zunächst die Daten zur Individualisierung zumindest eines Schuldners zu benennen. Hierbei muss es sich gem. § 750 Abs. 1 ZPO um einen im Vollstreckungstitel benannten Schuldner handeln. Anderenfalls würde es an den allgemeinen Vollstreckungsvoraussetzungen fehlen.

den Schuldner (zu Ziffer)

☐ Herrn ☐ Frau ☐ Unternehmen ☐

Name/Firma	ggf. Vorname(n)
Straße	Hausnummer
Postleitzahl	Ort
Land (wenn nicht Deutschland)	Geschäftszeichen
Registergericht	Registernummer

☐ sowie die weiteren Schuldner gemäß weiterer Anlage

Im neuen Formular sind dann zusätzlich zum aktuellen Formular auch das Geburtsdatum und der Geburtsort des Schuldners anzugeben. Dies bedarf es insbesondere bei der Beauftragung der Einholung der Drittauskünfte zu den Konten des Schuldners beim Bundeszentralamt für Steuern nach § 802l ZPO.

den Schuldner (zu Ziffer ______)

☐ Herr ☐ Frau ☐ Unternehmen ☐ ______

Name/Firma | ggf. Vorname(n)

Straße | Hausnummer

Postleitzahl Ort | Land (wenn nicht Deutschland)

Geschäftszeichen | Geburtsdatum Geburtsort

Registergericht | Registernummer

☐ sowie die weiteren Schuldner gemäß weiterer Anlage

Das Modulteil zu den Schuldnerdaten außerhalb eines Rahmens darf gem. § 3 Abs. 2 Nr. 5 ZVFV mehrfach verwandt werden, wenn sich die Vollstreckung gegen mehr als einen Schuldner richtet. In diesem Fall sind die Schuldner fortlaufend zu nummerieren.

Die weiteren Angaben sind grundsätzlich selbsterklärend. Es kann sich danach bei dem Schuldner um eine natürliche oder eine juristische Person handeln. Im letztgenannten Fall ist der Firmenname vollständig im Feld „Name/Firma“ anzugeben, während das Feld „Vorname“ ungenutzt bleibt. Auch bei längeren Firmennamen dürfen nicht beide Felder genutzt werden, da dies einer elektronischen Weiterverarbeitung in der Texterkennung entgegenstehen würde. In diesem Fall muss vielmehr das Texteingabefeld „Name/Firma“ nach § 3 Abs. 2 Nr. 4 ZVFV erweitert werden. Das Feld „Vorname“ darf nicht entfallen, weil § 3 Abs. 2 Nr. 5 ZVFV dies nicht vorsieht und § 3 Abs. 2 Nr. 6a ZVFV nur bei Text und Textfeldern innerhalb von Rahmen gilt. Gleiches gilt für die Felder „Land“ und „Geschäftszeichen“, auch wenn hier keine Eintragungen vorzunehmen sind, und die Felder „Registergericht“ und „Registernummer“, wenn solche nicht existieren, etwa weil der Schuldner eine nicht eingetragene natürliche Person ist.

13 Mit dem neuen Formular löst der Verordnungsgeber nun das Problem der aktuellen Formulare, dass für die Einholung von Drittauskünften zwingend die Angabe des Geburtsdatums des Schuldners erforderlich ist, während dafür kein strukturiertes Datenfeld zur Verfügung steht. Allerdings kann die Problemlage im aktuellen Formular dadurch gelöst werden, dass die Angaben entweder im Modul Q – als allgemeine Angabe zur Identifikation des Schuldners unabhängig vom gestellten Antrag –

Q

Dem Gerichtsvollzieher werden folgende Hinweise gegeben und es werden folgende Vorgaben gemacht:

☒ Es wird um Übersendung des

☒ Protokolls ☐ Gesamtprotokolls
gebeten.

☒ Im Fall der Nichtzuständigkeit wird um Weiterleitung des Vollstreckungsauftrags an den zuständigen Gerichtsvollzieher gebeten, wenn nicht bereits eine Weiterleitung von Amts wegen erfolgt.

☐ Es wird um Rücksendung der Vollstreckungsunterlagen für den Fall gebeten, dass

☒ Für die Einholung der Drittauskünfte wird mitgeteilt, dass der Schuldner zu ... am TT.MM.JJJJ geboren ist.

☐

oder im Modul M – bei der Beantragung der Drittauskünfte –

☒ Es wird mitgeteilt, dass der Schuldner (zu Ziffer ...) am TT.MM.JJJJ in ... geboren ist

gemacht werden.

Hinweis

Wenn der Gläubiger das Geburtsdatum des Schuldner nicht kennt, muss der Gerichtsvollzieher dies bei der Beauftragung der Drittauskünfte nach Ansicht des LG Darmstadt[12] von Amts wegen nach § 2 Abs. 3 i.V.m. § 34 Bundesmeldegesetz (BMG) ermitteln. Das ist dann in Modul M – im aktuellen und auch im neuen Formular – anzugeben:

☒ Das Geburtsdatum des Schuldners ist unbekannt und von Amts wegen zu ermitteln (LG Darmstadt 13.6.2023, 5 T 181/23)

Richtet sich der Vollstreckungsantrag gegen mehrere Schuldner als Antragsgegner, so bestehen hinsichtlich der Darstellung zwei Alternativen. Entweder kann der gesamte Text außerhalb der Rahmen – wie vorstehend grafisch dargestellt – wiederholt werden. Oder es wird eine Anlage aller weiteren Schuldner beigefügt. Zu beachten ist, dass auch in diesem Fall ein Schuldner in das Formular aufzunehmen ist. Wird eine Anlage beigefügt, ist das entsprechende Kreuzchen zu setzen.

☒ sowie die weiteren Schuldner gemäß weiterer Anlage

Soweit eine Anlage mit weiteren Schuldnern beigefügt wird, muss diese die gleichen Angaben zu Anrede, Name/Firma, Vorname, Straße, Hausnummer, Postleitzahl, Ort, Land, Geschäftszeichen, Registergericht und Registernummer für jeden weiteren Gläubiger gesondert enthalten. Dabei kann dann selbstverständlich Geburtsdatum und Geburtsort ergänzt werden. Vorzugsweise sollte der Aufbau der Darstellung im Formular folgen.

14 Im zweiten Teil des Moduls B sind die gesetzlichen Vertreter des Schuldners anzugeben. Als gesetzliche Vertreter des Schuldners kommen etwa in Betracht:

- Geschäftsführer einer GmbH, OHG, GbR
- Komplementär einer KG

12 LG Darmstadt v. 13.6.2023 – 5 T 181/23 = FoVo 2023, 237.

- Vorstand einer AG
- Eltern eines Minderjährigen, § 1629 BGB
- der Betreuer des Gläubigers, § 1902 BGB

Es sind insgesamt so viele gesetzliche Vertreter anzugeben, wie erforderlich sind, damit der Schuldner rechtswirksam agieren kann.

> *Beispiel*
>
> Verfügt eine GmbH über einen allein vertretungsberechtigten Geschäftsführer, so genügt allein dessen Angabe, auch wenn insgesamt mehrere Geschäftsführer bestellt sind. Umgekehrt müssen mehrere Geschäftsführer benannt werden, wenn die Gesellschaft nur durch mehrere Geschäftsführer gemeinsam vertreten werden kann.

B

Schuldner (zu Ziffer) vertreten durch

☐ den gesetzlichen Vertreter

☐ Herrn ☐ Frau ☐

Name

Vorname(n)

Straße

Hausnummer

Postleitzahl

Ort

Land (wenn nicht Deutschland)

☐ den gerichtlich bestellten Betreuer,

☐ der eine Ausschließlichkeitserklärung abgegeben hat (§ 53 Absatz 2 ZPO)

☐ Herrn ☐ Frau ☐

Firma/Name

ggf. Vorname(n)

Straße

Hausnummer

Postleitzahl

Ort

Land (wenn nicht Deutschland)

Firma oder Funktion

☐

☐ diese vertreten durch

Funktion

Name

ggf. Vorname(n)

☐ den gesetzlichen Vertreter

☐ Herrn ☐ Frau ☐

Name

Vorname(n)

Straße Hausnummer

Postleitzahl Ort

Land (wenn nicht Deutschland)

Die neuen Formulare bringen hier nur eine Vergrößerung des Eingabefelds für die Firma oder Funktion, ohne inhaltliche Änderungen.

	Schuldner (zu Ziffer ______) vertreten durch		Firma oder Funktion
	☐ den gesetzlichen Vertreter	☐ den gerichtlich bestellten Betreuer, ☐ der eine Ausschließlichkeits-erklärung abgegeben hat (§ 53 Absatz 2 ZPO)	☐ ______
			☐ diese vertreten durch
	☐ Herrn ☐ Frau ☐ ______	☐ Herrn ☐ Frau ☐ ______	Funktion
	Name	Firma/Name	Name
B	Vorname(n)	ggf. Vorname(n)	ggf. Vorname(n)
	Straße	Straße	

Da diese Angaben sich innerhalb eines Rahmens befinden, gilt für deren zulässige Mehrfachverwendung, Anpassung oder das Weglassen § 3 Abs. 2 Nr. 6 ZVFV. Dies gilt insbesondere für den zweiten Vertreter, der ggf. entfallen kann, oder die notwendigen Ergänzungen, wenn es mehr als zwei gesetzliche Vertreter gibt. Die Zahl der Vertreter bestimmt sich nach dem materiellen Recht.

Hinweis

Wegen der Vorgehensweise bei einer GbR sowie einer GmbH & Co KG wird auf die obigen Ausführungen zur gleichartigen Eintragung beim Gläubiger in Modul A verwiesen.

15 Wird ein Betreuter in der Zwangsvollstreckung durch einen Betreuer vertreten, kann der Betreuer nach dem am 1.1.2023[13] in Kraft getretenen § 53 Abs. 2 ZPO in jeder Lage des Verfahrens gegenüber dem Vollstreckungsorgan schriftlich, insoweit auch mit dem Vollstreckungsauftrag, oder zu Protokoll der Geschäftsstelle erklären, dass die Vollstreckung fortan ausschließlich durch ihn geführt wird (Ausschließlichkeitserklärung). Mit Eingang der Ausschließlichkeitserklärung steht der Betreute für die weitere Vollstreckung einer nicht prozessfähigen Person gleich. Der Betreuer kann die Ausschließlichkeitserklärung jederzeit mit Wirkung für die Zukunft zurücknehmen. Dies ist insbesondere bei der Abnahme der Vermögensauskunft beachtlich, da in den Fällen der Ausschließlichkeitserklärung nicht der Betreute, sondern der Betreuer die Vermögensauskunft abzugeben hat.

Hinweis

Für den Schuldner werden entsprechende Informationen beim Bevollmächtigten – zumindest bei einem ersten Vollstreckungsantrag – nicht vorliegen. In jedem Fall muss der Bevollmächtigte in seiner Software ein Datenfeld für die Information über die Abgabe der Ausschließlichkeitserklärung vorsehen. Anlassbezogen kann es erforderlich sein, dieser Frage zunächst nachzugehen und den Status des Schuldners beim Betreuungsgericht zu klären.

13 BGBl I 2021, 852.

Wird der Schuldner als juristische Person oder Personengesellschaft (etwa eine KG) zunächst durch eine andere juristische Person vertreten (etwa eine GmbH), wie bei der GmbH & Co KG, ist die Vertretungsgesellschaft namentlich als Firma oder Funktion zu benennen und der berechtigte Vertreter der Vertretungsgesellschaft namentlich anzugeben. Hier genügt dann die Angabe des Vor- und Nachnamens der letztlich für die vertretende Gesellschaft handelnden natürlichen Person. Auf die Ausführungen zu Modul A kann hier verwiesen werden. 16

Im letzten Teil des Moduls B ist dann der Bevollmächtigte des Schuldners anzugeben, soweit ein solcher bekannt ist. Nur für Rechtsanwälte ist nach § 12 BORA die Angabe eines bevollmächtigten Rechtsanwalts des Schuldners zwingend. Im Übrigen handelt es sich um eine Frage der Zweckmäßigkeit und des Umgangs. 17

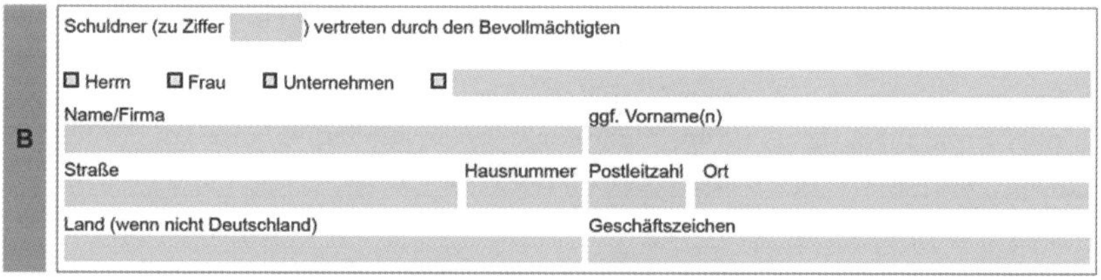

B

Schuldner (zu Ziffer) vertreten durch den Bevollmächtigten

☐ Herrn ☐ Frau ☐ Unternehmen ☐

Name/Firma | ggf. Vorname(n)

Straße | Hausnummer | Postleitzahl | Ort

Land (wenn nicht Deutschland) | Geschäftszeichen

Dies werden im professionellen Bereich in der Regel Rechtsanwälte nach § 79 Abs. 2 S. 1 ZPO oder aber auch Schuldnerberatungen bzw. Verbraucherzentralen sein. Denkbar sind aber Vorsorgebevollmächtigte oder sonstige Personen.

Da es bei einer Mehrzahl von Schuldnern – etwa getrenntlebenden Ehegatten – denkbar ist, dass diese durch verschiedene Bevollmächtigte vertreten werden, sind die Bevollmächtigten den Schuldnern zuzuordnen („(zu Ziffer ...)"). Die übrigen Angaben sind selbsterklärend. 18

C. Anlage 1: Gerichtsvollzieherauftrag

I. Einführung

Der Gerichtsvollzieherauftrag nach Anlage 1 ZVFV umfasst insgesamt sieben Seiten in den Modulen A bis Q. Die Formulare verwenden hier den Begriff des Auftrags, während in den weiteren Formularen der Begriff des Antrags verwandt wird. Inhaltliche Unterschiede sind mit den verschiedenen Begrifflichkeiten nicht verbunden. An dieser mit der ZVFV begründeten Struktur hat die 2. ÄndVO nichts geändert. 19

Den Modulen vorangestellt sind leider nicht modular gegliederte Grunddaten zum Schuldner, zu den Kontaktdaten des Ansprechpartners bzw. Auftraggebers – in der Regel des Bevollmächtigten – und zum Empfängerkonto für ggf. vom Gerichtsvollzieher eingezogene Gelder.

Dem Gerichtsvollzieherauftrag zwingend beizufügen ist die Anlage 6 ZVFV, mithin die Forderungsaufstellung zum Gerichtsvollzieherauftrag.

Die Module A und B werden nachfolgend nicht mehr gesondert abgehandelt, da diese bereits vor die Klammer gezogen wurden. Mit der 2. ÄndVO wurden, bezogen auf die damit eingeführten neuen Formulare, kleinere Anpassungen vorgenommen, die sich aber auch in den aktuellen Formularen, die ab dem 1.9.2024 verbindlich sind, abbilden lassen.

II. Adressat des Vollstreckungsauftrags

20 Adressat ist grundsätzlich der zuständige Gerichtsvollzieher, der allerdings in der Praxis häufig nur über die Gerichtsvollzieherverteilerstelle des Amtsgerichts bestimmt werden kann. Maßgeblich ist der Gerichtsvollzieher, in dessen Bezirk die erste beauftragte Vollstreckung/Amtshandlung durch den Gerichtsvollzieher stattfinden soll. Anders als nach der GVFV 2015 wird durch das Formular kein Adressat oder Empfänger des Auftrags mehr vorgegeben, sondern er kann im Freitext angegeben werden. Dabei sind nach der 2. ÄndVO die grauen Felder entfallen.

Aktuelles Formular:

An

Bitte beachten Sie die Ausfüllhinweise zu diesem Formular auf www.bmj.de/Zwangsvollstreckungsformulare.

, den

Neues Formular:

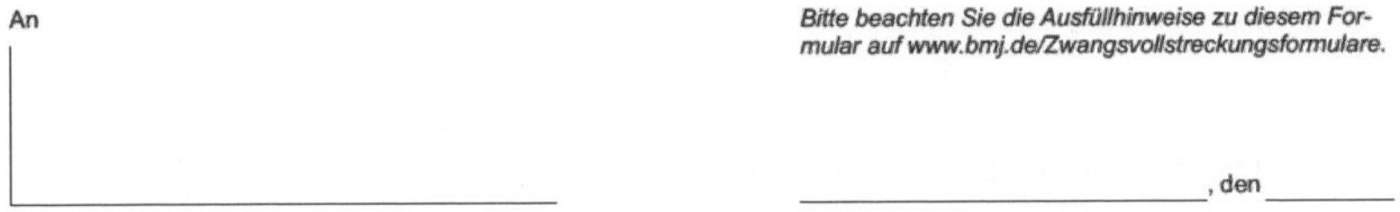
An

Bitte beachten Sie die Ausfüllhinweise zu diesem Formular auf www.bmj.de/Zwangsvollstreckungsformulare.

, den

Der Auftrag kann grundsätzlich an das Amtsgericht gerichtet werden, in dessen Bezirk die erste Vollstreckungshandlung vorgenommen werden soll.

> *Hinweis*
>
> § 16 GVO, der den Gerichtsvollzieher am allgemeinen Gerichtsstand (Wohnsitz) des Schuldners für zuständig erklärt, gilt nur für reine Zustellungsaufträge. Dies ist etwa maßgeblich und beachtlich, wenn ein Benachrichtigungsschreiben nach § 845 ZPO (Vorpfändung), welches vom Gläubiger gefertigt wurde, nur zugestellt werden soll.

Dies ist bei der Abnahme der Vermögensauskunft der Wohnort oder Sitz des Schuldners, § 802e ZPO, bei der Sachpfändung jeder denkbare Ort, an dem sich körperliche Gegenstände im Gewahrsam des Schuldners befinden – was nicht zwangsläufig nur an dessen Wohnort der Fall ist, sondern etwa auch beim Arbeitgeber, einer getrennt lebenden nahestehenden Person oder auch einer Lebensgefährtin bzw. einem Lebensgefährten der Fall sein kann – und bei der gütlichen Erledigung oder der Zustellung einer vom Gerichtsvollzieher herzustellenden Benachrichtigung zur Vorpfändung jeder Ort, an dem der Schuldner angetroffen werden kann. Das Amtsgericht und hier die Gerichtsvollzieherverteilerstelle übermittelt dem zuständigen Gerichtsvollzieher dann den Auftrag.

Ist dem Auftraggeber/Antragsteller – etwa aus vorherigen Vollstreckungen – bekannt, welcher konkrete Gerichtsvollzieher zuständig ist, kann der Auftrag auch an diesen direkt übermittelt werden.

Da das Formular die weiteren Angaben nicht vorgibt, bleibt es dem Auftraggeber/Antragsteller vorbehalten, zu entscheiden, ob eine postalische Anschrift mit Straße und Hausnummer oder ein Postfach gewählt wird. Bei einer elektronischen Übermittlung bedarf es insoweit auch keiner Angaben, wenn nur das Gericht oder der Gerichtsvollzieher über die Safe-ID eindeutig bestimmt ist.

Ohne rechtliche Bedeutung ist die Angabe des Orts, von dem aus der Auftrag erteilt wird, und das Datum des Vollstreckungsauftrags, da es allein darauf ankommt, wann dem Gerichtsvollzieher der Auftrag erteilt wurde, d.h. ihm rechtlich zugegangen ist oder gar erst, wann eine Pfändung erfolgt. Insoweit dienen diese Angaben nur der späteren Identifikation und Bezeichnung des Auftrags. Bei Nutzung der Gerichtsvollzieherverteilerstelle ist der Auftrag dem Gerichtsvollzieher im Zeitpunkt des Eingangs bei der Gerichtsvollzieherverteilerstelle zugegangen.

III. Stammdaten zum Schuldner

Zunächst sind Grundangaben zum Schuldner zu machen, die sich auf dessen Namen und seine postalische Anschrift beziehen. Die 2. ÄndVO hat hier keine Abweichungen mit Ausnahme des Umstands erbracht, dass der graue Hintergrund der Texteingabefelder entfallen ist. 21

Aktuelles Formular:

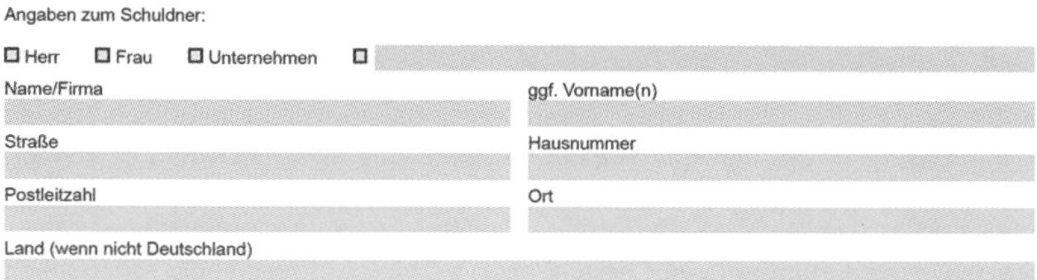
Angaben zum Schuldner:

☐ Herr ☐ Frau ☐ Unternehmen ☐

Name/Firma

ggf. Vorname(n)

Straße

Hausnummer

Postleitzahl

Ort

Land (wenn nicht Deutschland)

Neues Formular:

Angaben zum Schuldner:

☐ Herr ☐ Frau ☐ Unternehmen ☐ ______________________

Name/Firma ______________________ ggf. Vorname(n) ______________________

Straße ______________________ Hausnummer ______________________

Postleitzahl ______________________ Ort ______________________

Land (wenn nicht Deutschland) ______________________

Die Angaben befinden sich außerhalb eines Rahmens und sind deshalb einerseits zwingend und dürfen bei mehreren Schuldnern insgesamt mehrfach wiederholt werden, § 3 Abs. 2 Nr. 5 ZVFV. Eine Anlage für weitere Schuldner ist insoweit nicht vorgesehen. Da über dieses Feld die örtliche Zuständigkeit und nicht die Identität des Schuldners bestimmt werden soll – hierzu Modul B – bedarf es auch nur einer Angabe.

Nach den eigenen Hinweisen des BMJ zielen die Angaben zum Schuldner auf die Bestimmung des örtlich zuständigen Gerichtsvollziehers. Hierzu wird auf § 753 Abs. 1 ZPO und § 14 GVO verwiesen. Dies verkennt, dass § 753 Abs. 1 ZPO keine Regelung zur örtlichen, sondern allein zur sachlichen Zuständigkeit trifft. Auch § 14 GVO trifft keine Bestimmung über die örtliche Zuständigkeit des Gerichtsvollziehers am Wohnort des Schuldners. Die örtliche Zuständigkeit des Gerichtsvollziehers beschränkt sich nach § 14 GVO, soweit nichts anderes bestimmt ist, nur auf den ihm zugewiesenen Gerichtsvollzieherbezirk. Je nach Auftrag kommen aber unterschiedliche örtliche Zuständigkeiten in Betracht. Dies ist bei der Abnahme der Vermögensauskunft der Wohnort oder Sitz des Schuldners, hilfsweise sein Aufenthaltsort, § 802e ZPO, bei der Sachpfändung aber jeder denkbare Ort, an dem sich körperliche Gegenstände im Gewahrsam des Schuldners befinden – was nicht zwangsläufig nur an dessen Wohnort der Fall ist – und bei der gütlichen Erledigung oder der Zustellung einer Vorpfändung jeder Ort, an dem der Schuldner angetroffen werden kann.

> *Beispiel*
>
> Der Schuldner ist erwerbstätig, sodass es nicht sehr wahrscheinlich ist, dass der Gerichtsvollzieher ihn an seinem Wohnort innerhalb der üblichen Geschäftszeiten eines Gerichtsvollziehers antrifft. Dagegen erreicht der durchschnittliche Schuldner seinen Arbeitsplatz motorisiert, führt ein Handy und auch Bargeld mit sich. Es ist deshalb sinnvoll, die Sachpfändung nicht am Wohnort, sondern am Arbeitsort durchführen zu lassen. Hier ist im Modul L dann die Weisung nach §§ 31 Abs. 2, 58 Abs. 2 GVGA zu erteilen, die Sachpfändung beim Arbeitgeber durchzuführen. Leider besteht nach S. 1 des Auftrags keine Möglichkeit, darauf ausdrücklich hinzuweisen. Es kann sich deshalb empfehlen, den Ge-

richtsvollzieher dazu gesondert zu kontaktieren (Telefon, E-Mail, beA, eBO). Auch kann es sinnvoll sein, Anrede, Name und Vorname auf den Schuldner zu beziehen und dann aber die Adressdaten des Arbeitgebers anzugeben und darauf in Modul L oder Modul Q hinzuweisen.

L

Pfändung und Verwertung

☒ Es soll eine Sachpfändung durchgeführt werden

☐ einschließlich ☐ beschränkt auf:

☐ Taschenpfändungen

☐ Kassenpfändungen

☐

☐ Es soll eine Pfändung von Forderungen aus Wechseln und anderen Papieren, die durch Indossament übertragen werden können, durchgeführt werden.

☒ Mit der Erteilung einer Fruchtlosigkeitsbescheinigung nach § 32 GVGA besteht kein Einverständnis.

☐ Der Pfändungsauftrag steht unter der Bedingung, dass sich aus dem Vermögensverzeichnis pfändbare Gegenstände ergeben.

☒ Die Sachpfändung soll beim Arbeitgeber durchgeführt werden: .... (Adresse Arbeitgeber)

IV. Kontaktdaten des Ansprechpartners bzw. Auftraggebers

Gerade bei der Beauftragung des Gerichtsvollziehers kann aus der konkreten Kon- 22
taktsituation des Gerichtsvollziehers mit dem Schuldner die Notwendigkeit der Rücksprache entstehen. Dies insbesondere im Kontext der gütlichen Erledigung, wenn der Schuldner zwar grundsätzlich zu einer Zahlungsvereinbarung bereit ist, dies aber aus – für den Gerichtsvollzieher – nachvollziehbaren Gründen nicht zu den Bedingungen des Gläubigers. Eine schriftliche Rückfrage würde nicht nur die konkrete Bereitschaft des Schuldners zur Kooperation gefährden, sondern bei allen Beteiligten auch einen zusätzlichen Aufwand begründen, den es grundsätzlich zu vermeiden gilt.

Aktuelles Formular:

Kontaktdaten des Ansprechpartners:

☐ Gläubiger ☐ gesetzlicher Vertreter ☐ Bevollmächtigter

Name/Firma ggf. Vorname(n)

Telefon E-Mail Fax

Geschäftszeichen

Hier hat der Verordnungsgeber mit der 2. ÄndVO aus dem „Ansprechpartner“ den „Auftraggeber“ gemacht und die Möglichkeit ergänzt, eine Safe-ID des Auftraggebers anzugeben. Tatsächlich gemeint ist der „Ansprechpartner des Auftraggebers.“

Kontaktdaten des Auftraggebers:		
☐ Gläubiger ☐ gesetzlicher Vertreter ☐ Bevollmächtigter		
Name/Firma		ggf. Vorname(n)
Telefon	E-Mail	Fax
SAFE-ID		
Geschäftszeichen		

Für die Praxis wird wichtig sein, dass die anzugebenden Kommunikationswege direkt zum Ansprechpartner führen und der benannte Ansprechpartner einerseits den Vollstreckungsfall beurteilen kann und andererseits mit den entsprechenden Entscheidungskompetenzen ausgestattet ist. Insoweit hängt vom konkreten Vollstreckungsauftrag an den Bevollmächtigten ab, ob dieser oder besser der Gläubiger bzw. sein gesetzlicher Vertreter als Ansprechpartner benannt wird. Gibt es keinen Variationsspielraum und wollen der Gläubiger oder sein Bevollmächtigter nicht kontaktiert werden, können die Angaben unterbleiben. Andererseits sind die Angaben auch in einem Rahmen, sodass auch denkbar wäre, den Rahmen zu vervielfältigen und mehrere Ansprechpartner anzugeben. Der Gerichtsvollzieher wird in der konkreten Situation jedenfalls keine Zeit haben, sich zunächst länger zu einem kompetenten Entscheider verbinden zu lassen oder gar in einer Warteschleife einer Zentralnummer zu verharren, noch eine Rückfragekette bei relevanten Entscheidern abzuwarten. Mit der Angabe der Safe-ID ist zugleich das Einverständnis verbunden, elektronisch zu kommunizieren, wenn dies nicht ohnehin für den professionellen Anwender wie Rechtsanwälte (aktive und passive Nutzungspflicht des beA) oder Inkassodienstleister (passive Nutzungspflicht des eBO) verpflichtend ist.

Hinweis

Wer das aktuelle Formular nutzt, aber gleichwohl die SAFE-ID angeben will, kann dies auch in Modul Q ergänzen

Q	
	☒ Im Fall der Nichtzuständigkeit wird um Weiterleitung des Vollstreckungsauftrags an den zuständigen Gerichtsvollzieher gebeten, wenn nicht bereits eine Weiterleitung von Amts wegen erfolgt.
	☐ Es wird um Rücksendung der Vollstreckungsunterlagen für den Fall gebeten, dass
	☒ Die SAFE-ID des Auftraggebers lautet safe-sp1-1357225160794-021568182

Die Kontaktdaten sind innerhalb eines Rahmens anzugeben. Insoweit ist es nach § 3 Abs. 2 Nr. 6 ZVFV gestattet, den Text, die Texteingabefelder oder den gesamten Rahmen zu entfernen oder auch mehrfach zu verwenden. Zugleich kann der Umfang der Texteingabefelder nach § 3 Abs. 2 Nr. 4 ZPO erweitert oder verringert werden.

V. Bankdaten

Die Bankdaten benötigt der Gerichtsvollzieher nur, wenn auch Aufträge erteilt wer- 23
den, bei denen er Zahlungen entgegennehmen kann oder muss. Dies kann etwa bei Beauftragung der gütlichen Erledigung (Modul G) oder der Sachpfändung (Modul L) der Fall sein und entfällt bei isolierten Anträgen auf Abnahme der Vermögensauskunft (Modul H) – ggf. in Kombination mit einem Verhaftungsauftrag (Modul J und ggf. Modul I) –, der Ermittlung des Aufenthalts des Schuldners (Modul M) sowie der Fertigung und Zustellung von Vorpfändungsmitteilungen (Modul F und K). Das ermöglicht es auch, logische Verknüpfungen zwischen den Rahmen und/oder Modulen herzustellen, soweit die Software des Anwenders dies zulässt.

Aktuelles Formular:

Bankverbindung des

☐ Gläubigers: ☐ gesetzlichen Vertreters: ☐ Bevollmächtigten: ☐ abweichenden Kontoinhabers:

Name des Kontoinhabers

IBAN

BIC (Angabe kann entfallen, wenn IBAN mit DE beginnt)

Verwendungszweck

Grundsätzlich können von vier Personen die Bankdaten angegeben werden. Die Angaben des Gläubigers oder des gesetzlichen Vertreters sind unproblematisch und ziehen keine weiteren Konsequenzen nach sich. Die Geldempfangsvollmacht ergibt sich aus der Gläubigerstellung oder der gesetzlichen Beziehung zum Gläubiger.

Soweit die Bankdaten des Bevollmächtigten als Rechtsanwalt oder als Inkassodienstleister angegeben werden, muss grundsätzlich eine Geldempfangsvollmacht bestehen. Wie sich aus § 81 ZPO ergibt, ist diese auch bei einem Rechtsanwalt nicht von seiner Stellung als selbstständiges Organ der Rechtspflege erfasst. Erleichterung verschafft allerdings insoweit § 753a ZPO, der weiter greift als die Prozessvollmacht und die Versicherung jeglicher Art von Vollmacht erlaubt. Während § 81 ZPO die Vollmacht fingiert und deshalb die Geldempfangsvollmacht nicht umfasst, betrifft § 753a ZPO die tatsächlich erteilte Vollmacht und kann deshalb auch die Geldempfangsvollmacht umfassen. Die Versicherung darf nämlich nur abgegeben werden, wenn diese vorliegt, und muss ansonsten eingeschränkt werden.

E

Versicherungen

☒ Es wird gemäß § 753a Satz 1 ZPO die ordnungsgemäße Bevollmächtigung zur Vertretung versichert.

☐ Es wird gemäß § 754a Absatz 1 Satz 1 Nummer 4 ZPO versichert, dass Ausfertigungen der als elektronische Dokumente übermittelten Vollstreckungsbescheide mit den jeweiligen Zustellungsnachweisen vorliegen und die Forderungen in Höhe des Vollstreckungsauftrags noch bestehen.

☐

Während § 81 ZPO nur die Prozessvollmacht anspricht, greift § 753a ZPO schon vom Wortlaut her weiter. Soweit die Formulierung in Modul E von „ordnungsgemäßer Bevollmächtigung zur Vertretung“ spricht, muss dies im Kontext zur gesetzlichen Regelung so ausgelegt werden, dass damit auch die Vertretung bei dem Empfang von Zahlungen gemeint ist. Insoweit deckt die Versicherung auch das Vorliegen einer Geldempfangsvollmacht ab. Wer also die Versicherung nach § 753a ZPO abgibt, muss weder eine Verfahrens- noch eine Geldempfangsvollmacht vorlegen.[14] Das ist nunmehr auch höchstrichterlich entschieden.[15] Dies ergibt sich auch aus der Gesetzesbegründung zu § 753a ZPO[16] und entspricht auch der Auffassung des Verordnungsgebers, d.h. des BMJ.[17] Mit dem Gesetz zur weiteren Digitalisierung der Zwangsvollstreckung will der Gesetzgeber dies nun auch mit einer neuen Regelung in § 752a ZPO-E (Versicherung der Verfahrensvollmacht) und § 753a ZPO-E (Versicherung der Geldempfangsvollmacht) auflösen.

Die Möglichkeit, eine solche Versicherung abzugeben, ist allerdings auf Rechtsanwälte (§ 79 Abs. 2 S. 1 ZPO), Verbraucherzentralen und Verbraucherverbände (§ 79 Abs. 2 S. Nr. 3 ZPO) sowie Inkassodienstleister (§ 79 Abs. 2 S. 2 Nr. 4 ZPO) beschränkt. Bevollmächtigte, die keine natürlichen Personen sind, handeln durch ihre Organe und mit der Prozessvertretung beauftragten Vertretern, § 79 Abs. 2 S. 3 ZPO. Dem genannten Personenkreis gesteht der Gesetzgeber eine entsprechende Vertrauenswürdigkeit zu. Zugleich trägt der Gesetzgeber damit den Notwendigkeiten einer Verfahrensvereinfachung Rechnung.[18] Anders als etwa im Rahmen der elektronischen Antragstellung nach § 754a ZPO oder § 829a ZPO sieht § 753a ZPO kein Nachprüfungsverfahren durch den Gerichtsvollzieher oder den Schuldner vor. Die fehlende Vollmacht ist deshalb nur im Rechtsmittelweg verfolgbar.

Soweit ein sonstiger Kontoinhaber angegeben wird, ist zwingend eine Geldempfangsvollmacht vorzulegen. Ein Erfordernis für die Vorlage einer Originalvollmacht wird allerdings nur bestehen, wenn begründete Zweifel an der Geldempfangsvollmacht bestehen.

Mit der 2. ÄndVO hat hier eine Umgestaltung stattgefunden. Der Rahmen mit der Bankverbindung wurde um ein Ankreuzfeld für die Mitteilung, dass beabsichtigt ist, ein SEPA-Lastschriftmandat zu erteilen, und um ein Ankreuzfeld und ein Texteingabefeld zur Mitteilung der Befreiung von Gerichtsvollzieherkosten nebst Rechtsgrundlage ergänzt. Zudem wurde ein Ankreuzfeld zur Klarstellung von der mitgeteilten Bankverbindung ergänzt.

14 AG Burg v. 31.5.2021 – 36 M 905/22.

15 BGH v. 5.7.2024 – VII ZB 35/21.

16 Vgl. BT-Drucks 19/20348, 72.

17 Schreiben des BMJ an den Autor vom 1.12.2021, RA4 – 3740/18 – R4 369/2021.

18 BT-Drucks 19/20348, 32, 35, 72.

Neues Formular:

☐ Der Gläubiger beabsichtigt, für die Begleichung der Kosten für diesen Vollstreckungsauftrag ein SEPA-Lastschriftmandat zu erteilen.

☐ Befreiung von Gerichtsvollzieherkosten gemäß:

☐ Für die Weiterleitung der vom Gerichtsvollzieher vereinnahmten Gelder wird folgende Bankverbindung mitgeteilt:
Bankverbindung des

☐ Gläubigers: ☐ gesetzlichen Vertreters: ☐ Bevollmächtigten: ☐ abweichenden Kontoinhabers:

Name des Kontoinhabers

IBAN

BIC (Angabe kann entfallen, wenn IBAN mit DE beginnt)

Verwendungszweck

Hinweis

Wer das aktuelle Formular nutzt, aber gleichwohl die Angabe zur Erteilung eines SEPA-Lastschriftmandats machen möchte, kann dies in Modul D erledigen.

D

☐ Aufstellung der Inkassokosten
☒ Aufstellung der bisherigen Vollstreckungskosten mit Belegen
☐ Bescheid nach § 9 Absatz 2 UhVorschG
☐ Negativauskunft des Einwohnermeldeamtes
☒ SEPA-Lastschriftmandat für die Begleichung der Kosten dieses Vollstreckungsauftrages

Dass der Bevollmächtigte seine Bankverbindung für die Weiterleitung der vom Gerichtsvollzieher vereinnahmten Gelder mitteilt, ist eine Selbstverständlichkeit und macht – soweit zu ersehen – in der Praxis keine Probleme.

Wer die Befreiung von den Gerichtsvollzieherkosten angeben muss, kann dies ebenfalls in Modul Q ergänzen.

Q

☒ Im Fall der Nichtzuständigkeit wird um Weiterleitung des Vollstreckungsauftrags an den zuständigen Gerichtsvollzieher gebeten, wenn nicht bereits eine Weiterleitung von Amts wegen erfolgt.
☐ Es wird um Rücksendung der Vollstreckungsunterlagen für den Fall gebeten, dass

☐ Der Gläubiger ist gemäß § |.. von der Entrichtung der Gerichtsvollzieherkosten befreit.

Die Bankdaten sind innerhalb eines Rahmens anzugeben. Insoweit ist es nach § 3 Abs. 2 Nr. 6 ZVFV gestattet, den Text, die Texteingabefelder oder den gesamten Rahmen zu entfernen oder auch mehrfach zu verwenden. Zugleich kann der Umfang der Texteingabefelder nach § 3 Abs. 2 Nr. 4 ZPO erweitert oder verringert werden.

VI. Modul C – Vollstreckungstitel

Auf die bereits vor die Klammer gezogenen abgehandelten Module A zum Gläubi- 24
ger und B zum Schuldner folgen in Modul C die Angaben zum Vollstreckungstitel. Dabei ist im aktuellen Formular die Angabe mindestens eines Vollstreckungstitels

zwingend (§§ 750, 704, 794, 795 ZPO), sodass sich die Angaben für den ersten Vollstreckungstitel auch außerhalb eines Rahmens befinden.

C

der Vollstreckungstitel (zu Ziffer)

Art	Aussteller
Datum	**Geschäftszeichen**

☐ **zuzüglich Zustellungsnachweis**

sowie der Vollstreckungstitel (zu Ziffer)

Art	Aussteller
Datum	**Geschäftszeichen**

☐ **zuzüglich Zustellungsnachweis**

☐ sowie die weiteren Vollstreckungstitel aufgeführt in weiterer Anlage

und die Forderungsaufstellung (bei Mehrfachverwendung Forderungsaufstellungen) übermittelt.

Bei elektronisch übermittelten Anträgen:

☐ Die Ausfertigungen der Vollstreckungstitel werden erst nach Mitteilung des Aktenzeichens versandt. Es wird um Mitteilung des Aktenzeichens gebeten.

☐ Die Ausfertigungen der Vollstreckungstitel werden gleichzeitig auf dem Postweg übersandt.

Werden mehr als ein Vollstreckungstitel zur Grundlage des Vollstreckungsauftrags gemacht, sind die Vollstreckungstitel durchzunummerieren.

Tipp

Der Gläubiger muss erwägen, ob er mehr als einen Vollstreckungstitel angibt, wenn er dem Gerichtsvollzieher einen Auftrag erteilt. Dabei sind etwa die gegenstandswertabhängigen Kosten auf Seiten des Bevollmächtigten, der Aufwand, die Titel anzugeben, die Frage des Rangs nach § 804 Abs. 3 ZPO oder auch die Notwendigkeit, die Verjährung zu unterbrechen (§ 212 BGB), als Aspekte in die Abwägung einzubeziehen. So wird etwa zur Abnahme der Vermögensauskunft regelmäßig die Angabe eines Vollstreckungstitels genügen, da der Gläubiger die so erlangten Informationen nach § 802c, d und f ZPO auch bei der Vollstreckung der übrigen Vollstreckungstitel nutzen darf.

Änderungen nach der 2. ÄndVO ergeben sich insoweit als auch die Angaben zu einem ersten Vollstreckungstitel in einen Rahmen gesetzt werden.

der Vollstreckungstitel (zu Ziffer ______)

Art	Aussteller
Datum	Geschäftszeichen

☐ **zuzüglich Zustellungsnachweis**

C

sowie der Vollstreckungstitel (zu Ziffer ______)

Art	Aussteller
Datum	Geschäftszeichen

☐ **zuzüglich Zustellungsnachweis**

Gem. § 3 Abs. 2 Nr. 6b ZVFV dürfen somit die Angaben (auch) zum Vollstreckungstitel entfallen. Durch diese Änderung werden in dem Formular Fälle berücksichtigt, in denen Behörden bei der Vollstreckung wegen öffentlich-rechtlicher Forderungen dem Formularzwang unterliegen, bei denen jedoch die Vollstreckungsanordnung oder der Vollstreckungsauftrag den Vollstreckungstitel ersetzt. In solchen Fällen müssen Behörden also keine Angaben über einen Vollstreckungstitel machen. Eine Forderungsaufstellung müssen allerdings auch sie dem Vollstreckungsauftrag beifügen. Weitere Änderungen sind als Folgeänderung redaktioneller Art um die Beauftragung ohne Vollstreckungstitel korrekt zu formulieren.

> *Hinweis*
>
> Wer das aktuelle Formular nutzt, hat damit auch kein Problem. Er lässt die Angaben zum Vollstreckungstitel schlicht unausgefüllt. Ggfs. kann dies in Modul Q erklärt werden.

Die Art des Titels ergibt sich zunächst über § 750 ZPO mit dem (End-)Urteil aus **25**
§ 704 ZPO. Als weitere Vollstreckungstitel kommen über § 795 ZPO dann alle weiteren in § 794 ZPO genannten Vollstreckungstitel in Betracht. In der Praxis kommen hier dem Prozessvergleich (Nr. 1), dem Kostenfestsetzungsbeschluss (Nr. 2) und vor allem dem Vollstreckungsbescheid (Nr. 4)[19] eine besondere praktische Bedeutung zu. Denkbar sind aber auch Schuldtitel aus anderen Rechtsgrundlagen als die ZPO, etwa aus dem Strafrecht, landesrechtliche Titel oder auch ausländische Vollstreckungstitel. Diese sind in §§ 36 ff. GVGA aufgeführt. Während für die vereinfachten Vollstreckungsaufträge nach § 754a ZPO zwischen den Vollstreckungsbescheiden einerseits und den übrigen Vollstreckungstiteln andererseits unterschie-

19 Siehe dazu dann § 796 ZPO.

den werden muss, soll dies nach dem *Gesetz zur weiteren Digitalisierung der Zwangsvollstreckung*[20] entfallen. Die digitale Vorlage des Vollstreckungstitels soll dann unabhängig von dessen Art möglich sein.

26 Aussteller ist diejenige Institution oder Person, die im Rahmen der ihr zustehenden Befugnisse den Vollstreckungstitel geschaffen hat; dies kann regelhaft ein Gericht, aber auch eine Behörde oder ein Notar sein.

27 Als Datum ist der Tag, der Monat und das Jahr anzugeben, an dem der Titel geschaffen wurde. Dies ist beim Vollstreckungsbescheid oder dem Kostenfestsetzungsbeschluss das Erlassdatum, beim Urteil das Verkündungsdatum, bei einem Prozessvergleich das Feststellungsdatum und bei einer vollstreckbaren Urkunde das Errichtungsdatum.

28 Das Geschäftszeichen ist das Aktenzeichen oder Geschäftszeichen des Gerichts, der Behörde oder sonstigen Institutionen oder der Person, die einen Vollstreckungstitel geschaffen hat. Es darf nicht mit dem eigenen Geschäftszeichen verwechselt werden, das im Kontext der Kontaktdaten anzugeben ist.

29 Außerhalb der Stammdaten – und deshalb eingerahmt – ist anzugeben, ob ein Zustellungsnachweis beigefügt wird. Dies ist bei einem regulär zugestellten Vollstreckungsbescheid nicht erforderlich, da hier die Zustellung auf dem Vollstreckungstitel selbst vermerkt ist. Ebenfalls bedarf es keines Zustellnachweises, wenn der Gerichtsvollzieher zugleich mit dem Vollstreckungsauftrag auch mit der Zustellung des Vollstreckungstitels beauftragt wird. Anderenfalls ist der Zustellnachweis beizufügen. Der Zustellnachweis kann gem. § 169 ZPO bei der Geschäftsstelle des Gerichts, das den Vollstreckungstitel zugestellt hat, beantragt werden.

30 Anders als bei der Angabe des Gläubigers oder des Schuldners ist im Modul C für die Angabe eines weiteren Vollstreckungstitels ein optionaler Rahmen mit den gleichen Angaben, wie zuvor dargestellt, vorgesehen.

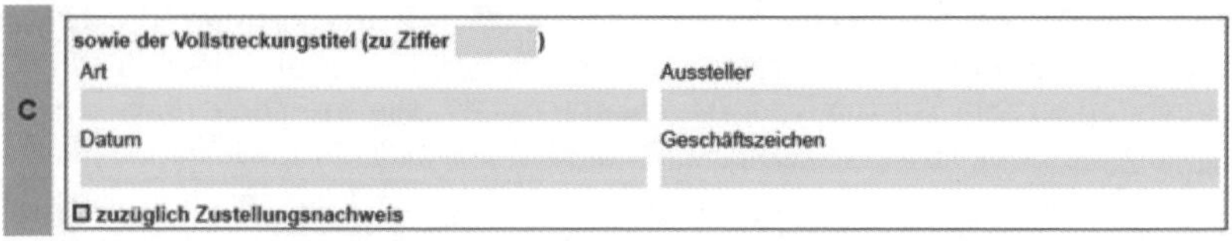
C
sowie der Vollstreckungstitel (zu Ziffer)
Art
Aussteller
Datum
Geschäftszeichen
☐ zuzüglich Zustellungsnachweis

Dies ist dem Umstand geschuldet, das auf einen Vollstreckungstitel im Erkenntnisverfahren regelmäßig auch ein Kostenfestsetzungsbeschluss als weiterer gesonderter Vollstreckungstitel folgt. Wird dagegen aus dem häufigsten Titel, den Vollstreckungsbescheid, die Vollstreckung betrieben, so kann der Rahmen insgesamt nach § 3 Abs. 2 Nr. 6 ZVFV entfallen. Die Angaben sind identisch zum zuerst angegebenen Vollstreckungstitel, wobei die Angabe über die Beifügung eines Zustellnach-

20 BT-Drucks 20/11310; hierzu *Goebel*, FoVo 2024, 66.

weises obligatorisch ist, aber als Zeile auch entfallen kann, wenn keine Beifügung erfolgen soll.

Selbstverständlich ist es in der Praxis denkbar, dass gegen einen Schuldner auch ansonsten mehr als ein Vollstreckungstitel vorliegt. So kann im normalen Erkenntnisverfahren etwa ein Teil-Anerkenntnisurteil oder Teil-Versäumnisurteil, ein nachfolgendes Schlussurteil und ein Kostenfestsetzungsbeschluss ergangen sein. Auch sind mehrere Teilurteile denkbar. Letztlich sind Konstellationen denkbar, in denen der Schuldner in Dauerschuldverhältnissen immer wieder mit Zahlungsverpflichtungen rückständig wurde, die dann tituliert werden mussten. Als Beispiel sind Forderungen aus Mietverhältnissen zu nennen, wenn der Vermieter als Gläubiger trotz des Mietzinsverzugs auf eine Kündigung verzichtet hat. Aber auch bei einem Energieversorger, im ÖPNV (Abo-Preis oder auch häufigeres Fahren ohne gültigen Fahrausweis) oder in der Telekommunikation handelt es sich insoweit um Konstellationen in der Praxis. Das kann die Notwendigkeit mit sich bringen, im Vollstreckungsantrag weitere Vollstreckungstitel aufzuführen. Hierzu stehen dem Antragsteller wieder zwei Alternativen zur Verfügung. Er kann entweder nach Maßgabe des § 3 Abs. 2 Nr. 6 ZVFV den Rahmen für den zweiten Vollstreckungstitel ein- oder mehrfach duplizieren, um die weiteren Vollstreckungstitel aufzuführen. Alternativ kann dem Vollstreckungsantrag eine Anlage beigefügt werden, die weitere Vollstreckungstitel aufführt.

☐ sowie die weiteren Vollstreckungstitel aufgeführt in weiterer Anlage

Dabei muss die Anlage mindestens die Angaben enthalten, die vorstehend für die Vollstreckungstitel dargestellt wurden, mithin Art, Aussteller, Datum und Geschäftszeichen des Vollstreckungstitels und die Angabe, ob ein Zustellnachweis beigefügt wurde.

31 Zwingender Bestandteil des Vollstreckungsauftrags an den Gerichtsvollzieher nach Anlage 1 ZVFV im Rahmen der Nutzungspflicht, d.h. bei der Zwangsvollstreckung wegen Geldforderungen, ist die Beifügung zumindest einer „Aufstellung von Forderungen für Vollstreckungsaufträge an Gerichtsvollzieher“ nach Anlage 6 ZVFV. Diese übernimmt und ergänzt die Angaben aus dem Vollstreckungstitel. Insoweit ist es erforderlich, dass schon bei der Erfassung des Vollstreckungstitel die in Anlage 6 zur ZVFV geforderten Angaben strukturiert erfasst werden.

Aufstellung von Forderungen
für Vollstreckungsaufträge an Gerichtsvollzieher

Lfd. Nr.

Die Gläubiger können von den Schuldnern aus dem Vollstreckungstitel (zu Ziffer) die nachfolgend aufgeführten Beträge beanspruchen:

I. Hauptforderungen einschließlich dazugehöriger Zinsen und Säumniszuschläge			
☐ Haupt-forderung	☐ Restforderung aus Hauptforderung in Höhe von Euro	☐ Teilforderung aus Hauptforderung in Höhe von Euro	Euro

Im Hauptforderungsteil haben sich dabei keine Änderungen nach der 2. ÄndVO ergeben.

Keine Pflicht zur Beifügung der Forderungsaufstellung nach Anlage 6 ZVFV besteht im Kontext zum obligatorischen Einsatz des Formulars nach Anlage 1 der ZVFV, d.h. außerhalb der Nutzungspflicht. Dies ist bei der isolierten Beauftragung von Räumungs- oder Herausgabeverlangen der Fall. Auch hier wird allerdings teilweise die Beifügung der Forderungsaufstellung verlangt, wenn neben der Herausgabe und/oder Räumung zugleich auch die Kosten der bisherigen und der nun beauftragten Zwangsvollstreckung nach § 788 ZPO im Wege der Zwangsvollstreckung eingezogen werden sollen. Insoweit werde eine Geldforderung (Kosten) vollstreckt, was die Nutzungspflicht nach § 2 ZVFV begründe. Dies überzeugt allerdings nicht, weil bei jeder Vollstreckungsmaßnahme, auch wenn sie nicht von § 2 ZVFV erfasst wird, Kosten anfallen, die nach § 788 ZPO mit beizutreiben sind, was in der Konsequenz dazu führen würde, dass jeder Vollstreckungsauftrag der Nutzungspflicht unterliegen würde. Das widerspricht nicht nur dem die Nutzungspflicht beschränkenden § 2 ZVFV, sondern auch der Ermächtigungsgrundlage für die Einführung der Formulare. § 753 Abs. 3 ZPO bzw. § 829 Abs. 4 ZPO nehmen für die Ermächtigung stets nur die Hauptforderung als Gegenstand des Vollstreckungsauftrags in den Blick.

32 Eine Mehrzahl von Vollstreckungstiteln oder auch Einzelforderungen mit unterschiedlichen Zinssätzen oder Zinszeiträumen kann allerdings dazu führen, dass die Fassung der Anlage 6 ZVFV nicht genügt, um den titulierten Anspruch mit allen Haupt- und Nebenforderungen tatsächlich abzubilden. § 3 Abs. 2 Nr. 6 ZVFV ermöglicht es nun, einzelne Zeilen oder auch eine Gesamtheit von Zeilen innerhalb eines Rahmens ein- oder mehrfach zu duplizieren, um die Gesamtdarstellung der titulierten Forderung zu ermöglichen.

Alternativ dazu ist es möglich, die Forderungsaufstellung mehrfach zu nutzen. Insoweit hat sich der Verordnungsgeber entschieden, in diesem Fall nicht – wie bisher – die eigene Forderungsaufstellung des Gläubigers oder seines Bevollmächtigten als weitere Anlage zuzulassen, sondern gibt die Form der Anlage im Hinblick auf Text und Textfelder strukturiert vor. Für den Fall, das in dieser Weise die Anlage 6 ZVFG mehrfach beigefügt wird, ist in Modul C neben der Angabe des Vollstreckungstitels die Zahl der beigefügten Forderungsaufstellungen anzugeben.

☐ **und die Forderungsaufstellung (bei Mehrfachverwendung ______ Forderungsaufstellungen) übermittelt.**

Die jeweiligen Forderungsaufstellungen sind dann fortlaufend durchzunummerieren.

Aufstellung von Forderungen
für Vollstreckungsaufträge an Gerichtsvollzieher

Lfd. Nr.

Außerhalb der vereinfachten Vollstreckungsanträge nach § 754a ZPO müssen dem Vollstreckungsauftrag (noch) der oder die Vollstreckungstitel im Original beigefügt werden. Außerhalb von § 754a ZPO müssen Rechtsanwälte nach § 130d ZPO und können Inkassodienstleister und andere Antragsteller nach § 130a ZPO die Vollstreckungsanträge demgegenüber auch elektronisch einreichen.

> *Hinweis*
>
> Leider wird so ein Medienbruch zementiert, der längst beseitigt gehört. Es kommt zu hybriden Anträgen. Die Erfahrung mit § 754a ZPO sowie mit § 829a ZPO zeigt, dass es völlig ausreichend ist, wenn – zumindest die professionell durch Rechtsanwälte und registrierte und beaufsichtigte Inkassodienstleister vertretenen – Gläubiger versichern, dass ihnen der Vollstreckungstitel vorliegt, sie eine Datei mit dem abgebildeten Titel beifügen und bei Zweifeln und damit nur in begründeten Ausnahmefällen[21] das Vollstreckungsorgan das Original des Vollstreckungstitels anfordern kann. Das sieht nunmehr auch der Gesetzgeber ein. Mit der Verabschiedung und der Verkündung des *Gesetzes zur weiteren Digitalisierung der Zwangsvollstreckung*[22] wird der Anwendungsbereich von § 754a ZPO auf alle Vollstreckungstitel erstreckt und entfallen auch die übrigen Beschränkungen. Vollstreckungsanträge können dann einschließlich der Übersendung aller Anlagen ausschließlich elektronisch eingereicht werden.

Der Antragsteller kennt bei der elektronischen Einreichung eines Vollstreckungs- 33
auftrags für den Gerichtsvollzieher regelmäßig weder den konkret zuständigen Gerichtsvollzieher noch dessen Aktenzeichen. Die Versendung des Vollstreckungstitels im Original ist deshalb mit erkennbaren Verlustrisiken verbunden. Um dieses Risiko zu mindern, soll der Antragsteller angeben, ob ihm zunächst das Aktenzeichen des Gerichtsvollziehers mitgeteilt werden soll, damit der Vollstreckungstitel sodann unter der Angabe des Aktenzeichens an den zuständigen Gerichtsvollzieher versandt werden kann. Alternativ kann mitgeteilt werden, dass der Vollstreckungstitel parallel zur elektronischen Versendung des Vollstreckungsantrags postalisch versandt wurde. In diesem Fall hält die Gerichtsvollzieherverteilerstelle den Vollstreckungsantrag zurück, bis der Vollstreckungstitel postalisch bei ihr eingegangen ist, und leitet sodann Antrag und Vollstreckungstitel dem Gerichtsvollzieher zu.

Bei elektronisch übermittelten Anträgen:

☐ Die Ausfertigungen der Vollstreckungstitel werden erst nach Mitteilung des Aktenzeichens versandt. Es wird um Mitteilung des Aktenzeichens gebeten.

☐ Die Ausfertigungen der Vollstreckungstitel werden gleichzeitig auf dem Postweg übersandt.

Die erste Variante, das Abwarten auf die Übersendung des Aktenzeichens, wird regelmäßig mehr Zeit in Anspruch nehmen als die gleichzeitige Versendung des Vollstreckungstitels. Zugleich wird damit das Verlustrisiko vermindert, wenn auch nicht

21 AG Kassel v. 28.7.2017 – 630 M 546/17, FoVo 2017, 189.

22 BT-Drucks 20/11310; hierzu *Goebel*, FoVo 2024, 66.

gänzlich vermieden. Dies ist vor dem Hintergrund von § 804 Abs. 3 ZPO zu bewerten. Wird allein auf den Eingang des Vollstreckungsauftrags bei dem Gerichtsvollzieher oder aber auf die eigentliche Pfändung und Beschlagnahme abgestellt, so kommt der Versendungsart keine Bedeutung zu. Wird dagegen für die Bestimmung der Rangverhältnisse zwischen Gläubigern der Eingang des vollständigen Vollstreckungsantrags, d.h. einschließlich des Originalvollstreckungstitels, für erforderlich gehalten, ändert sich die Betrachtungsweise. Dies gilt insbesondere dann, wenn wegen des noch fehlenden Titels auf eine Pfändung auch für den Antragsteller verzichtet und diese nur für andere Gläubiger ausgebracht wird.[23]

> *Tipp*
>
> Am besten wird dem elektronisch übermittelten Vollstreckungsantrag eine Datei mit dem Vollstreckungstitel beigefügt. Dem gleichzeitig per Post versandten Vollstreckungstitel wiederum sollte eine Kopie der ersten Seite des Vollstreckungsantrags sowie ein Ausdruck der elektronischen Eingangsbestätigung für diesen (§ 130a Abs. 5 S. 2 ZPO) beigefügt werden. Beide Maßnahmen sollten durch die wechselseitigen Verweise sichern, das unmittelbar und zeitnah Vollstreckungsauftrag und Vollstreckungstitel von der Gerichtsvollzieherverteilerstelle zusammengeführt und dem Gerichtsvollzieher zugeleitet werden. Tatsächlich lässt sich bei dieser Verfahrensweise in der Praxis feststellen, dass viele verständige Gerichtsvollzieher aufgrund der elektronischen Datei mit dem Titel mit der Vorbereitung der Auftragsdurchführung bereits beginnen, etwa die Ladung zur Abgabe der Vermögensauskunft schon versenden.

Die Gerichtsvollzieherverteilerstelle sowie der Gerichtsvollzieher haben die Angaben des Auftragsgebers zur Versendungsart zu beachten. Auf der Grundlage dieser Angaben ist eine Mehrfacheintragung des Vollstreckungsauftrags mit einer entsprechenden Kostenfolge zu vermeiden. Wird die Angabe nicht beachtet und kommt es deswegen zu einer Mehrfacheintragung, so sind die Mehrkosten wegen falscher Sachbehandlung nach § 7 GvKostG niederzuschlagen.

34 Mit der 2. ÄndVO wurden die Angaben zu den Anlagen bei elektronisch übermittelten Anträgen (unnötig) erweitert. Es kann und muss danach bei den Anträgen nach § 754a ZPO auch angegeben werden, dass eine Abschrift des Vollstreckungsbescheids nebst Zustellungsbescheinigung als elektronisches Dokument beigefügt wird.

Bei elektronisch übermittelten Aufträgen:		
☐ Die Ausfertigungen der Vollstreckungstitel werden erst nach Mitteilung des Aktenzeichens versandt. Es wird um Mitteilung des Aktenzeichens gebeten.	☐ Die Ausfertigungen der Vollstreckungstitel werden gleichzeitig auf dem Postweg übersandt.	☐ Eine Abschrift des Vollstreckungsbescheides nebst Zustellungsbescheinigung ist als elektronisches Dokument beigefügt.

23 Vgl. hierzu Zöller/*Seibel,* ZPO, 35. Aufl. 2024, § 804 Rn 4 ff.; siehe auch § 117 GVGA.

Hinweis

Wer das aktuelle Formular nutzt, muss diese Angabe nicht machen. Aus der Praxis sind jedenfalls keine Fälle bekannt, in denen die fehlende Angabe moniert wurde. Wer ganz sicher gehen will, kann die Angabe im Modul D (siehe nachfolgend) im Verzeichnis der Anlagen machen.

D
- ☐ Aufstellung der Inkassokosten
- ☒ Aufstellung der bisherigen Vollstreckungskosten mit Belegen
- ☐ Bescheid nach § 9 Absatz 2 UhVorschG
- ☐ Negativauskunft des Einwohnermeldeamtes
- ☒ SEPA-Lastschriftmandat für die Begleichung der Kosten dieses Vollstreckungsauftrages
- ☒ Eine Abschrift des Vollstreckungsbescheides nebst Zustellungsbescheinigung als elektronisches Dokument
- ☐

VII. Modul D – Anlagen

Ungeachtet des Willens des Verordnungsgebers, die Anträge in der Zwangsvollstreckung zu strukturieren und damit die Grundlage für eine digitalisierte Einreichung, eine elektronische Bearbeitung und damit langfristig auch automatisierte Verarbeitung zu schaffen, ist das Formular nach Anlage 1 ZVFV schon aufgrund einer – möglicherweise überregulierten – Zwangsvollstreckung nicht geeignet, alle Informationen aufzunehmen. Der Anwender wird deshalb vielfach nicht umhinkommen, dem Vollstreckungsantrag Anlagen beizufügen. 35

Hinweis

Dabei geht er ein gewisses Risiko ein, weil § 3 Abs. 1 ZVFV vorgibt, dass alle möglichen Angaben im Formular zu machen und Anlagen nach § 3 Abs. 2 Nr. 7 ZVFV nur zulässig sind, soweit diese erforderlich erscheinen. Der Wortlaut der Norm darf einen nicht fehlleiten. „Gewünschte Angaben" können immer nur solche sein, die für den Vollstreckungsauftrag erheblich und in diesem Sinne erforderlich sind. Nicht erforderliche Anlagen können den Antrag also – theoretisch – formunwirksam machen.

Der Verordnungsgeber stellt in Modul D die notwendigen Anlagen zusammen. Dabei werden einerseits bestimmte und regelhaft notwendige Anlagen aufgeführt, andererseits Möglichkeiten eröffnet, sich aus der Gesamtstruktur des Antrags ergebende Freianlagen zu benennen. Soweit vorgegebene Anlagen nicht beigefügt und angekreuzt werden, können die Zeilen auch insgesamt nach § 3 Abs. 2 Nr. 6a ZVFV weggelassen werden.

Aktuelles Formular:

D	**Es werden folgende weitere Anlagen übermittelt:**
	☐ Beschluss über bewilligte Prozesskosten- oder Verfahrenskostenhilfe
	☐ Vollmacht
	☐ Geldempfangsvollmacht
	☐ Vorpfändungsbenachrichtigung
	☐ Aufstellung über die geleisteten Zahlungen
	☐ Aufstellung der Inkassokosten
	☐ Aufstellung der bisherigen Vollstreckungskosten mit Belegen
	☐ Bescheid nach § 9 Absatz 2 UhVorschG
	☐ Negativauskunft des Einwohnermeldeamtes
	☐
	☐
	☐

Hinweis

Das bestimmte Anlagen vorgegeben sind, bedeutet nicht, dass diese Anlagen auch beigefügt werden müssen. Dies ist vielmehr optional. Ob und welche Anlagen beizufügen sind, bestimmt sich allein nach den Erfordernissen des konkreten Vollstreckungsauftrags.

36 Die 2. ÄndVO hat hier keine Änderungen mit Ausnahme des Umstandes gebracht, dass der Balken zur Modulbezeichnung und die freien Eingabefelder nicht mehr grau hinterlegt sind.

D	**Es werden folgende weitere Anlagen übermittelt:**
	☐ Beschluss über bewilligte Prozesskosten- oder Verfahrenskostenhilfe
	☐ Vollmacht
	☐ Geldempfangsvollmacht
	☐ Vorpfändungsbenachrichtigung
	☐ Aufstellung über die geleisteten Zahlungen
	☐ Aufstellung der Inkassokosten
	☐ Aufstellung der bisherigen Vollstreckungskosten mit Belegen
	☐ Bescheid nach § 9 Absatz 2 UhVorschG
	☐ Negativauskunft des Einwohnermeldeamtes
	☐ ______
	☐ ______
	☐ ______

Hinweis

Für die Zukunft wäre es wünschenswert, dass der Verordnungsgeber auf der Grundlage einer entsprechenden gesetzlichen Ermächtigungsnorm eine Sammlung strukturierter Daten zusammenstellt, die Gegenstand der Anlagen sein können, und hierfür Texte, Texteingabefelder und in der weiteren Folge Programmierungscodes vorgibt. Dies würde von der Erstellung der Anlagen bis zu deren Bearbeitung einen deutlichen Fortschritt in der Digitalisierung begründen.

Ist der Antragsteller nach seinen persönlichen und wirtschaftlichen Verhältnisse nicht in der Lage, die Kosten der Zwangsvollstreckung aufzubringen, so kann er vorab **Prozesskostenhilfe** nach §§ 114 ff. ZPO oder **Verfahrenskostenhilfe** nach §§ 76 ff. FamFG beantragen. Da diese nicht von dem Gerichtsvollzieher, sondern durch das zuständige Amtsgericht bewilligt wird, ist in diesen Fällen dem Vollstreckungsantrag nach Anlage 1 der Beschluss über die bewilligte Prozesskostenhilfe beizufügen. 37

> *Hinweis*
>
> Zu beachten ist, dass auch die Beantragung der Prozess- oder Verfahrenskostenhilfe einem gesonderten Formularzwang nach der PKHFV unterliegen kann.

Modul D unterscheidet sodann zwischen der **Vollmacht** und der **Geldempfangsvollmacht**. Soweit ein Rechtsanwalt oder ein Inkassodienstleister den Vollstreckungsantrag stellt, müssen diese nicht beigefügt werden. Vielmehr wird von diesen Bevollmächtigten in Modul E versichert, dass die entsprechende Bevollmächtigung besteht. 38

Unter Vollmacht i.S.d. Anlage 1 ZVFV ist ansonsten die Verfahrensvollmacht als Prozessvollmacht nach § 81 ZPO zu verstehen. Der Begriff der Vollmacht in § 753a ZPO greift allerdings weiter, wie schon der unterschiedliche Wortlaut zu § 81 ZPO zeigt, und erfasst auch die Geldempfangsvollmacht.[24]

> *Hinweis*
>
> Anders kann es sich allerdings darstellen, wenn der Gerichtsvollzieher nach Maßgabe des Moduls I mit der Weiterleitung des Antrags auf Erlass eines Haftbefehls nach § 802g ZPO beauftragt werden soll. § 753a ZPO gilt nach seinem ausdrücklichen Wortlaut in diesem Fall nicht, sodass dann die Verfahrensvollmacht beizufügen ist. Da in dem Verfahren nach § 802g ZPO keine Zahlungen entgegengenommen werden, ist die Vorlage einer Geldempfangsvollmacht entbehrlich.

Mit dem *Gesetz zur weiteren Digitalisierung der Zwangsvollstreckung*[25] wird der Gesetzgeber in § 752a die ZPO-E die Versicherung der Verfahrensvollmacht und in § 753a ZPO-E die Versicherung der Geldempfangsvollmacht für die Rechtsanwälte und Inkassodienstleister als ausreichend gelten lassen. Dabei ist auch keine Kontrollmöglichkeit für die Vollstreckungsorgane mehr vorgesehen.

Soweit die Vollmacht oder eine Geldempfangsvollmacht vorzulegen ist, wird in einer geringen Anzahl veröffentlichter Entscheidungen eine Vorlage im Original verlangt. Die überwiegende Praxis gibt sich dagegen – wie im gerichtlichen Erkennt-

24 BGH v. 5.7.2023 – VII ZB 35/21; siehe dazu auch die Ausführungen zu Modul A.

25 BT-Drucks 20/11310; hierzu *Goebel*, FoVo 2024, 66.

nisverfahren – mit der Vorlage von Kopien zufrieden[26] und verlangt die Originalvorlage nur dann, wenn der Mangel einer Bevollmächtigung gerügt wird oder sich aus der vorgelegten Kopie hierfür Anhaltspunkte ergeben. Nur die letztgenannte Praxis entspricht dem Beschleunigungsgebot der Zwangsvollstreckung. Es macht wenig Sinn, umfangreiche Anstrengungen für einen elektronischen Rechtsverkehr zu unternehmen, um diesen dann im Einzelfall durch das Verlangen der Vorlage von kaum relevanten – weil faktisch ohne feststellbaren Missbrauch in der Praxis – Urkunden wieder auszubremsen. Es ist auch kaum vermittelbar, dass bei der vereinfachten Antragstellung nach § 754a ZPO und § 829a ZPO der Titel als elektronisches Dokument übermittelt werden darf, die Geldempfangsvollmacht aber im Original vorgelegt werden soll. Dies wäre nur anders zu beurteilen, wenn die Praxis bei mehreren Millionen Vollstreckungsaufträgen im Jahr relevante Defizite bei den Bevollmächtigten der Antragsteller feststellen müsste. Daran fehlt es jedoch. Gegenüber den Vertretern der regulierten und beaufsichtigten Rechtsdienstleistungsbranche – Rechtsanwälten wie Inkassodienstleistern – sollte so viel Vertrauen bestehen, dass grundsätzlich von einer umfassenden Bevollmächtigung ausgegangen wird, wenn zumindest eine (elektronische) Kopie der Vollmachtsurkunde dem Auftrag beigefügt werden kann. Neben der strafrechtlichen Relevanz riskieren die Bevollmächtigten auch ihre Berufserlaubnis. Die Sanktionen eines bewussten Fehlverhaltens sind hinreichend ausgestaltet, um davon abzuhalten. Die Praxis zeigt, dass dies nicht nur eine theoretische Überlegung ist.

Wollte man den vorstehenden Auffassungen nicht folgen, dass bei einer Versicherung nach § 753a ZPO weder die Vorlage einer Vollmacht noch einer Geldempfangsvollmacht erforderlich ist und für den Fall, dass diese vorgelegt werden, eine (elektronische) Vorlage genügt, so ist jedenfalls davon auszugehen, dass die Vorlage einer Geldempfangsvollmacht nicht schon mit dem Vollstreckungsauftrag erfolgen muss und insoweit keine Voraussetzung für den Beginn der Zwangsvollstreckung ist. Ungeachtet des Umstands, dass es bei einzelnen Vollstreckungsaufträgen, wie etwa der isolierten Abnahme der Vermögensauskunft, schon deshalb keiner Geldempfangsvollmacht bedarf, weil hierauf eine Entgegennahme und Weiterleitung von Zahlungen des Schuldners nicht erfolgen kann, besteht jedenfalls erst dann Anlass für die Vorlage der Vollmacht, wenn es tatsächlich etwas auszukehren gibt.

39 Soll der Gerichtsvollzieher eine oder mehrere von dem Gläubiger gefertigte **Vorpfändungsbenachrichtigungen** zustellen, so müssen die Benachrichtigungsschreiben notwendigerweise dem Auftrag beigefügt werden. Allerdings wird sich schon

26 LG Meiningen v. 29.5.2019 – 5 T 95/19; *Goebel*, zfm 2019, 236.

wegen des Umfangs nur in seltenen Fällen empfehlen, bei einem reinen Zustellungsauftrag für ein Benachrichtigungsschreiben das Formular nach der Anlage 1 ZVFV zu verwenden. Der reine Zustellungsauftrag unterliegt nicht der Nutzungspflicht für die Formulare nach § 2 ZVFV. Insoweit reicht die formlose Beauftragung zur Zustellung aus, wobei dann § 16 GVO zu beachten ist, d.h. der Auftrag unbeschadet des Sitzes des Drittschuldners immer an den Gerichtsvollzieher am Wohnsitz des Schuldners zu richten ist.

Soll der Gerichtsvollzieher die Vorpfändungsbenachrichtigung fertigen, so erfolgt dies nach Modul K. Eine Anlage entfällt dann.

Ohne korrespondierende rechtliche Verpflichtung in der ZPO sieht Modul D vor, dass der Antragsteller eine **Aufstellung der bisher geleisteten Zahlungen** vorlegen kann. Die Aufstellung ist also lediglich obligatorisch und nicht verpflichtend. Das Hinweisblatt des BMJ ist an dieser Stelle fehlerhaft, weil es davon ausgeht, dass der Gesamtbetrag der geleisteten Zahlungen in der Forderungsaufstellung (Anlage 6 ZVFV) einzutragen sei. Dies ist dort aber nicht vorgesehen. Selbst mit der 2. ÄndVO wurde eine solche Angabe in die Anlage 6 nicht aufgenommen. 40

Tatsächlich kann nur abgeraten werden, eine solche Aufstellung der erfolgten Zahlungen beizufügen, weil sie bei einer zu vollstreckenden Resthauptforderung ohne die Angabe der Kosten, Zinsen und Hauptforderungsteile, auf die die Zahlungen verrechnet wurde, die Forderungsaufstellung im Übrigen unplausibel macht. Höchstrichterlich ist geklärt, dass die Vollstreckungsorgane auf der Grundlage der mitgeteilten Zahlungen keine eigenständige Verrechnung nach §§ 366, 397 BGB vornehmen dürfen. Der BGH[27] formuliert hierzu:

> *„Das Vollstreckungsgericht ist im Rahmen des streng formalisierten Zwangsvollstreckungsverfahrens nicht befugt, eine vom Gläubiger vorgenommene Verrechnung an ihn geleisteter Zahlungen auf ihre Richtigkeit gemäß § 367 Abs. 1 BGB hin zu überprüfen."*

Die Art der Verrechnung führt insoweit zur (teilweisen) Erfüllung der bestehenden Forderungen. Erfüllte Forderungen sind aber nach dem Willen des Gläubigers und seines Bevollmächtigten schon nicht mehr Gegenstand des Vollstreckungsauftrags. Die Erfüllung ist eine materiell-rechtliche Einwendung, die der Schuldner mit der Vollstreckungsgegenklage nach § 767 BGB geltend machen muss. Dem Vollstreckungsorgan steht insoweit keine Prüfungskompetenz zu. Dies gilt auch dann, wenn der Gerichtsvollzieher der Auffassung ist, eine durch Verrechnung erfüllte

27 BGH v. 15.6.2016 – VII ZB 58/15, juris Rn 21 = JurBüro 2016, 544.

Kostenforderung aus der Vergangenheit sei überhaupt nicht entstanden. Diese wird nämlich durch die erfolgte Verrechnung – sei sie berechtigt oder unberechtigt erfolgt – schon nicht Gegenstand des Vollstreckungsauftrags. Prüfen darf der Gerichtsvollzieher aber nur den Vollstreckungsauftrag. Vor diesem Hintergrund ist eine Mitteilung von erfolgten Zahlungen an den Gerichtsvollzieher entbehrlich. Der Zweck kann allein darin liegen, eine vorläufige Einstellung der Zwangsvollstreckung nach § 775 ZPO zu vermeiden, wenn der Schuldner dem Gerichtsvollzieher erfolgte Teilzahlungen nachweist. Durch die Angabe in Anlage 6 ZVFV, dass nur eine Resthauptforderung geltend gemacht wird, sollte dem aber hinreichend Rechnung getragen werden. Sollte die Verrechnung allein auf Kosten und Zinsen erfolgt sein, kann dem auch durch einen Hinweis in Modul Q

> *„Teilzahlungen des Schuldners wurden berücksichtigt und auf Forderungen verrechnet, die nicht Gegenstand des Vollstreckungsauftrages sind. Eine einstweilige Einstellung der Zwangsvollstreckung wird abgelehnt. Der Schuldner ist auf § 767 ZPO zu verweisen (BGH v. 15.6.2016, VII ZB 58/15)"*

Rechnung getragen werden.

41 Anders als Rechtsanwälte, deren Vergütung auch im Detail in der Anlage 6 ZVFV berücksichtigt wird, müssen Inkassodienstleister (weiterhin) eine eigenständige **Aufstellung der Inkassokosten** in der Zwangsvollstreckung vorlegen. Diese ist als regelhaft von Inkassodienstleistern vorzusehen. Tatsächlich geht dies an der Praxis vorbei. Auch Inkassodienstleister vereinbaren in der Regel eine Vergütung nach Maßgabe des Rechtsanwaltsvergütungsgesetzes für ihre Tätigkeit in der Zwangsvollstreckung. Dies erfolgt unabhängig von der Möglichkeit, sich den Erstattungsanspruch gegen den Schuldner nach § 364 BGB an Erfüllungs statt abtreten zu lassen und für die Übernahme des Liquiditätsrisikos eine Erfolgsprovision zu vereinbaren. Es wäre deshalb für alle Beteiligten mit weniger Aufwand verbunden gewesen, die entsprechende Angaben der Kosten für das Verfahren nach § 788 ZPO so auszugestalten, dass es sich um die Kosten eines Rechtsdienstleisters, und nicht nur um die Kosten eines Rechtsanwalts handelt. Die Hoffnung, dass dies mit der Überarbeitung der Formulare geschieht, hat sich mit der 2. ÄndVO leider zerschlagen. Spätestens mit der Einführung strukturierter Datensätze nach § 5 ZVFV sollte an dieser wenig sachgerechten Differenzierung nicht festgehalten werden.

IV. Kosten der Zwangsvollstreckung gemäß § 788 Absatz 1 ZPO	
Bisherige Vollstreckungskosten gemäß Aufstellung in weiterer Anlage	Euro
Kosten für dieses Verfahren:	
Rechtsanwaltskosten nach RVG für Vollstreckungsmaßnahme ; Gegenstandswert (§ 25 RVG): Euro	
Verfahrensgebühr (VV Nr. 3309, ggf. i. V. m. VV Nr. 1008)	Euro
Entgelte für Post- und Telekommunikationsdienstleistungen, ggf. Pauschale (VV Nr. 7001 oder 7002)	Euro
weitere Auslagen	Euro
Umsatzsteuer (VV Nr. 7008)	Euro
Rechtsanwaltskosten nach RVG für Vollstreckungsmaßnahme ; Gegenstandswert (§ 25 RVG): Euro	
Verfahrensgebühr (VV Nr. 3309, ggf. i. V. m. VV Nr. 1008)	Euro
Entgelte für Post- und Telekommunikationsdienstleistungen, ggf. Pauschale (VV Nr. 7001 oder 7002)	Euro
weitere Auslagen	Euro
Umsatzsteuer (VV Nr. 7008)	Euro
Kosten von Inkassodienstleistern nach § 13e RDG gemäß Aufstellung in weiterer Anlage	Euro

Eine entsprechende Anlage müsste dann nur für den Ausnahmefall vorgelegt werden, dass die Vergütung des Inkassodienstleisters von der des Rechtsanwalts abweicht. Dass die Vergütung eines Inkassodienstleisters für seine Tätigkeit in der Zwangsvollstreckung nach § 788 Abs. 1 ZPO erstattungsfähig ist, ergibt sich unmittelbar aus § 13e Abs. 2 RDG. Hieraus ist sogleich zu entnehmen, dass die Inkassokosten, die nach dem RVG erstattungsfähigen Kosten nicht übersteigen dürfen. Nur in diesem Umfang sind sie notwendig.[28] Das entspricht der Grundaussage von § 788 ZPO.

Angesichts der aktuellen Regelung bleibt dem Inkassodienstleister aber eben nur die Vorlage einer entsprechenden Anlage.

28 Vgl. hierzu im Einzelnen *Goebel*, Inkassodienstleistung und Inkassokosten, 3. Aufl. 2022.

Beispiel

Anlage Inkassokosten zur Anlage der ZVFV

Soweit Inkassokosten geltend gemacht werden, beruhen diese auf den vertraglichen Vereinbarungen mit dem Gläubiger, die der Schuldner nach §§ 13e Abs. 2 RDG iVm. §§ 788, 91 ZPO zu erstatten hat.

Inkassokosten nach dem vertraglich insoweit vereinbarten Rechtsanwaltsvergütungsgesetz für dieses Verfahren

☒ Gegenstandswert nach § 25 Nr. 1 - 3 RVG:	#Gesamtforderung#
☒ Gegenstandswert nach § 25 Nr. 4 RVG:	#Gesamtforderung; max 2.000 €))

☐ Verfahrensgebühr (VV 3309)	€
☐ Erhöhung der Verfahrensgebühr (VV 3309 iVm. VV 1008)	€
☐ Terminsgebühr (VV 3310)	€
☐ Einigungsgebühr (VV 1000 Nr. 2 aus halben Gegenstandswert)	€
☐ Entgelte für Post- und Telekommunikation	
☐ Pauschale (VV 7002)	€
☐ gemäß anliegender Einzelaufstellung (VV 7001)	€
☐ weitere Auslagen	€
(Pop-Up-Menü zur Auswahl: #Adressermittlung# #Rücklastschrift# #...#)	
☐ Umsatzsteuer (VV 7008)	€
Gesamtsumme	€

42 Das Anlagenverzeichnis nach Modul D der Anlage 1 ZVFV sieht sodann eine Anlage mit der **Aufstellung der Vollstreckungskosten** nebst den dazugehörigen Belegen vor. Erfasst werden davon die vor dem jetzt gestellten Auftrag angefallenen Vollstreckungskosten, die nicht bereits durch die Verrechnung von Zahlungseingängen erstattet und damit erfüllt sind. Durch Verrechnung erfüllte Ansprüche sind in die Aufstellung also nicht mitaufgenommen. Vielmehr beschränkt sich die Aufstel-

lung auf die nach § 788 ZPO noch verfolgten Kostenerstattungsansprüche. Hier ist allerdings zu unterscheiden. Die Vollstreckungskosten sind grundsätzlich in einer Summe anzugeben, was auch die Anlage 6 ZVFV so vorsieht. Deren Art und Höhe nach § 104 Abs. 2 S. 1 ZPO muss dagegen nur glaubhaft gemacht werden, was nicht zwingend die Vorlage von Belegen voraussetzt. Es genügt vielmehr eine entsprechende Versicherung, dass diese Kosten entstanden sind. Anders verhält sich dies nur bei vereinfachten Vollstreckungsanträgen nach § 754a Abs. 1 S. 2 ZPO. Nur hier sieht das Gesetz ausdrücklich, wenn auch überflüssigerweise die Vorlage von Belegen, nunmehr allerdings in elektronischer Form, vor. Soweit deshalb beim gewöhnlichen Vollstreckungsauftrag an den Gerichtsvollzieher auf die Vorlage von Belegen verzichtet wird, kann der Satzteil „mit Belegen" nach § 3 Abs. 2 Nr. 6a ZVFV entfallen.

Hinweis

Leider sieht das *Gesetz zur weiteren Digitalisierung der Zwangsvollstreckung*[29] in § 754a ZPO-E nun entgegen § 104 Abs. 2 S. 1 ZPO vor, dass stets alle Vollstreckungsbelege vorgelegt werden müssen. Insoweit wird einerseits abzuwägen sein, welche Vollstreckungsaufträge auch die Vollstreckungskosten umfassen sollen oder auf die Hauptforderung beschränkt werden können. Alternativ muss erwogen werden – jedenfalls bei umfangreichen Belegsammlungen – eine Kostenfestsetzung nach § 788 Abs. 2 ZPO zu beantragen. Die gesetzliche Neuregelung würde dann ermöglichen, auch aus dem Kostenfestsetzungsbeschluss mit einem vollelektronischen Antrag die Vollstreckung zu betreiben.

Betreibt das Land wegen der Rückforderung von Unterhaltsvorschussleistungen nach § 7 Abs. 5 des Unterhaltsvorschussgesetzes die Zwangsvollstreckung aus einem Vollstreckungsbescheid, so ist zum Nachweis des nach Abs. 1 übergegangenen Unterhaltsanspruchs dem Vollstreckungsantrag der **Bescheid gemäß § 9 Abs. 2 Unterhaltsvorschussgesetz** beizufügen. Das Modul D gibt die Möglichkeit, die Beifügung der Anlage zu kennzeichnen. 43

Aufgrund eines entsprechenden Auftrags nach Modul M hat der nach § 17 GVO zuständige Gerichtsvollzieher den Aufenthalt des Schuldners nach Maßgabe des § 755 ZPO zu ermitteln. Zuständig ist der für die letzte bekannte Anschrift des Schuldners zuständige Gerichtsvollzieher. Ist keine solche Anschrift bekannt, obliegt die Ermittlung dem für den Wohnsitz des Gläubigers zuständigen Gerichtsvollzieher. Eine Ermittlung des Aufenthaltsorts bei den Einwohnermeldeämtern nach § 755 Abs. 1 ZPO ist für den Gläubiger jedoch regelmäßig aus Kostengründen nicht zweckmäßig. Die Abfrage beim Einwohnermeldeamt kann der Gläubiger oder der Bevollmächtigte auch selbst vornehmen. Noch günstiger wird dies meist bei der Einschaltung einer Auskunftei. Allerdings ist eine solche Abfrage Voraus- 44

29 BT-Drucks 20/11310; hierzu *Goebel*, FoVo 2024, 66.

setzung für die weiteren und sehr viel relevanteren Auskunftsverlangen nach § 755 Abs. 2 ZPO. Der Gläubiger kann deshalb dem Gerichtsvollzieher als Alternative zur Beauftragung nach § 755 Abs. 1 ZPO nach § 31 Abs. 4 S. 2 GVGA zum Nachweis, dass der Aufenthaltsort des Schuldners nicht zu ermitteln ist (§ 755 Abs. 2 S. 1 ZPO), eine entsprechende Auskunft der Meldebehörde vorlegen, die der Gläubiger selbst bei dieser eingeholt hat. Die **Negativauskunft des Einwohnermeldeamts** sollte in der Regel bei der Auftragserteilung nach § 755 Abs. 2 S. 1 ZPO nicht älter als ein Monat sein. Wird sie beigefügt, ist dies im Modul D zu kennzeichnen.

45 Modul D erlaubt und verlangt es dann, weitere beizufügende Anlagen zu kennzeichnen. Denkbar sind hier etwa ein SEPA-Lastschriftmandat für den Einzug der Vollstreckungskosten des Gerichtsvollziehers, ein Dauerauftragsformular für den Schuldner, wenn eine Zahlungsvereinbarung auf die Beauftragung der gütlichen Erledigung nach Modul G getroffen wird (§ 68 Abs. 2 GVGA), eine Aufstellung von Weisungen zur Sachpfändung nach Modul L (§§ 31 Abs. 2, 58 Abs. 2 GVGA) oder zur gütlichen Erledigung nach Modul G (§ 68 Abs. 1 GVGA) oder auch Fragen und Vorhalte zur Abnahme der Vermögensauskunft nach Modul H, um nur wenige praxisrelevante Anlagen zu nennen. Denkbar ist auch die Darstellung, welche Dateien beigefügt werden, etwa den Vollstreckungsbescheid nach § 754a ZPO. Eine Aufzählung der Vielzahl denkbarer Anlagen findet sich bei der Darstellung von § 3 Abs. 2 Nr. 7 ZVFV. Voraussetzung für eine Anlage ist dabei stets, dass eine Eintragung der Informationen zum Auftrag im Vollstreckungsauftrag an den Gerichtsvollzieher nach Maßgabe der im Bundesgesetzblatt veröffentlichten Form (Anlage 1 ZVFV) nicht möglich ist.

VIII. Modul E – Versicherungen

46 Die Zivilprozessordnung sieht in unterschiedlichen Kontexten vor, dass der Antragsteller eine Versicherung abgeben kann. Diese Versicherungen finden ihre Aufnahme im Modul E des Vollstreckungsauftrags an den Gerichtsvollzieher (Anlage 1 ZVFV). Die freie Zeile zeigt dabei, dass die Aufzählung der Versicherungen nicht abschließend ist.

E

Versicherungen

☐ Es wird gemäß § 753a Satz 1 ZPO die ordnungsgemäße Bevollmächtigung zur Vertretung versichert.

☐ Es wird gemäß § 754a Absatz 1 Satz 1 Nummer 4 ZPO versichert, dass Ausfertigungen der als elektronische Dokumente übermittelten Vollstreckungsbescheide mit den jeweiligen Zustellungsnachweisen vorliegen und die Forderungen in Höhe des Vollstreckungsauftrags noch bestehen.

☐

47 Modul E sieht dabei zunächst die Versicherung der ordnungsgemäßen **Bevollmächtigung** i.S.d. § 753a ZPO vor. Zu sehen ist, dass die Erklärung nach § 753a ZPO sich schon nach ihrem Wortlaut nicht auf die Verfahrensvollmacht beschränkt, während § 81 ZPO dem Wortlaut nach nur die Prozess- bzw. Verfahrensvollmacht betrifft. Das liegt auch daran, dass § 81 ZPO eine fiktive Außenvollmacht regelt, während § 753a ZPO die tatsächlich erteilte Vollmacht betrifft. Insoweit deckt die

Versicherung auch das Vorliegen einer Geldempfangsvollmacht ab. Wer also die Versicherung nach § 753a ZPO abgibt, muss weder eine Verfahrens- noch eine Geldempfangsvollmacht vorlegen.[30]

Dies ergibt sich aus der Gesetzesbegründung zu § 753a ZPO[31] und entspricht zusätzlich der Auffassung des Verordnungsgebers, d.h. des BMJ.[32] Die dem entgegenstehende Auffassung im Hinweisblatt des BMJ ist – jedenfalls soweit Rechtsanwälte, Verbraucherschutzverbände und Inkassodienstleister nach § 79 Abs. 2 S. 1 sowie Abs. 2 S. 2 Nr. 3 und 4 ZPO betroffen sind – unverbindlich und steht mit der Rechtslage nicht im Einklang, wie durch den BGH inzwischen höchstrichterlich festgestellt ist. Insoweit ist es schon bedenklich, dass die Hinweisblätter des BMJ noch immer online sind.[33] Sie widerspricht ebenfalls der zutreffenden Praxis der überwiegenden Zahl der Gerichtsvollzieher. Sie macht letztlich vor dem Hintergrund der mit § 753a ZPO gewollten Verfahrensvereinfachung und der Digitalisierung auch keinen Sinn, wenn dementgegen die Vorlage bestimmter Unterlagen doch wieder verwandt wird. Kaum vermittelbar ist auch, dass bei einem vereinfachten Auftrag nach § 754a ZPO zwar der im Zentrum der Vollstreckung zu sehende Vollstreckungstitel als elektronisches Dokument vorgelegt werden kann, nicht aber die Geldempfangsvollmacht. Dies gilt umso mehr, wenn ohne jede normative Grundlage die Auffassung vertreten wird, die Vollmacht müsse „aktuell" sein. In § 752a ZPO-E des *Gesetzes zur weiteren Digitalisierung der Zwangsvollstreckung* sieht der Gesetzgeber deshalb auch explizit vor, dass die Wirkung der Vollmacht erst mit der Anzeige des Erlöschens der Vollmacht bei dem Vollstreckungsorgan entfällt. Weder die §§ 164 ff. BGB noch die zivilprozessualen Regelungen kennen nämlich ein allgemeines Verfallsdatum einer Vollmacht. Vielmehr ist der Wegfall der Bevollmächtigung dort explizit für bestimmte Fälle geregelt. Der reine Zeitablauf gehört nicht dazu. Da Verfahrensvollmacht und Geldempfangsvollmacht regelmäßig in einer Urkunde erteilt werden, liefe § 753a ZPO ins Leere. Die mangelnde Notwendigkeit einer Differenzierung zeigt sich gerade auch beim Gerichtsvollzieher, der regelmäßig keine großen Beträge einzieht und weiterzuleiten hat, sodass das praktische Risiko, an einen die Geldempfangsvollmacht versichernden, aber trotzdem nichtberechtigten Rechtsdienstleister auszuzahlen, minimal ist. Fälle, in denen eine Auszahlung an einen Nichtberechtigten trotz Versicherung in der Vergangenheit vorgekommen sind, lassen sich der Rechtsprechung jedenfalls auch nicht entnehmen.

30 BGH v. 5.7.2023 – VII ZB 35/21; BeckOK-ZPO/*Ulrici*, § 753a ZPO Rn 2; AG Burg v. 31.5.2021 – 36 M 905/22; AG Lübeck v. 2.3.2022 – 51b M 5/22; AG Mettmann v. 12.10.2022 – 6 M 511/22.

31 Vgl. BT-Drucks 19/20348, 72.

32 Schreiben des BMJ an den Autor vom 1.12.2021, RA4 – 3740/18 – R4 369/2021.

33 https://www.bmj.de/SharedDocs/Downloads/DE/Formular/2022_Hinweisblatt_GVA.html?nn=111266#download=1, abgerufen am 9.7.2024.

Hinweis

Wer hier unnötigen und sachlich nicht zu rechtfertigenden „Sand ins Getriebe der Zwangsvollstreckung streut", trägt seinen Teil dazu bei, dass Gläubiger und ihre Bevollmächtigten vor dem Hintergrund eines überbordenden Formalismus andere Wege der Forderungseinziehung außergerichtlich und im materiellen Recht suchen, bei denen der Schutz des Schuldners weit weniger ausgeprägt ist. Regelungen müssen auch vor dem Hintergrund von Notwendigkeiten angewandt werden. Dort, wo aus der praktischen Erfahrung heraus kein Missbrauch zu sehen ist, kann getrost einem pragmatischen Vorgehen der Vorzug gegeben werden. Die in einem gerichtlichen Verfahren bestätigte Berechtigung einer Forderung muss in der Zwangsvollstreckung auch durchgesetzt werden. Die wirtschaftliche und soziale Existenz des Schuldners muss dabei geschützt werden, nicht aber der Formalismus um seiner selbst willen. Auch steht dem Vollstreckungsorgan aufgrund der Titulierung der Forderung kein Werturteil über den Gläubiger mehr zu.

Die 2. ÄndVO hat hier keine Ergänzungen gebracht, was verwundert.

Hinweis

Mit dem *Gesetz zur weiteren Digitalisierung der Zwangsvollstreckung*[34] wird der Gesetzgeber in § 752a die ZPO-E die Versicherung der Verfahrensvollmacht und in § 753a ZPO-E die Versicherung der Geldempfangsvollmacht für die Rechtsanwälte und Inkassodienstleister als ausreichend gelten lassen und auf eine Vorlage der Vollmachten versichern. Die Wirkung wird dabei in zeitlicher Hinsicht so weit erstreckt bis das Erlöschen dem Vollstreckungsorgan angezeigt wurde. Dabei ist auch keine Kontrollmöglichkeit für die Vollstreckungsorgane mehr vorgesehen.

Hier wären vorsorgliche Regelungen im Hinblick auf das *Gesetz zur weiteren Digitalisierung der Zwangsvollstreckung* denkbar gewesen, in dem die entsprechenden Versicherungen in Modul E zu Verfahrensvollmacht und Geldempfangsvollmacht getrennt aufgeführt worden wären. Der Benennung einer oder mehrerer Normen wäre dabei nicht erforderlich gewesen. Die neuen Formulare hätten so schon die neue Rechtslage abgebildet; nach Maßgabe der höchstrichterlichen Rechtsprechung und künftig ggf. auch der gesetzlichen Lage. So werden nach dem Gesetzesbeschluss weitere Änderungen der Formulare erforderlich sein. Dabei werden die Anwender und deren Softwareunternehmen prüfen müssen, welche Anpassungen schon unter den Voraussetzungen des § 3 Abs. 2 ZVFV realisierbar sind.[35]

34 BT-Drucks 20/11310; hierzu *Goebel*, FoVo 2024, 66.

35 Hier werden die Möglichkeiten in der Zeitschrift Forderung & Vollstreckung (FoVo) durch den Autor aufgezeigt werden: https://www.anwaltverlag.de/rechtsgebiete/rechtsgebiete-von-a-bis-z/zwangsvollstreckungsrecht/1962/fovo-forderung-und-vollstreckung-inkl.-app?c=162.

Im Fall eines elektronisch eingereichten **vereinfachten Auftrags zur Zwangsvollstreckung aus einem Vollstreckungsbescheid nach § 754a ZPO**, der einer Vollstreckungsklausel nicht bedarf, ist bei der Zwangsvollstreckung wegen Geldforderungen die Übermittlung der Ausfertigung des Vollstreckungsbescheids entbehrlich, wenn die sich aus dem Vollstreckungsbescheid ergebende fällige Geldforderung einschließlich titulierter Nebenforderungen und Kosten nicht mehr als 5.000 EUR beträgt, wobei Kosten der Zwangsvollstreckung bei der Berechnung der Forderungshöhe nur zu berücksichtigen sind, wenn sie allein Gegenstand des Vollstreckungsauftrags sind, die Vorlage anderer Urkunden als der Ausfertigung des Vollstreckungsbescheids nicht vorgeschrieben ist und der Gläubiger dem Auftrag eine Abschrift des Vollstreckungsbescheids nebst Zustellungsbescheinigung als elektronisches Dokument beifügt. Der Gläubiger muss in diesem Fall versichern, dass ihm eine Ausfertigung des Vollstreckungsbescheids und eine Zustellungsbescheinigung vorliegen und die Forderung in Höhe des Vollstreckungsauftrags noch besteht. 48

Diese Versicherung ist in Modul E abgebildet und kann durch ein einfaches Setzen des Kreuzchens abgegeben werden.

> *Hinweis*
>
> Das Kreuzchen sollte nicht standardmäßig gesetzt sein, wenn ein Antrag nach § 754a ZPO gestellt wird. Vielmehr sollte dies ein aktiver Akt auf die vorherige Kontrolle des tatsächlichen Vorhandenseins des Vollstreckungsbescheids sein. In der Praxis kommt es durchaus vor, dass ansonsten die Versicherung abgegeben wird, obwohl der Vollstreckungsbescheid – etwa weil er falsch abgelegt wurde – nicht auffindbar ist.

Es besteht nun die Hoffnung, dass die Regelung des § 754a ZPO zeitnah auf andere Vollstreckungstitel erweitert wird.[36] Mit dem *Gesetz zur weiteren Digitalisierung der Zwangsvollstreckung*[37] wird § 754a ZPO-E auf alle Vollstreckungstitel erstreckt. Zugleich entfallen alle Beschränkungen im Hinblick auf umgeschriebene Vollstreckungstitel (§ 727 ZPO) und für den Fall, dass weitere Vollstreckungsvoraussetzungen – etwa der Eintritt einer Bedingung i.S.d. § 726 ZPO – urkundlich nachzuweisen sind. Es kann nur gehofft werden, dass dieses Gesetz beschlossen wird. Im Zeitpunkt des Redaktionsschlusses dieser Auflage war eine Anhörung zu dem Gesetz im Rechtsausschuss des Bundestags anberaumt, das Gesetz mithin noch nicht beschlossen.[38]

36 *Goebel*, FoVo 2023, 45.

37 BT-Drucks 20/11310; hierzu *Goebel*, FoVo 2024, 66.

38 Sobald die gesetzliche Neuregelung erfolgt, wird sie vom Autor in der Zeitschrift Forderung und Vollstreckung (FoVo) besprochen und mit den erforderlichen Anpassungen an die aktuellen wie an die neuen Formulare mit den notwendigen Mustern besprochen. Siehe dazu auch die FoVo-Sprechstunde des Autors; https://www.anwaltspraxis-wissen.de/fovo-sprechstunde.

49 Modul E gibt dann vor, dass **weitere Versicherungen** abgegeben werden können. Dem Grundsatz des sichersten Wegs folgend könnte hier die erteilte Geldempfangsvollmacht versichert werden.

E

Versicherungen

☒ Es wird gemäß § 753a Satz 1 ZPO die ordnungsgemäße Bevollmächtigung zur Vertretung versichert.

☐ Es wird gemäß § 754a Absatz 1 Satz 1 Nummer 4 ZPO versichert, dass Ausfertigungen der als elektronische Dokumente übermittelten Vollstreckungsbescheide mit den jeweiligen Zustellungsnachweisen vorliegen und die Forderungen in Höhe des Vollstreckungsauftrags noch bestehen.

☒ Es wird versichert, dass Geldempfangsvollmacht erteilt ist (BGH v. 5.7.2023, VII ZB 35/22)

Hierunter fällt weiter etwa die Versicherung nach § 104 Abs. 2 S. 1ZPO, dass die in der Anlage zum Vollstreckungsantrag aufgeführten Vollstreckungskosten – die individuelle Anlage mit der Aufstellung der Vollstreckungskosten und die formalisierte Anlage 6 ZVFV mit der Forderungsaufstellung zum Gerichtsvollzieherauftrag – tatsächlich angefallen sind. Dies macht außerhalb des vereinfachten Vollstreckungsauftrags nach § 754a ZPO, der explizit die Vorlage von Belegen fordert, die Beifügung der Nachweise entbehrlich. Das vereinfacht die Antragstellung und reduziert Aufwand und Kosten. Dass Modul D eine Aufstellung der Vollstreckungskosten „mit Belegen" vorsieht, bleibt ohne Bedeutung, weil sich die Vorlagepflicht allein aus der ZPO ergeben kann. Dem Verordnungsgeber kommt insoweit wieder nur eine Umsetzungskompetenz, nicht aber eine eigenständige Regelungskompetenz zu, § 754 Abs. 3 ZPO.

E

Versicherungen

☐ Es wird gemäß § 753a Satz 1 ZPO die ordnungsgemäße Bevollmächtigung zur Vertretung versichert.

☐ Es wird gemäß § 754a Absatz 1 Satz 1 Nummer 4 ZPO versichert, dass Ausfertigungen der als elektronische Dokumente übermittelten Vollstreckungsbescheide mit den jeweiligen Zustellungsnachweisen vorliegen und die Forderungen in Höhe des Vollstreckungsauftrags noch bestehen.

☒ Es wird versichert, dass die in der Aufstellung Vollstreckung genannten Kosten angefallen sind (§ 104 Abs. 2 S. 1 ZPO)

Keiner besonderen Versicherung bedarf es hier zur fehlenden Vorsteuerabzugsberechtigung nach § 104 Abs. 2 S. 3 ZPO. Diese ist bereits in Modul A vorgesehen.

IX. Modul F – Zustellung

50 Soll im Kontext eines Zwangsvollstreckungsauftrags auch eine Zustellung erfolgen, ist diese mit Modul F zu beauftragen. In diesem Fall besteht die Nutzungspflicht für das Formular nach § 2 ZVFV. Optional kann das Modul auch genutzt werden, um eine isolierte Zustellung zu beauftragen.

> *Hinweis*
>
> Für die Praxis wird das Formular in dem Fall der isolierten Beauftragung als zu breit angelegt anzusehen sein, ohne dass dies hindert, Modul F in einen individuell gestalteten Zustellungsauftrag zu integrieren und so einen hohen Wiedererkennungseffekt zu erzeugen. Soll – wie regelmäßig – keine gesonderte Zustellung beauftragt werden, kann Modul F dagegen im Ganzen nach § 3 Abs. 2 Nr. 6

ZVFV entfallen und die Verwendung auf die Ausnahmefälle in der Praxis beschränkt werden.

F

Zustellung

☐ sämtlicher beigefügter Vollstreckungstitel

☐ des Vollstreckungstitels (zu Ziffer)

☐ der beigefügten Vorpfändungsbenachrichtigung nach § 845 ZPO

☐

Modul F sieht die Zustellung aller oder einzelner Vollstreckungstitel nach Maßgabe des Moduls C sowie einer beigefügten Vorpfändungsbenachrichtigung nach § 845 ZPO – die dann in Modul D als Anlage aufzuführen ist – vor. Sollen nur einzelne Vollstreckungstitel zugestellt werden, sind diese nach Maßgabe der in Modul C angegebenen Nummerierung zu bezeichnen.

Denkbar ist die Zustellung von Vollstreckungstitel insbesondere nach einer Titelumschreibung auf den Rechtsnachfolger gem. § 727 ZPO. Dabei ist zu beachten, dass neben dem oben geschriebenen Vollstreckungstitel auch die der Umschreibung zugrunde liegenden Urkunden in beglaubigter Form[39] zuzustellen sind, § 750 Abs. 2 ZPO. Diese zuzustellenden Urkunden sind dann in dem weiteren Freitextfeld zu bezeichnen und als Anlagen zum Antrag in Modul D aufzunehmen.

Hinweis

Vorstellbar ist auch die Beauftragung der Zustellung elektronischer Dokumente. Dies setzt allerdings voraus, dass das zuzustellende elektronische Dokument dem Gerichtsvollzieher nach § 193 Abs. 1 S. 1 Nr. 2 ZPO oder § 193 Abs. 1 S. 1 Nr. 1 ZPO auf einem sicheren Übermittlungsweg (beA, eBO) zugänglich gemacht wurde. Auch muss in diesem Zusammenhang gesehen werden, dass die elektronische Zustellung grundsätzlich nur an die in § 173 Abs. 2 ZPO genannten Personen möglich ist. Hinsichtlich anderer Personen wäre nachzuweisen oder zu versichern (Modul E), dass diese der elektronischen Zustellung zugestimmt haben.

X. Modul G – Gütliche Erledigung

Der Gerichtsvollzieher soll nach § 802b ZPO in jeder Lage des Verfahrens auf eine **51**
gütliche Erledigung bedacht sein. Damit korrespondierend gilt die gütliche Erledigung auch ohne gesonderten Auftrag des Gläubigers nach § 802a Abs. 2 S. 2 ZPO stets als beauftragt. Dabei kann der Gläubiger nur die gütliche Erledigung beauftragen, so dass alle anderen Module entfallen können. Dies führt allerdings zu einer höheren Gebühr nach Nr. 207 KVGvKostG statt bei den kombinierten Anträgen nach Nr. 208 KVGvKostG.

39 BGH v. 13.10.2016 – V ZB 174/15, juris Rn 19.

Will der Gläubiger keinen Versuch einer gütlichen Erledigung, genügt es nicht, diese nicht zu beauftragen, sondern er muss ausdrücklich darauf verzichten und im Vollstreckungsauftrag sein Einverständnis verweigern. Diese Möglichkeit, die nach der GVFV 2015 in Modul F gesondert gegeben wurde, ist nunmehr in Modul G mit den alternativ weiteren Angaben zur Beauftragung der gütlichen Erledigung zusammengefasst.

G

Gütliche Erledigung, Zahlungsvereinbarung (§ 802b ZPO)

[ ] Der Vollstreckungsauftrag beschränkt sich auf die **gütliche Erledigung**.

[x] Mit einer **Zahlungsvereinbarung** besteht

[x] kein Einverständnis [ ] Einverständnis wie folgt:

[ ] Folgende Zahlungsfrist wird gewährt:

[ ] Es werden Teilbeträge eingezogen.

Zugleich kann hier auch angegeben werden, ob eine isoliert – oder ohne diese Angabe dann zwangsläufig kombinierte – gütliche Erledigung gewollt ist.

G

Gütliche Erledigung, Zahlungsvereinbarung (§ 802b ZPO)

[x] Der Vollstreckungsauftrag beschränkt sich auf die **gütliche Erledigung**.

[ ] Mit einer **Zahlungsvereinbarung** besteht

[ ] kein Einverständnis [x] Einverständnis wie folgt:

[ ] Folgende Zahlungsfrist wird gewährt:

[ ] Es werden Teilbeträge eingezogen.

52 Hat der Gläubiger eine Zahlungsvereinbarung in Zeile 2 und 3 nicht ausgeschlossen, so kann der Gerichtsvollzieher dem Schuldner eine Zahlungsfrist einräumen oder eine Tilgung durch Teilleistungen (Ratenzahlung) gestatten, sofern der Schuldner glaubhaft darlegt, die nach Höhe und Zeitpunkt festzusetzenden Zahlungen erbringen zu können. Soweit ein Zahlungsplan in dieser Weise festgesetzt wird, ist die Vollstreckung aufgeschoben. Die Tilgung soll nach § 802b Abs. 2 ZPO binnen zwölf Monaten abgeschlossen sein.

Die Rahmenbedingungen sind allerdings disponibel. Insoweit hat der Gerichtsvollzieher nach § 68 Abs. 1 GVGA abweichende Weisungen des Gläubigers zu berücksichtigen. § 68 GVGA formt dabei die allgemeine Weisungsbefugnis nach §§ 31 Abs. 2, 58 Abs. 2 GVGA weiter aus. Da die gütliche Erledigung einen Eingriff in das verfassungsrechtlich nach Art. 14 und Art. 19 Abs. 4 GG verbürgte Realisierungsbemühen begründet, ist diese Dispositionsbefugnis auch geboten. Standardisiert sieht das Formular bereits Eintragungsmöglichkeiten zu den in der Praxis besonders häufig erteilten Weisungen zu einer denkbaren Zahlungsfrist (Gesamtzahlungsaufschub) oder deren Ausschluss und zu einer möglichen Ratenhöhe und deren Intervall vor. Der eingeräumten Möglichkeit, die Zahlungsmodalitäten in das Ermessen des Gerichtsvollziehers zu stellen, hätte es nicht bedurft. Bestehen keine Weisungen, steht das Vorgehen ohnehin im pflichtgemäßen Ermessen des Gerichtsvollziehers, getragen von dem Bemühen um eine gütliche Erledigung, § 802b Abs. 1 ZPO.

G

Gütliche Erledigung, Zahlungsvereinbarung (§ 802b ZPO)

☒ Der Vollstreckungsauftrag beschränkt sich auf die **gütliche Erledigung**.

☐ Mit einer **Zahlungsvereinbarung** besteht

☐ kein Einverständnis ☒ Einverständnis wie folgt:

☐ Folgende Zahlungsfrist wird gewährt:

☒ Es werden Teilbeträge eingezogen.

☒ Ratenhöhe mindestens 75,00 Euro

☒ monatlicher Turnus ☐ sonstiger Turnus:

☐ Abweichung von den Zahlungsmodalitäten nach dem Ermessen des Gerichtsvollziehers.

☒ sonstige Weisungen: siehe Anlage

Im Angesicht des § 68 Abs. 2 GVGA bedarf es sicher weiterer Weisungen, um die gütliche Erledigung sachgerecht zu steuern und zu optimieren. Die Vollstreckung beruht regelmäßig auf einer mangelnden Leistungsfähigkeit des Schuldners. Dem kann nur durch individuelle Lösungen mit Teil- und Ratenzahlungen begegnet werden, um den Zielkonflikt zum Befriedigungsanspruch des Gläubigers zu lösen. Dafür genügt die eine Zeile für sonstige Weisungen nicht. Hierzu kann entweder nach § 3 Abs. 2 Nr. 6 ZVFV die letzte Zeile in Modul G einmal oder mehrfach dupliziert oder eine in Modul D dann zu kennzeichnende Anlage nach § 3 Abs. 2 Nr. 7 ZVFV beigefügt werden. 53

Denkbar sind ohne Anspruch auf Vollständigkeit etwa folgende sonstigen Weisungen zur gütlichen Erledigung:

☒ sonstige Weisungen: siehe hierzu die Anlage "Weisungen nach § 68 GVGA)_

- ☒ Die Zahl der Raten – auch über 12 Monate hinaus – soll unerheblich bleiben, § 68 Abs. 1 GVGA.
- ☒ Als Zahlungstermin soll ein Kalendertag gewählt werden, an dem dem Schuldner Geld zufließt (Arbeitslohn, Kindergeld nach Auszahlungsplan (https://www.arbeitsagentur.de/datei/ueberweisungsplan-2023_ba147713.pdf), § 68 Abs. 2 S. 1 Nr. 1 GVGA.
- ☒ Als Zahlungsweg soll vorrangig die Einrichtung eines Dauerauftrages gewählt werden, nachrangig die Einräumung eines SEPA-Lastschriftmandates und erst äußert hilfsweise die Überweisung, § 68 Abs. 2 S. 1 Nr. 3 GVGA; Muster für Dauerauftrag und Lastschrift sind dem Antrag beigefügt.
- ☒ Der Gerichtsvollzieher soll die Gründe protokollieren, die der Schuldner zur Glaubhaftmachung seiner Leistungsfähigkeit vorgebracht hat, § 68 Abs. 2 S. 1 Nr. 4 GVGA.
- ☒ Der Gerichtsvollzieher soll die Gründe protokollieren, warum es nicht zu einer gütlichen Einigung gekommen ist, § 68 Abs. 2 S. 2 GVGA.

Weitere Weisungen aus der Kenntnis des konkreten Einzelfalls sind denkbar und möglich.

Die 2. ÄndVO hat für Modul G keine Änderungen mit sich gebracht, sodass die vorstehenden Hinweise in gleicher Form auch im neuen Formular eingetragen werden können.

XI. Modul H – Abnahme der Vermögensauskunft

54 Modul H vereinigt in sich die Abnahme der Vermögensauskunft nach § 802c ZPO wie nach § 802d ZPO einschließlich der weiteren verfahrensrechtlichen Vorgaben nach § 802f ZPO.

H

Abnahme der Vermögensauskunft des Schuldners (zu Ziffer 1.)

☒ Vermögensauskunft nach § 802c ZPO

☐ Weitere Vermögensauskunft nach § 802d ZPO
Die Vermögensverhältnisse des Schuldners haben sich wesentlich geändert, weil

Zur Glaubhaftmachung wird beigefügt:

Die Vermögensauskunft nach § 802c ZPO oder die weitere Vermögensauskunft nach § 802d ZPO soll erfolgen

☒ ohne vorherigen Pfändungsversuch nach den §§ 802c, 802f ZPO.

☐ nach vorherigem Pfändungsversuch nach den §§ 802c, 807 ZPO (Modul L).

☐ Sofern der Schuldner wiederholt nicht anzutreffen ist,

☐ wird beantragt, das Verfahren zur Abnahme der Vermögensauskunft nach den §§ 802c, 802f ZPO einzuleiten.

☐ wird um Rücksendung der Vollstreckungsunterlagen gebeten.

☐

☒ Auf die Mitteilung der Terminsbestimmung nach § 802f ZPO wird verzichtet.

Der Gläubiger muss in der ersten Zeile differenzieren, ob er außerhalb der Sperrfrist des § 802d Abs. 1 S. 1 ZPO eine originäre Vermögensauskunft nach § 802c ZPO ohne weitere Voraussetzungen beantragt oder innerhalb der zweijährigen Sperrfrist des § 802d ZPO eine vorzeitige erneute Abnahme der Vermögensauskunft anstrebt, was nur unter weiteren Voraussetzungen statthaft ist. Im letztgenannten Fall sind also weitergehende Angaben erforderlich, da der Gläubiger darlegen muss, dass sich die wirtschaftlichen Verhältnisse des Schuldners geändert haben und diese Darlegung der Glaubhaftmachung bedarf. Darzulegen wäre etwa, dass der Schuldner seine Arbeitsstelle verloren oder gewechselt hat. Auch ein Wohnungswechsel soll schon ausreichen,[40] wobei zur Glaubhaftmachung die Auskunft aus dem Einwohnermelderegister genügt. Gleiches gilt für den Nachweis einer Heirat.[41]

> *Hinweis*
>
> Soweit zur Glaubhaftmachung Unterlagen beizufügen sind, sind diese im Verzeichnis der Anlagen nach Modul D aufzuführen.

55 Die 2. ÄndVO bringt in den neuen Formularen die Vergrößerung der Eingabefelder für die Darstellung der Gründe zur wesentlichen Veränderung der Vermögensver-

40 AG Villingen-Schwenningen v. 13.4.2017 – 11 M 903/17; AG Berlin-Wedding v. 2.4.2029 – 31 M 8008/19 m.w.N.

41 LG Karlsruhe v. 13.6.2019 – 3 T 126/18.

hältnisse mit sich. Vor dem Hintergrund, dass Texteingabefelder nach § 3 Abs. 2 ZVFV ohnehin vergrößert werden dürfen, kommt dem im Verhältnis zu den aktuellen Formularen keine besondere Bedeutung zu.

Abnahme der Vermögensauskunft des Schuldners (zu Ziffer ______)

☐ Vermögensauskunft nach § 802c ZPO

☐ Weitere Vermögensauskunft nach § 802d ZPO
Die Vermögensverhältnisse des Schuldners haben sich wesentlich geändert, weil

Zur Glaubhaftmachung wird beigefügt:

H Die Vermögensauskunft nach § 802c ZPO oder die weitere Vermögensauskunft nach § 802d ZPO soll erfolgen

Obwohl die Reihenfolge der Vollstreckungsanträge grundsätzlich im Modul P bestimmt wird, hat der Antragsteller bereits im Modul H anzugeben, ob die Vermögensauskunft auf einen Sachpfändungsversuch folgen soll – dann ist zusätzlich der Auftrag nach Modul L zu erteilen – oder ohne diesen Versuch der Sachpfändung stattfinden kann. Diese Auftragskombination erlaubt es dem Gerichtsvollzieher, dem Schuldner die Vermögensauskunft ohne weitere Fristsetzung sofort abzunehmen, wenn entweder der Schuldner die Durchsuchung verweigert oder wenn der Pfändungsversuch ergibt, dass eine Pfändung voraussichtlich nicht zu einer vollständigen Befriedigung des Gläubigers führen wird (§ 807 Abs. 1 S. 1 ZPO). War bis zur Reform der Sachaufklärung im Jahre 2013 die vorherige Sachpfändung obligatorisch, kann der Gläubiger seit diesem Zeitpunkt die Abnahme der Vermögensauskunft ohne weitere Voraussetzungen auch an den Beginn der Zwangsvollstreckung stellen.

Hinweis

Vor dem Hintergrund, dass eine Sachpfändung durch den Gerichtsvollzieher nur in etwa 0,1 % aller Fälle zu einem Vollstreckungserfolg führt, erscheint die Beauftragung der Sachpfändung vor der Vermögensauskunft nur sinnvoll, wenn dem Gläubiger zugriffsfähige körperliche Gegenstände des Schuldners schon bekannt sind und dem Gerichtsvollzieher hierauf entsprechende Hinweise gegeben werden können. Anderenfalls erscheint allenfalls ein zur Abnahme der Vermögensauskunft nachfolgender bedingter Sachpfändungsauftrag sinnvoll, wenn sich aus dem Vermögensverzeichnis entsprechendes Sachvermögen ergibt. Dies birgt allerdings die Gefahr in sich, Kosten für eine nicht erledigte Amtshandlung tragen zu müssen, wenn sich aus dem Vermögensverzeichnis kein Ansatzpunkt für eine Sachpfändung ergibt. Dies entspricht in der ganz überwiegenden Zahl der Fälle den praktischen Erfahrungen mit der Verfahrensweise der Gerichtsvollzieher, die bedingte Aufträge gerne als kombinierte Aufträge auslegen. Im Ergebnis erscheint ein unmittelbar mitbeauftragter bedingter oder kombinierter Sachpfändungsauftrag weder zweckmäßig noch wirtschaftlich.

56 Differenziert kann der Gläubiger dann angeben, ob er eine Terminsnachricht erhalten und ob er an dem Termin zur Abnahme der Vermögensauskunft teilnehmen möchte. Die Terminsnachricht macht ohne Absicht, an dem Termin teilzunehmen, dann Sinn, wenn daraus abgeleitet das Abnahmedatum der Vermögensauskunft verwaltet werden soll, um eine künftige Sperrfrist für eine neue Abnahme der Vermögensauskunft zu überwachen. Allerdings ergibt sich dieses Datum – wenn auch zeitlich verzögert – aus der abgegebenen Vermögensauskunft oder dem Protokoll über das Nichterscheinen des Schuldners zum Termin zur Abnahme der Vermögensauskunft. Im Schuldnerverzeichnis wird seit der Reform der Sachaufklärung das Datum der Abnahme der Vermögensauskunft – vor dem Hintergrund der Sperrfrist nach § 802d ZPO unverständlicherweise – nicht mehr vermerkt. Findet eine solche Überwachung nicht statt, so kann auf das zusätzliche Schriftstück gut verzichtet werden. Die Posteingangsbearbeitung führt so nur zu einem zusätzlichen Aufwand ohne korrespondierenden Erkenntniswert.

Bei besonders hartnäckigen Schuldnern, bei denen davon auszugehen ist, dass sie sich trotz bestehender Leistungsfähigkeit dem Forderungsausgleich entziehen, kann im Einzelfall eine Teilnahme am Termin zur Abnahme der Vermögensauskunft sinnvoll und zweckmäßig sein. Diese wird nach Nr. 3310 VV RVG auch gesondert vergütet.

> *Tipp*
>
> Ist die Vermutung richtig, dass der Schuldner sich lediglich dem Forderungsausgleich entziehen will, so gelingen auf diese Weise in der Praxis nicht selten gute Vollstreckungserfolge, in dem im Termin zur Abnahme der Vermögensauskunft die Taschenpfändung als besondere Form der Sachpfändung beauftragt wird und so vor Ort ein unmittelbarer Zugriff etwa auf Pkw, Handy und/oder Bargeld gelingt. Dabei kommt es auf Eigentumsverhältnisse nicht an, da § 808 ZPO bei der Sachpfändung lediglich den Gewahrsam des Schuldners verlangt. Auch die Eigentumsvermutung des § 1006 BGB hilft in diesem Zusammenhang. Gesehen werden muss allerdings, dass der Sachpfändungsauftrag vor Ort nunmehr dem Formzwang unterworfen sein kann. Der Gläubiger oder sein Bevollmächtigter müssen also ein Auftragsformular nach Anlage 1 ZVFV und Anlage 6 ZVFV mit sich führen. Dies kann allerdings vorbereitet werden.

57 Eine wesentliche Änderung der Praxis kann nun aus dem *Gesetz zur Förderung des Einsatzes von Videokonferenztechnik in der Zivilgerichtsbarkeit und den Fachgerichtsbarkeit*[42] folgen, mit dem § 802f ZPO geändert und die Möglichkeit zur Abnahme der Vermögensauskunft unter Einsatz der Videokonferenztechnik geschaffen wurde.[43] Die Teilnahme in dieser Form hilft, Fragen unmittelbar zu klären

42 BGBl I 2024 Nr. 237.

43 Hierzu *Goebel*, FoVo 2023, 221.

und vor allem stellen zu können, und kann so die Zwangsvollstreckung optimieren und beschleunigen. Der Aufwand ist dabei in zeitlicher Hinsicht überschaubar. Dazu löst die Teilnahme die Terminsgebühr nach Nr. 3310 VV RVG aus. Es bleibt abzuwarten, ob und in welcher Weise die Gerichtsvollzieher sich darauf einlassen werden. Zu erwarten ist hier sicher ein differenziertes Bild.

H

Die Vermögensauskunft nach § 802c ZPO oder die weitere Vermögensauskunft nach § 802d ZPO soll erfolgen

☒ ohne vorherigen Pfändungsversuch nach den §§ 802c, 802f ZPO.

☐ nach vorherigem Pfändungsversuch nach den §§ 802c, 807 ZPO (Modul L).

☐ Sofern der Schuldner wiederholt nicht anzutreffen ist,

☐ wird beantragt, das Verfahren zur Abnahme der Vermögensauskunft nach den §§ 802c, 802f ZPO einzuleiten.

☐ wird um Rücksendung der Vollstreckungsunterlagen gebeten.

☐

☐ Auf die Mitteilung der Terminsbestimmung nach § 802f ZPO wird verzichtet.

☒ Es ist beabsichtigt, an dem Termin zur Abnahme der Vermögensauskunft teilzunehmen.

☒ Es wird gebeten, die Abnahme per Bild- und Tonübertragung durchzuführen [§ 802f Abs. 2 S. 4 Nr. 4 ZPO)

Am Ende des Moduls H gibt es die Möglichkeit weiterer unbestimmter Eintragungen. Denkbar ist hier insbesondere der Auftrag an den Gerichtsvollzieher, dem Schuldner Vorhalte zu machen oder weitere Fragen zu stellen, die in dem Formular zur Abnahme der Vermögensauskunft und Aufnahme eines Vermögensverzeichnisses nicht enthalten sind, wenn nicht von der Möglichkeit der Teilnahme Gebrauch gemacht wird, um die Fragen – effektiver – persönlich zu stellen. 58

☒ Dem Schuldner mögen folgende Vorhalte gemacht und folgende Fragen gestellt werden:

☒ Sofern der Schuldner das Arbeitseinkommen seines Ehegatten oder seiner Kinder nicht angeben kann, möge er die ausgeübte Tätigkeit und den zeitlichen Umfang mitteilen.

☒ Sofern das Arbeitsverhältnis der Schuldner in den letzten 6 Monaten geendet hat, möge er angeben, ob er eine Abfindung anlässlich der Beendigung des Arbeitsverhältnisses erhalten hat und wenn ja, in welcher Höhe?

☒ …

Der Gläubiger hat weiter die Möglichkeit, zu beantragen, dass ihm das Vermögensverzeichnis als elektronisches Dokument übermittelt wird, soweit dies mit einer qualifizierten elektronischen Signatur versehen und gegen unbefugte Kenntnisnahme geschützt ist (§ 802d Abs. 2 ZPO).

Erscheint der Schuldner zum Termin zur Abnahme der Vermögensauskunft nicht oder gibt er die Vermögensauskunft unberechtigt nicht ab, so kann der Gläubiger über Modul I den Erlass eines Haftbefehls nach § 802g ZPO initiieren und über Modul J den entsprechenden Verhaftungsauftrag erteilen, soweit er den Haftbefehl nicht an sich übersandt haben möchte. Soll auf die Beantragung des Haftbefehls verzichtet werden, kann in dem hier erörterten Rahmen im dafür vorgesehenen Textfeld auch angegeben werden, dass die Vollstreckungsunterlagen zurückgesandt werden sollen. 59

☒ Es wird um Rücksendung der Vollstreckungsunterlagen gebeten, wenn der Schuldner nicht zur Abnahme der Vermögensauskunft erscheint.

Dies kann allerdings auch in Modul Q beantragt werden.

Q

Dem Gerichtsvollzieher werden folgende Hinweise gegeben und es werden folgende Vorgaben gemacht:

☐ Es wird um Übersendung des

☐ Protokolls ☐ Gesamtprotokolls
gebeten.

☐ Im Fall der Nichtzuständigkeit wird um Weiterleitung des Vollstreckungsauftrags an den zuständigen Gerichtsvollzieher gebeten, wenn nicht bereits eine Weiterleitung von Amts wegen erfolgt.

☒ Es wird um Rücksendung der Vollstreckungsunterlagen für den Fall gebeten, dass
der Schuldner dem Termin zur Abnahme der Vermögensauskunft unentschuldigt fernbleibt oder die Abnahme ohne Grund verweigert

XII. Modul I – Antrag auf Erlass eines Haftbefehls

60 Verweigert der Schuldner die Abnahme der Vermögensauskunft, in dem er den Termin zur Abgabe der Vermögensauskunft unentschuldigt fernbleibt oder zwar erscheint, aber dann die Abgabe der Vermögensauskunft ohne anerkannten sachlichen Grund verweigert, wird er nach § 882c Abs. 1 Nr. 1 ZPO in das Schuldnerverzeichnis eingetragen. Die Handlungsoptionen des Gläubigers liegen darin, den Gerichtsvollzieher nach Maßgabe des Moduls N mit der Einholung von Auskünften Dritter nach § 802l ZPO zu beauftragen oder aber einen Haftbefehl zu beantragen.

Auf Antrag des Gläubigers erlässt das Amtsgericht nach § 802g ZPO gegen den Schuldner, der dem Termin zur Abgabe der Vermögensauskunft unentschuldigt fernbleibt oder die Abgabe der Vermögensauskunft gem. § 802c ZPO ohne Grund verweigert, zur Erzwingung der Abgabe einen Haftbefehl. Es überrascht, dass zwar für die richterliche Durchsuchungsanordnung verbindliche und den Nacht- und Feiertagsbeschluss optionale Formulare vorgesehen sind (Anlagen 2 und 3 ZVFV), nicht aber für die Haftanordnung. Ungeachtet des Umstands, dass eine umfassende gesetzliche Ermächtigung zur Einführung von Formularen in der Zwangsvollstreckung fehlt – aber wünschenswert wäre –, bestehen gegen die optionale Einführung keine Bedenken.

Für den Erlass des Haftbefehls ist schon von Verfassungs wegen der Richter zuständig. Den entsprechenden Antrag kann der Gläubiger isoliert formlos stellen. Der Vollstreckungsauftrag an den Gerichtsvollzieher gibt im Modul I nur die Möglichkeit, nach dem erfolglosen Versuch der Abnahme der Vermögensauskunft den Antrag über den Gerichtsvollzieher dem zuständigen Amtsgericht zuzuleiten.

I

Erlass eines Haftbefehls (§ 802g Absatz 1 ZPO) gegen den Schuldner (zu Ziffer)

Für den Fall, dass der Schuldner dem Termin zur Abgabe der Vermögensauskunft unentschuldigt fernbleibt oder sich ohne Grund weigert, die Vermögensauskunft zu erteilen, wird der Erlass eines Haftbefehls nach § 802g Absatz 1 ZPO beantragt.
Der Gerichtsvollzieher wird gebeten, den Antrag an das zuständige Amtsgericht weiterzuleiten und dieses zu ersuchen, nach Erlass des Haftbefehls diesen zu übersenden an

☐ den Antragsteller. ☐ den zuständigen Gerichtsvollzieher.
Der Gerichtsvollzieher wird mit der Verhaftung des Schuldners nach § 802g Absatz 2 ZPO beauftragt.

Die weitere Kommunikation zu dem Antrag auf Erlass eines Haftbefehls findet dann zwischen dem Gläubiger oder seinem Bevollmächtigten und dem zuständigen Amtsgericht statt. Wird der Haftbefehl antragsgemäß erlassen, so bestimmt der Antragsteller, ob der Haftbefehl ihm – zur Erhöhung des Vollstreckungsdrucks mit dem Ziel einer außergerichtlichen Lösung in Form einer Zahlungsvereinbarung – oder dem zuständigen Gerichtsvollzieher zur Vollstreckung übersandt werden soll.

Hinweis

Der Verhaftungsauftrag an den Gerichtsvollzieher nach Maßgabe des Moduls J verursacht weitere, nicht unerhebliche Kosten. Die Praxis zeigt, dass sich so mancher Schuldner von dem Erlass des Haftbefehls beeindrucken lässt. Wird eine Kopie des Haftbefehls dem Schuldner mit dem Hinweis übersandt, dass es jetzt noch möglich ist, mit einer Zahlungsvereinbarung die Verhaftung abzuwenden, erfolgen regelmäßig Kontaktaufnahmen und in vielen Fällen auch Zahlungsvereinbarungen. Ein solches Vorgehen kann sich daher zur Kostenreduktion empfehlen, wenn es den Gläubiger nicht explizit auf die Abnahme der Vermögensauskunft ankommt.

I

Erlass eines Haftbefehls (§ 802g Absatz 1 ZPO) gegen den Schuldner (zu Ziffer 1.)

Für den Fall, dass der Schuldner dem Termin zur Abgabe der Vermögensauskunft unentschuldigt fernbleibt oder sich ohne Grund weigert, die Vermögensauskunft zu erteilen, wird der Erlass eines Haftbefehls nach § 802g Absatz 1 ZPO beantragt. Der Gerichtsvollzieher wird gebeten, den Antrag an das zuständige Amtsgericht weiterzuleiten und dieses zu ersuchen, nach Erlass des Haftbefehls diesen zu übersenden an

☒ den Antragsteller. ☐ den zuständigen Gerichtsvollzieher.
Der Gerichtsvollzieher wird mit der Verhaftung des Schuldners nach § 802g Absatz 2 ZPO beauftragt.

Zu beachten ist, dass nach dem ausdrücklichen Wortlaut von § 753a ZPO die Ver- 61
sicherung der Bevollmächtigung für die Beantragung des Haftbefehls nicht genügt. Wird der Antrag nach Modul I gestellt, muss die Verfahrensvollmacht mithin entweder schon mit dem Vollstreckungsantrag an den Gerichtsvollzieher übersandt – und in Modul D vermerkt werden – oder dem Amtsgericht nach der Mitteilung über die Weiterleitung unmittelbar zugesandt werden.

Hinweis

§ 752a ZPO-E nach dem *Gesetz zur weiteren Digitalisierung der Zwangsvollstreckung*[44] soll entgegen dem bisher ausdrücklichen Ausschluss in § 753a S. 2 ZPO die Option der Versicherung der Vollmacht auf das Verfahren über die Beantragung des Haftbefehls beim Vollstreckungsgericht wie im eigentlichen Verhaftungsverfahren erweitern. Ist die Versicherung schon gegenüber dem Gerichtsvollzieher abgegeben, der den Haftbefehlsantrag weiterreicht, genügt dies (BR-Drucks 124/24, 24).

44 BT-Drucks 20/11310; hierzu *Goebel*, FoVo 2024, 66.

62 Zu beachten ist weiter, dass auch der vereinfachte Vollstreckungsauftrag nach § 754a ZPO den Antrag auf Erlass eines Haftbefehls nicht erfasst. Insoweit ist auch die vollstreckbare Ausfertigung des Vollstreckungstitels in Papierform dem zuständigen Amtsgericht gesondert zu übermitteln.

> *Hinweis*
>
> Vor dem Hintergrund dieses zusätzlichen Aufwands, von dem bei Antragstellung nicht absehbar ist, ob er tatsächlich erforderlich ist, kann es sich empfehlen, auf die Antragstellung nach Modul I (und J) zunächst zu verzichten. Zu diesem Zwecke kann das Modul I nach § 3 Abs. 2 Nr. 6 ZVFV vollständig weggelassen werden. Alternativ kann im Modul H im abschließenden leeren Textfeld angegeben werden, das um die Rücksendung der Vollstreckungsunterlagen gebeten wird, wenn der Schuldner zum Termin zur Abnahme der Vermögensauskunft nicht erscheint oder die Vermögensauskunft aus nicht anzuerkennenden Gründen nicht abgibt.
>
> ☒ Es wird um Rücksendung der Vollstreckungsunterlagen gebeten, wenn der Schuldner nicht zur Abnahme der Vermögensauskunft erscheint.
>
> Dies kann allerdings auch in Modul Q beantragt werden.
>
> **Q**
>
> **Dem Gerichtsvollzieher werden folgende Hinweise gegeben und es werden folgende Vorgaben gemacht:**
>
> ☐ Es wird um Übersendung des
> ☐ Protokolls ☐ Gesamtprotokolls
> gebeten.
>
> ☐ Im Fall der Nichtzuständigkeit wird um Weiterleitung des Vollstreckungsauftrags an den zuständigen Gerichtsvollzieher gebeten, wenn nicht bereits eine Weiterleitung von Amts wegen erfolgt.
>
> ☒ Es wird um Rücksendung der Vollstreckungsunterlagen für den Fall gebeten, dass
> der Schuldner dem Termin zur Abnahme der Vermögensauskunft unentschuldigt fernbleibt oder die Abnahme ohne Grund verweigert

In der weiteren Vollstreckung kann der Antrag auf Erlass eines Haftbefehls dann unmittelbar und (noch) formfrei bei dem zuständigen Amtsgericht gestellt werden. Wiederum ist der Antragsteller nicht gehindert, auch für den formlosen Antrag auf die Module A, B, C und H mit dem Text und den Texteingabefelder zurückzugreifen, um den Antrag zu gestalten.

63 Die neuen Formulare nach der 2. ÄndVO nehmen die bisherige Kritik an dem Modul auf und gestalten es um. Im Modul I wird ein Kontrollkästchen vor der Beschreibung des Auftrags an den Gerichtsvollzieher eingefügt. Damit ist für den Gerichtsvollzieher schon am Beginn des Moduls I erkennbar, ob er mit der Weiterleitung des Antrags auf Erlass eines Haftbefehls an das Gericht beauftragt wird. In der Folge wird für die Übersendung des erlassenen Haftbefehls die Angabe an „den Antragsteller" auf „den Gläubiger" korrigiert, da der Antragsteller in der Systematik des Formulars für den Vollstreckungsauftrag an den Gerichtsvollzieher nicht vorkommt, dieses Formular kennt nur den Auftraggeber oder den Gläubiger. Zusätzlich wird eine weitere Auswahlmöglichkeit zur Weiterleitung an „den Bevollmächtigten" geschaffen. Das Kontrollkästchen vor an „den Gläubiger" wird eingerückt, somit wird klargestellt, dass eine der Alternativen „den Gläubiger", „den

Bevollmächtigten“ oder „den Gerichtsvollzieher“ nur dann auszuwählen ist, wenn zuvor überhaupt der Erlass des Haftbefehls beantragt und der Gerichtsvollzieher um Weiterleitung dieses Antrags an das Gericht gebeten wird.

I	**Erlass eines Haftbefehls (§ 802g Absatz 1 ZPO) gegen den Schuldner (zu Ziffer ______)** ☐ Für den Fall, dass der Schuldner dem Termin zur Abgabe der Vermögensauskunft unentschuldigt fernbleibt oder sich ohne Grund weigert, die Vermögensauskunft zu erteilen, wird der Erlass eines Haftbefehls nach § 802g Absatz 1 ZPO beantragt. Der Gerichtsvollzieher wird gebeten, den Antrag an das zuständige Amtsgericht weiterzuleiten und dieses zu ersuchen, nach Erlass des Haftbefehls diesen zu übersenden an ☐ den Gläubiger. ☐ den Bevollmächtigten. ☐ den zuständigen Gerichtsvollzieher. Der Gerichtsvollzieher wird mit der Verhaftung des Schuldners nach § 802g Absatz 2 ZPO beauftragt.

Die so besser ausgestaltete Antragstellung ist bei hinreichendem Verständnis aber auch mit dem Modul I in den aktuellen Formularen möglich. Soweit hier Unsicherheiten bestehen, können diese unter Nutzung des Moduls Q beseitigt oder durch eine Monierungsantwort klargestellt werden.

XIII. Modul J – Verhaftungsauftrag

Auf den Erlass des Haftbefehls kann, muss aber nicht, die Verhaftung des Schuld- **64**
ners erfolgen. Für die Verhaftung zur Erzwingung der Abgabe der Vermögensauskunft ist wiederum der Gerichtsvollzieher zuständig. Die Beauftragung erfolgt im Modul J.

J	**Verhaftung des Schuldners (zu Ziffer) (§ 802g Absatz 2 ZPO)** Haftbefehl des Amtsgerichts vom Geschäftszeichen

Hierzu ist unter Bezugnahme auf das Modul B der zu verhaftende Schuldner zu bezeichnen. Dabei wird auf die Angaben im Modul B referenziert, sodass diese nicht erneut anzugeben sind. Sind zur Identifizierung bei Namensgleichheiten weitere Daten notwendig (Geburtsdatum, Aliasnamen etc.), so sind diese in Modul Q anzugeben. Die Angaben aus dem Haftbefehl über das ausstellende Gericht, das Datum des Haftbefehls und das Aktenzeichen sind zu übernehmen.

> *Hinweis*
>
> Dieser Angaben bedarf es nicht, wenn im Modul I bereits beantragt wird, dass der erlassene Haftbefehl unmittelbar dem Gerichtsvollzieher übersandt und dieser mit der Verhaftung des Schuldners nach § 802g Abs. 2 ZPO beauftragt wird. In diesem Fall kann das Modul J nach § 3 Abs. 2 Nr. 6 ZVFV vollständig weggelassen werden. Die notwendigen Angaben ergeben sich für den Gerichtsvollzieher aus dem ihm übermittelten Haftbefehl.

Die Verhaftung des Schuldners erfolgt durch den nach § 802g Abs. 2 S. 1 ZPO sachlich zuständigen Gerichtsvollzieher am Wohn- oder Aufenthaltsort des Schuldners (§ 802e ZPO), nachdem er den Schuldner erfolglos zur freiwilligen Abgabe der Vermögensauskunft aufgefordert hat. Die örtliche Zuständigkeit folgt dem Hauptantrag auf Abgabe der Vermögensauskunft. Diese Aufforderung vor der Verhaftung ist aus verfassungsrechtlichen Gründen der Verhältnismäßigkeit erforderlich und zwingend. Gibt der Schuldner dann die Vermögensauskunft freiwillig ab, muss darauf geachtet werden, dass keine Gebühr für die Verhaftung erhoben wird. Leider wird dies in der Praxis häufig übersehen. Der Gerichtsvollzieher händigt dem Schuldner von Amts wegen bei der Verhaftung eine beglaubigte Abschrift des Haftbefehls aus, § 802g Abs. 2 S. 2 ZPO. Mit der Verhaftung ist der Haftbefehl verbraucht.

Hinweis

Da der Haftbefehl nicht im Parteibetrieb zugestellt wird, fallen für die Aushändigung des Haftbefehls keine gesonderten Kosten an. Für die – tatsächlich stattfindende – Verhaftung fällt ansonsten eine Gebühr i.H.v. 42,90 EUR nach Nr. 270 GvKostG nebst Auslagen an. Nach dem KostRÄndG 2025 soll die Gebühr auf 46,80 EUR steigen.[45]

XIV. Modul K – Vorpfändung

65 Schon vor der Pfändung einer Geldforderung nach §§ 829 ff. ZPO, die mit den Formularen der Anlagen 4 und 5 sowie 7 oder 8 ZVFV zu beantragen ist, kann der Gläubiger aufgrund eines vollstreckbaren Schuldtitels durch den Gerichtsvollzieher dem Drittschuldner und dem Schuldner nach § 845 Abs. 1 ZPO die Benachrichtigung, dass die Pfändung bevorstehe, mit der Aufforderung an den Drittschuldner, nicht an den Schuldner zu zahlen, und mit der Aufforderung an den Schuldner, sich jeder Verfügung über die Forderung, insb. ihrer Einziehung zu enthalten, zustellen lassen.

Hinweis

Formell bewirkt die Vorpfändung nach § 845 Abs. 2 ZPO, dass der Zeitpunkt der Beschlagnahme der gepfändeten Forderung nach § 829 Abs. 3 ZPO auf den Zeitpunkt der Zustellung in der Vorpfändungsbenachrichtigung vorverlegt wird, wenn die Pfändung nach § 829 ZPO binnen Monatsfrist bewirkt wird. Allerdings ist diese Frist – auch nicht durch eine wiederholte Vorpfändung – verlängerbar. In der Praxis liegt der viel höhere Wert der Vorpfändung allerdings darin, dass diese kostengünstiger als die eigentliche Forderungspfändung ist und auf die Vorpfändung, insb. beim Zugriff auf das Konto des Schuldners und damit dessen freier Teilnahme am bargeldlosen Zahlungsverkehr, regelmäßig eine Kontaktaufnahme erfolgt, die dann zu einer Zahlungsvereinbarung führt. Dies liegt sowohl im Interesse des vorleistungspflichtigen Gläubigers als auch des nach § 788 ZPO letztlich mit den Kosten belasteten Schuldners. Kommt es nicht zur Kontaktaufnahme, ist meist auch die tatsächliche Pfändung nicht erfolgreich.

45 Zum Redaktionsschluss der 2. Auflage lag nur der Referentenentwurf für das KostRÄG 2025 vor.

Sofern die von dem Gläubiger hergestellte Benachrichtigung von dem Gerichtsvollzieher nur zugestellt werden soll, kann der isolierte Zustellungsauftrag formlos erteilt werden. Optional kann allerdings auch der Vollstreckungsauftrag an den Gerichtsvollzieher nach Anlage 1 ZVFV mit dem Modul F herangezogen werden. In diesem Fall kann das Modul K entfallen, § 3 Abs. 2 Nr. 6 ZVFV. Schon aufgrund des Umfangs des Formulars ist dies aber nicht sinnvoll.

Der Gerichtsvollzieher hat die Benachrichtigung mit den Aufforderungen allerdings nach § 845 Abs. 1 S. 2 ZPO selbst anzufertigen, wenn er von dem Gläubiger hierzu ausdrücklich beauftragt worden ist. Dies bietet sich dann an, wenn der Gerichtsvollzieher einerseits den Auftrag hat, Geldforderungen zu ermitteln, und es dann andererseits – insb. in der Gläubigerkonkurrenz – schnell gehen muss. Für diese hierauf bezogene Auftragserteilung bedient sich der Gläubiger des Moduls K.

K

Vorpfändung (§ 845 ZPO)

Anfertigung der Benachrichtigung über die Vorpfändung und Zustellung sowie unverzügliche Mitteilung über die

☐ pfändbaren Forderungen, die dem Gerichtsvollzieher bekannt sind oder bekannt werden

☐ mit Ausnahme folgender Forderungen:

☐ folgenden Forderungen:

In dieser Konstellation ist zu berücksichtigen, dass der Gläubiger bereits bestimmte Geldforderungen des Schuldners, etwa das Arbeitseinkommen oder Steuererstattungsansprüche gegen Dritte, gepfändet haben kann. Er kann diese gepfändeten Forderungen dann mit den ersten beiden Kästchen zum Ankreuzen von der Fertigung einer Vorpfändungsbenachrichtigung ausnehmen.

K

Vorpfändung (§ 845 ZPO)

Anfertigung der Benachrichtigung über die Vorpfändung und Zustellung sowie unverzügliche Mitteilung über die

☒ pfändbaren Forderungen, die dem Gerichtsvollzieher bekannt sind oder bekannt werden

☒ mit Ausnahme folgender Forderungen: Arbeitseinkommen bei der ABC-GmbH und Steuererstattungsansprüche beim Finanzamt Koblenz

☐ folgenden Forderungen:

Der Gläubiger überlässt dann allerdings dem Gerichtsvollzieher, ob und in welche weiteren Geldforderungen durch eine Vorpfändung gesichert werden. Das kann einerseits den Vorteil haben, dass der Gerichtsvollzieher motiviert ist, pfändbare Forderungen des Schuldners zu ermitteln und einen schnellen Zugriff sicherzustellen. Andererseits ist der Nachteil zu sehen, dass damit eine realistische Kostenkalkulation auch im Verhältnis zur Höhe der Vollstreckungsforderung nicht möglich ist. Liegen dem Gläubiger keine Informationen über potenzielle Drittschuldner vor, scheitert allerdings die Möglichkeit, den Gerichtsvollzieher in der Vorpfändungsbenachrichtigung mit ganz konkret zu bezeichnenden Forderungen zu beauftragen. Eine Beschränkung kann der Gläubiger dadurch erreichen, dass er die Vorpfändungsbenachrichtigungen auf bestimmte Forderungen abstrakt-generell beschränkt (beispielsweise auf Arbeitseinkommen und/oder Kontoguthaben).

Tipp

Denkbar ist es insoweit auch, in Modul Q die Zahl der Vorpfändungen zu beschränken und bei einer Mehrzahl potenzieller Forderungen deren Priorität zu bestimmen.

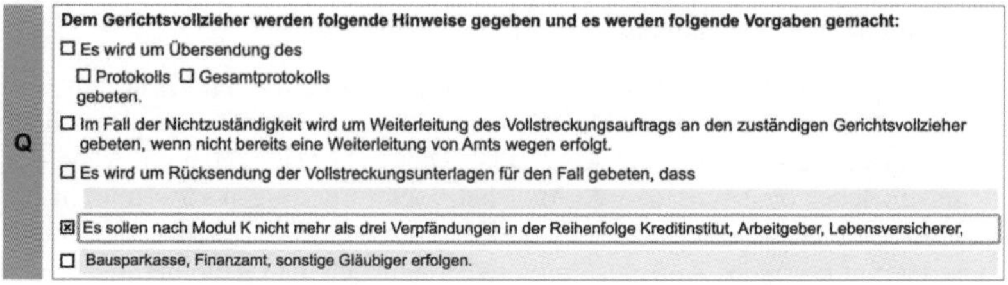

Q

Dem Gerichtsvollzieher werden folgende Hinweise gegeben und es werden folgende Vorgaben gemacht:

☐ Es wird um Übersendung des

☐ Protokolls ☐ Gesamtprotokolls
gebeten.

☐ Im Fall der Nichtzuständigkeit wird um Weiterleitung des Vollstreckungsauftrags an den zuständigen Gerichtsvollzieher gebeten, wenn nicht bereits eine Weiterleitung von Amts wegen erfolgt.

☐ Es wird um Rücksendung der Vollstreckungsunterlagen für den Fall gebeten, dass

☒ Es sollen nach Modul K nicht mehr als drei Verpfändungen in der Reihenfolge Kreditinstitut, Arbeitgeber, Lebensversicherer,

☐ Bausparkasse, Finanzamt, sonstige Gläubiger erfolgen.

66 Für die Praxis wenig relevant wird die zweite Alternative des Moduls K sein, dass der Gläubiger oder sein Bevollmächtigter den Gerichtsvollzieher mit der Fertigung von Benachrichtigungsschreiben zur Vorpfändung ganz bestimmter Forderungen bei bestimmten Drittschuldnern beauftragt. Diese Benachrichtigungsschreiben kann der Gläubiger oder sein Bevollmächtigter dann auch selbst fertigen und die Kosten des Gerichtsvollziehers nach Nr. 205 GvKostG i.H.v. 17,60 EUR[46] nebst Auslagen (Nr. 716 KV GvKostG) je Schreiben sparen.

Sofern dem Gerichtsvollzieher Benachrichtigungsschreiben zur Zustellung im Modul K übersandt werden, sind diese als Anlagen im Modul D anzugeben und ist in Modul F zusätzlich die Zustellung zu beauftragen. Sofern die Verwendung nach § 845 ZPO nicht Gegenstand des Vollstreckungsauftrags an den Gerichtsvollzieher sein soll, kann Modul K nach § 3 Abs. 2 Nr. 6 ZVFV vollständig entfallen.

XV. Modul L – Sachpfändung und Verwertung

67 Obwohl noch immer vielfach beauftragt, ist die Sachpfändung durch den Gerichtsvollzieher ohne jede praktische Bedeutung im Hinblick auf die Erzielung von Vollstreckungserfolgen. Nur in rund 0,1 % aller beauftragten Sachpfändungen kommt es tatsächlich zum Zugriff auf im Gewahrsam des Schuldners befindliche körperliche Sachen, § 808 ZPO und deren Verwertung nach §§ 814 ff. ZPO. Der Erfolg der Gerichtsvollzieher beschränkt sich vielmehr weitgehend auf die Erzielung einer gütliche Erledigung nach § 802b ZPO, die vor diesem Hintergrund allerdings auch isoliert beauftragt werden kann (Modul G). Auch in der Informationsbeschaffung über die Vermögensauskunft oder die Einholung Auskünfte Dritter nach §§ 802c, 802d und 802l ZPO zeigt der motivierte Gerichtsvollzieher seinen Wert. Sinn machen kann die Sachpfändung unter dem Aspekt der Vollstreckungstaktik auch dann, wenn sie eine Reaktion des Schuldners provoziert, um über die „angeregte" Kom-

46 Nach dem Referentenentwurf zum KostRÄG 2025 dann 19,20 EUR.

munikation zu einer Zahlungsvereinbarung zu kommen. Dies ist meist dann der Fall, wenn in die Sachpfändung Dritte einbezogen werden, d.h. sie am Arbeitsort oder bei einer tatsächlich nahestehenden Person (Lebensgefährte) beauftragt wird. Nicht selten drängt dann der Dritte darauf, dass der Schuldner „sich kümmert".

Soll die Sachpfändung danach beauftragt werden, insbesondere weil der Gläubiger konkrete Kenntnis über zugriffsfähige körperliche Gegenstände im Gewahrsam des Schuldners hat, ist hierzu das Modul L heranzuziehen.

L

Pfändung und Verwertung

☐ Es soll eine Sachpfändung durchgeführt werden

☐ einschließlich ☐ beschränkt auf:

☐ Taschenpfändungen

☐ Kassenpfändungen

☐

☐ Es soll eine Pfändung von Forderungen aus Wechseln und anderen Papieren, die durch Indossament übertragen werden können, durchgeführt werden.

☐ Mit der Erteilung einer Fruchtlosigkeitsbescheinigung nach § 32 GVGA besteht kein Einverständnis.

☐ Der Pfändungsauftrag steht unter der Bedingung, dass sich aus dem Vermögensverzeichnis pfändbare Gegenstände ergeben.

☐

Grundlage der Sachpfändung ist § 808 ZPO, der durch §§ 810 (Früchte auf dem Halm) und 831 ZPO (Orderpapiere) erweitert und die §§ 809 (Mitgewahrsam nicht herausgabebereiter Dritter) und 865 Abs. 2 ZPO (Zuordnung von Zubehör zur Immobiliarzwangsvollstreckung) beschränkt wird.

Die Pfändung der im **Gewahrsam** des Schuldners befindlichen körperlichen Sachen wird nach § 808 ZPO dadurch bewirkt, dass der Gerichtsvollzieher sie in Besitz nimmt. Allerdings sieht der zum 1.1.2022 umgestaltete und neu gefasste § 811 ZPO einen weiten Pfändungsschutz vor. Die Praxis zeigt, dass der Schuldner nach den Gerichtsvollzieherprotokollen – vermeintlich – fast ausschließlich über Gegenstände im Rahmen einer bescheidenen Lebensführung verfügt.

Hinweis und Tipp

Kann eine Pfändung nicht oder nicht in Höhe der beizutreibenden Forderung erfolgen, weil der Schuldner nur Sachen besitzt, die nicht gepfändet werden dürfen oder nicht gepfändet werden sollen oder von deren Verwertung ein Überschuss über die Kosten der Zwangsvollstreckung nicht zu erwarten ist, so genügt nach § 86 Abs. 6 S. 1 GVGA im Protokoll des Gerichtsvollziehers der allgemeine Hinweis, dass eine Pfändung aus diesen Gründen unterblieben ist. Dies ist in den Protokollen schon als Standardtext vorgesehen. Jeder Bevollmächtigte von Gläubigern kennt den Textbaustein leidvoll. Abweichend von dieser Regelung sind im Protokoll allerdings Sachen, deren Pfändung vom Gläubiger ausdrücklich beantragt war, unter Angabe der Gründe, aus denen der Gerichtsvollzieher von einer Pfändung abgesehen hat, zu verzeichnen. Insoweit sollte deshalb insbesondere die Pfändung von Pkw, Fahrrädern aller Art, Elektronikgeräten, hier Fernseher, Laptops, Handys, Tabletts und Computern, beantragt werden. Das gibt die Möglichkeit, je nach Einstellungsgrund zu intervenieren,[47] etwa weil der Wert der nicht gepfändeten Sache zu niedrig angesetzt wurde oder die Möglichkeiten einer effektiveren Verwertung, insbesondere die Internetversteigerung nach § 814 ZPO oder die Möglichkeiten der anderweitigen Verwertung nach § 825 ZPO nicht in Betracht gezogen wurden. Die weitergehende Protokollierung muss dafür im Antrag aktiviert werden.

L

Pfändung und Verwertung

☒ Es soll eine Sachpfändung durchgeführt werden

☒ einschließlich ☐ beschränkt auf:

☒ Taschenpfändungen

☐ Kassenpfändungen

☒ der Pfändung des PKW, der Fahrräder, von Laptop, Fernseher, Computer, Handy, Tablett im Gewahrsam des Schuldners

☐ Es soll eine Pfändung von Forderungen aus Wechseln und anderen Papieren, die durch Indossament übertragen werden können, durchgeführt werden.

☒ Mit der Erteilung einer Fruchtlosigkeitsbescheinigung nach § 32 GVGA besteht kein Einverständnis.

☐ Der Pfändungsauftrag steht unter der Bedingung, dass sich aus dem Vermögensverzeichnis pfändbare Gegenstände ergeben.

☒ Unterbleibt die Pfändung der genannten Gegenstände, wird um Angabe des Grundes gebeten (§ 86 Abs. 6 S. 2 Nr. 1 GVGA)

68 Neben der reinen Sachpfändung ist es ohne wesentliche weitere Kosten zu empfehlen, dass bei natürlichen Personen als Schuldnern die Taschenpfändung und bei gewerblichen Schuldnern die **Taschen- und die Kassenpfändung** beauftragt wird.

In dem darauffolgenden freien Textfeld können **körperliche Gegenstände** angegeben werden, von denen der Gläubiger vermutet oder sicher weiß, dass sie sich im Gewahrsam des Schuldners befinden. Von besonderer Relevanz ist die Angabe von Fahrzeugen – möglichst mit Kennzeichen –, weil sie sich nicht in der Wohnung befinden. Aber auch Elektrogeräte von einigem Wert sollten gezielt angegeben werden. Wie gezeigt, löst dies die besondere Protokollierungspflicht nach § 86 Abs. 6 S. 2 Nr. 1 GVGA aus. Hierauf kann im abschließenden freien Textfeld am Ende des Rahmens auch noch einmal gesondert hingewiesen werden bzw. der notwendige Protokollierungsauftrag erteilt werden. Gerade bei Fahrzeugen kann auch ein Hinweis auf § 107 GVGA helfen, in dem eine Belassenserklärung abgegeben wird.[48]

Sollen Sparbücher oder sonstige Inhaber Papiere i.S.v. § 831 ZPO gepfändet werden, ist dies in der sechsten Zeile des Rahmens zu Modul L anzugeben. Die Ankreuzmöglichkeit referenziert insoweit auf § 831 ZPO.

☒ Es soll eine Pfändung von Forderungen aus Wechseln und anderen Papieren, die durch Indossament übertragen werden können, durchgeführt werden.

47 Hierzu ausführlich in *Goebel/Kraemer*, AnwaltFormulare Zwangsvollstreckung.

48 Zur Formulierung s. Rdn 71.

Wurde der Gerichtsvollzieher mit einer Sachpfändung beauftragt und hat er begründete Anhaltspunkte dafür, dass die Zwangsvollstreckung fruchtlos verlaufen werde, so sendet er nach § 32 Abs. 1 GVGA dem Gläubiger grundsätzlich unverzüglich den Schuldtitel mit einer entsprechenden **Fruchtlosigkeitsbescheinigung** zurück, wenn der Gläubiger nicht zugleich weitere Aufträge erteilt hat. Die Erwartung, dass die Vollstreckung fruchtlos verlaufen werde, kann insb. begründet sein, wenn ein Pfändungsversuch gegen den Schuldner in den letzten drei Monaten fruchtlos verlaufen ist oder der Schuldner in den letzten drei Monaten die Vermögensauskunft abgegeben hat und sich daraus keine Anhaltspunkte ergeben, dass er über pfändbare Gegenstände verfügt. 69

Hinweis

Dieses Vorgehen erspart dem Gläubiger und damit nach § 788 ZPO letztlich dem Schuldner nur die Kosten für das Wegegeld. Alle übrigen Kosten sind im Umfang der Nichterledigungsgebühr nach Nr. 604 GvKostG nebst Auslagen gleichwohl angefallen. Deshalb muss abgewogen werden, ob der mit der wahrnehmbaren Vollstreckung verbundene Vollstreckungsdruck höher zu bewerten ist als die voraussichtlich nutzlos aufgewendeten Wegegelder.

Mit der Übersendung der Bescheinigung teilt er dem Gläubiger mit, dass er den Auftrag zur Vermeidung unnötiger Kosten als zurückgenommen betrachtet.

Hinweis

Dies hat einen qualifizierten Nachteil, weil die Rücknahme des Vollstreckungsauftrags nach § 212 Abs. 3 BGB die Unterbrechung der Verjährung nicht eintreten lässt. Mag dies für den Hauptanspruch wegen der langen Verjährungsfrist nach § 197 Abs. 1 Nr. 3 BGB und die Kosten aus gleichem Grund nach § 197 Abs. 1 Nr. 6 BGB noch unerheblich sein, kann sich dies bei den Zinsen, die nach Rechtskraft entstanden sind, wegen der kürzeren Verjährungsfrist nach § 197 Abs. 2 BGB nachteilig auswirken. Das muss bedacht werden.

Der Nachteil dieses Vorgehens liegt aber insbesondere auch darin, dass der Schuldner nicht auf eine gütliche Erledigung nach § 802b ZPO angesprochen wird bzw. bei fehlendem Auftrag hierzu der Schuldner eine solche nicht anbieten kann, um vom Gerichtsvollzieher an den Gläubiger verwiesen zu werden. Hier haben die Gerichtsvollzieher jedoch die meisten Erfolge, da sie als staatlicher Außendienst die persönliche Kommunikation mit dem Schuldner als besonders effektive Ansprache suchen. Dabei ist zu sehen, dass der Schuldner, um den sonstigen Belastungen fortwährender Vollstreckungsversuche zu entgehen, auch (kleine) Raten aus seinem unpfändbaren Einkommen und/oder Vermögen leisten kann.

Aus Sicht des Gläubigers stellt sich die Erteilung der Fruchtlosigkeitsbescheinigung deshalb in der Regel nicht als zweckmäßige Vorgehensweise dar. § 32 Abs. 2 GVGA sieht insoweit die Möglichkeit vor, die Erteilung auszuschließen, wenn der

Wunsch des Gläubigers auf Ausführung des Auftrags aus der Sachlage hervorgeht (z.B. der Pfändungsauftrag zum Zweck des Neubeginns der Verjährung erteilt ist) oder wenn das Gläubigerinteresse an der Ermittlung von Drittschuldnern ersichtlich oder zu unterstellen ist. Der Wunsch kann nicht deutlicher hervortreten, als wenn er formuliert wird. Dies ist in Modul L der Fall und sollte als Standard erfolgen.

☒ Mit der Erteilung einer Fruchtlosigkeitsbescheinigung nach § 32 GVGA besteht kein Einverständnis.

70 In der Regel hat der Schuldner nicht nur einen, sondern mehrere Gläubiger. Diese stehen mithin in einem **Konkurrenzverhältnis** zueinander. § 804 Abs. 3 ZPO begründet dabei das Prioritätsprinzip, sodass zunächst allein der Gläubiger zum Zuge kommt, der als erster eine Pfändung hat ausbringen können. Neben der eher fernliegenden Option, die Sachpfändung der Abnahme der Vermögensauskunft nach § 807 ZPO vorzuschalten, kann dies auch zu der Überlegung führen, bei der Angabe zugriffsfähiger körperlicher Sachen im Vermögensverzeichnis durch den Schuldner den Gerichtsvollzieher diese nachfolgend unmittelbar pfänden zu lassen. Der Zeitverlust und der Aufwand durch die Übermittlung und die Auswertung des Vermögensverzeichnisses sowie die darauffolgende erneute Beauftragung des Gerichtsvollziehers entfällt dann.

Hinweis

Die Hoffnung der Praxis, dass durch eine solche Antragstellung Gerichtsvollzieher noch mehr als in der Vergangenheit motiviert werden, im Gewahrsam des Schuldners befindliche pfändbare körperliche Gegenstände beim Schuldner im Rahmen der Abnahme der Vermögensauskunft zu erfragen, hat sich leider nicht erfüllt. Dies zeigt sich exemplarisch an dem Umstand, dass die öffentlich-rechtlichen Vollziehungsbeamten recht erfolgreich Pkw im Gewahrsam des Schuldners pfänden, während dies dem Gerichtsvollzieher im Rahmen der Einziehung privatrechtlicher Forderungen nach den Berichten der Praxis und den offiziellen Statistiken nahezu nie gelingt: Wer nicht fragt und nicht sucht, kann hier aber keinen Erfolg haben. Als Nachteil einer solchen Beauftragung hat sich gleichermaßen in der Praxis herausgestellt, dass in der Mehrzahl der Vermögensverzeichnisse gerade keine pfändbaren körperlichen Gegenstände im Gewahrsam des Schuldners angegeben werden, die Gerichtsvollzieher jedoch gleichwohl eine zusätzliche Nichterledigungsgebühr nach Nr. 604 GVKostG im Hinblick auf die dann unterbleibende Sachpfändung nach § 808 ZPO erheben. Ob dies zu Recht geschieht, ist umstritten, begründet für den Gläubiger aber ein entsprechendes Kostenrisiko. Die meisten Gläubiger haben deshalb von einer solchen Beauftragung wieder abgesehen.

☐ Der Pfändungsauftrag steht unter der Bedingung, dass sich aus dem Vermögensverzeichnis pfändbare Gegenstände ergeben.

Neue Möglichkeiten kann hier die Teilnahme an einer Videoverhandlung nach § 802f ZPO n.F. bieten, wenn sich die Gerichtsvollzieher auf eine Teilnahme des Bevollmächtigten des Gläubigers im Wege der Ton- und Bildübertragung einlassen. Dann kann der Bevollmächtigte die Fragen unmittelbar stellen und den Sachpfändungsauftrag erst dann per beA oder eBO unmittelbar übermitteln.

Nach §§ 31 Abs. 2, 58 Abs. 2 GVGA hat der Gläubiger oder sein Bevollmächtigter die Möglichkeit, dem Gerichtsvollzieher **Weisungen** zu erteilen, soweit diese nicht dem Gesetz oder den Gerichtsvollzieher-Geschäftsanweisungen (GVGA) widersprechen. Hierfür gibt es im Hinblick auf die Vollstreckungszeit, die Vollstreckungsgegenstände unter Einschluss der **Belassenserklärung** nach § 107 GVGA oder auch auf den Vollstreckungsort hinreichend Anlass. Die Praxis zeigt, dass ohne solche konkreten Weisungen ein Erfolg der Sachpfändung nahezu aussichtslos ist. 71

☒ Nach Maßgabe der §§ 31 Abs. 2, 58 Abs. 2 GVGA werden folgende Weisungen erteilt:

☒ Der Gerichtsvollzieher wird gebeten, die Zwangsvollstreckung vor 7.30 Uhr oder nach 18 Uhr durchzuführen, da der Schuldner erwerbstätig ist;

☒ Der Gerichtsvollzieher wird gebeten, den Schuldner nach einem Pkw, Motorrad, E-Bikes oder sonstigen motorisierten Fahrzeugen zu befragen und diese zu pfänden. Entsprechend § 107 GVGA wird das Einverständnis erteilt, das Fahrzeug im Gewahrsam des Schuldners zu belassen (Belassenserklärung). Wird von der Pfändung eines Fahrzeuges abgesehen, wird gebeten, nach Maßgabe des § 86 Abs. 6 S. 2 Nr. 1 GVGA zu protokollieren, aus welchem Grunde die Pfändung unterlassen wurde.

☒ Neben der Wohnung verfügt der Schuldner auch über einen Kellerraum, einen Dachboden und eine Garage. Es wird gebeten, auch diese im Hinblick auf pfändbare Sache zu durchsuchen. Wird davon abgesehen, wird gebeten, die Gründe hierfür nach § 86 Abs. 6 S. 2 Nr. 1 zu protokollieren.

Auch wenn Modul L mit „Pfändung und Verwertung“ überschrieben ist, finden sich tatsächlich keine textlichen Vorgaben oder Texteingabefelder zur Verwertung einer gepfändeten Sache. Im Hinblick auf die Verwertung kann sich nach § 814 Abs. 2 Nr. 2 ZPO empfehlen, die öffentliche Versteigerung auf einer Internetplattform anzuregen. Die Justiz unterhält hier eine eigene Plattform.[49] 72

☒ Es wird angeregt, für die Verwertung nach § 814 Abs. 2 Nr. 2 ZPO zu verfahren.

Wird bei dem Gerichtsvollzieher hinterfragt, warum grundsätzlich pfändbare Gegenstände nicht gepfändet wurden, so wird vielfach auf § 803 Abs. 2 ZPO verwiesen. Die Pfändung hat danach zu unterbleiben, wenn sich von der Verwertung der zu pfändenden Gegenstände ein Überschuss über die Kosten der Zwangsvollstreckung nicht erwarten lässt. Diese Annahme beruht allerdings häufig darauf, dass die Gerichtsvollzieher den Wert gebrauchter Sachen zu niedrig schätzen. Es kann deshalb auch angezeigt sein, eine anderweitige Art der Verwertung nach § 825 ZPO zu beantragen. In Betracht kommt eine Versteigerung auf einer größeren Internetplattform oder die Übertragung des Eigentums an dem Gegenstand für einen zu be-

49 www.justiz-auktion.de.

stimmenden und über der Grenze des § 803 Abs. 2 ZPO liegenden Preis an den Gläubiger oder einen Dritten.

Für einen Antrag nach § 825 ZPO genügt die letzte Texteingabezeile im Modul L regelmäßig nicht, sodass eine eigenständige Anlage dem Vollstreckungsantrag beizufügen ist, wenn kein Duplizieren der Zeile möglich ist. Auch wenn eine gesplittete Darstellung in Modul L und den freien Texteingabefeldern in Modul Q möglich erscheint, ist dies im Hinblick darauf, den Auftragszusammenhang zu erhalten, mithin die Sinneinheit nicht aufzulösen (§ 3 Abs. 1 ZVFV), nicht zweckmäßig.

Es zeigt sich insgesamt, dass je nach Fallkonstellation gerade im Modul L erhebliche Ergänzungen notwendig sind. Dies lässt sich nur realisieren, indem entweder die Software des Anwenders eine Vervielfältigung der letzten Freizeile zulässt oder eine umfangreichere Anlage beigefügt wird.

Die 2. ÄndVO bringt keine Änderung des Moduls L mit sich, sodass die fachliche Optimierung unabhängig von der Nutzung der aktuellen oder der neuen Formulare in gleicher Weise erfolgen kann.

XVI. Modul M – Aufenthaltsermittlung des Schuldners

73 Modul M fußt auf der Regelung des § 755 ZPO, die eine Grundlage für die Ermittlung des Aufenthaltsorts des Schuldners durch den Gerichtsvollzieher bildet. Während § 755 Abs. 1 ZPO die für die Praxis wenig relevante Abfrage beim Einwohnermeldeamt regelt – warum sollte der Gläubiger neben dem Aufwand des Formularzwangs dem Gerichtsvollzieher eine Gebühr nebst Auslagen für eine Abfrage zahlen, die er auch selbst formfrei stellen kann –, erlaubt es § 755 Abs. 2 ZPO, über eine Abfrage des Gerichtsvollziehers auf die sehr viel attraktiveren Datenbanken der dort genannten Institutionen zurückzugreifen. Insbesondere der Träger der Rentenversicherung verfügt regelmäßig über aktuelle Adressdaten, weil er eine Vielzahl von Kontrollmitteilungen Dritter erhält.

M

Ermittlung des Aufenthaltsorts des Schuldners (zu Ziffer) (§ 755 ZPO)

Ermittlung des Aufenthaltsorts des Schuldners:

☐ für den Fall, dass sich im Verfahren herausstellt, dass keine zustellungsfähige Anschrift des Schuldners vorliegt:

☐ Ermittlung nach § 755 Absatz 1 ZPO

☐ der gegenwärtigen Anschriften sowie der Angaben zur Haupt- und Nebenwohnung des Schuldners durch Nachfrage bei der Meldebehörde

☐ der gegenwärtigen Anschriften, des Ortes der Hauptniederlassung oder des Sitzes des Schuldners durch Einsicht in das Handels-, Genossenschafts-, Partnerschafts-, Unternehmens- oder Vereinsregister

☐ der gegenwärtigen Anschriften, des Ortes der Hauptniederlassung oder des Sitzes des Schuldners durch Einholung einer Auskunft bei den nach Landesrecht für die Durchführung der Aufgaben nach § 14 Absatz 1 GewO zuständigen Behörden

☐ Ermittlung nach § 755 Absatz 2 ZPO

☐ des Aufenthaltsorts durch Nachfragen beim Ausländerzentralregister und bei der aktenführenden Ausländerbehörde

☐ der bekannten derzeitigen Anschrift sowie des derzeitigen oder zukünftigen Aufenthaltsorts des Schuldners bei

☐ den Trägern der gesetzlichen Rentenversicherung

☐ der folgenden berufsständischen Versorgungseinrichtung im Sinne des § 6 Absatz 1 Satz 1 Nummer 1 SGB VI:

Bezeichnung

Postfach

Straße	Hausnummer
Postleitzahl	Ort

Tatsächliche Anhaltspunkte dafür, dass der Schuldner Mitglied dieser berufsständischen Versorgungseinrichtung ist:

☐ der Halterdaten nach § 33 Absatz 1 Satz 1 Nummer 2 StVG des Schuldners beim Kraftfahrt-Bundesamt

☐

Hinweis

Sehr viel kostengünstiger und meist auch zeitnäher, bieten kommerzielle Auskunfteien aktuelle Adressdaten an. Nachteilig ist, dass diese Dienstleistungen meist nur bei hohen Abfragezahlen zur Verfügung gestellt werden. Verschiedene Softwarehersteller kooperieren insoweit mit Auskunfteien, um die Abfragen ihrer Kunden zu bündeln und so und in der Gesamtheit höhere Abfragezahlen zu attraktiven Preisen zu erhalten. Hierzu sollte der Softwarehersteller befragt werden.

Der Auftrag zur Ermittlung des Aufenthaltsorts des Schuldners ist nur in Verbindung mit der Beauftragung weiterer Vollstreckungsmaßnahmen und nur für den Fall zulässig, dass der Wohnsitz oder der gewöhnliche Aufenthaltsort bzw. die gegenwärtige Anschrift, der Ort der Hauptniederlassung oder der Sitz des Schuldners nicht bekannt ist.

Der Nachfrage bei der Meldebehörde stehen die Einsicht in das Handels-, Genossenschafts-, Partnerschafts-, Unternehmens- oder Vereinsregister und die Einholung einer Auskunft bei den nach Landesrecht für die Durchführung der Aufgaben nach § 14 Abs. 1 GewO zuständigen Behörden bei dem Schuldner gleich, der in den genannten Registern eingetragen ist.

74 Dabei kann der Auftrag zur Aufenthaltsermittlung bei mehreren Schuldnern auch auf einzelne Schuldner beschränkt werden, die dann durch eine entsprechende Nummerierung kenntlich zu machen sind. Für jeden weiteren Schuldner ist dann das Modul M zu duplizieren oder eine entsprechende Anlage herzustellen und in Modul D zu bezeichnen. Die Auftragserteilung kann originär erfolgen, weil schon bei Auftragserteilung feststeht, dass die bekannte Adresse nicht aktuell ist und nicht mehr zutrifft. Der Auftrag kann aber auch bedingt für den Fall erfolgen, dass sich bei der Vollstreckungshandlung durch den Gerichtsvollzieher zeigt, dass die mitgeteilte Adresse nicht mehr aktuell und zustellungsfähig ist.

> *Hinweis*
>
> Vor dem Hintergrund er viel höheren Nichterledigungsgebühr sollte vor der Erteilung eines Vollstreckungsauftrags am besten immer eine Adressverifizierung über einen Dienstleister erfolgen.

Letztlich ist eine ergänzende Beauftragung denkbar, wenn erst die Auftragsausführung durch den Gerichtsvollzieher zu dem Ergebnis führt, dass der Schuldner an der zuletzt bekannten Anschrift nicht angetroffen werden kann.

Ermittlung des Aufenthaltsorts des Schuldners (zu Ziffer) (§ 755 ZPO)
Ermittlung des Aufenthaltsorts des Schuldners:
☐ für den Fall, dass sich im Verfahren herausstellt, dass keine zustellungsfähige Anschrift des Schuldners vorliegt:

75 Die Anfragen gem. § 755 Abs. 2 ZPO beim Ausländerzentralregister und der aktenführenden Ausländerbehörde, bei den Trägern der gesetzlichen Rentenversicherung und bei einer berufsständischen Versorgungseinrichtung i.S.d. § 6 Abs. 1 S. 1 Nr. 1 SGB VI sowie beim Kraftfahrt-Bundesamt sind nach § 755 Abs. 1 ZPO nur zulässig, wenn der Aufenthaltsort des Schuldners durch Nachfrage bei der Meldebehörde (§ 755 Abs. 1 ZPO) nicht zu ermitteln ist. Dies ist insofern misslich, als dass die Einholung dieser Auskunft durch den Gerichtsvollzieher zusätzliche Kosten verursacht, obwohl der Gläubiger oder sein Bevollmächtigter diese Anfrage an das Einwohnermeldeamt auch selbst stellen kann.

> *Hinweis*
>
> Einen Ausweg zeigt insoweit § 31 Abs. 4 GVGA. Der Gläubiger kann dem Gerichtsvollzieher danach zum Nachweis, dass der Aufenthaltsort des Schuldners nicht zu ermitteln ist (§ 755 Abs. 2 S. 1 ZPO), eine entsprechende Auskunft der Meldebehörde vorlegen, die der Gläubiger selbst bei dieser eingeholt hat. Auch entsprechende Nachweise von Auskunfteien genügen, die sich auf das zuständige Einwohnermeldeamt zurückführen lassen. Die Negativauskunft sollte in der Regel bei der Auftragserteilung nach § 755 Abs. 2 S. 1 ZPO nicht älter als ein Monat sein. Die Beifügung einer solch negative Auskunft ist in Modul D zu kennzeichnen.

D
- ☐ Aufstellung der Inkassokosten
- ☐ Aufstellung der bisherigen Vollstreckungskosten mit Belegen
- ☐ Bescheid nach § 9 Absatz 2 UhVorschG
- ☒ Negativauskunft des Einwohnermeldeamtes

Selbstverständlich kann der Gläubiger oder sein Bevollmächtigter die Adressermittlung beim Einwohnermeldeamt, bei den Gesellschaftsregistern oder bei den Gewerbeämtern aber auch kostenpflichtig und zur eigenen Arbeitsentlastung durch den Gerichtsvollzieher vornehmen lassen.

☒ Ermittlung nach § 755 Absatz 1 ZPO
- ☒ der gegenwärtigen Anschriften sowie der Angaben zur Haupt- und Nebenwohnung des Schuldners durch Nachfrage bei der Meldebehörde
- ☐ der gegenwärtigen Anschriften, des Ortes der Hauptniederlassung oder des Sitzes des Schuldners durch Einsicht in das Handels-, Genossenschafts-, Partnerschafts-, Unternehmens- oder Vereinsregister
- ☐ der gegenwärtigen Anschriften, des Ortes der Hauptniederlassung oder des Sitzes des Schuldners durch Einholung einer Auskunft bei den nach Landesrecht für die Durchführung der Aufgaben nach § 14 Absatz 1 GewO zuständigen Behörden

Im Weiteren gibt Modul M dann die Möglichkeit, Abfragen bei den in § 755 Abs. 2 **76** ZPO genannten Institutionen durchzuführen, d.h. beim Ausländerzentralregister, beim Träger der Rentenversicherung, bei berufsständischen Versorgungswerken und beim Kraftfahrtbundesamt.

Für die Anfrage beim Ausländerzentralregister ist zu sehen, dass dessen Daten regelmäßig mit den Daten der Einwohnermeldeämter abgeglichen werden. Neue positive Erkenntnisse sind deshalb in der Praxis selten. Die Anfrage beim Ausländerzentralregister über Unionsbürger ist dazu beschränkt und gem. § 755 Abs. 2 S. 2 ZPO nur zulässig, wenn tatsächliche Anhaltspunkte für die Vermutung der Feststellung des Nichtbestehens oder des Verlusts des Freizügigkeitsrechts vorliegen und dargelegt werden. Für die entsprechenden Angaben kann das Freitextfeld am Ende des Moduls M genutzt werden. Alternativ kann eine Anlage mit der Begründung beigefügt werden, die dann in Modul D zu benennen ist.

Die Anfrage bei einer berufsständischen Versorgungseinrichtung ist darüber hinaus nur zulässig, wenn der Gläubiger diese bezeichnet und tatsächliche Anhaltspunkte nennt, die nahelegen, dass der Schuldner Mitglied der genannten berufsständischen Versorgungseinrichtung ist. In diesen Fällen kann mit einer unmittelbaren Pfändung der Versorgungsansprüche nach §§ 829, 835 ZPO aber ggf. schon mehr bewirkt werden.

Auch beim Kraftfahrtbundesamt sind erfolgreiche Anfragen nicht überwiegend wahrscheinlich. Zwar nutzen viele Schuldner ein Fahrzeug und haben ein solches in Gewahrsam. Tatsächlich und zum Vollstreckungsschutz sind sie jedoch nur selten als Halter registriert.

Hinweis **77**

Es darf nicht außer Betracht bleiben, dass der Gerichtsvollzieher für jede einzelne Auskunft eine Gebühr nach Nrn. 440, 441 KV GvKostG erhält (§ 10 Abs. 2 S. 3 Nr. 3 GvKostG). Die Kosten können deshalb erheblich sein und die Erstattung nach § 788 ZPO ist ungewiss. Insoweit empfiehlt sich die Beauftragung von Modul nur als ultima ratio. Zunächst sollte geklärt werden, ob andere Informationsquellen über den eigenen Mandanten, den bisherigen Vermieter, Nachbarn oder Hausmeister am bisherigen Wohnort in Betracht kommen. Danach sollte geprüft werden, ob nicht eine Anbindung an die bekannten Auskunfteien erfolgen kann, die aufgrund der Mehrfachnutzung der Ermittlungsergebnisse und dem Rückgriff auf nichtöffentliche Quellen billiger und treffsicherer sind.

XVII. Modul N – Einholung Auskünfte Dritter

78 Sehr viel wichtiger als die Auskünfte nach Modul M zum Aufenthalt des Schuldners sind die Auskünfte nach Modul N über Einkommen und Vermögen des Schuldners.

Modul N gibt die Möglichkeit, Anträge auf Einholung von Auskünften Dritter nach § 802l ZPO über den Gerichtsvollzieher zu beauftragen.

Der Gläubiger kann unter den weiteren Voraussetzungen des § 802l ZPO bei dem Gerichtsvollzieher beantragen,

1. den Namen und den Vornamen oder der Firma sowie der Anschrift der derzeitigen Arbeitgeber des Schuldners bei den Trägern der gesetzlichen Rentenversicherung und bei einer berufsständischen Versorgungseinrichtung i.S.d. § 6 Abs. 1 S. 1 Nr. 1 des Sechsten Buches Sozialgesetzbuch zu erheben;
2. das Bundeszentralamt für Steuern zu ersuchen, bei den Kreditinstituten die in § 93b Abs. 1 und 1a der Abgabenordnung bezeichneten Daten, ausgenommen die Identifikationsnummer nach § 139b der Abgabenordnung, abzurufen (§ 93 Abs. 8 der Abgabenordnung);
3. Fahrzeug- und Halterdaten nach § 33 Abs. 1 des Straßenverkehrsgesetzes beim Kraftfahrt-Bundesamt zu einem Fahrzeug, als dessen Halter der Schuldner eingetragen ist, zu erheben,

wenn und soweit dies für Zwecke der Zwangsvollstreckung erforderlich ist.

Hinweis

Daten, die für die Zwecke der Vollstreckung nicht erforderlich sind, hat der Gerichtsvollzieher nach § 802l Abs. 2 ZPO unverzüglich zu löschen oder deren Verarbeitung einzuschränken, wobei die Löschung zu protokollieren ist. Dies führt in der Praxis immer wieder zu Streitfragen mit den Gerichtsvollziehern, weil Teile der Auskünfte geschwärzt werden.[50] Nicht immer erkennen Gerichtsvollzieher die Relevanz einzelner Informationen für die weitere Zwangsvollstre-

50 Vgl. etwa LG Frankfurt/Oder v. 9.1.2024 – 19 T 153/23; AG Lüneburg v. 6.12.2023 – 24 M 2609/23.

ckung. So musste erst der BGH[51] entscheiden, dass dazu auch Einkünfte des Schuldners, die auf das Konto eines Dritten überwiesen werden, gehören. Außerdem bestehe, so der BGH, möglicherweise ein pfändbarer Anspruch des Schuldners gegen den Dritten, wenn er über dessen Konto seinen Zahlungsverkehr abwickelt und für das Drittkonto verfügungsberechtigt ist. In Betracht komme außerdem ein pfändbarer Herausgabeanspruch nach § 667 BGB.[52] Der Gläubiger kann die Angaben des Schuldners in der Vermögensauskunft hinsichtlich solcher pfändbaren Ansprüche nur prüfen oder diese bei Nichtabgabe der Vermögensauskunft ermitteln und zur Zwangsvollstreckung nutzen, wenn er die Information über solche Verfügungsberechtigungen des Schuldners über Konten Dritter erhält. All das haben viele Gerichtsvollzieher vor dem Hintergrund der einbezogenen Dritten nicht erkannt und solche Angaben geschwärzt. Die Auseinandersetzung um solche Fragen ist mühsam und aufwändig und vor dem Hintergrund der geringen 0,3 Verfahrensgebühr nach Nr. 3309 VV RVG auch in der Regel nicht mehr wirtschaftlich darzustellen. Leider sieht auch der Entwurf eines KostRÄndG 2025 keine Anhebung des Gebührensatzes vor. Nicht zuletzt deshalb verzichten viele Rechtsanwälte auf die Einholung solcher Auskünfte und unterziehen sich Inkassodienstleister nur bei Vereinbarung einer Erfolgsprovision dieser Mühe. Das wird allerdings den Möglichkeiten der Drittauskünfte nicht gerecht, weil mit Arbeitseinkommen und Kontoguthaben der Zugriff auf die wichtigsten Einkommens- und Vermögensobjekte der Forderungspfändung eröffnet wird, die Daten verifiziert sind und der Schuldner erst verzögert über die Ermittlung informiert wird, sodass ein Überraschungseffekt bleibt.

Tipp

Auf aktuelle Rechtsprechung in diesem Sinne kann der Gerichtsvollzieher allerdings im letzten Textfeld des Moduls N hingewiesen werden.

☒ Ersuchen an das Bundeszentralamt für Steuern, bei den Kreditinstituten die in § 93b Absatz 1 und Absatz 1a AO bezeichneten Daten abzurufen

☐ Erhebung der Fahrzeug- und Halterdaten nach § 33 Absatz 1 StVG zu einem Fahrzeug, als dessen Halter der Schuldner eingetragen ist, beim Kraftfahrt-Bundesamt

☐ Die Drittauskünfte sollen nicht eingeholt werden, wenn bei einer Vollstreckung in die in der Vermögensauskunft aufgeführten Vermögensgegenstände eine vollständige Befriedigung der Gläubiger zu erwarten ist.

☐ Antrag auf aktuelle Einholung von Auskünften (§ 802l Absatz 4 Satz 3 ZPO)
Zur Änderung der Vermögensverhältnisse des Schuldners wird vorgetragen:
Der Schuldner hat beim bisherigen Arbeitgeber gekündigt, so dass von einem Wechsel auszugehen ist.

☒ Es sind auch die Daten bei der Nutzung Konten Dritter (Verfügungsberechtigung) mitzuteilen (BGH v. 24.03.2022, I ZB 55/21)

Voraussetzung der Einholung Auskünfte Dritter ist zunächst, dass die Ladung zu 79
dem Termin zur Abgabe der Vermögensauskunft an den Schuldner nicht zustellbar

51 BGH v. 24.3.2022 – I ZB 55/21, DGVZ 2022, 191 m.w.N.

52 BGH v. 9.12.1993 – IX ZR 100/93, BGHZ 124, 298; BVerfG NJW 2015, 3083.

ist und die Anschrift, unter der die Zustellung ausgeführt werden sollte, mit der Anschrift übereinstimmt, die von einer der in § 755 Abs. 1 und 2 ZPO genannten Stellen innerhalb von drei Monaten vor oder nach dem Zustellungsversuch mitgeteilt wurde, oder die Meldebehörde nach dem Zustellungsversuch die Auskunft erteilt, dass ihr keine derzeitige Anschrift des Schuldners bekannt ist, oder die Meldebehörde innerhalb von drei Monaten vor Erteilung des Vollstreckungsauftrags die Auskunft erteilt hat, dass ihr keine derzeitige Anschrift des Schuldners bekannt ist. Gleiches gilt als alternative Voraussetzung, wenn der Schuldner seiner Pflicht zur Abgabe der Vermögensauskunft in dem dem Antrag nach § 802l ZPO zugrunde liegenden Vollstreckungsverfahren nicht nachkommt oder – als dritte Möglichkeit –, wenn bei einer Vollstreckung in die in der Vermögensauskunft aufgeführten Vermögensgegenstände eine vollständige Befriedigung des Gläubigers nicht zu erwarten ist. Liegt eine der drei Alternativen vor, können die Drittauskünfte eingeholt werden.

N

Einholung von Auskünften Dritter (§ 802l ZPO) über den Schuldner (zu Ziffer)

☐ Erhebung des Namens und der Vornamen oder der Firma sowie der Anschrift der derzeitigen Arbeitgeber des Schuldners bei

☐ den Trägern der gesetzlichen Rentenversicherung

☐ der folgenden berufsständischen Versorgungseinrichtung im Sinne des § 6 Absatz 1 Satz 1 Nummer 1 SGB VI:

Bezeichnung

Postfach

Straße | Hausnummer

Postleitzahl | Ort

Tatsächliche Anhaltspunkte dafür, dass der Schuldner Mitglied dieser berufsständischen Versorgungseinrichtung ist:

☐ Ersuchen an das Bundeszentralamt für Steuern, bei den Kreditinstituten die in § 93b Absatz 1 und Absatz 1a AO bezeichneten Daten abzurufen

☐ Erhebung der Fahrzeug- und Halterdaten nach § 33 Absatz 1 StVG zu einem Fahrzeug, als dessen Halter der Schuldner eingetragen ist, beim Kraftfahrt-Bundesamt

☐ Die Drittauskünfte sollen nicht eingeholt werden, wenn bei einer Vollstreckung in die in der Vermögensauskunft aufgeführten Vermögensgegenstände eine vollständige Befriedigung der Gläubiger zu erwarten ist.

☐ Antrag auf aktuelle Einholung von Auskünften (§ 802l Absatz 4 Satz 3 ZPO)
Zur Änderung der Vermögensverhältnisse des Schuldners wird vorgetragen:

☐

80 Mit der Überarbeitung von § 802l ZPO zum 1.1.2022 hat der Gesetzgeber den Anwendungsbereich erheblich eingeschränkt bzw. die Einholung der Drittauskünfte erheblich verteuert, da der Rückgriff auf die Ergebnisse einer von einem anderen Gläubiger beantragten Abnahme der Vermögensauskunft nicht mehr möglich ist und bereits eingeholte ältere Auskünfte bei neuen Anfragen binnen drei Monaten weitergegeben werden können. Was sich als vermeintlicher Schuldnerschutz darstellt, verteuert die Zwangsvollstreckung für den vorleistungspflichtigen Gläubiger wie für den erstattungspflichtigen Schuldner, beeinträchtigt die verfassungsrecht-

lich verbürgte Effektivität der Zwangsvollstreckung und damit die Eigentumsrechte des Gläubigers nach Art. 14 DSGVO und ist sachlich nicht gerechtfertigt.

> *Hinweis*
>
> Nach § 802l Abs. 1 S. 1 ZPO erhobene Daten, die innerhalb der letzten drei Monate bei dem Gerichtsvollzieher eingegangen sind, darf dieser nach § 802l Abs. 4 ZPO auch einem weiteren Gläubiger übermitteln, wenn die vorgenannten Voraussetzungen für die Datenerhebung auch bei diesem Gläubiger vorliegen. Der Gerichtsvollzieher hat dem weiteren Gläubiger die Tatsache, dass die Daten in einem anderen Verfahren erhoben wurden, und den Zeitpunkt ihres Eingangs bei ihm mitzuteilen.

Das Problem für die Praxis liegt neben der mangelnden Aktualität darin, dass eine erneute Auskunft auf Antrag des weiteren Gläubigers nur einzuholen ist, wenn Anhaltspunkte dafür vorliegen, dass seit dem Eingang der ersten Auskunft eine Änderung der Vermögensverhältnisse, über die nach § 802l Abs. 1 S. 1 ZPO Auskunft eingeholt wurde, eingetreten ist. Das ist im Antrag zu begründen, etwa damit, dass der Schuldner beim bisherigen Arbeitgeber gekündigt hat.

N

Einholung von Auskünften Dritter (§ 802l ZPO) über den Schuldner (zu Ziffer 1. **)**

☒ Erhebung des Namens und der Vornamen oder der Firma sowie der Anschrift der derzeitigen Arbeitgeber des Schuldners bei

☒ den Trägern der gesetzlichen Rentenversicherung

☐ der folgenden berufsständischen Versorgungseinrichtung im Sinne des § 6 Absatz 1 Satz 1 Nummer 1 SGB VI:

Bezeichnung

Postfach

Straße | Hausnummer

Postleitzahl | Ort

Tatsächliche Anhaltspunkte dafür, dass der Schuldner Mitglied dieser berufsständischen Versorgungseinrichtung ist:

☒ Ersuchen an das Bundeszentralamt für Steuern, bei den Kreditinstituten die in § 93b Absatz 1 und Absatz 1a AO bezeichneten Daten abzurufen

☐ Erhebung der Fahrzeug- und Halterdaten nach § 33 Absatz 1 StVG zu einem Fahrzeug, als dessen Halter der Schuldner eingetragen ist, beim Kraftfahrt-Bundesamt

☐ Die Drittauskünfte sollen nicht eingeholt werden, wenn bei einer Vollstreckung in die in der Vermögensauskunft aufgeführten Vermögensgegenstände eine vollständige Befriedigung der Gläubiger zu erwarten ist.

☒ Antrag auf aktuelle Einholung von Auskünften (§ 802l Absatz 4 Satz 3 ZPO)
Zur Änderung der Vermögensverhältnisse des Schuldners wird vorgetragen:
Der Schuldner hat beim bisherigen Arbeitgeber gekündigt, so dass von einem Wechsel auszugehen ist.

☐

Mit der 2. ÄndVO wird im Modul N in den neuen Formularen die Auswahlmöglichkeit, dass die Drittauskünfte nicht eingeholt werden sollen, wenn bei einer Vollstreckung in die in der Vermögensauskunft aufgeführten Vermögenswerte eine vollständige Befriedigung der Gläubiger nicht zu erwarten ist, entfernt. Diese Voraussetzung habe der Gerichtsvollzieher zu prüfen, sie stehe nicht dem Gläubiger zur Auswahl.

☒ Die Schuldnerin ist am 01.03.1983 unter dem Namen Meier geboren worden.

81 Zunehmend sehen Gläubiger wegen dieser Hürden von Anträgen nach § 802l ZPO – insb. auch wegen der hohen Kosten bei einem kombinierten Antrag auf Abnahme der Vermögensauskunft mit einem oder mehreren Anträgen auf Einholung von Drittauskünften – ab und weichen auf die gewerblichen Auskunfteien sowie die nunmehr im Ergebnis kostengünstigeren und meist auch erfolgreicheren Informationsbeschaffungsangebote von seriösen gewerblichen Außendiensten[53] aus.

82 Die Erhebung der Daten bei einer berufsständischen Versorgungseinrichtung ist zusätzlich zu den genannten Voraussetzungen nach § 802l Abs. 1 S. 3 ZPO nur zulässig, wenn der Gläubiger die berufsständische Versorgungseinrichtung bezeichnet und tatsächliche Anhaltspunkte nennt, die nahelegen, dass der Schuldner Mitglied dieser berufsständischen Versorgungseinrichtung ist.

83 Als weiteres Problem der Praxis stellt sich dar, dass der abzufragende Schuldner allein aufgrund des Namens und der mitgeteilten Adressdaten nicht eindeutig ermittelt werden kann. Es kann deshalb empfehlenswert sein, in Modul N auch weitere Angaben zur Identität zu machen, wie etwa ein bekanntes Geburtsdatum, einen abweichenden Geburtsnamen oder auch eine frühere Adresse mitzuteilen. Dies kann in der letzten Zeile des Moduls N oder übergreifend im Hinblick auf eine Mehrzahl erteilter Aufträge im Modul Q erfolgen.

Q

Dem Gerichtsvollzieher werden folgende Hinweise gegeben und es werden folgende Vorgaben gemacht:

☒ Es wird um Übersendung des

☒ Protokolls ☐ Gesamtprotokolls
gebeten.

☒ Im Fall der Nichtzuständigkeit wird um Weiterleitung des Vollstreckungsauftrags an den zuständigen Gerichtsvollzieher gebeten, wenn nicht bereits eine Weiterleitung von Amts wegen erfolgt.

☐ Es wird um Rücksendung der Vollstreckungsunterlagen für den Fall gebeten, dass

☒ Die Schuldnerin ist am 01.03.1983 unter dem Namen Meier geboren worden.

☐

☒ Es wird gebeten, die erteilten Auskünfte als elektronisches Dokument zu übermittel, § 802l Abs. 3 S. 2 iVm. § 802d Abs. 2 ZPO

Teilweise wird dies auch ausdrücklich verlangt, insbesondere, wenn die Kontodaten beim Bundeszentralamt für Steuern abgefragt werden sollen, weil eine dortige Datenbankabfrage ohne das Geburtsdatum des Schuldners gar nicht möglich ist. Insoweit sollte das Geburtsdatum stets angegeben werden.

53 Solche Außendienstleistungen können bei vielen Inkassodienstleistern abgefragt werden; vgl. etwa auch das Netzwerk regionaler Anbieter über www.iadb-online.de.

Hinweis

Das LG Darmstadt[54] hat entschieden, dass der Gerichtsvollzieher die Einholung von Drittauskünften gem. § 802l ZPO nur dann von der Nennung des Geburtsdatums des Schuldners abhängig machen darf, wenn ohne das Geburtsdatum die Identifizierung des Schuldners nicht sichergestellt ist. Zugleich sei der Gerichtsvollzieher verpflichtet, das Geburtsdatum nach § 2 Abs. 2 BDSG i.V.m. § 34 BMG von Amts wegen zu ermitteln, wenn der Gläubiger über die Daten nicht verfüge.

Q

Dem Gerichtsvollzieher werden folgende Hinweise gegeben und es werden folgende Vorgaben gemacht:

☒ Es wird um Übersendung des

☒ Protokolls ☐ Gesamtprotokolls
gebeten.

☒ Im Fall der Nichtzuständigkeit wird um Weiterleitung des Vollstreckungsauftrags an den zuständigen Gerichtsvollzieher gebeten, wenn nicht bereits eine Weiterleitung von Amts wegen erfolgt.

☐ Es wird um Rücksendung der Vollstreckungsunterlagen für den Fall gebeten, dass

☒ Für die Einholung der Drittauskünfte wird mitgeteilt, dass das Geburtsdatum des Schuldners hier nicht bekannt ist. Es ist deshalb,

☐ soweit erforderlich, von Amts wegen nach § 2 Abs. 2, 34 BMG zu ermitteln (LG Darmstadt v. 13.6.2023, 5 T 181/23)

Es wurde bereits darauf hingewiesen, dass die aktuellen Formulare keine strukturierte Angabe des Geburtsdatums und des Geburtsorts in Modul B erlauben. Mit der 2. ÄndVO werden die entsprechenden Eingabemöglichkeiten geschaffen, jedoch nur für den Fall, dass die Daten auch bekannt sind. Ansonsten ist – wie vorstehend – auf die Eintragung im Modul Q zurückzugreifen.

84 Über das Ergebnis einer Erhebung oder eines Ersuchens setzt der Gerichtsvollzieher den Gläubiger unverzüglich und den Schuldner innerhalb von vier Wochen nach Erhalt in Kenntnis.

Hinweis

Nach §§ 802l Abs. 3 i.V.m. 802d Abs. 2 ZPO kann anstelle der Zuleitung eines Ausdrucks dem Gläubiger auf Antrag die Auskunft als elektronisches Dokument übermittelt werden, wenn dieses mit einer qualifizierten elektronischen Signatur versehen und gegen unbefugte Kenntnisnahme geschützt ist. Auch dies kann in der letzten Zeile des Moduls N oder übergreifend im Hinblick auf eine Mehrzahl erteilter Aufträge im Modul Q erfolgen.

☒ Es wird gebeten, die erteilten Auskünfte als elektronisches Dokument zu übermittel, § 802l Abs. 3 S. 2 iVm. § 802d Abs. 2 ZPO

Übermittelt der Gerichtsvollzieher Daten an einen weiteren Gläubiger, so hat er den Schuldner davon ebenfalls innerhalb von vier Wochen nach der Übermittlung in Kenntnis zu setzen.

54 LG Darmstadt v. 13.6.2024 – 5 T 181/23.

85 Die zeitlich verzögerte Information des Schuldners verschafft dem Gläubiger einen Vollstreckungsvorsprung, den er als Überraschungseffekt nutzen kann. So ist nicht ausgeschlossen, dass der Schuldner auf die erteilten Informationen ansonsten in der Weise reagiert, dass er das sich aus den Auskünften ergebende zugriffsfähige Vermögen – etwa durch eine Abtretung – dem Gläubiger entzieht. Zwar bestehen in diesem Fall Anfechtungsrechte nach den § 3 ff. des Anfechtungsgesetzes. Meist sind die Forderungen jedoch nicht hoch genug, um diese Ansprüche auch wirklich wirtschaftlich vertretbar durchsetzen zu können.

XVIII. Modul O – Weitere Aufträge

86 In Modul O gibt der Vollstreckungsauftrag an den Gerichtsvollzieher (Anlage 1 ZVFV) dann die Möglichkeit, weitere bisher unbestimmte Aufträge zu erteilen.

O	**weitere Aufträge**
	☐
	☐

Zu denken ist etwa

- an die optionale Nutzung des Vollstreckungsauftrags für die Räumungsvollstreckung;
- an die ergänzende Informationsbeschaffung in der Forderungspfändung, d.h. zur Durchsetzung der Auskunfts- und Herausgabeansprüche nach § 836 Abs. 3 ZPO, ggf. in Verbindung mit §§ 883 ff. ZPO;
- an die Beauftragung mit dem Angebot einer Gegenleistung bei Zug-um-Zug-Vollstreckungen, wenn der bestehende Annahmeverzug nicht schon über den Vollstreckungstitel nachgewiesen werden kann.
- Das Modul ist dabei eher als Merkposten ausgeprägt als es dazu taugt, solche Anträge hier tatsächlich zu formulieren. Es empfiehlt sich deshalb, die Aufträge gesondert und formfrei, aber unter Nutzung der Module A, B und C, zu gestalten und dann auszuformulieren. Sofern dies erforderlich wird, kann wegen ergänzender Geldforderungen zusätzlich der Auftrag nach Anlage 1 und 6 ZVFV erteilt werden.

XIX. Modul P – Reihenfolge der Vollstreckungsaufträge

87 Dem Gläubiger steht in der Zwangsvollstreckung Dispositionsfreiheit zu. Er bestimmt damit Art, Beginn und Ende der Zwangsvollstreckung, wozu es auch gehört, bei einer Mehrzahl von Vollstreckungsaufträgen die Reihenfolge bzw. Kombination, aber auch die Bedingtheit anzugeben. Auszugehen ist von den Regelbefugnissen in § 802a Abs. 2 ZPO, die – wie Mathematiker sagen – zu 44 Kombinationsmöglichkeiten führen. Diese Möglichkeit gibt Modul P.

P	Angaben zur Reihenfolge bzw. Kombination der einzelnen Aufträge
	Die gestellten Aufträge sollen in folgender Reihenfolge durchgeführt werden:
	1.
	2.
	3.
	☐

Hier sind eine Vielzahl von Kombinationsmöglichkeiten denkbar.[55] So kann es sinnvoll sein, die Sachpfändung vor der Vermögensauskunft zu beantragen, wenn konkrete Informationen über pfändbare körperliche Gegenstände (etwa einen Pkw) bekannt sind. Ist gerade dies nicht der Fall, kann die umgekehrte Kombination zweckmäßig erscheinen. In jedem Fall sollte eine zu beauftragende gütliche Erledigung an den Beginn gestellt werden, um die spätere insolvenzrechtliche Anfechtung (§§ 129, 133 InsO) erhaltener Zahlungen bei einer gütlichen Einigung nach erfolglosen Vollstreckungsmaßnahmen zu vermeiden.

XX. Modul Q – Hinweise und Vorgaben an dem Gerichtsvollzieher

Modul Q gibt die Möglichkeit, dem Gerichtsvollzieher für die Ausführung der zuvor erteilten Aufträge weitere Hinweise zu geben und Vorgaben zu machen. Hierzu wurden vorstehend bereits vielfältige Hinweise erteilt. 88

Q	Dem Gerichtsvollzieher werden folgende Hinweise gegeben und es werden folgende Vorgaben gemacht:
	☐ Es wird um Übersendung des ☐ Protokolls ☐ Gesamtprotokolls gebeten.
	☐ Im Fall der Nichtzuständigkeit wird um Weiterleitung des Vollstreckungsauftrags an den zuständigen Gerichtsvollzieher gebeten, wenn nicht bereits eine Weiterleitung von Amts wegen erfolgt.
	☐ Es wird um Rücksendung der Vollstreckungsunterlagen für den Fall gebeten, dass
	☐
	☐

Die Grundlage hierfür kann sich einerseits in speziellen Vorschriften finden, wie etwa den Protokollvorschriften nach § 762 ZPO i.V.m. § 86 GVGA. Andererseits folgen sie aus der allgemeinen Dispositionsbefugnis des Gläubigers, wie sie in §§ 31 Abs. 2, 58 Abs. 2 GVGA, aber auch § 68 Abs. 1 GVGA ihren Ausdruck gefunden hat. Der Gerichtsvollzieher hat danach den Weisungen des Gläubigers Folge zu leisten, soweit diese nicht in dem Gesetz oder der Gerichtsvollzieher-Geschäftsanweisung widersprechen.

Modul Q stellt sich dabei als Auffangmodul dar. Grundsätzlich sollten schon zur 89
Wahrung der Auftragszusammenhänge und Sinneinheiten entsprechende Hinweise, Vorgaben und Weisungen bei den Fachmodulen in den dortigen freien Textein-

55 Ausführlich hierzu die taktischen Hinweise bei *Goebel/Kraemer*, AnwaltFormulare Zwangsvollstreckung.

gabefeldern erteilt werden. Wie im allgemeinen Teil dieses Buchs dargestellt, können diese anlassbezogen erweitert werden, § 3 Abs. 2 Nr. 6 ZVFV.

90 Wird die Zwangsvollstreckung für mehr als einen Gläubiger durch den Gerichtsvollzieher gleichzeitig erteilt, so wird nicht nur ein Einzelprotokoll, sondern ein Gesamtprotokoll gefertigt. Das gesamte Protokoll wird dem Gläubiger jedoch nur auf besonderen Antrag übersandt. Hieraus können sich Erkenntnisse für die weitere Vollstreckung ergeben, sodass dies zweckmäßig erscheinen kann.

Dem Gerichtsvollzieher werden folgende Hinweise gegeben und es werden folgende Vorgaben gemacht:
☒ Es wird um Übersendung des
☐ Protokolls ☒ Gesamtprotokolls
gebeten.

91 Nicht immer sind die dem Gläubiger vorliegenden Informationen in der Zwangsvollstreckung aktuell, insbesondere was den Wohnort des Schuldners oder den Ort zugriffsfähigen Vermögens angeht. Es wird deshalb der örtlich unzuständige Gerichtsvollzieher beauftragt. Um Verzögerungen in der Zwangsvollstreckung zu vermeiden, ist es grundsätzlich sinnvoll, diesen mit der unmittelbaren Weiterleitung an den zuständigen Gerichtsvollzieher zu beauftragen, soweit dem angerufenen Gerichtsvollzieher hierzu die notwendigen Informationen vorliegen.

Dem Gerichtsvollzieher werden folgende Hinweise gegeben und es werden folgende Vorgaben gemacht:
☒ Es wird um Übersendung des
☐ Protokolls ☒ Gesamtprotokolls
gebeten.
Q ☒ Im Fall der Nichtzuständigkeit wird um Weiterleitung des Vollstreckungsauftrags an den zuständigen Gerichtsvollzieher gebeten, wenn nicht bereits eine Weiterleitung von Amts wegen erfolgt.

92 In Abgrenzung zum Modul P und zur Berücksichtigung besonderer Vollstreckungssituationen kann dem Gläubiger daran gelegen sein, die Zwangsvollstreckung durch die Beauftragung des Gerichtsvollziehers zu einem bestimmten Zeitpunkt zu beenden. So bietet die Nichtabgabe der Vermögensauskunft die Möglichkeit der Beantragung eines Haftbefehls nach § 802g ZPO oder aber die unmittelbare Beauftragung des Gerichtsvollziehers mit der Einholung von Auskünften Dritter nach § 802l ZPO. Dem Gläubiger kann aber auch daran gelegen sein, unter den Gesichtspunkten der Zweckmäßigkeit und Wirtschaftlichkeit zunächst einmal einen eigenen Status zu erstellen und ggf. auch auf der Grundlage gewerblicher Bonitätsauskünfte über das weitere Vorgehen zu entscheiden. In diesem Fall kann der Gläubiger dem Gerichtsvollzieher vorgeben, wann der Auftrag beendet und die Vollstreckungsunterlagen zurückgesandt werden sollen.

Dem Gerichtsvollzieher werden folgende Hinweise gegeben und es werden folgende Vorgaben gemacht:
☒ Es wird um Übersendung des
☐ Protokolls ☒ Gesamtprotokolls
gebeten.
Q ☒ Im Fall der Nichtzuständigkeit wird um Weiterleitung des Vollstreckungsauftrags an den zuständigen Gerichtsvollzieher gebeten, wenn nicht bereits eine Weiterleitung von Amts wegen erfolgt.
☒ Es wird um Rücksendung der Vollstreckungsunterlagen für den Fall gebeten, dass
der Schuldner zum Termin zur Abnahme der Vermögensauskunft nicht erscheint

Die weiteren beiden freien Texteingabefelder geben dann die Möglichkeit, Weisungen nach §§ 31 Abs. 2, 58 Abs. 2 GVGA zu erteilen. Will der Gerichtsvollzieher diesen Weisungen nicht folgen, muss er begründen, gegen welche gesetzliche Vorschrift oder gegen welche Vorgabe der GVGA die Weisung verstoßen soll. Dies ergibt sich unmittelbar aus der Dispositionsbefugnis des Gläubigers wie aus dem Wortlaut der genannten Vorschriften der GVGA. Wegen des Inhalts möglicher Weisungen, die hier platziert werden können, wird auf die Ausführungen zu den Modulen G, H, K, L und N verwiesen. Die Möglichkeit ist dann zu nutzen, wenn bei den Modulen keine hinreichende Eintragungsmöglichkeit besteht, weil der Softwarehersteller keine ausreichenden Vervielfältigungsmöglichkeiten bei den einzelnen Modulen geschaffen hat. 93

Beispiel

Q

Dem Gerichtsvollzieher werden folgende Hinweise gegeben und es werden folgende Vorgaben gemacht:

☒ Es wird um Übersendung des
☐ Protokolls ☒ Gesamtprotokolls
gebeten.

☒ Im Fall der Nichtzuständigkeit wird um Weiterleitung des Vollstreckungsauftrags an den zuständigen Gerichtsvollzieher gebeten, wenn nicht bereits eine Weiterleitung von Amts wegen erfolgt.

☒ Es wird um Rücksendung der Vollstreckungsunterlagen für den Fall gebeten, dass
der Schuldner zum Termin zur Abnahme der Vermögensauskunft nicht erscheint

☒ Es werden nach §§ 31 Abs. 2, 58 Abs. 2 GVGA folgende Weisungen erteilt. Es wird um Angabe der Gründe gebeten,

☐ wenn den Anweisungen nicht Rechnung getragen wird, insbesondere gegen welche Regelung die Weisung verstoßen soll.

☒ Der Gerichtsvollzieher wird gebeten, die Zwangsvollstreckung vor 7.30 Uhr oder nach 18 Uhr durchzuführen, da der Schuldner erwerbstätig ist;

☒ Der Gerichtsvollzieher wird gebeten, den Schuldner nach einem Pkw, Motorrad, E-Bikes oder sonstigen motorisierten Fahrzeugen zu befragen und diese zu pfänden. Entsprechend § 107 GVGA wird das Einverständnis erteilt, das Fahrzeug im Gewahrsam des Schuldners zu belassen (Belassenserklärung). Wird von der Pfändung eines Fahrzeuges abgesehen, wird gebeten, nach Maßgabe des § 86 Abs. 6 S. 2 Nr. 1 GVGA zu protokollieren, aus welchem Grunde die Pfändung unterlassen wurde.

☒ Neben der Wohnung verfügt der Schuldner auch über einen Kellerraum, einen Dachboden und eine Garage. Es wird gebeten, auch diese im Hinblick auf pfändbare Sache zu durchsuchen. Wird davon abgesehen, wird gebeten, die Gründe hierfür nach § 86 Abs. 6 S. 2 Nr. 1 zu protokollieren.

XXI. Entäußerung des Vollstreckungsantrags

Nach Maßgabe des jeweiligen Übermittlungswegs für den Vollstreckungsantrag sieht das Formular die Angabe des Auftraggebers als einfache Signatur und die Unterschrift des Auftraggebers vor. 94

Namen der Auftraggeber

Unterschriften der Auftraggeber

Als Auftraggeber im Sinne dieser Angaben ist nicht der vertretene Gläubiger, sondern sein Bevollmächtigter anzusehen. Der Name des Auftraggebers ist stets anzugeben und sollte bei der Anlage von Vorlagen deswegen standardisiert und automatisiert eingetragen sein. Unklar bleibt, ob bei einer juristischen Person als Auftraggeber die juristische Person (Beispiel: Inkasso Frankenberg GmbH) oder die tatsächlich handelnde Person (Beispiel: Sachbearbeiterin Sabine Emsig) anzugeben ist. Obwohl der tatsächlich handelnde Mitarbeiter regelmäßig keinen Auftrag im eigenen Namen erteilen wird, sondern allenfalls im Namen des Gläubigers oder des Rechtsdienstleisters, spricht doch viel dafür, dass die Angabe der Identifikation der konkret handelnden Personen dient, deren Unterschrift im konkreten Einzelfall häufig unleserlich ist. Dieses Argument trägt allerdings nicht, wenn im Rahmen des elektronischen Rechtsverkehrs qualifiziert signiert wird. Insoweit wird die Frage letztlich in beiden Richtungen nach dem Zweck der Identifikation des konkreten Auftraggebers zu beantworten sein. Bei der Übermittlung des Vollstreckungsauftrags als elektronisches Dokument auf einem sicheren Übermittlungsweg nach § 130 Abs. 3 S. 1 Alt. 2 ZPO oder § 130d ZPO ggf. in Verbindung mit § 753 Abs. 4 S. 2 ZPO dient das Texteingabefeld dazu, das Dokument einfach zu signieren.

Im Ergebnis bleibt also festzuhalten, dass als Auftraggeber links die Person anzugeben ist, die rechts unterschreibt oder qualifiziert elektronisch signiert. Hier ist eine entsprechende Übereinstimmung herzustellen.

95 Die Unterschrift des Auftraggebers kann eigenhändig oder aber als qualifizierte elektronische Signatur geleistet werden. Die eigenhändige Unterschrift kommt auch dann in Betracht, wenn der ausgefüllte und eigenhändig unterschriebene Auftrag sodann gescannt und dann nach Maßgabe der Vorschriften über den elektronischen Rechtsverkehr an den Gerichtsvollzieher übermittelt wird (sicherer Übermittlungsweg per beA oder eBO).

96 Von der Frage der Eintragungsmöglichkeit ist die Frage zu unterscheiden, ob eine Unterschrift auch tatsächlich notwendig ist. Grundsätzlich bedarf der Vollstreckungsantrag keiner Unterschrift. Erforderlich ist allein, dass erkennbar wird, dass der Auftraggeber sich des Vollstreckungsauftrags tatsächlich entledigen wollte.[56] Dies steht einerseits insbesondere bei automatisiert erstellten Vollstreckungsanträgen in Massenverfahren infrage. Gleichwohl bedarf es zur Feststellung nicht zwingend einer Unterschrift. Vielmehr können auch individuelle Weisungen bezogen auf den konkreten Einzelfall oder Angaben zur Kostentragung – etwa die Angabe einer individualisierten Kostenmarke – hierauf hindeuten. Auch eine unterschriebene Bestätigung des Auftrags auf eine Monierung der fehlenden Unterschrift begründet die Entäußerungsabsicht und erzwingt keine neue und unterschriebene

56 LG Bad Kreuznach v. 23.4.2010 – 1 T 78/10; LG Frankfurt/Oder v. 20.12.2018 – 15 T 183/18; ebenso Zöller/*Seibel*, ZPO, 35. Aufl. 2022, § 829 Rn 3: Der Antrag muss nur ernstlich gewollt sein.

Ausfertigung des ganzen Auftrags. Letztlich kann die Nutzung eines individualisierten sicheren Übermittlungswegs dafür ein Indiz sein.

> *Hinweis*
>
> Um Monierungen und Diskussionen, vor allem aber nach § 804 Abs. 3 ZPO nachteilige Verzögerungen zu vermeiden, ist es allerdings empfehlenswert, den Auftrag zu unterschreiben bzw. qualifiziert elektronisch zu signieren. Bei größeren Mengen kann auf die Möglichkeiten einer Multisignaturkarte zurückgegriffen werden.

D. Anlage 2 – Anträge nach § 758a ZPO

I. Einführung

§ 758a ZPO regelt einerseits in Abs. 1 die richterliche Durchsuchungsanordnung und andererseits in Abs. 4 die Vollstreckung zur Unzeit, d.h. zur Nachtzeit oder an Sonn- und Feiertagen. Nachdem von der ZVFV 2012 nur der Durchsuchungsbeschluss erfasst wurde, wurde nunmehr auch ein Formular für die Vollstreckung zur Unzeit eingeführt. Anders als noch nach der ZVFV 2012 werden Antrag und der Beschluss über die Anordnung in zwei Anlagen zur ZVFV aufgeteilt. Anlage 2 ZVFV enthält den hier besprochenen Antrag, während Anlage 3 ZVFV den nachfolgend (E.) noch zu besprechenden Beschlussentwurf enthält. 97

§ 758a Abs. 6 ZPO ermächtigt das Bundesministerium der Justiz, durch Rechtsverordnung mit Zustimmung des Bundesrats Formulare für den Antrag auf Erlass einer richterlichen Durchsuchungsanordnung einzuführen. Nur insoweit ist das Antragsformular also seit dem 1.9.2024 für die aktuellen und ab dem 1.10.2025 für die neuen Formulare verbindlich. Das zeigt auch § 2 Abs. 1 Nr. 2 ZVFV, der die Nutzungspflicht hierauf (§ 758a Abs. 1 ZPO) beschränkt. Für den isolierten Antrag auf Vollstreckung zur Unzeit, § 758a Abs. 4 ZPO, kann, muss das Formular nach Anlage 2 ZVFV also nicht genutzt werden. In der Praxis werden beide Anträge aber regelmäßig miteinander verbunden sein, sodass sich schon aus diesem Grund gleichwohl auch die optionale Nutzung als Regel empfiehlt. Bei einem kombinierten Antrag wäre prinzipiell eine Beschränkung der Formularnutzung für den Antrag auf Erlass einer Durchsuchungsanordnung denkbar. Sinnvoll und zweckmäßig wäre ein solches Vorgehen nicht. 98

Anders als dem Gerichtsvollzieherauftrag oder auch dem Antrag auf Erlass eines Pfändungsbeschlusses oder eines Pfändungs- und Überweisungsbeschlusses muss dem Antrag auf Erlass einer Durchsuchungsanordnung oder einer Anordnung zur Vollstreckung zur Unzeit keine Forderungsaufstellung nach den Anlagen 6 bis 8 der ZVFV beigefügt werden. Zahlungen an das Gericht erfolgen in diesen Verfahren nicht. 99

Die Erfolgsstatistik solcher Anordnungen ist im Ergebnis bescheiden. Der Schuldner, der zunächst eine Durchsuchung verweigert, sorgt im Anschluss regelmäßig dafür, dass die zu durchsuchende Örtlichkeit pfandfrei ist. Die Anordnung kann allenfalls ein Druckmittel darstellen, um eine Kommunikation zu fördern.

100 Um eine elektronische Weiterverarbeitung zu ermöglichen, sollten der Antrag und der vorausgefüllte Beschlussentwurf als getrennte Dokumente in einer elektronischen Nachricht eingereicht werden. Während der Antrag zu signieren ist, darf der vorausgefüllte Beschlussentwurf weder handschriftlich ausgefüllt und eingescannt noch mit einer qualifizierten elektronischen Signatur versehen sein. Vielmehr ist als Beschlussentwurf ein veränderliches PDF zu übersenden, damit der Richter die Option hat, den vorausgefüllte Beschlussentwurf zu übernehmen, aber auch selbstständig Änderungen und Ergänzungen vorzunehmen.

Die Möglichkeiten der elektronischen Übermittlung eines solchen Antrags richten sich allein nach den Bestimmungen über den elektronischen Rechtsverkehr, §§ 130a, 130d ZPO. Es obliegt dann dem zuständigen Gericht, die rechtskonform elektronisch übersandte Unterlage für die gerichtliche Bearbeitung aufzubereiten. Postalisch muss der Gläubiger oder sein Bevollmächtigter dann den Vollstreckungstitel überreichen. Ergeben sich hier im Gesetzgebungsverfahren nicht noch Änderungen, wird sich dies auch mit dem *Gesetz zur weiteren Digitalisierung der Zwangsvollstreckung*[57] nicht ändern.

Die 2. ÄndVO sieht keine wesentlichen Änderungen der aktuellen Formulare vor. Bei den Angaben zum Schuldner wird die Bezeichnung des Landes optional ausgestaltet, was nicht nötig gewesen wäre, da es einen Zwang gibt, die Formulare zu nutzen, nicht aber auch einen Zwang, zu jedem Datenfeld auch Angaben zu machen. Wie beim Gerichtsvollzieherauftrag wird bei den Kontaktdaten sodann der Begriff „Ansprechpartners" durch „Antragstellers" ersetzt. Die Eintragungen im aktuellen Formular können dementsprechend ohne Veränderungen in die neuen Formulare übernommen werden. Daneben kommt es für das gesamte neue Formular zum Wegfall des grauen Hintergrunds, der durch bloße Randlinien ersetzt wird.

Leider hat der Verordnungsgeber bei dem Antrag nach Anlage 2 der ZVFV darauf verzichtet, diese modular auszugestalten.

II. Adressat des Vollstreckungsantrags

101 Wie sich aus § 758a Abs. 1 sowie Abs. 2 ZPO ergibt, bedarf es für die Durchsuchung und die Vollstreckung zur Unzeit jeweils einer richterlichen Anordnung. Zuständig ist der Richter am Amtsgericht, in dessen Bezirk der Ort der Vollstreckungshandlung liegt. Mit dieser Regelung ist die sachliche, die örtliche und die

57 BT-Drucks 20/11310; hierzu *Goebel*, FoVo 2024, 66.

funktionelle Zuständigkeit gemeint. Die Zuständigkeit ist i.S.d. § 802 ZPO ausschließlich.

Entsprechend diesem gesetzlichen Ausgangspunkt ist der Adressat des Antrags auf Erlass einer richterlichem Durchsuchungsanordnung und/oder einer richterlichen Anordnung der Vollstreckung zur Nachtzeit und an Sonn- und Feiertagen auszuwählen.

Antrag auf Erlass einer richterlichen Durchsuchungsanordnung und einer richterlichen Anordnung der Vollstreckung zur Nachtzeit und an Sonn- und Feiertagen

Vom Gericht auszufüllen:
Eingangsstempel

An das Amtsgericht

– Vollstreckungsgericht –

Bitte beachten Sie die Ausfüllhinweise zu diesem Formular auf www.bmj.de/Zwangsvollstreckungsformulare.

, den

Da das Formular die weiteren Angaben nicht vorgibt, bleibt es dem Antragsteller vorbehalten, zu entscheiden, ob eine postalische Anschrift mit Straße und Hausnummer oder ein Postfach gewählt wird. Bei einer elektronischen Übermittlung bedarf es insoweit auch keiner Angaben, wenn nur das Gericht eindeutig bestimmt ist.

Ohne rechtliche Bedeutung ist die Angabe des Orts, von dem aus der Antrag gestellt wird, und das Datum des Vollstreckungsantrags, da es allein auf das Zugangsdatum bzw. – für den späteren Verbrauch des Beschlusses – den Erlass der Anordnung und deren Einsatz ankommt.

III. Stammdaten zum Schuldner

Zunächst sind Grundangaben zum Schuldner zu machen, die sich auf dessen Na- **102**
men und seine postalische Anschrift beziehen. Sie sind Grundlage der Feststellung der örtlichen Zuständigkeit des angerufenen Gerichts.

Aktuelles Formular:

Angaben zum Schuldner:

☐ Herr ☐ Frau ☐ Unternehmen ☐

Name/Firma	ggf. Vorname(n)
Straße	Hausnummer
Postleitzahl	Ort
Land	

Neues Formular:

Angaben zum Schuldner:

☐ Herr ☐ Frau ☐ Unternehmen ☐

Name/Firma	ggf. Vorname(n)
Straße	Hausnummer
Postleitzahl	Ort
Land (wenn nicht Deutschland)	

Die Angaben befinden sich außerhalb eines Rahmens und sind deshalb einerseits zwingend und dürfen bei mehreren Schuldnern, gegen die eine Durchsuchungsanordnung oder eine Anordnung zur Vollstreckung zur Unzeit ergehen soll, insgesamt mehrfach wiederholt werden, § 3 Abs. 2 Nr. 5 ZVFV. Eine Möglichkeit, anzukreuzen, dass eine Anlage für weitere Schuldner beigefügt wird, ist insoweit nicht vorgesehen. Wer keine Möglichkeit hat, die Stammdaten zum Schuldner zu duplizieren, muss bei mehreren Schuldnern den Antrag dann ggf. mehrfach, d.h. für jeden Schuldner gesondert, stellen. Allerdings kann nach § 3 Abs. 2 Nr. 7 ZVFV, auch ohne dass dies im Formular vorgesehen ist, eine Anlage mit weiteren Schuldnern genutzt werden. Diese Anlage ist im später zu erörternden Anlagenverzeichnis sodann anzugeben.

IV. Kontaktdaten des Ansprechpartners/Antragstellers

103 Aus der konkreten Situation, insbesondere der individuellen Begründung des Antrags und der Frage, ob der Schuldner gehört wird oder nicht, kann die Notwendigkeit der Rücksprache für den Richter entstehen.

Aktuelles Formular:

Kontaktdaten des Ansprechpartners:

☐ Gläubiger ☐ gesetzlicher Vertreter ☐ Bevollmächtigter

Name/Firma		ggf. Vorname(n)
Telefon	E-Mail	Fax
Geschäftszeichen		

Hier hat der Verordnungsgeber mit der 2. ÄndVO aus dem „Ansprechpartner“ den „Auftraggeber“ gemacht. Tatsächlich gemeint ist der „Ansprechpartner des Auftraggebers.“

Neues Formular:

Kontaktdaten des Antragstellers:		
☐ Gläubiger ☐ gesetzlicher Vertreter ☐ Bevollmächtigter		
Name/Firma		ggf. Vorname(n)
Telefon	E-Mail	Fax
Geschäftszeichen		

Für die Praxis wird wichtig sein, dass die anzugebenden Kommunikationswege direkt zum Ansprechpartner führen und der benannte Ansprechpartner einerseits den Vollstreckungsfall beurteilen kann und andererseits mit den entsprechenden Entscheidungskompetenzen ausgestattet ist. Insoweit hängt vom konkreten Vollstreckungsauftrag an den Bevollmächtigten ab, ob dieser, oder besser der Gläubiger bzw. sein gesetzlicher Vertreter, als Ansprechpartner benannt wird. Gibt es keinen Variationsspielraum und wollen der Gläubiger oder sein Bevollmächtigter nicht kontaktiert werden, können die Angaben unterbleiben. Andererseits sind die Angaben auch in einem Rahmen, sodass auch denkbar wäre, den Rahmen zu vervielfältigen und mehrere Ansprechpartner anzugeben. Der Richter wird in der konkreten Situation auch keine Zeit investieren wollen, sich zunächst länger zu einem kompetenten Entscheider verbinden zu lassen oder gar in einer Warteschleife einer Zentralnummer zu verharren oder noch eine Rückfragenkette bei relevanten Entscheidern abzuwarten. Er wird dann eher nachteilig schreiben oder aber – den Vollstreckungserfolg gefährdend – den Schuldner anhören.

Die Kontaktdaten sind innerhalb eines Rahmens anzugeben. Insoweit ist es nach **104**
§ 3 Abs. 2 Nr. 6 ZVFV gestattet, den Text, die Texteingabefelder oder den gesamten Rahmen zu entfernen oder auch mehrfach zu verwenden. Zugleich kann der Umfang der Texteingabefelder nach § 3 Abs. 2 Nr. 4 ZPO erweitert oder verringert werden.

V. Begründung des Antrags

Wiederum als Stammdaten außerhalb eines Rahmens und insoweit unverzichtbar, **105**
ist der jeweils gestellte Antrag nach § 758a Abs. 1 und/oder Abs. 4 ZPO zu begründen. Es sind die Angaben zu machen, die inhaltlich den Antrag rechtfertigen.[58]

Die Begründung dient der Darlegung, dass die verfassungsrechtlichen Grenzen der **106**
Vollstreckung eingehalten werden, jedenfalls dem Gläubiger keine gegenteiligen Erkenntnisse vorliegen. Dazu gehört die Darlegung, dass der Schuldner das Betreten der Wohnung verweigert hat oder die Darlegung, woraus sich ergibt, dass er dies ohne jeden Zweifel tun wird und/oder zu welchen Zeiten die Zwangsvollstre-

58 Hierzu ausführlich *Goebel/Kraemer*, AnwaltFormulare Zwangsvollstreckung.

ckung erfolglos war oder warum sie zur Tagzeit erfolglos bleiben muss. Willigt der Schuldner in die Durchsuchung ein, ist die Anordnung nicht erforderlich, sodass dem Schuldner zunächst stets Gelegenheit zu geben ist, die Einwilligung zu erteilen. Das Formular sieht dabei zwei Eingabefelder vor, die entweder auf den Durchsuchungsbeschluss – oberes Feld – oder die Vollstreckung zur Unzeit – unteres Feld – zielen. Das ist zu unterscheiden.

Es wird beantragt, den beigefügten Entwurf wie ausgefüllt als Beschluss zu erlassen.
Begründung des Antrags:
Begründung für Antrag auf Anordnung der Durchsuchung nach § 758a Absatz 1 ZPO:

Begründung für Antrag auf Anordnung der Vollstreckung zur Nachtzeit und an Sonn- und Feiertagen in der Wohnung nach § 758a Absatz 4 ZPO:

107 Es darf durch die Durchsuchung oder die Vollstreckung zur Unzeit kein mit der Verfassung nicht in Einklang stehender Eingriff in den durch Art. 13 GG geschützten Bereich des Schuldners erfolgen. Die verfassungsrechtliche Gewährleistung der Grundrechte erfordert insbesondere die Verhältnismäßigkeit der Vollstreckungsmaßnahme.[59] Insoweit ist darzulegen, dass die Vollstreckung bisher erfolglos war, (auch) weil der Schuldner die Durchsuchung seiner Wohnung verweigert hat oder zur gewöhnlichen Vollstreckungszeit nicht angetroffen wurde. Für das Nichtantreffen verlangt die Rechtsprechung in der Regel, dass zumindest zu zwei unterschiedlichen Tageszeiten versucht wurde, den Schuldner anzutreffen. Das hat der Gerichtsvollzieher zu gewährleisten, auch wenn ihm die konkreten Arbeitszeiten nicht vorgeschrieben werden können.[60] Es ist mitzuteilen, dass keine Kenntnis von sachlichen Gründen für diese Vollstreckungshindernisse bestehen, wie etwa (ansteckende) Krankheiten oder sonstige schwerwiegende gesundheitliche Gefährdungen. Auch sollte dargelegt werden, dass verwertbare Gegenstände vermutet werden, sodass sich die Durchsuchung und/oder die Zwangsvollstreckung zur Unzeit nicht als überflüssig zeigt. Um einerseits dem Vollstreckungsinteresse des Gläubigers Rechnung zu tragen und andererseits berechtigte Einwendungen des Schuldners zu berücksichtigen, kann es tunlich sein, den beantragten Beschluss örtlich oder zeitlich einzuschränken. So mag die Durchsuchung des Zimmers eines Kindes oder eines Erkrankten ebenso ausgenommen werden wie die Durchsuchung und Vollstreckung auf die Zeit bis Mitternacht beschränkt wird.

59 AG Wittenberg v. 7.11.2019 – 26 M 1954/19; Zöller/*Seibel*, ZPO, 35. Aufl. 2024, § 758a ZPO Rn 17.

60 AG Kassel v. 17.8.2023 – 630 M 231/23.

VI. Zusatzanträge

Innerhalb des Formulars können sodann zusätzliche Anträge gestellt werden. Diese 108
können auf eine örtliche und zeitliche Beschränkung oder Anordnungen im Hinblick auf Dritte bezogen sein, die sich ggf. in den Räumlichkeiten aufhalten.

Zusätzlich wird beantragt,

- ☐ anstelle einer beglaubigten Abschrift eine Ausfertigung des Beschlusses zu erteilen.
- ☐ den Beschluss direkt an den zuständigen Gerichtsvollzieher zur Vollstreckung weiterzuleiten.
- ☐ vor Erlass der Anordnungen keine Anhörung durchzuführen. Eine Anhörung würde den Vollstreckungserfolg aus den nachstehenden Gründen gefährden:
- ☐

Ausfertigungen des Beschlusses werden nur auf Antrag und nur in Papierform er- 109
teilt (§ 317 Abs. 2 S. 1 ZPO). Wird ein solcher Antrag nicht gestellt, sieht das Gesetz vor, dass das Gericht eine beglaubigte Abschrift des Beschlusses erteilt. Da der Gerichtsvollzieher dem Schuldner die Anordnung nach § 758 Abs. 1 ZPO zum Beginn der Zwangsvollstreckung vorzeigen muss, ist es zwingend, eine Ausfertigung des Beschlusses und dessen Weiterleitung an den Gerichtsvollzieher zu beantragen. Anderenfalls scheidet der Beginn der Vollstreckung mit der Durchsuchung aus.

Die Anordnungen des Gerichts sind grundsätzlich von diesem an den Gläubiger 110
und von dem Gläubiger an den Gerichtsvollzieher zu übermitteln, der dann auch entsprechend zu beauftragen ist. Es kann aber zusätzlich beantragt werden, die Durchsuchungsanordnung oder die **Anordnung** der Vollstreckung zur Unzeit unmittelbar an den Gerichtsvollzieher **weiterzuleiten**. Zusätzliche Kosten entstehen insoweit nicht. Der Zusatzantrag ist grundsätzlich zweckmäßig und sinnvoll, da die beantragten Anordnungen genau hierauf ausgerichtet sind. Anders als beim Haftbefehl macht es in der Regel keinen Sinn, dem Schuldner das Vorliegen der richterlichen Anordnung nach § 758a ZPO zu signalisieren, um ihn auf dieser Grundlage zu einer Vollzahlung oder einer gütlichen Erledigung zu motivieren. Die Praxis zeigt, dass solche Hinweise vom Schuldner auch nahezu durchgängig unbeachtet bleiben. Die Ergebnisse von Durchsuchungen und von Vollstreckungen zur Unzeit, von denen der Schuldner vorher Kenntnis hatte, deuten eher darauf hin, dass der Schuldner solche Hinweise nutzt, zugriffsfähiges Vermögen der Vollstreckung zu entziehen.

> *Hinweis*
>
> Die verweigerte Durchsuchung oder das Nichtantreffen des Schuldners darf nicht reflexartig zu Anträgen nach § 758a ZPO führen. Vielmehr muss gut abgewogen werden, welches Ziel verfolgt wird und ob die Antragstellung vor diesem Hintergrund zweckmäßig und wirtschaftlich ist.

111 Von zentraler Bedeutung ist der dritte zusätzliche Antrag. Dem Schuldner ist nach Art. 103 Abs. 1 GG grundsätzlich zu dem Antrag **rechtliches Gehör** zu gewähren. Die Sicherung gefährdeter Gläubigerinteressen kann jedoch als Ausnahme von der Regel eine vorherige Anhörung des Schuldners ausschließen.[61] Das ist dann der Fall, wenn davon auszugehen ist, dass der Schuldner die Information nutzt, um vollstreckbare Gegenstände dem Vollstreckungszugriff des Gerichtsvollziehers und damit des Gläubigers zu entziehen. Bei der Würdigung aller Umstände des Einzelfalls wird zu sehen sein, dass auch der Gerichtsvollzieher in der Regel ohne vorherige Ankündigung die Vollstreckung betreibt und dem Schuldner vor der Verwertung gepfändeter Gegenstände hinreichend Rechtsschutzmöglichkeiten – auch im einstweiligen Rechtsschutz – zur Verfügung stehen. Darzulegen wären auch Tatsachen, die Ansätze zur rein tatsächlichen Vollstreckungsvereitelung durch den Schuldner aus der Vergangenheit belegen.

Zusätzlich wird beantragt,

☒ anstelle einer beglaubigten Abschrift eine Ausfertigung des Beschlusses zu erteilen.
☒ den Beschluss direkt an den zuständigen Gerichtsvollzieher zur Vollstreckung weiterzuleiten.
☒ vor Erlass der Anordnungen keine Anhörung durchzuführen. Eine Anhörung würde den Vollstreckungserfolg aus den nachstehenden Gründen gefährden:

Dem Schuldner würde so Gelegenheit gegeben, zugriffsfähige körperliche Sachen (§ 808 ZPO) zu entfernen und so dem Vollstreckungszugriff zu entziehen. Die Belange des Schuldners sind durch die von dem Gerichtsvollzieher zu beachtenden Pfändungsschutzvorschriften hinreichend gewahrt. Dem Schuldner steht hinreichender nachträglicher Rechtsschutz zu

☐

VII. Vollstreckungstitel, Zustellnachweise und Vollstreckungsprotokolle

112 Gegenstand des Vollstreckungsantrags ist auch bei der richterlichen Durchsuchungsanordnung sowie der Anordnung der Vollstreckung zur Unzeit die Vorlage des Vollstreckungstitels. Vorgelegt werden müssen alle Vollstreckungstitel, die Gegenstand der durch die Durchsuchung oder die Vollstreckung zur Nachtzeit ermöglichenden Vollstreckungsmaßnahme sind. Die Vorlage hat grundsätzlich (noch) im Original zu erfolgen. Das *Gesetz zur weiteren Digitalisierung der Zwangsvollstreckung*[62] sieht hier – wie für den Haftbefehl – keine Änderungen vor, wonach der Gesetzgeber bei einer Reform von § 754a und § 829a ZPO auch bei Anträgen nach § 758a ZPO auf die Vorlage des Vollstreckungstitels im Original zugunsten einer Übersendung als Datei verzichtet.

61 BVerfG v. 16.6.1981 – 1 BvR 1094/80, NJW 1981, 2111, 2112 m.w.N.; Zöller/*Seibel*, ZPO, 35. Aufl. 2024, § 758a Rn 24.

62 BT-Drucks 20/11310, vgl. hierzu *Goebel*, FoVo 2024, 41.

Aktuelles Formular:

Es werden die in dem Beschlussentwurf bezeichneten Vollstreckungstitel mit den jeweiligen Zustellungsnachweisen und die Protokolle über ____ (Anzahl) Vollstreckungshandlungen übermittelt.

Bei elektronisch übermittelten Anträgen:

☐ Die Ausfertigungen der Vollstreckungstitel werden erst nach Mitteilung des Aktenzeichens versandt. Es wird um Mitteilung des Aktenzeichens gebeten.

☐ Die Ausfertigungen der Vollstreckungstitel werden gleichzeitig auf dem Postweg übersandt.

Mit der 2. ÄndVO entfällt nun der Rahmen zu der Form der Übersendung des Vollstreckungstitels bei elektronisch übermittelten Anträgen. Eine Begründung dafür wird nicht gegeben. Wer die neuen Formulare nutzt, muss die Angaben nicht mehr machen. Dies erscheint allerdings „unglücklich", weil die Aufmerksamkeit des Vollstreckungsorgans nicht auf die Übersendungsform gerichtet wird. Es kann sich deshalb empfehlen, den entsprechenden Zusatz dann bei den zu übermittelnden Anlagen zu machen,

Neues Formular:

Es werden die in dem Beschlussentwurf bezeichneten Vollstreckungstitel mit den jeweiligen Zustellungsnachweisen und die Protokolle über ______ (Anzahl) Vollstreckungshandlungen übermittelt.

Es werden folgende weitere Anlagen übermittelt:

Datei mit dem Vollstreckungstitel, der

☒ nach Mitteilung des Aktenzeichens versandt wird. Es wird um die Mitteilung des Aktenzeichens gebeten

☒ gleichzeitig auf dem Postweg übersandt wird.

Einen vereinfachten Vollstreckungsantrag wie in § 754a oder § 829a ZPO, der die Vorlage als elektronisches Dokument ausreichend lässt, kennt das Gesetz hier nicht und wird wohl auch im Rahmen der weiteren Digitalisierung der Zwangsvollstreckung zunächst nicht eingeführt.

Ungeachtet dessen kann oder muss (Rechtsanwälte nach § 130d ZPO) der Vollstreckungsantrag im Rahmen des elektronischen Rechtsverkehrs übermittelt werden. Für diesen Fall ist anzugeben, zu welchem Zeitpunkt der Titel im Original übersandt wird und ob dafür die Übermittlung des Aktenzeichens durch das Vollstreckungsgericht abgewartet werden soll. Die erste Variante, das Abwarten auf die Übersendung des Aktenzeichens, wird regelmäßig mehr Zeit in Anspruch nehmen als die zu empfehlende, aber mit höherem Verlustrisiko versehene gleichzeitige Versendung des Vollstreckungstitels. Dies ist vor dem Hintergrund von § 804 Abs. 3 ZPO zu bewerten.

Tipp

Am besten wird dem elektronisch übermittelten Vollstreckungsantrag eine Datei mit dem Vollstreckungstitel beigefügt. Dem gleichzeitig postalisch versandten Vollstreckungstitel wiederum sollte eine Kopie der ersten Seite des Vollstreckungsantrags sowie ein Ausdruck der elektronischen Eingangsbestätigung (§ 130a Abs. 5 S. 2 ZPO) beigefügt werden. Beide Maßnahmen sollten sichern, dass unmittelbar und zeitnah Vollstreckungsantrag und Vollstreckungstitel zusammengeführt und dem Richter zugeleitet werden können.

Das Amtsgericht hat die Angaben des Antragstellers zu beachten. Auf der Grundlage dieser Angaben ist eine Mehrfacheintragung des Antrags zu vermeiden.

113 Entsprechend § 750 ZPO muss neben der vollstreckbaren Ausfertigung des Vollstreckungstitels auch ein Zustellnachweis vorgelegt werden, soweit sich dieser nicht schon – wie regelmäßig beim Vollstreckungsbescheid – auf dem Vollstreckungstitel befindet. Die Zustellbescheinigung ist dem Antrag nach Anlage 2 ZVFV als Anlage (§ 3 Abs. 2 Nr. 7 ZVFV) beizufügen, soweit sie nicht fest mit dem Vollstreckungstitel verbunden ist.

114 Die Anordnungen nach § 758a ZPO sind wegen ihres Eingriffs in verfassungsrechtlich verbürgte Grundrechte subsidiär. Es muss also zumindest eine gewöhnliche Vollstreckungsmaßnahme vorausgegangen sein. Diese gilt es nachzuweisen, indem die hierauf bezogenen Vollstreckungsprotokolle vorgelegt werden (dazu nachfolgend bei den weiteren Anlagen). Damit die Vollständigkeit der Unterlagen geprüft werden kann, ist die Zahl der Protokolle entsprechend den Vollstreckungsmaßnahmen anzugeben. Dabei muss der Gläubiger und Antragsteller nicht zwingend alle ihm vorliegenden Vollstreckungsprotokolle vorlegen, sondern nach Zahl, Qualität und Aktualität nur so viele, wie notwendig sind, um den Vollstreckungsantrag auch im Angesicht des Verhältnismäßigkeitsgrundsatzes und den beabsichtigten Grundrechtseingriffen zu rechtfertigen.

VIII. Weitere Anlagen

115 Wie im Rahmen aller Vollstreckungsanträge geht der Verordnungsgeber nicht davon aus, dass stets alle notwendigen Angaben in den Formularen gemacht werden können. Er will nur möglichst viele Angaben dort sehen. Auch der Antrag auf Erlass richterlicher Anordnungen nach § 758a ZPO gem. Anlage 2 ZVFV sieht deshalb vor, dem Vollstreckungsantrag weitere Anlagen beizufügen. Die 2. ÄndVO hat für die neuen Formulare an dieser Stelle keine Änderungen mit sich gebracht, sodass die Eintragungen unabhängig von der Nutzung der aktuellen oder der neuen Formulare gleich bleibt.

Es werden folgende weitere Anlagen übermittelt:

☐ Mitteilungen des Vollstreckungsorgans
☐ Unterlagen, die darlegen, dass eine Anhörung wichtige Interessen des Gläubigers gefährden würde
☐ Vollmacht
☐ Bescheid nach § 9 Absatz 2 UhVorschG
☐
☐

116 Vorherige erfolglose Vollstreckungsversuche können durch entsprechende Vollstreckungsprotokolle oder sonstige Mitteilungen des Gerichtsvollziehers nachgewiesen werden. So kann es aufgrund von Mitteilungen des Vollstreckungsorgans gar nicht

zur Durchführung einer Vollstreckungsmaßnahme gekommen sein, etwa wenn der Gerichtsvollzieher mitteilt, dass der Schuldner amtsbekannt ohne Durchsuchungsbeschluss einen Zugang zu seiner Wohnung nicht bewilligt oder stets nur zur Nachtzeit angetroffen werden kann und deshalb schon seinerseits die Anordnungen nach § 758a ZPO beantragt. Es fehlt dann ggf. an einem Vollstreckungsprotokoll. Für diesen Fall können die postalischen oder elektronischen Mitteilungen des Vollstreckungsorgans zum Nachweis der Voraussetzungen des § 758a ZPO vorgelegt werden.

Der Gläubiger hat darzulegen, dass die Anhörung des Schuldners vor Erlass der beantragten Anordnungen nach § 758a ZPO seinen späteren Vollstreckungserfolg gefährden kann. Anhaltspunkte können sich dafür aus dem bisherigen Verhalten des Schuldners ergeben. Es wird aber auch schon grundsätzlich davon auszugehen sein, dass ein Schuldner, der die Durchsuchung verweigert hat, nachfolgend zugriffsfähiges Vermögen dem Zugriff entzieht, wenn er von einem Durchsuchungsbeschluss Kenntnis hat. Für die Darlegung kann es erforderlich sein, die Tatsachenbehauptungen auch zu belegen. Hierzu können Unterlagen vorgelegt werden, die als Anlagen zu bezeichnen sind. **117**

In Abhängigkeit von der nachfolgend noch zu besprechenden Versicherung nach § 753a ZPO muss ein Bevollmächtigter des Gläubigers – sofern eine Versicherung nicht abgegeben werden darf, weil der Bevollmächtigte nicht zum privilegierten Personenkreis nach § 79 Abs. 2 S. 1 und S. 2 Nr. 3 und 4 ZPO gehört – grundsätzlich eine Verfahrensvollmacht vorlegen. Während diese beim Antrag auf Erlass eines Haftbefehls nicht genügt, ist bei den Anordnungen nach § 758a ZPO die Möglichkeit der Versicherung gegeben. Da die richterlichen Anordnungen kein unmittelbares Zahlungsverhalten des Schuldners gegenüber dem Gericht auslösen sollen, bedarf es keinesfalls der Vorlage einer Geldempfangsvollmacht. Auf die Streitfrage, ob die Geldempfangsvollmacht von der Versicherung nach § 753a ZPO erfasst ist, kommt es mithin nicht an. **118**

Betreibt das Land wegen der Rückforderung von Unterhaltsvorschussleistungen nach § 7 Abs. 5 des Unterhaltsvorschussgesetzes die Zwangsvollstreckung aus einem Vollstreckungsbescheid, so ist zum Nachweis des nach Abs. 1 übergegangenen Unterhaltsanspruchs dem Vollstreckungsantrag der **Bescheid gem. § 9 Abs. 2 Unterhaltsvorschussgesetz** beizufügen. Zwar ist grundsätzlich nicht zu sehen, dass es dieses Bescheids zum Erlass der Anordnungen nach § 758a ZPO bedarf – es ist auch keine Forderungsaufstellung beizufügen, was eine Vorlage als Anlage jedoch nicht hindert. Das Anlagenverzeichnis zum Antrag nach § 758a ZPO gibt die Möglichkeit hierzu. **119**

Wie in allen Antragsformularen wird auch hier die Möglichkeit gegeben, weiter beigefügte Anlagen nach Maßgabe des § 3 Abs. 2 Nr. 7 ZVFV aufzuführen. Denkbar ist etwa eine Auflistung weiterer Schuldner oder sonst von der Durchsuchung betroffener Personen, die diese zu dulden haben. Auch mehr als zwei Vollstre- **120** ckungstitel, die in Anlage 3 ZVFV direkt angegeben werden können (Modul C), können Gegenstand einer Anlage sein. Auch sind Anlagen denkbar, in denen die Gründe für die beantragte Anordnung oder gegen eine Anhörung des Schuldners umfangreicher dargestellt werden als dies in dem vorgegebenen Textfeld möglich ist. Maßstab ist immer, ob es der Anlage aus Sicht eines verständigen Antragstellers bedarf, um den Antrag hinreichend zu begründen.

121 Zwingende Anlage des Antrags nach § 758a ZPO ist der Beschlussentwurf nach Vorgabe der Anlage 3 ZVFV für den Beschluss über die Anordnungen nach § 758a ZPO. Dies muss allerdings nicht aufgeführt werden.

IX. Versicherungen

122 Die Zivilprozessordnung sieht in unterschiedlichen Kontexten vor, dass der Antragsteller eine Versicherung abgeben kann. Diese Versicherungen finden ihre Aufnahme auch im Anordnungsantrag an das Amtsgericht nach Anlage 2 ZVFV. Die aktuellen Formulare unterscheiden sich insoweit nicht von den neuen Formularen nach der 2. ÄndVO.

Aktuelles Formular:

Versicherung

☐ Es wird gemäß § 753a Satz 1 ZPO die ordnungsgemäße Bevollmächtigung zur Vertretung versichert.

☐

Neues Formular:

Versicherung

☐ Es wird gemäß § 753a Satz 1 ZPO die ordnungsgemäße Bevollmächtigung zur Vertretung versichert.

☐ ______________________

123 Der Rahmen sieht dabei zunächst die Versicherung der ordnungsgemäßen **Bevollmächtigung** i.S.d. § 753a ZPO vor. Die Streitfrage zur Geldempfangsvollmacht stellt sich in diesem Zusammenhang nicht, da die Entgegennahme von Zahlungen des Schuldners durch das Gericht im Verfahren nach § 758a ZPO nicht vorgesehen ist.

Sollte das *Gesetz zur weiteren Digitalisierung der Zwangsvollstreckung*[63] insoweit realisiert werden, findet sich die Regelung künftig in § 752a ZPO-E. Nach § 3 Abs. 2 Nr. 1 ZVFV darf die Norm im Formular dann geändert werden, wenn die Software des Anwenders dies hergibt oder der Softwarehersteller die Änderung selbstständig vornimmt.

124 Weitere Versicherungen sind grundsätzlich nicht erforderlich. Denkbar ist allerdings, dass Tatsachen, die im Rahmen der Antragsbegründung vorgetragen werden

63 BT-Drucks 20/11310, vgl. hierzu *Goebel*, FoVo 2024, 41.

und der eigenen Wahrnehmung des Rechtsdienstleisters entsprechen, ohne dass dazu Unterlagen vorliegen, von diesem im Sinne einer Glaubhaftmachung nach § 294 ZPO versichert werden.

X. Unterschrift

Nach Maßgabe des jeweiligen Übermittlungswegs für den Vollstreckungsantrag 125
sieht das Formular die Angabe des Auftragstellers als einfache Signatur und die Unterschrift des Auftraggebers vor. Stellt der Gläubiger den Antrag selbst, trägt er seinen Namen ein und unterschreibt.

Namen der Antragsteller

Unterschriften der Antragsteller

Als Antragsteller im Sinne dieser Angaben ist nicht der vertretene Gläubiger, sondern sein Bevollmächtigter anzusehen. Der Name des Auftraggebers ist stets anzugeben und sollte bei der Anlage von Vorlagen deswegen standardisiert und automatisiert eingetragen sein. Unklar bleibt, ob bei einer juristischen Person als Auftraggeber die juristische Person (Beispiel: Inkasso Frankenberg GmbH) oder die tatsächlich handelnde Person (Beispiel: Sachbearbeiterin Sabine Emsig) anzugeben ist. Obwohl der tatsächlich handelnde Mitarbeiter regelmäßig keinen Auftrag im eigenen Namen erteilen wird, sondern allenfalls im Namen des Gläubigers oder des Rechtsdienstleisters, spricht doch viel dafür, dass die Angabe der Identifikation der konkret beauftragenden Personen dient, deren Unterschrift im konkreten Einzelfall häufig unleserlich ist. Dieses Argument trägt allerdings nicht, wenn im Rahmen des elektronischen Rechtsverkehrs qualifiziert signiert wird. Insoweit wird die Frage letztlich in beiden Richtungen nach dem Zweck der Identifikation des konkreten Auftraggebers zu beantworten sein. Bei der Übermittlung des Vollstreckungsauftrags als elektronisches Dokument auf einem sicheren Übermittlungsweg nach § 130 Abs. 3 S. 1 Alt. 2 ZPO oder § 130d ZPO ggf. in Verbindung mit § 753 Abs. 4 S. 2 ZPO dient das Texteingabefeld dazu, das Dokument einfach zu signieren.

Im Ergebnis bleibt also festzuhalten, dass als Auftraggeber links die Person anzugeben ist, die rechts unterschreibt oder qualifiziert elektronisch signiert. Hier ist eine entsprechende Übereinstimmung herzustellen.

Die Unterschrift des Antragstellers kann eigenhändig oder aber als qualifizierte 126
elektronische Signatur geleistet werden. Die eigenhändige Unterschrift kommt auch dann in Betracht, wenn der ausgefüllte und eigenhändig unterschriebene Auftrag sodann gescannt und dann nach Maßgabe der Vorschriften über den elektronischen Rechtsverkehr an das Gericht übermittelt wird (Sicherer Übermittlungsweg per beA oder eBO.

127 Von der Frage der Eintragungsmöglichkeit ist die Frage zu unterscheiden, ob eine Unterschrift auch tatsächlich notwendig ist. Grundsätzlich bedarf der Antrag nach § 758a ZPO keiner Unterschrift. Erforderlich ist allein, dass erkennbar wird, dass der Auftraggeber sich des Vollstreckungsauftrags tatsächlich entledigen wollte.[64] Dies steht insbesondere bei automatisiert erstellten Vollstreckungsanträgen in Massenverfahren infrage. Die Anträge nach § 758a ZPO fallen aber schon wegen der notwendigen Begründungen im konkreten Einzelfall nicht hierunter. Jedenfalls begründet eine unterschriebene Bestätigung des Auftrags auf eine Monierung der fehlenden Unterschrift die Entäußerungsabsicht und erzwingt keine neue und unterschriebene Ausfertigung des ganzen Auftrags. Letztlich kann die Nutzung eines individualisierten sicheren Übermittlungswegs dafür ein Indiz sein.

> *Hinweis*
>
> Um Monierungen und Diskussionen, vor allem aber nach § 804 Abs. 3 ZPO nachteilige Verzögerungen zu vermeiden, ist es allerdings empfehlenswert, den Auftrag zu unterschreiben oder elektronisch zu signieren. Bei – hier kaum vorstellbar – größeren Mengen kann auf die Möglichkeiten einer Multisignaturkarte zurückgegriffen werden.

E. Anlage 3: Entwürfe der Beschlüsse nach § 758a ZPO

I. Einführung

128 § 758a ZPO regelt einerseits in Abs. 1 die richterliche Durchsuchungsanordnung und andererseits in Abs. 4 die Vollstreckung zur Unzeit, d.h. zur Nachtzeit oder an Sonn- und Feiertagen.

§ 758a Abs. 6 ZPO ermächtigt das Bundesministerium der Justiz, durch Rechtsverordnung mit Zustimmung des Bundesrats Formulare für den **Antrag** auf Erlass einer richterlichen Durchsuchungsanordnung einzuführen. Danach ist das Beschlussformular nach Anlage 3 ZVFV also für den Richter – entgegen § 2 Abs. 1 Nr. 2 ZVFV – nicht verbindlich. Vielmehr ist § 2 Abs. 1 Nr. 2 ZVFV dahin auszulegen, dass sich der Antragsteller des Formulars bedienen muss, wenn er den Entwurf eines Beschlusses vorlegt. Das entspricht § 2 Abs. 3 ZVFV. Der Richter ist frei, ob er sich anschließend dieses Formulars bedient oder eine eigene Beschlussform wählt. Als untergesetzliche Norm ist § 2 ZVFV nicht geeignet, den Richter insoweit zu binden.

§ 2 Abs. 1 Nr. 2 ZVFV beschränkt aus sich heraus allerdings die Nutzungspflicht unter ausdrücklicher Bezugnahme auf § 758a Abs. 1 ZPO allein auf die Durchsuchungsanordnung und nicht auch § 758a Abs. 4 ZPO, d.h. die Vollstreckung zur

64 LG Bad Kreuznach v. 23.4.2010 – 1 T 78/10; LG Frankfurt/Oder v. 20.12.2018 – 15 T 183/18; ebenso Zöller/*Seibel*, ZPO, 35. Aufl. 2024, § 829 Rn 3: Der Antrag muss nur ernstlich gewollt sein.

Unzeit. Der Gläubiger oder sein Bevollmächtigter müssen das Formular nach Anlage 3 ZVFV vorbereitend verwenden, soweit die Befüllung nicht dem Gericht ausdrücklich vorbehalten ist.

Für die Vollstreckung zur Unzeit kann, muss das Formular nach Anlage 3 ZVFV dagegen nicht genutzt werden. In der Praxis werden beide Beschlüsse regelmäßig miteinander verbunden sein, sodass sich schon aus diesem Grund gleichwohl auch die optionale Nutzung als Regel empfiehlt.

Anders als dem Gerichtsvollzieherauftrag oder auch dem Antrag auf Erlass eines Pfändungs- oder eines Pfändungs- und Überweisungsbeschlusses muss dem Beschluss auf Erlass einer Durchsuchungsanordnung oder einer Anordnung zur Vollstreckung zur Unzeit keine Forderungsaufstellung nach den Anlagen 6 bis 8 der ZVFV beigefügt werden. Das Gericht zieht keine Gelder ein. **129**

Die Module A und B werden nachfolgend nicht mehr gesondert abgehandelt, da diese bereits „vor die Klammer" gezogen und gemeinsam für alle Formulare erörtert wurden. Auf die obigen Ausführungen am Anfang des Kapitels wird insoweit Bezug genommen. **130**

Die 2. ÄndVO bringt die schon beim Gerichtsvollzieherauftrag erläuterten (Anlage 1 ZVFV) und weitgehend redaktionellen Änderungen:

- Auf Seite 1 im Modul A (Angaben zum Gläubiger) wird bei der Erklärung zur Vorsteuerabzugsberechtigung das Wort „nicht" ergänzt. Damit soll eine einheitliche Erklärung im Zivilverfahren verlangt werden, vgl. § 104 Abs. 2 S. 3 ZPO.
- Im Rahmen für die Eingabe der Vertretung des Gläubigers wird das Texteingabefeld für Firma oder Funktion vergrößert.
- Auf Seite 2 im Modul B (Angaben zum Schuldner) werden Felder für das Geburtsdatum und den Geburtsort des Schuldners ergänzt.

> *Hinweis*
>
> Diese Angaben verbessern nach Ansicht des Verordnungsgebers die Identifikation des Schuldners bei der späteren Durchführung des Beschlusses und helfen, Personenverwechslungen zu vermeiden.

- Im Rahmen für die Eingabe der Vertretung des Schuldners wird das Texteingabefeld für Firma oder Funktion vergrößert.
- Auf Seite 3 wird die Ankreuzmöglichkeit und das Wort „und" entfernt, da sie nicht erforderlich ist und vermieden werden soll, dass bei versehentlichem Nichtankreuzen eine Zwischenverfügung ergeht.
- Im Modul C (Vollstreckungstitel) wird ein Rahmen um die Angaben zum ersten Vollstreckungstitel gesetzt, da es vorkommen kann, dass bei einer öffentlich-rechtlichen Vollstreckungsanordnung kein Vollstreckungstitel existiert. Bei einer richterlichen Durchsuchungsanordnung kann das Modul C dadurch ggf. komplett entfallen.

- Die zwischen den Modulen C und D vorgesehenen Eingabefelder für Eurobeträge werden vergrößert.
- In Modul F wurde bei der ersten Ankreuzoption das Wort „zur“ durch „für“ ergänzt.

II. Umfang des Antrags

131 Wie in allen Vollstreckungsanträgen werden in den Modulen A und B die Gläubiger und die Schuldner mit ihren gesetzlichen Vertretern und Bevollmächtigten aufgeführt und die zu deren Identifikation notwendigen Daten angegeben.

Hierauf erfolgt die Angabe, ob eine isolierte Durchsuchungsanordnung nach § 758a Abs. 1 ZPO (Formularpflicht) oder eine isolierte Anordnung der Vollstreckung zur Nachtzeit und an Sonn- und Feiertagen (optionale Verwendung des Formulars) oder ein kombinierter Antrag auf Erlass einer Durchsuchungsanordnung und einer Anordnung der Vollstreckung zur Nachtzeit und an Sonn- und Feiertagen beantragt wird. Die Regel wird der kombinierte Antrag sein, der sich in einem entsprechenden kombinierten Beschluss niederschlägt.

Aktuelles Formular:

ergeht folgende

☒ Durchsuchungsanordnung
☒ und
☒ Anordnung der Vollstreckung zur Nachtzeit und an Sonn- und Feiertagen:

Auf Antrag des Gläubigers wird

Mit der 2. ÄndVO wurde die Zwischenzeile gestrichen, sodass ein Kreuz weniger zu setzen ist, wenn die neuen Formulare genutzt werden.

Neues Formular:

ergeht folgende

☐ Durchsuchungsanordnung

☐ Anordnung der Vollstreckung zur Nachtzeit und an Sonn- und Feiertagen:

Auf Antrag des Gläubigers wird

Hinweis

In technischer Hinsicht sollte es dem Gericht möglich sein, die gesetzten Kreuze innerhalb des vorgelegten Beschlussentwurfs zu ändern (veränderliches PDF). Wenn etwa das Gericht die Gründe für eine Durchsuchungsanordnung für durchgreifend erachtet, nicht aber die Gründe für die Anordnung der Vollstreckung zur Nachtzeit und an Sonn- und Feiertagen, sollte das Gericht den Beschluss anpassen können, ohne den Entwurf gänzlich neu erstellen zu müssen. Auch wenn denkbar ist, dass der Richter ein neues Beschlussformular ausfüllt, liegt es sehr viel näher, dass er den Antragsteller auffordert, einen neuen und angepassten Beschlussentwurf vorzulegen. Das verzögert die Vollstreckung und erhöht den Aufwand.

III. Modul C – Angaben zum Vollstreckungstitel

Auf die bereits vorab abgehandelten Module A zum Gläubiger und B zum Schuldner folgen in Modul C die Angaben zum Vollstreckungstitel. Dabei ist die Angabe mindestens eines Vollstreckungstitels nach den aktuellen Formularen (eigentlich) zwingend (§§ 750, 794, 795 ZPO), sodass sich die Angaben für den ersten Vollstreckungstitel auch außerhalb eines Rahmens befinden, während die Angaben zum zweiten, optionalen Titel sich innerhalb eines Rahmens befinden, d.h. auch entfallen können. Existiert kein Vollstreckungstitel, kann aber in Fällen der öffentlich-rechtlichen Vollstreckung nichts angegeben werden. Die Angaben entfallen, aber das nicht umrahmte Textfeld darf nicht entfallen. 132

Aktuelles Formular:

Auf Antrag des Gläubigers wird

C

aus dem Vollstreckungstitel (zu Ziffer)

Art	Aussteller
Datum	**Geschäftszeichen**

sowie aus dem Vollstreckungstitel (zu Ziffer)

Art	Aussteller
Datum	**Geschäftszeichen**

☐ sowie aus den weiteren Vollstreckungstiteln aufgeführt in weiterer Anlage

Änderungen nach der 2. ÄndVO ergeben sich insoweit als auch die Angaben zu einem ersten Vollstreckungstitel in einen Rahmen gesetzt werden.

Neues Formular:

C

aus dem Vollstreckungstitel (zu Ziffer ______)

Art	Aussteller
Datum	Geschäftszeichen

sowie aus dem Vollstreckungstitel (zu Ziffer ______)

Art	Aussteller
Datum	Geschäftszeichen

☐ sowie aus den weiteren Vollstreckungstiteln aufgeführt in weiterer Anlage

Gem. § 3 Abs. 2 Nr. 6 li. b ZVFV dürfen somit die Angaben (auch) zum Vollstreckungstitel entfallen. Durch diese Änderung werden in dem Formular Fälle berücksichtigt, in denen Behörden bei der Vollstreckung wegen öffentlich-rechtlicher Forderungen dem Formularzwang unterliegen, bei denen jedoch die Vollstreckungsanordnung oder der Vollstreckungsauftrag den Vollstreckungstitel ersetzt. In solchen Fällen müssen Behörden also keine Angaben über einen Vollstreckungstitel machen.

133 Der Gläubiger muss darauf bedacht sein, dass alle Vollstreckungstitel aufgeführt werden, die bei Umsetzung der Anordnungen nach § 758a ZPO Gegenstand der Vollstreckungsmaßnahme sein sollen. Eine Vollstreckung wegen weiterer Vollstreckungstitel, die im Anordnungsbeschluss nicht aufgeführt sind, ist unzulässig und zumindest anfechtbar, wenn nicht nichtig.

134 Werden mehr als ein Vollstreckungstitel zur Grundlage des Vollstreckungsauftrags gemacht, sind die Vollstreckungstitel durchzunummerieren.

135 Die Art des Titels ergibt sich zunächst über § 750 ZPO mit dem (End-)Urteil aus § 704 ZPO. Als weitere Vollstreckungstitel kommen über § 795 ZPO dann alle in § 794 ZPO genannten Vollstreckungstitel in Betracht. In der Praxis besonders wichtig sind der Prozessvergleich (Nr. 1), der Kostenfestsetzungsbeschluss (Nr. 2) und der Vollstreckungsbescheid (Nr. 4).[65] Denkbar sind aber auch Schuldtitel aus anderen Rechtsgrundlagen als die ZPO, etwa aus dem Strafrecht, landesrechtliche Titel oder auch ausländische Vollstreckungstitel. Diese sind in §§ 36 ff. GVGA aufgeführt.

136 Aussteller ist diejenige Institution oder Person, die im Rahmen der ihr zustehenden Befugnisse den Vollstreckungstitel geschaffen hat, dies kann regelhaft ein Gericht, aber auch eine Behörde oder ein Notar sein.

65 Siehe dazu auch § 796 ZPO.

Als Datum ist der Tag, der Monat und das Jahr anzugeben, an dem der Titel geschaffen wurde. Dies ist beim Vollstreckungsbescheid oder dem Kostenfestsetzungsbeschluss das Erlassdatum, beim Urteil das Verkündungsdatum, bei einem Prozessvergleich das Feststellungsdatum und bei einer vollstreckbaren Urkunde das Errichtungsdatum. 137

Das Geschäftszeichen ist das Aktenzeichen oder Geschäftszeichen des Gerichts, der Behörde oder sonstigen Institutionen oder der Person, die den Vollstreckungstitel geschaffen hat. Es darf nicht mit dem eigenen Geschäftszeichen verwechselt werden, das im Kontext der Kontaktdaten anzugeben ist. 138

Es bedarf hier in Modul C – anders als bei anderen Vollstreckungsaufträgen – keiner gesonderten Angabe, ob ein Zustellnachweis beigefügt wird. Dies ist schon zwingender Bestandteil des Vollstreckungsantrags. Auf die diesbezüglichen Ausführungen wird verwiesen. Um eine standardisierte Verwendung des Moduls C künftig sicherzustellen, wäre es wünschenswert, dass der Verordnungsgeber das Modul C für alle Vollstreckungsanträge vereinheitlicht, sodass es gleichsam nicht nur für dieses Buch, sondern gerade auch in der Gestaltung innerhalb der Software für eine strukturierte und automatisierte Verarbeitung vor die Klammer gezogen werden kann. 139

Anders als bei der Angabe des Gläubigers oder des Schuldners ist im Modul C für die Angabe eines weiteren Vollstreckungstitels ein optionaler Rahmen mit den gleichen Angaben wie zuvor dargestellt vorgesehen. Dies ist dem Umstand geschuldet, das auf einen Vollstreckungstitel im Erkenntnisverfahren regelmäßig auch ein Kostenfestsetzungsbeschluss als weiterer gesonderter Vollstreckungstitel folgt. Wird dagegen aus dem häufigsten Titel, den Vollstreckungsbescheid, die Vollstreckung betrieben, so kann der Rahmen insgesamt nach § 3 Abs. 2 Nr. 6 ZVFV entfallen. Die Angaben sind identisch zum ersten angegebenen Vollstreckungstitel. 140

Selbstverständlich ist es in der Praxis denkbar, dass gegen einen Schuldner mehr als ein oder auch zwei Vollstreckungstitel vorliegen. So kann im normalen Erkenntnisverfahren etwa ein Teil-Anerkenntnisurteil oder Teil-Versäumnisurteil, ein nachfolgendes Schlussurteil und ein Kostenfestsetzungsbeschluss ergangen sein. Auch sind mehrere Teilurteile denkbar. Letztlich sind Konstellationen denkbar, in denen der Schuldner immer wieder mit Zahlungsverpflichtungen rückständig wurde, die dann tituliert werden mussten. Als Beispiel sind Forderungen aus Mietverhältnissen oder vergleichbaren Versorgungsverträgen zu nennen, wenn der Vermieter oder Versorger als Gläubiger trotz des Mietzinsverzugs oder sonstigen Zahlungsverzugs auf eine Kündigung verzichtet hat. Das kann die Notwendigkeit mit sich bringen, im Vollstreckungsantrag weitere Vollstreckungstitel aufzuführen. Hierzu stehen dem Antragsteller wieder zwei Alternativen zur Verfügung. Er kann entweder nach Maßgabe des § 3 Abs. 2 Nr. 6 ZVFV den Rahmen für den zweiten Vollstreckungstitel ein- oder mehrfach duplizieren, um die weiteren Vollstreckungstitel aufzuführen. 141

C
sowie aus dem Vollstreckungstitel (zu Ziffer)

Art	Aussteller
Datum	**Geschäftszeichen**

Alternativ kann dem Vollstreckungsantrag eine Anlage beigefügt werden, die weitere Vollstreckungstitel aufführt.

☐ sowie die weiteren Vollstreckungstitel aufgeführt in weiterer Anlage

Dabei muss die Anlage mindestens die Angaben enthalten, die vorstehend für die Vollstreckungstitel dargestellt wurden, mithin Art, Aussteller, Datum und Geschäftszeichen des Vollstreckungstitels.

Die Angaben zu den Vollstreckungstiteln unterscheiden sich in den aktuellen und den neuen Formularen nicht, sodass die Angaben auch bei der Nutzung der neuen Formulare unverändert übernommen werden können.

IV. Vollstreckungsforderung

142 Der Verordnungsgeber verzichtet darauf, für die Anträge und den Beschluss über die Anordnungen nach § 758a ZPO eine Forderungsaufstellung nach Maßgabe der Anlagen 6 bis 8 ZVFV zu fordern. Dies ist auch nicht erforderlich, da für dieses Verfahren lediglich festzustellen ist, dass überhaupt noch eine nicht ausgeglichene Vollstreckungsforderung existiert. Anderenfalls mangelt es dem Antrag an dem notwendigen Rechtsschutzbedürfnis. Grund und Höhe der tatsächlichen Vollstreckungsforderung ist dagegen erst bei der Umsetzung der Anordnungen zu prüfen und festzustellen.

Im Beschlussentwurf hat der Gläubiger den Forderungsbestand unterschieden nach der Frage, ob es sich um die vollständige Hauptforderung, eine Teilforderung oder eine Resthauptforderung nach Zahlungen des Schuldners handelt, zu bezeichnen.

wegen der noch bestehenden

☐ Hauptforderungen in Höhe von insgesamt Euro

☐ Teilforderungen in Höhe von insgesamt Euro

☐ Restforderungen in Höhe von insgesamt Euro

Folgendes angeordnet:

Nebenforderungen wie Zinsen oder Rechtsverfolgungskosten müssen ebenso wenig angegeben werden wie Zahlungen des Schuldners. Sind allein noch Nebenforderungen offen, werden diese zu Hauptforderungen der Vollstreckung und gelten als Restforderungen.

Hinweis

Auch wenn nur wenige Angaben zu machen sind, ist es doch wieder ein vermeidbarer Mehraufwand, den Bestand der Vollstreckungsforderung im Formular des Beschlussentwurfs anzugeben. Dies gilt auch vor dem Hintergrund, das auf die Datenaufbereitung der Anlagen 6 bis 8 ZVFV zurückgegriffen werden kann, wo in der jeweils ersten Zeile die identischen Angaben abverlangt werden. Da der Antrag und der Beschluss nach § 758a ZPO im Kontext mit der Gerichtsvollziehervollstreckung steht, wäre es deshalb sinnvoller gewesen, auch hier die Beifügung der Forderungsaufstellung nach Anlage 6 ZVFV vorzusehen. Der Wiedererkennungseffekt wäre ebenso gewährleistet wie die Aufwandsreduzierung, da dann auf ein ohnehin vorhandenes Formular zurückgegriffen werden kann. Das hat der Verordnungsgeber bei einer Überarbeitung der ZVFV mit der 2. ÄndVO leider weiterhin nicht bedacht.

V. Modul D – (Kombinierte) Durchsuchungsanordnung

Modul D bildet die richterliche Ermächtigung des Gerichtsvollziehers nach § 758a Abs. 1 ZPO ab. Gegenstand des Beschlusses ist daher die Durchsuchung. Der Zutritt zu einer Wohnung zu anderen Zwecken, etwa um die Gasversorgung zu sperren, stellt keine Durchsuchung i.S.v. Art. 13 Abs. 2 GG, §§ 758, 758a ZPO dar.[66] 143

Folgendes angeordnet:

D

☐ **Der zuständige Gerichtsvollzieher wird ermächtigt, zum Zweck der Zwangsvollstreckung**

☐ die Privatwohnung von

Name der betroffenen Person	Vorname(n) der betroffenen Person
Straße	Hausnummer
Postleitzahl	Ort

☐ die Arbeits-, Betriebs-, Geschäftsräume von

Name der betroffenen Person	Vorname(n) der betroffenen Person
Straße	Hausnummer
Postleitzahl	Ort

D

☐ andere Örtlichkeit

Name der betroffenen Person	Vorname(n) der betroffenen Person
Straße	Hausnummer
Postleitzahl	Ort

zu durchsuchen (§ 758a Absatz 1 ZPO).

Der Begriff der Wohnung (Art. 13 Abs. 1 GG) ist dabei weit auszulegen; sodass er Arbeits-, Betriebs- und Geschäftsräume,[67] Büroräume und Werkstätten, Nebenräume und Zugänge sowie Zweit- und Wochenendwohnungen umfasst. Zur Wohnung

66 BGH v. 10.6.2006 – I ZB 126/05.

67 BVerfG NJW 1998, 1627, 1631 m.w.N.; BVerfG NJW 2006, 3411, 3412 m.w.N.

gehören auch Hof, Garten, Garage, Hausboden und Keller, Abstellkammer, Stall, Scheune und Schuppen, mithin andere Örtlichkeiten.[68] Auch ein Wohnwagen soll dazu gehören.[69] Aus vollstreckungsrechtlicher Sicht ist von entscheidender Bedeutung, dass die jeweilige Örtlichkeit absolut präzise beschrieben wird. Hier darf sich bei der Durchsuchung vor Ort dem Gerichtsvollzieher kein Zweifel aufdrängen, wenn die einmal begonnene Durchsuchung in ihrem Erfolg nicht noch weiter beeinträchtigt werden soll.

144 Als betroffene Person ist die Gewahrsamsinhaberin im Hinblick auf die zu durchsuchende Örtlichkeit zu benennen, d.h. die Person, die die Durchsuchung aufgrund des Vollstreckungstitels dulden muss. In der Regel wird dies der im Vollstreckungstitel benannte Schuldner sein.

145 Die Ermächtigung zur Durchsuchung der im Modul D näher bezeichneten Örtlichkeit begründet grundsätzlich nur eine Durchsuchung zu Tagzeit, d.h. zwischen 6:00 Uhr morgens und 21:00 Uhr abends (vgl. hierzu § 758a Abs. 4 S. 2 ZPO).

Insbesondere die Durchsuchung bei erwerbstätigen Schuldnern, deren Agieren darüber hinaus die rein tatsächliche Vollstreckungshinderung[70] zum Ziel hat (Verweigerung der Durchsuchung), verspricht allerdings in diesem Zeitfenster selten einen Erfolg. Die zwangsweise Durchsuchung verursacht demgegenüber regelmäßig unverhältnismäßige Kosten. Es ist deshalb sachgerecht, in solchen Konstellationen die Option zu nutzen, die Vollstreckung außerhalb der Tagzeit sowie an Sonn- und Feiertagen durchzuführen. Insoweit ermöglicht Modul D die Kombination der Durchsuchungsanordnung mit der Erweiterung des Zeitkorridors auf die Nachtzeit nach § 758a Abs. 4 S. 2 ZPO, d.h. die Zeit zwischen 21.00 Uhr und 06.00 Uhr, sowie an Sonn- und Feiertagen.

☒ **Gleichzeitig wird angeordnet, dass die Durchsuchung der oben bezeichneten**

☒ Privatwohnung

☒ Arbeits-, Betriebs-, Geschäftsräume

☐

zur Nachtzeit und an Sonn- und Feiertagen (§ 758a Absatz 4 ZPO) durchgeführt werden kann.

Inhaltliche Änderungen zwischen den aktuellen Formularen und den neuen Formularen nach der 2. ÄndVO wurden in Modul D nicht geregelt, sodass die fachlichen Inhalte in beiden Formularen unverändert genutzt werden können.

VI. Modul E – Vollstreckung zur Unzeit

146 Während Modul D die isolierte Anordnung der Durchsuchung sowie die kombinierte Anordnung der Durchsuchung und dies zur Unzeit erlaubt, erfasst Modul E

68 Zöller/*Seibel*, ZPO, 35. Aufl. 2024, § 758a Rn 4.

69 Zöller/*Seibel*, 35. Aufl. 2024, § 758a Rn 4

70 Nicht im strafrechtlichen Sinne der Vollstreckungsvereitelung gemeint.

die isolierte Anordnung der Zulässigkeit der Vollstreckung zur Unzeit, d.h. zur Nachtzeit oder an Sonn- und Feiertagen.

Während sich die Durchsuchung auf eine Örtlichkeit bezieht, ist der erste Bezugspunkt der Vollstreckung zur Nachtzeit und an Sonn- und Feiertagen eine konkrete Vollstreckungsmaßnahme. Diese ist deshalb zu bezeichnen. Dabei wird zweckmäßigerweise auf die gesetzliche Bezeichnung der Maßnahme und die Rechtsgrundlage Bezug genommen, etwa „Sachpfändung nach § 802a Abs. 2 Nr. 4 i.V.m. § 808 ZPO".

E

Bezeichnung der Zwangsvollstreckungsmaßnahmen

☒ **Der zuständige Gerichtsvollzieher wird ermächtigt, die** Sachpfändung nach § 802a Abs. 2 Nr. 4 iVm § 808 ZPO **in**

☒ der Privatwohnung von

Name der betroffenen Person	Vorname(n) der betroffenen Person
Schuldig	Erwin
Straße	**Hausnummer**
Am Goldbrünnchen	7
Postleitzahl	**Ort**
12345	Schuldhausen

☐ den Arbeits-, Betriebs-, Geschäftsräumen von

Name der betroffenen Person	Vorname(n) der betroffenen Person
Straße	**Hausnummer**
Postleitzahl	**Ort**

☐ andere Örtlichkeit

Name der betroffenen Person	Vorname(n) der betroffenen Person
Straße	**Hausnummer**
Postleitzahl	**Ort**

zur Nachtzeit und an Sonn- und Feiertagen durchzuführen (§ 758a Absatz 4 ZPO).

Die Anforderungen an die bestimmte Bezeichnung der Örtlichkeit und die duldungsverpflichtete Person decken sich mit denen zu Modul D, sodass auf die dortigen Ausführungen Bezug genommen werden kann.

Gem. § 758a Abs. 4 S. 2 ZPO beginnt die Nachtzeit um 21.00 Uhr und endet am **147**
Morgen um 06.00 Uhr. Wichtiger erscheint noch die Möglichkeit, an Sonn- und Feiertagen zu vollstrecken.

Hinweis

In der Praxis stellt sich nicht selten das Problem, dass die Gerichtsvollzieher solche, auch ihre persönliche Lebensführung beeinträchtigenden Vollstreckungen abzuwehren versuchen. Betont der originär zuständige Gerichtsvollzieher verhindert zu sein, so kann dessen Vertreter beauftragt werden. Reklamiert auch dieser eine Verhinderung für sich, ist auf den Eilgerichtsvollzieher bei dem jeweiligen Amtsgericht zurückzugreifen. Diese Form der „Eskalation" zeigt regelmäßig Wirkung. Hier greift dann die „soziale Kontrolle" der weiter involvierten Personen. Der verfassungsrechtliche Anspruch auf eine effektive Zwangsvollstreckung verlangt, dass die Vollstreckungsorgane § 758a ZPO auch tatsächlich umsetzen, und erlaubt keine „Komfortzonen". Gläubiger wie Schuldner haben beidseits Verfassungsrechte, denen ausgewogen Geltung zu verschaffen ist. In der Praxis ist immer wieder festzustellen, dass der Gerichtsvollzieher es dann schafft, den Schuldner doch in den gewöhnlichen Tagzeiten zu erreichen.

Inhaltliche Änderungen zwischen den aktuellen Formularen und den neuen Formularen nach der 2. ÄndVO wurden in Modul E nicht geregelt, sodass die fachlichen Inhalte in beiden Formularen unverändert genutzt werden können.

VIII. Modul F – Gerichtliche Anordnungen

148 Modul F umfasst die weiteren originär richterlichen Anordnungen in Umsetzung der vor allen Dingen verfassungsrechtlich geprägten Entscheidung.

F

Vom Gericht auszufüllen:

Bezeichnung der Ermächtigung

☐ Es wird angeordnet, dass die Ermächtigung für
auf die Dauer von Monat/-en von heute an befristet ist.

☐ Im Rahmen der angeordneten Durchsuchung umfasst sie die Befugnis, verschlossene Haustüren, Zimmertüren und Behältnisse öffnen zu lassen und Pfandstücke zum Zweck ihrer Verwertung an sich zu nehmen (Artikel 13 Absatz 2 GG, § 758a Absatz 1 ZPO). Die Ermächtigung gilt zugleich für das Abholen der Pfandstücke.

Weitere Anordnungen:

Die Durchsuchung der Wohnung bzw. der anderen Örtlichkeit wird
☐ auf folgende Zeiten beschränkt: von Uhr bis Uhr. ☐ zeitlich nicht beschränkt.

Gründe:

☐ Nach den Angaben des zuständigen Gerichtsvollziehers konnten die Schuldner wiederholt und trotz Terminsmitteilung in der Wohnung bzw. der anderen Örtlichkeit nicht angetroffen werden.

☐ Die Schuldner haben dem Gerichtsvollzieher die Durchsuchung verweigert.

☐ Auf eine Anhörung der Schuldner vor Erlass des Beschlusses wurde im Hinblick auf den bisherigen Verfahrensgang verzichtet, um den Vollstreckungserfolg nicht zu gefährden.

☐

Dabei ergibt sich schon aus der Überschrift des Moduls, dass es vom Gericht auszufüllen ist. Allerdings hindert dies den Antragsteller nicht, einen „Vorschlag" für die Beschränkungen der Anordnungen zu machen, d.h. für die zeitliche Befristung der Anordnungen oder deren zeitliche Beschränkung innerhalb der Nachtzeit. Damit kann der Gläubiger bzw. sein Bevollmächtigter die Verhältnismäßigkeit begründen. Auch kann der Gläubiger schon vorgeben, ob die Anordnung auf dem wiederholten Nichtantreffen trotz Terminsmitteilung beruht oder aber auf der ausdrücklichen Verweigerung der Durchsuchung.

F

Vom Gericht auszufüllen:

Bezeichnung der Ermächtigung

☒ Es wird angeordnet, dass die Ermächtigung für die Durchsuchung der Privatwohnung auf die Dauer von 12 Monat/-en von heute an befristet ist.

☒ Im Rahmen der angeordneten Durchsuchung umfasst sie die Befugnis, verschlossene Haustüren, Zimmertüren und Behältnisse öffnen zu lassen und Pfandstücke zum Zweck ihrer Verwertung an sich zu nehmen (Artikel 13 Absatz 2 GG, § 758a Absatz 1 ZPO). Die Ermächtigung gilt zugleich für das Abholen der Pfandstücke.

Weitere Anordnungen:

Die Durchsuchung der Wohnung bzw. der anderen Örtlichkeit wird
☒ auf folgende Zeiten beschränkt: von 05.00 Uhr bis 24.00 Uhr. ☐ zeitlich nicht beschränkt.

Gründe:

☒ Nach den Angaben des zuständigen Gerichtsvollziehers konnten die Schuldner wiederholt und trotz Terminsmitteilung in der Wohnung bzw. der anderen Örtlichkeit nicht angetroffen werden.

☐ Die Schuldner haben dem Gerichtsvollzieher die Durchsuchung verweigert.

☒ Auf eine Anhörung der Schuldner vor Erlass des Beschlusses wurde im Hinblick auf den bisherigen Verfahrensgang verzichtet, um den Vollstreckungserfolg nicht zu gefährden.

☐

Die hochbelastete amtsgerichtliche Praxis ist in der Regel für solche Arbeitsentlastungen dankbar.

Hinweis

Erforderlich ist dann jeweils nur, dass der Richter in der Lage ist, die gesetzten Kreuze und die ausgefüllten Textfelder zu verändern, sodass dieser die volle Entscheidungshoheit behält. Es muss als ein veränderliches PDF eingereicht werden. Anlass für Monierungen kann diese Verfahrensweise nicht geben, weil der Richter jederzeit in der Lage ist, das Beschlussformular nach Anlage 3 ZVFV blanko heranzuziehen und selbst auszufüllen. Gefordert ist also ein fortgesetzt ausfüllbares PDF als zu übermittelnder Beschlussentwurf nach Anlage 3 ZVFV.

Das abschließende freie Textfeld gibt dem Richter die Möglichkeit, Anordnungen im konkreten Einzelfall zu treffen, etwa wenn Erkrankungen des Schuldners oder von Mitbewohnern zu berücksichtigen sind oder auf die Belange von Kindern in besonderer Weise Rücksicht genommen werden soll. Auch hier ist der Gläubiger oder sein Bevollmächtigter nicht gehindert, Anordnungen vorzuformulieren.

Inhaltliche Änderungen zwischen den aktuellen Formularen und den neuen Formularen nach der 2. ÄndVO wurden in Modul F nicht geregelt, sodass die fachlichen Inhalte in beiden Formularen unverändert genutzt werden können.

IX. Unterschriften

Allein der Richterin und der vollziehenden Geschäftsstelle vorbehalten ist der ab- **149**
schließende Rahmen zu den Unterschriften und den gerichtlichen Verfügungen der Ausfertigung und Beglaubigung.

Die entscheidende Richterin ist namentlich im Sinne einer einfachen Signatur zu benennen. Die Unterschriftsleistung erfolgt dann nach Maßgabe der Teilhabe des angerufenen Gerichts im elektronischen Rechtsverkehr. Zunehmend geschieht dies im Wege der elektronischen Signatur. Gleiches gilt für die Urkundsbeamtin der Geschäftsstelle.

Vom Gericht auszufüllen:

Datum	Name Richterin/Richter	
		Unterschrift Richterin/Richter
☐ Ausgefertigt ☐ Beglaubigt		
Datum	Name Urkundsbeamtin/Urkundsbeamter	
		Unterschrift Urkundsbeamtin/Urkundsbeamter

Hinweis

Der Antragsteller muss mithin in besonderer Weise darauf achten, dass er ggf. den Antrag auf die Anordnungen nach§ 758a ZPO nach Anlage 2 ZVFV qualifiziert elektronisch signiert, nicht aber die diesem Antrag beizufügende Anlage 3 ZVFV. Dieses differenzierte Vorgehen hindert nicht die Zusammenfassung der beiden Dokumente in einer Datei zur anschließenden Übermittlung über einen sicheren Übermittlungsweg.[71]

Auch hier bringen die neuen Formulare nach der 2. ÄndVO gegenüber den aktuellen Formularen keine Änderungen mit sich.

F. Anlage 4: Anträge nach §§ 829, 835 ZPO in der Forderungspfändung

I. Einführung

150 Der Antrag auf Erlass eines Pfändungsbeschlusses und eine Pfändungs- und Überweisungsbeschlusses umfasst als Anlage 4 zur ZVFV insgesamt zwei Seiten. Die Formulare verwenden hier den Begriff des Antrags, während in den Formularen zur Vollstreckung mit dem Gerichtsvollzieher der Begriff des Auftrags verwendet wird. Inhaltliche Unterschiede sind mit den verschiedenen Begrifflichkeiten nicht verbunden.

71 Insbesondere per beA oder eBO.

Er wird ergänzt durch die Anlage 5 zur ZVFV, den Entwurf eines Pfändungsbeschlusses oder eines Pfändungs- und Überweisungsbeschlusses sowie je nach dem zu vollstreckenden Anspruch die Anlage 7 zur ZVFV zur Aufstellung von Forderungen, die keine gesetzlichen Unterhaltsansprüche sind, oder die Anlage 8 zur ZVFV für die Aufstellung von Forderungen bei der Vollstreckung von gesetzlichen Unterhaltsansprüchen.

Weder vom Formularzwang erfasst noch als selbstständiges Formular vorgesehen ist der Antrag auf Erlass eines isolierten Überweisungsbeschlusses nach vorangegangenem Antrag auf Erlass eines isolierten Pfändungsbeschlusses.[72]

Leider ist die Anlage 4, d.h. der Antrag, nicht modular gegliedert. Er umfasst ansonsten die obligatorischen Angaben zum Ausgleich der Gerichtskosten in Form der elektronischen Kostenmarke oder eines SEPA-Lastschriftmandats, zu den zwingenden Stammdaten zum Schuldner und zur Angabe, ob bereits ein vorläufiges Zahlungsverbot besteht (um die Eilbedürftigkeit beurteilen zu können), freiwillige Angaben zu den Kontaktdaten des Ansprechpartners bzw. des Auftraggebers – in der Regel des Bevollmächtigten –, den eigentlichen Antrag, den beigefügten Beschlussentwurf (Anlage 5 zur ZVFV) zu erlassen, eine optionale Auflistung weiterer Zusatzanträge, eine zwingende und darüber hinaus optionale Angabe von übermittelten Anlagen sowie die Versicherungen und Unterschriften.

Dem Antrag nach Anlage 4 zwingend beizufügen ist die Anlage 5 ZVFV, mithin den korrespondierenden Beschlussentwurf und entweder die Anlage 7 oder 8 ZVFV als Aufstellung der zu vollstreckenden Forderungen.

Die Module A und B werden nachfolgend weder zur Anlage 4 noch zur Anlage 5 mehr gesondert abgehandelt, da diese als in allen Formularen inhaltsgleich bereits vor die Klammer gezogen wurden. Auf die obigen Ausführungen wird verwiesen.

Mit der 2. ÄndVo ergeben sich gegenüber den aktuellen Formularen, die ab dem 1.9.2024 verbindlich sind, für die ab dann optional einsetzbaren und erst ab dem 1.10.2025 verbindlichen neuen Formulare folgende Änderungen:

- Auf Seite 1 wird ein Ankreuzfeld eingefügt für Fälle, in denen der Antragsteller von der Zahlung der Gerichtskosten befreit ist. In das neu geschaffene und darunter stehende Eingabefeld ist einzutragen, aus welchem Rechtsgrund sich die Befreiung ergibt, also z.B: aus einem Prozesskostenhilfe-Beschluss. Dies soll Nachfragen des Gerichts beim Antragsteller vermeiden, wenn weder Angaben zu einer Kostenmarke noch Angaben zu einem SEPA-Mandat gemacht werden.
- Zugleich werden die Optionen Kostenmarke, SEPA-Mandat und Gerichtskostenbefreiung nebeneinander angeordnet, denn sie sind einander ausschließende Alternativen.

72 Etwa in den Fällen des § 720a ZPO oder § 852 ZPO, vgl. hierzu aber das Muster in der FoVo 2023, 85.

- Bei den Angaben zum Schuldner wird hinter der Feldbezeichnung „Land" eingefügt, dass dies nur dann einzutragen ist, wenn die Anschrift nicht in Deutschland liegt. Bei der weit überwiegenden Anzahl der Anträge ist eine Angabe zum Land dann nicht erforderlich.
- Zudem wird im Rahmen mit den Kontaktdaten klargestellt, dass es um die Kontaktdaten des Antragstellers geht.
- Vor dem Eingabefeld „Geschäftszeichen" wird bei den Kontaktdaten ein neues Eingabefeld für die SAFE-ID geschaffen, obwohl die Software des Vollstreckungsgerichts diese schon aufgrund der zentralen Verzeichnisse ausweisen sollte.
- Auf Seite 2 wird im Rahmen für die elektronisch übermittelten Anträge eine weitere Eingabemöglichkeit für die Übersendung einer Abschrift des Vollstreckungsbescheids nebst Zustellungsbescheinigung als elektronisches Dokument geschaffen, um den Standardfall abzubilden. Sinnvoll wäre es natürlich gewesen, vor dem Hintergrund des *Gesetzes zur weiteren Digitalisierung der Zwangsvollstreckung*[73] hier neutraler von Vollstreckungs*titel* statt von Vollstreckungs*bescheid* zu sprechen.
- Im Rahmen für die weitere Anlagen wird die Auswahlmöglichkeit „Verrechnungsscheck für Gerichtskosten" entfernt, da diese Zahlungsmöglichkeit in der Praxis bedeutungslos geworden ist.

II. Adressat des Vollstreckungsantrags

151 Wie schon das Formular- nach der ZVFV 2012 wird lediglich das Amtsgericht als Vollstreckungsgericht vorgegeben, d.h. die Angaben zur sachlichen Zuständigkeit. Die Konkretisierung in der örtlichen Zuständigkeit ist dagegen vom Antragsteller vorzunehmen.

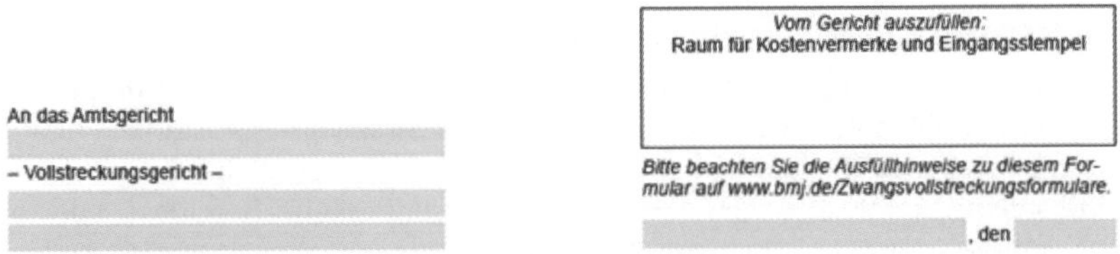
Vom Gericht auszufüllen:
Raum für Kostenvermerke und Eingangsstempel

An das Amtsgericht

– Vollstreckungsgericht –

Bitte beachten Sie die Ausfüllhinweise zu diesem Formular auf www.bmj.de/Zwangsvollstreckungsformulare.

, den

Der Antrag ist nach § 828 Abs. 2 ZPO an das Vollstreckungsgericht zu richten, bei dem der Schuldner im Inland seinen allgemeinen Gerichtsstand hat, und sonst an das Amtsgericht, bei dem nach § 23 ZPO gegen den Schuldner Klage erhoben werden kann. Die Zuständigkeit ist nach § 802 ZPO eine ausschließliche Zuständigkeit

73 Entwurf eines Gesetzes zur weiteren Digitalisierung der Zwangsvollstreckung, BT-Drucks 20/11310; vgl. hierzu *Goebel*, FoVo 2023, 45 ff.

und kehrt die Regel aus § 764 Abs. 2 ZPO, wonach immer das Vollstreckungsgericht am Ort der Vollstreckungshandlung zuständig ist, in ihr Gegenteil um. Nach § 764 Abs. 2 ZPO wäre das Vollstreckungsgericht am Sitz des Drittschuldners zuständig, da dort nach § 829 Abs. 3 ZPO die Vollstreckung stattfindet.

Der allgemeine Gerichtstand des Schuldners bestimmt sich nach § 13 ZPO, d.h. seinem Wohnsitz, wenn es sich um eine natürliche Person handelt.[74] Ist der Schuldner unbekannt verzogen, ist das Vollstreckungsgericht am letzten bekannten Wohnsitz zuständig.[75] Bei juristischen Personen ist der allgemeine Gerichtstand nach § 17 ZPO am Sitz der Gesellschaft begründet.

> *Hinweis*
>
> Dies bedeutet im Ergebnis, dass der Rechtspfleger (§ 20 Abs. 1 Nr. 17 RPflG) am Wohnsitz oder Sitz des Schuldners zentrale Anlaufstelle in der Forderungspfändung gegen einen konkreten Schuldner ist und – vorbehaltlich von Wohnsitzwechseln des Schuldners – einen Überblick zu allen Forderungspfändungen gegen einen konkreten Schuldner hat. Er hat deshalb regelmäßig einen guten Überblick zu den Verhältnissen des Schuldners, was bei Zusatzanträgen Bedeutung entfalten kann („gerichtsbekannt“).

Da das Formular die weiteren Angaben nicht vorgibt, bleibt es dem Antragsteller vorbehalten, zu entscheiden, ob eine postalische Anschrift mit Straße und Hausnummer oder ein Postfach gewählt wird. Bei einer elektronischen Übermittlung bedarf es insoweit auch keiner Angaben, wenn nur das Gericht eindeutig bestimmt ist.

Für die örtliche Zuständigkeit ist der Zeitpunkt des Erlasses des Pfändungsbeschlusses oder des Pfändungs- und Überweisungsbeschlusses maßgeblich.[76] Hat das örtlich unzuständige Gericht den Pfändungsbeschluss oder den Pfändungs- und Überweisungsbeschluss erlassen, weil ein vorheriger Wohnsitzwechsel unbekannt geblieben ist, ist der Beschluss wirksam, aber anfechtbar. Insoweit ist das Problem zu sehen, dass die Anfechtbarkeit über § 766 ZPO unbefristet ist, worin ein Risiko für den Gläubiger liegt. Wurde der Beschl. v. zuständigen Gericht erlassen und findet in der Folge ein Wohnsitzwechsel statt, bleibt dagegen für das weitere Verfahren gleichwohl das Erlassgericht zuständig. Klarstellungs- oder Ergänzungsanträge sind also immer an das Erlassgericht zu richten.[77]

Bei Vollstreckung in verschiedene Forderungen (Rechte) mehrerer Schuldner mit allgemeinem Gerichtsstand bei verschiedenen Amtsgerichten sind getrennte Anträge bei den einzelnen zuständigen Amtsgerichten zu stellen. Steht die zu pfändende

74 Für Soldaten ist die Sondervorschrift in § 9 BGB zu beachten.

75 LG Hamburg Rpfleger 2002, 467; LG Halle Rpfleger 2002, 467.

76 Zöller/*Seibel*, ZPO, 35. Aufl. 2024, § 828 Rn 2 i.V.m. Vorbem. § 704 Rn 33.

77 BGH v. 8.3.1990 – 1 AZR 152/90, Rpfleger 1990, 308.

Forderung mehreren Schuldnern mit Wohnsitz in verschiedenen AG-Bezirken gemeinschaftlich (nach Bruchteilen oder zur gesamten Hand) zu, so ist das zuständige Gericht in Anwendung des § 36 Abs. 1 Nr. 3 ZPO auf Antrag von dem gemeinschaftlich höheren Gericht zu bestimmen.[78] Der Gerichtsstandsbestimmungsantrag kann formlos gestellt werden. Auch in diesem Verfahren ist § 834 ZPO anwendbar, d.h. der Schuldner ist nicht anzuhören.

Ohne rechtliche Bedeutung ist die Angabe des Orts, von dem aus der Antrag gestellt wird, und das Datum des Vollstreckungsantrags, da es allein darauf ankommt, wann dem Drittschuldner am Ende der erlassene Beschluss nach § 829 ZPO zugestellt wurde, § 829 Abs. 3 ZPO.

Die 2. ÄndVO zeigt gegenüber den aktuellen Formularen keine Änderungen.

III. Angaben zu den Gerichtskosten

152 Über Anträge auf gerichtliche Handlungen der Zwangsvollstreckung gem. § 829 Abs. 1, §§ 835, 839, 846–848, 857, 858, 886–888 oder § 890 ZPO soll nach § 12 Abs. 6 GKG erst nach Zahlung der Gebühr für das Verfahren und der Auslagen für die Zustellung entschieden werden. Dies gilt allerdings nach § 12 Abs. 6 S. 2 GKG nicht bei elektronischen Anträgen auf gerichtliche Handlungen der Zwangsvollstreckung gem. § 829a ZPO.

> *Hinweis*
>
> Mit dem KostRÄG 2025 soll dies auch auf den Fall der Umschreibung nach § 727 ZPO erstreckt werden. Da auch der Pfändungs- bzw. Pfändungs- und Überweisungsbeschluss einen Titel – etwa für die Vollstreckung nach § 836 Abs. 3 ZPO – bilden kann, wirkt sich das auch hier aus.

153 Um Verzögerungen beim Vollstreckungszugriff zu vermeiden, die nach § 804 Abs. 3 ZPO zu Rangverlusten führen können, sollte deshalb die Gerichtsgebühr nach Nr. 2111 KV GKG – im Regelfall von (noch) 22 EUR (nach dem KostRÄG 2025 dann voraussichtlich 24 EUR) – bereits mit der Antragstellung gezahlt werden. Das Antragsformular bietet hierzu den Ausgleich im Wege der elektronischen Kostenmarke

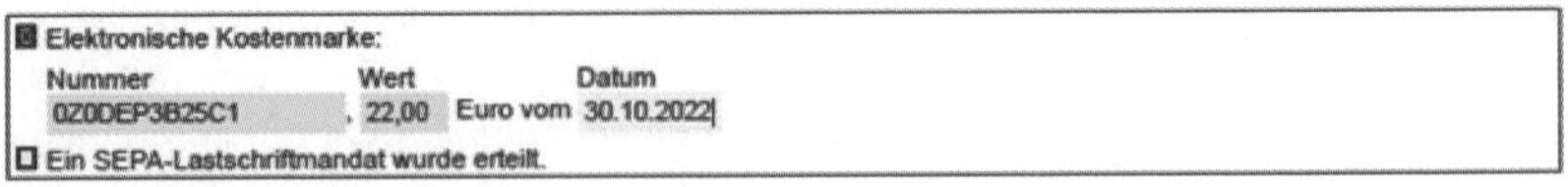
■ Elektronische Kostenmarke:
Nummer 0Z0DEP3B25C1 Wert 22,00 Euro vom Datum 30.10.2022
□ Ein SEPA-Lastschriftmandat wurde erteilt.

oder durch die Erteilung eines SEPA-Lastschriftmandats an.

78 OLG Hamm v. 14.7.2016 – 32 SA 45/16; OLG Karlsruhe MDR 2005, 1262; Zöller/*Seibel*, ZPO, 35. Aufl. 2024, § 828 Rn 2.

☐ Elektronische Kostenmarke:
Nummer ____ , ____ Wert Euro vom ____ Datum
☒ Ein SEPA-Lastschriftmandat wurde erteilt.

Die elektronische Kostenmarke kann im Internet bundeseinheitlich erworben werden[79] und ist derzeit in elf Bundesländern[80] einlösbar. Es ist allerdings davon auszugehen, dass zeitnah alle Bundesländer die Kostenmarken akzeptieren.

Hinweis

Für die Einsetzbarkeit der Kostenmarke ist es unerheblich, aus welchem Land man sie gekauft hat. Das Portal wird einheitlich von den kooperierenden Ländern betrieben.

Elektronische Kostenmarke

Auf dieser Seite können Sie Elektronische Kostenmarken kaufen.

Bitte beachten Sie: **Diese Kostenmarken sind derzeit nur in Baden-Württemberg, Bremen, Hamburg, Hessen, Mecklenburg-Vorpommern, Niedersachsen, Nordrhein-Westfalen, Rheinland-Pfalz, Schleswig-Holstein und Thüringen gültig.** In **Rheinland-Pfalz** können Elektronische Kostenmarken nicht für die Zahlung von Geldbeträgen nach § 1 Abs. 1 EBAO und Geldauflagen nach § 18 Abs. 1 EBAO genutzt werden.

Nähere Informationen zu dem Verfahren der Elektronischen Kostenmarke finden Sie unter Projektbeschreibung Elektronische Kostenmarke.
Im Falle der Erstattung von mit Kreditkarte gekauften und bereits bezahlten Kostenmarken wenden Sie sich bitte an die Zentrale Zahlstelle der Justiz des Landes Nordrhein-Westfalen (kostenmarke [@] olg-hamm.nrw.de).

Anzahl: 15

Betrag pro Kostenmarke (in EUR): 22,00

In Warenkorb legen

Für die Erteilung der SEPA-Lastschriftmandate sehen die Landesjustizkassen meist eigene Formulare vor.[81] Es können aber auch eigene Formulare genutzt werden.[82]

Mit der 2. ÄndVO wurde nunmehr auch noch die Möglichkeit geschaffen, eine Gerichtskostenbefreiung anzugeben. Dies ist bei der vorherigen Bewilligung von Prozess- oder Verfahrenskostenhilfe ebenso denkbar wie bei der Vollstreckung von Forderungen für einen öffentlich-rechtlichen Gläubiger.

☐ Elektronische Kostenmarke: Nummer ____ , Wert ____ Euro vom Datum ____	☐ Ein SEPA-Lastschriftmandat wurde erteilt.	☐ Gerichtskostenbefreiung gemäß

79 https://justiz.de/kostenmarke/index.php.

80 Abruf vom 13.7.2024.

81 Beispiel Bayern: https://www.justiz.bayern.de/media/images/behoerden-und-gerichte/oberlandesgerichte/bamberg/mandat_ke.pdf oder Beispiel NRW: https://www.justiz.nrw/JM/doorpage_online_verfahren_projekte/projekte_d_justiz/agm/Linkliste/SEPA_Lastschrift.pdf.

82 Vgl. hierzu das Muster als Arbeitshilfe in der FoVo 2024, 30, 33.

Wird keine der zwei bzw. drei Möglichkeiten gewählt und wird bei den aktuellen Formularen auch nicht bezeichnet, dass der Beschluss zur bewilligten Prozess- oder Verfahrenskostenhilfe vorgelegt wird und handelt es sich auch nicht um einen vereinfachten elektronischen Antrag nach § 829a ZPO, erhält der Antragsteller eine Vorschussrechnung. Der Erlass des Beschlusses ist dann von deren Ausgleich abhängig. Der Gläubiger oder sein Bevollmächtigter müssen sich bewusst sein, dass dies die Zwangsvollstreckung verzögert und zu Rangverlusten nach § 804 Abs. 3 ZPO führen kann.

IV. Stammdaten zum Schuldner

154 Zunächst sind Grundangaben zum Schuldner zu machen, die sich auf dessen Namen und seine postalische Anschrift beziehen. Daneben ist anzugeben, ob wegen einer Forderungspfändung bereits ein vorläufiges Zahlungsverbot besteht.

Aktuelle Formulare:

Angaben zum Schuldner:

☐ Herr ☐ Frau ☐ Unternehmen ☐

Name/Firma | ggf. Vorname(n)

Straße | Hausnummer

Postleitzahl | Ort

Land

☐ Es besteht bereits ein vorläufiges Zahlungsverbot nach § 845 ZPO (Vorpfändung).

Neue Formulare:

Angaben zum Schuldner:

☐ Herr ☐ Frau ☐ Unternehmen ☐

Name/Firma | ggf. Vorname(n)

Straße | Hausnummer

Postleitzahl | Ort

Land (wenn nicht Deutschland)

☐ Es besteht bereits ein vorläufiges Zahlungsverbot nach § 845 ZPO (Vorpfändung).

Die Angaben befinden sich außerhalb eines Rahmens und sind deshalb einerseits zwingend und dürfen bei mehreren Schuldnern insgesamt mehrfach wiederholt werden, § 3 Abs. 2 Nr. 5 ZVFV. Eine Anlage für weitere Schuldner ist insoweit nicht vorgesehen. Allerdings kann nach § 3 Abs. 2 Nr. 7 ZVFV, auch ohne dass dies im Formular vorgesehen ist, eine Anlage mit weiteren Schuldnern genutzt werden. Diese Anlage ist im später zu erörternden Anlagenverzeichnis sodann anzugeben.

Die Angaben zum Schuldner zielen allerdings auf die Bestimmung des örtlich zuständigen Vollstreckungsgerichts. Sofern mehrere Schuldner als Antragsgegner in Anspruch genommen werden sollen, die innerhalb eines Amtsgerichtsbezirks wohnen, genügt damit die Angabe eines Schuldners. Dies gilt allerdings auch, wenn die Schuldner in unterschiedlichen Amtsgerichtsbezirken wohnen. Die Angaben eines von mehreren Schuldnern hat dann aber die rechtliche Wirkung der Wahl des Gerichtsstands. Dieser ist bei beiden Schuldnern zunächst nach §§ 12, 13, 17 i.V.m. 802 ZPO bei dem Wohnsitzgericht ausschließlich ausgestaltet. Das hindert allerdings die Wahl nach § 35 ZPO nicht.[83] Eine solche Wahl ist nur ausgeschlossen, wenn ein ausschließlicher mit einem nicht ausschließlichen Gerichtsstand zusammentrifft, nicht aber, wenn zwei ausschließliche Gerichtsstände zusammentreffen. Die Wahl selbst ist unter den Gesichtspunkten der Zweckmäßigkeit zu treffen, etwa der Erlassgeschwindigkeit oder der Rechtsansichten zu den pfändbaren Ansprüchen, der Nebenrechte oder auch des Kostenrechts.

Da die Formulare Ausfüllmöglichkeiten geben, aber keine Ausfüllpflicht begründen, muss auch in den aktuellen Formularen „Deutschland" nicht angegeben werden, wenn dies aufgrund der weiteren Angaben – regelhaft – auf der Hand liegt. Ungeachtet dessen war es dem Verordnungsgeber offenbar wichtig, dies mit den neuen Formularen ausdrücklich klarzustellen. Weitere Änderungen hat die 2. ÄndVO an dieser Stelle nicht gebracht.

Die Angaben zur Vorpfändung dienen der Beschleunigung des Antrags- und Erlass- **155**
verfahrens. Um die Rangwahrung der Vorpfändung zu erreichen und zu erhalten, muss der Pfändungsbeschluss nach § 845 Abs. 2 ZPO nicht nur innerhalb eines Monats erlassen, sondern auch zugestellt sein, § 829 Abs. 3 ZPO. Insoweit ist es allerdings inkonsequent, nicht die Angabe zu ermöglichen, welcher Anspruch oder welche Ansprüche von einer Vorpfändung betroffen sind, wann die Vorpfändung zugestellt wurde und damit, wann die Frist – ggf. für verschiedene vorgepfändete Forderungen zu unterschiedlichen Zeitpunkten – abläuft. Um diese Informationen dem Vollstreckungsgericht zu vermitteln, kann es sinnvoll sein, den Nachweis über die Zustellung der Vorpfändung als weitere Anlage (siehe dazu nachfolgend) zu übermitteln.

V. Kontaktdaten des Ansprechpartners bzw. Antragstellers

Kann bei der Beauftragung des Gerichtsvollziehers aus der konkreten Kontaktsitua- **156**
tion des Gerichtsvollziehers mit dem Schuldner die Notwendigkeit der unmittelbaren Rücksprache entstehen, ist dies im Verfahren vor dem Vollstreckungsgericht weniger relevant. Ungeachtet dessen pflegt auch so mancher Rechtspfleger den schnellen Kontakt.

83 Zöller/*Schultzky*, ZPO, 35. Aufl. 2024, § 35 Rn 1a.

Aktuelles Formular:

Kontaktdaten des Ansprechpartners:

☐ Gläubiger ☐ gesetzlicher Vertreter ☐ Bevollmächtigter

Name/Firma | ggf. Vorname(n)

Telefon | E-Mail | Fax

Geschäftszeichen

Hier hat der Verordnungsgeber mit der 2. ÄndVO aus dem „Ansprechpartner" den „Auftraggeber" gemacht und die Möglichkeit ergänzt, eine Safe-ID des Auftraggebers anzugeben. Tatsächlich gemeint ist der „Ansprechpartner des Auftraggebers."

Neues Formular:

Kontaktdaten des Antragstellers:

☐ Gläubiger ☐ gesetzlicher Vertreter ☐ Bevollmächtigter

Name/Firma | ggf. Vorname(n)

Telefon | E-Mail | Fax

SAFE-ID

Geschäftszeichen

Für die Praxis wird wichtig sein, dass die anzugebenden Kommunikationswege direkt zum Ansprechpartner führen und der benannte Ansprechpartner einerseits den Vollstreckungsfall beurteilen kann und andererseits mit den entsprechenden Entscheidungskompetenzen ausgestattet ist. Gibt es keinen Variationsspielraum und wollen der Gläubiger oder sein Bevollmächtigter nicht kontaktiert werden, können die Angaben auch unterbleiben. Andererseits sind die Angaben auch in einem Rahmen, sodass auch denkbar wäre, den Rahmen zu vervielfältigen und mehrere Ansprechpartner anzugeben. Die Datenfelder sind ansonsten selbsterklärend.

Mit der Angabe der Safe-ID ist zugleich das Einverständnis verbunden, elektronisch zu kommunizieren, wenn dies nicht ohnehin für den professionellen Anwender wie Rechtsanwälte (aktive und passive Nutzungspflicht des beA) oder Inkassodienstleister (passive Nutzungspflicht des eBO) verpflichtend ist. Anders als beim Gerichtsvollzieher, der keine Justiz-Software nutzt, bedarf es der Angabe der SAFE-ID jedenfalls für professionelle Rechtsdienstleister (Rechtsanwälte und Inkassodienstleister) nicht, weil sie in den gerichtlichen Datenbanken hinterlegt sind.

Die Kontaktdaten sind innerhalb eines Rahmens anzugeben. Insoweit ist es nach § 3 Abs. 2 Nr. 6 ZVFV gestattet, den Text, die Texteingabefelder oder den gesamten Rahmen zu entfernen oder auch mehrfach zu verwenden. Zugleich kann der Umfang der Texteingabefelder nach § 3 Abs. 2 Nr. 4 ZPO erweitert oder verringert werden.

Hinweis 157

Anders als beim Gerichtsvollzieherauftrag erfolgt die Angabe der Bankdaten nicht im Antragsteil, sondern in Anlage 5 ZVFV, d.h. im Beschlussentwurf. Adressat der Angabe der Bankdaten ist in der Forderungspfändung nämlich der Drittschuldner und, anders als bei der Vollstreckung mit dem Gerichtsvollzieher, nicht das Vollstreckungsorgan.

VI. Haupt- und Zusatzanträge

Notwendiger Hauptantrag ist der Erlass des beizufügenden Beschlusses für einen Pfändungsbeschluss oder einen Pfändungs- und Überweisungsbeschluss nach Maßgabe der Anlage 5 zur ZVFV. 158

Es wird beantragt, den beigefügten Entwurf wie ausgefüllt als Beschluss zu erlassen.

Zusätzlich wird beantragt,

Da der Text außerhalb eines Rahmens steht, ist er nicht veränderlich und zwingend.

Innerhalb des Formulars können sodann zusätzliche Anträge gestellt werden. Das lässt die Option unberührt, bestimmte Anträge auch zuvor (PKH, VKH) oder später (§ 850c Abs. 6, § 850f Abs. 2 ZPO) isoliert zu stellen.

Zusätzlich wird beantragt,

☒ anstelle einer beglaubigten Abschrift eine Ausfertigung des Beschlusses zu erteilen.

☒ die Zustellung durch die Geschäftsstelle zu vermitteln (anstatt die Zustellung selbst in Auftrag zu geben).

☒ Gleichzeitig ist der Drittschuldner aufzufordern, eine Erklärung nach § 840 Absatz 1 ZPO abzugeben.

☐ Prozesskostenhilfe für den Gläubiger (zu Ziffer) zu bewilligen.

☐ Gleichzeitig wird beantragt, einen Rechtsanwalt beizuordnen.
Begründung:

☐ Die Schuldnerseite wird rechtsanwaltlich vertreten.

☐ Die Vertretung durch einen Rechtsanwalt ist aus den folgenden Gründen erforderlich:

☐ Es wird folgender zur Vertretung bereiter Rechtsanwalt gewählt:

☐ Herr ☐ Frau ☐ Unternehmen ☐

Name/Firma	ggf. Vorname(n)
Straße	Hausnummer
Postleitzahl	Ort

☐

Hinweis

Systematisch fehlerhaft werden allerdings die Anträge im Kontext der optimierten, qualifizierten oder privilegierten Vollstreckung, etwa auf Nichtberücksichtigung unterhaltsberechtigter Personen nach § 850c Abs. 6 ZPO, auf Zusammenrechnung von verschiedenen Einkommen (§ 850e ZPO), auf privilegierte Unterhaltsvollstreckung nach § 850d ZPO oder auch auf die privilegierte Vollstreckung wegen einer nachweislich vorsätzlich begangenen unerlaubten Handlung nach § 850f Abs. 2 ZPO innerhalb der Anlage 5 zur ZVFV, d.h. dem eigentlichen Beschlussentwurf, gestellt.

159 **Ausfertigungen** des Beschlusses werden nur auf Antrag und nur in Papierform erteilt (§ 317 Abs. 2 S. 1 ZPO). Wird ein solcher Antrag nicht gestellt, sieht das Gesetz vor, dass das Gericht eine beglaubigte Abschrift des Beschlusses erteilt. Da der Gerichtsvollzieher dem Drittschuldner nach § 829 Abs. 3 ZPO den Beschluss zustellen muss, um die Pfändung zu bewirken, und es streitig ist, ob dafür eine beglaubigte Abschrift[84] genügt oder eine Ausfertigung erforderlich ist,[85] ist es ratsam, eine Ausfertigung des Beschlusses zu beantragen.

160 In der Regel wird es sich auch unmittelbar die **Zustellung** des Beschlusses für einen Pfändungsbeschluss oder einen Pfändungs- und Überweisungsbeschluss durch die Geschäftsstelle des Vollstreckungsgerichts durch Abgabe an den zuständigen Gerichtsvollzieher empfehlen. Das lässt den Umstand unberührt, dass es sich nach § 829 Abs. 2 ZPO um eine Parteizustellung handelt.

Hinweis

Erfasst der Beschluss mehrere Drittschuldner, bestimmt der Gläubiger die Reihenfolge der Zustellung durch die Reihenfolge der Angabe der Drittschuldner im Beschluss, d.h. in der Anlage 5. Dies ergibt sich aus § 121 Abs. 2 S. 8–11 GVGA: Sollen mehrere Drittschuldner, die in verschiedenen Amtsgerichtsbezirken wohnen, aber in einem Pfändungsbeschluss genannt sind, zur Abgabe der Erklärungen aufgefordert werden, so führt zunächst der für den zuerst genannten Drittschuldner zuständige Gerichtsvollzieher die Zustellung an die in seinem Amtsgerichtsbezirk wohnenden Drittschuldner aus. Allerdings sieht nunmehr § 16 GVO – insoweit als weitere vermeidbare bürokratische und zeitintensive Hürde[86] – vor, dass das Vollstreckungsgericht den Pfändungs- und Überweisungsbeschluss nun zunächst an den Gerichtsvollzieher am Wohnort des Schuldners weiterreicht, der die Sache dann an den Gerichtsvollzieher am Sitz des ersten Drittschuldners weiterreicht. Bei gerichtlichen Pfändungsbeschlüssen mit mehreren Drittschuldnern kann der für die persönliche Zustellung (§ 840 Abs. 3 S. 2 ZPO) an den im Pfändungsbeschluss zuerst genannten Drittschuldner zuständige Gerichtsvollzieher nach § 16 Abs. 2 GVO dann aber

84 OLG München v. 12.3.2015 – 23 U 1960/14.

85 Vgl. Zöller/*Seibel*, ZPO, 35. Aufl. 2024, § 829 Rn 15.

86 Der Grund liegt darin, dass einzelne „geschäftstüchtige" Gerichtsvollzieher sich zentral von Großgläubigern oder großen Bevollmächtigten haben beauftragen lassen und das Zustellungswesen dabei optimiert haben. Das war anderen Gerichtsvollziehern ein Dorn im Auge, sodass man meinte, die Regelung des § 16 GVO einzuführen. Der Gläubiger muss insoweit „ausbaden", dass der Dienstherr keine anderen marktgerechten Lösungen – über die Verteilung von Gebühren und Auslagen – gefunden hat.

auch die persönliche Zustellung an die anderen in demselben Amtsgerichtsbezirk ansässigen Drittschuldner vornehmen. Zudem kann er sämtliche elektronisch durchführbaren Zustellungen vornehmen. Hiernach gibt er den Beschluss an den Gerichtsvollzieher ab, der für die Zustellung an die im nächsten Amtsgerichtsbezirk wohnenden Drittschuldner zuständig ist. Dieser verfährt ebenso, bis an sämtliche Drittschuldner zugestellt ist. Die Zustellung an den Schuldner veranlasste in der Vergangenheit der für die Zustellung an den letztgenannten Drittschuldner zuständige Gerichtsvollzieher. Nach § 16 GVO in der seit dem 1.6.2023 geltenden Fassung muss nun aber der Gerichtsvollzieher am Wohnsitz des Schuldners diese letzte Zustellung vornehmen. Die dadurch verursachten Kosten – vgl. § 3 Abs. 1 S. 2 GvKostG i.V.m. Nr. 716 KV GvKostG, die der Gläubiger vorfinanzieren und der Schuldner nach § 788 ZPO zu tragen hat, wären durchaus vermeidbar gewesen. Die Länder haben – einmal mehr – ein Problem der justizinternen Organisation zulasten der Vollstreckungsparteien verlagert.

Weiter ist anzugeben, ob die Zustellung mit der Aufforderung erfolgen soll, die Drittschuldnererklärung nach § 840 ZPO abzugeben. Das Informationssystem der Forderungspfändung besteht aus der **Drittschuldnererklärung** nach § 840 ZPO, den Auskunfts- und Herausgabepflichten des Schuldners nach § 836 Abs. 3 ZPO sowie der Aktivierung der mitgepfändeten Nebenrechte. Der Drittschuldner hat die Erklärung nach Maßgabe des § 840 Abs. 1 ZPO allerdings nur abzugeben, soweit der Gläubiger dies verlangt. 161

Hinweis

Ein solches Verlangen entspricht der regelhaften Praxis, was aber aus Gründen der Zweckmäßigkeit hinterfragt werden muss. Da der Drittschuldner die Erklärung auch gegenüber dem Gerichtsvollzieher abgeben darf, § 829 Abs. 3 S. 1 ZPO, erfolgt die Zustellung des PfÜB stets als persönliche Zustellung, was nach Nrn. 100, 711, 716 KV GvKostG Kosten von 16,45 EUR bis zu 29,45 EUR verursachen kann, die mit dem KostRÄG 2025 auf 19,25 bis 32,25 EUR steigen könnten und damit deutlich teurer als die postalische Zustellung mit maximal 9,75 EUR (nach dem KostRÄG 2025 dann 10,95 EUR) ist. Dazu ist der Aussagewert von Drittschuldnererklärungen sehr unterschiedlich und nicht immer findet auch tatsächlich eine Auswertung statt bzw. hat die Auswertung auch Konsequenzen für die weitere Bearbeitung. Diese Aspekte gilt es zu bedenken und abzuwägen. Ohne das Erfordernis einer Drittschuldnererklärung wird der Beschluss dem Drittschuldner bis auf begründete Ausnahmefälle postalisch zuzustellen sein. Dies kann dann direkt der erstbeauftragte Gerichtsvollzieher nach § 16 GVO am Wohnsitz des Schuldners veranlassen. Diese Aspekte gilt es, bei der Antragstellung mit abzuwägen und einer Kosten-Nutzen-Betrachtung zu unterziehen.

Die Aufforderung zur Abgabe dieser Erklärungen muss – als historische Regelung heute ohne jeden Sinngehalt – nach § 840 Abs. 2 S. 1 ZPO in die Zustellungsurkunde aufgenommen werden; bei Zustellungen nach § 193a ZPO muss die Aufforderung als elektronisches Dokument zusammen mit dem Pfändungsbeschluss übermittelt werden.

162 Die weiteren Angaben dienen der Beantragung von Prozesskostenhilfe und der Beiordnung eines Rechtsanwalts, was insbesondere bei Unterhaltsvollstreckungen[87] in Betracht kommen kann. Ansonsten kommt zwar die Bewilligung der Prozesskostenhilfe wegen der Gerichts- und Gerichtsvollzieherkosten, selten und nur unter sehr restriktiven Voraussetzungen im Einzelfall aber auch die Beiordnung des Rechtsdienstleisters in Betracht. Nach der Rechtsprechung des BGH darf dem Gläubiger immerhin im Verfahren für die Lohnpfändung bzw. bei der erweiterten Pfändung von Arbeitslohn wegen Unterhalts die Beiordnung eines Rechtsanwalts nicht ohne Prüfung des Einzelfalls versagt werden.[88] Die Notwendigkeit der Beiordnung eines Rechtsanwalts hängt einerseits von der im konkreten Fall zu bewältigenden Rechtsmaterie und andererseits von den persönlichen Fähigkeiten und Kenntnissen des Antragstellers ab. Hierzu muss dann ggf. vorgetragen werden. Angesichts des Umfangs und der Komplexität der Formulare erscheint es heute sachgerecht, dem Gläubiger bei entsprechender Bedürftigkeit neben der Gewährung der Prozess- oder Verfahrenskostenhilfe auch einen Rechtsanwalt beizuordnen. Dem Antrag ist dann die Erklärung über die persönlichen und wirtschaftlichen Verhältnisse beizufügen.

163 Die **Leerzeile** erlaubt dann die Formulierung weiterer und freier Anträge. Beispielhaft zu nennen wäre der Antrag, die Zustellung des Beschlusses nicht für alle Drittschuldner, sondern nur bestimmte und bezeichnete Drittschuldner zu vermitteln. Dies ermöglicht es, kostengünstig möglichst viele Drittschuldner in den Beschluss aufzunehmen, da die Gerichtskosten nach Nr. 1211 KV GKG ungeachtet der Zahl der Drittschuldner nur einmal anfallen, und zugleich die Zustellkosten zunächst geringer zu halten und zu sehen, ob ein primärer Zugriff erfolgreich ist. Die Forderungspfändung kann so ohne übermäßige Kosten eskaliert werden. Je nach Einrichtung des Softwareanbieters kann die Leerzeile im notwendigen Umfang vervielfältigt werden. Alternativ könnte eine weitere Anlage mit ergänzenden Zusatzanträgen beigefügt werden.

> *Hinweis*
>
> Bisher haben die Vollstreckungsgerichte in der Praxis nicht verlangt, dass – entgegen dem Formular nach der ZVFV 2012 – die Zusatzanträge nach §§ 850c Abs. 6, 850d, 850e, 850f Abs. 2 ZPO – in die Anlage 4 aufgenommen werden,

87 Hierzu BGH v. 20.12.2005 – VII ZB 94/05, juris Rn 18.

88 BGH NJW 2003, 3136; BGH FamRZ 2003, 1921; BGH FamRZ 2004, 789; BGH v. 9.8.2012 – VII ZB 84/11 für die Unterhaltsvollstreckung.

sondern sich mit den ausschließlichen Angaben in den Modulen N bis S der Anlage 5 (Beschlussentwurf) zufrieden gegeben. Sollte diese pragmatische Sichtweise noch einmal problematisiert werden, würden die Anträge an dieser Stelle gestellt und dafür die Leerzeile genutzt. Die Formulierung könnte lauten:

Es wird gemäß dem beigefügten Entwurf des Beschlusses nach Anlage 5 der Antrag gestellt

☒ Mehrere Arbeitseinkommen zusammenzurechnen (§ 850e Nr. 2 ZPO)

☒ Arbeitseinkommen und Sozialleistungen zusammenzurechnen (§ 850e Nr. 2a ZPO)

☒ Unterhaltsberechtigte nach § 850c Abs. 6 ZPO nicht zu berücksichtigen

☒ Die privilegierte Pfändung wegen der Vollstreckung einer Unterhaltsforderung nach § 850d ZPO anzuordnen

☒ Die privilegierte Pfändung wegen der Vollstreckung einer vorsätzlich begangenen unerlaubten Handlung nach § 850f Abs. 2 ZPO anzuordnen

☒ ...

VII. Titel, Zustellung, Forderungsaufstellung und deren Übermittlung

Wie im Rahmen aller Vollstreckungsanträge geht der Verordnungsgeber nicht davon aus, dass stets alle notwendigen Angaben in den Formularen gemacht werden können. Er will nur möglichst viele Angaben dort sehen. Auch der Antrag auf Erlass eine Pfändungsbeschlusses oder Pfändungs- und Überweisungsbeschlusses sieht deshalb vor, dem Vollstreckungsantrag weitere Anlagen beizufügen. **164**

Von zentraler Bedeutung und damit auch unverzichtbar ist dabei die Übermittlung der Unterlagen zu § 750 ZPO, nämlich die vollstreckbare Ausfertigung des Vollstreckungstitels nebst dem Zustellungsnachweis sowie die Aufstellung über die noch zu vollstreckende Forderung[89] nach Maßgabe der Anlagen 7 oder 8 zur ZVFV. Die Komplexität der titulierten Forderung kann es dabei notwendig erscheinen lassen, die Anlagen 7 oder 8 ZVFV mehrfach zu übermitteln. Prinzipiell gilt der Grundsatz, dass je Vollstreckungstitel (zumindest) eine Forderungsaufstellung beizufügen ist. Die mehrfach verwendeten Anlagen 7 oder 8 ZVFV sind dann durchzunummerieren, während im Antrag nach Anlage 4 ZVFV anzugeben ist, wie viele Forderungsaufstellungen nach der Anlage 7 oder 8 ZVFV beigefügt sind. **165**

Es werden

- **die in dem Beschlussentwurf bezeichneten Vollstreckungstitel mit den jeweiligen Zustellungsnachweisen**
- **und die Forderungsaufstellung (bei Mehrfachverwendung: ______ Forderungsaufstellungen)**

übermittelt.

89 Forderungsaufstellung = FOA.

gung, so sind die Mehrkosten wegen falscher Sachbehandlung nach § 21 GKG niederzuschlagen.

VIII. Weitere Anlagen und deren Übermittlung

170 Ungeachtet des Willens des Verordnungsgebers, die Anträge in der Zwangsvollstreckung zu strukturieren und damit die Grundlage für eine digitalisierte Einreichung, eine elektronische Bearbeitung und damit langfristig auch für eine automatisierte Verarbeitung zu schaffen, sind die Formulare nach Anlage 4 ZVFV und die Beschlussvorlage nach Anlage 5 ZVFV schon aufgrund einer – möglicherweise überregulierten – Zwangsvollstreckung nicht geeignet, alle Informationen aufzunehmen.

> *Hinweis*
>
> Für die Zukunft wäre es wünschenswert, dass der Verordnungsgeber auf der Grundlage einer entsprechenden gesetzlichen Ermächtigungsnorm eine Sammlung strukturierter Daten zusammenstellt, die Gegenstand der Anlagen sein können, und hierfür Texte, Texteingabefelder und in der weiteren Folge Programmierungscodes vorgibt. Dies würde von der Erstellung der Anlagen bis zu deren Bearbeitung einen deutlichen Fortschritt in der Digitalisierung begründen.

Der Verordnungsgeber stellt in Anlage 4 zur ZVFV die notwendigen Anlagen zusammen. Dabei werden einerseits bestimmte und regelhaft notwendige Anlagen aufgeführt, andererseits Möglichkeiten eröffnet, sich aus der Gesamtstruktur des Antrags ergebende freie Anlagen zu benennen. Der Anwender wird vielfach nicht umhinkommen, dem Vollstreckungsantrag weitere Anlagen beizufügen.

> *Hinweis*
>
> Dabei geht er ein gewisses Risiko ein, weil § 3 Abs. 1 ZVFV vorgibt, dass alle möglichen Angaben im Formular zu machen und Anlagen nach § 3 Abs. 2 Nr. 7 ZVFV nur zulässig sind, soweit diese erforderlich erscheinen. Der Wortlaut der Norm darf einen nicht fehlleiten. „Gewünschte Angaben" können immer nur solche sein, die für den Vollstreckungsauftrag erheblich und in diesem Sinne erforderlich sind. Nicht erforderlich Anlagen können den Antrag also – theoretisch – formunwirksam machen.

Soweit vorgegebene Anlagen nicht beigefügt und angekreuzt werden, können die Zeilen auch insgesamt nach § 3 Abs. 2 Nr. 6a ZVFV weggelassen werden.

Aktuelles Formular:

Es werden folgende weitere Anlagen übermittelt:

☐ Verrechnungsscheck für Gerichtskosten

☐ Abdruck Gerichtskostenstempler

☒ Elektronische Kostenmarke

☐ Beschluss über bewilligte Prozesskostenhilfe

☐ Im Fall eines Antrags auf Bewilligung von Prozesskostenhilfe: Erklärung über die persönlichen und wirtschaftlichen Verhältnisse des Gläubigers mit Belegen

☐ Vollmacht

☐ Geldempfangsvollmacht

☐ Belege zu Angaben über die persönlichen und wirtschaftlichen Verhältnisse der Schuldner oder Dritter

☐ Aufstellung über die geleisteten Zahlungen

☒ Aufstellung der Inkassokosten

☒ Aufstellung der bisherigen Vollstreckungskosten mit Belegen

☐ Bescheid nach § 9 Absatz 2 UhVorschG

☐

☐

☐

Im Rahmen für die weitere Anlagen wird mit der 2. ÄndVO die Auswahlmöglichkeit „Verrechnungsscheck für Gerichtskosten" entfernt, da diese Zahlungsmöglichkeit in der Praxis bedeutungslos geworden ist.

Neues Formular:

Es werden folgende weitere Anlagen übermittelt:

☐ Abdruck Gerichtskostenstempler

☐ Elektronische Kostenmarke

☐ Beschluss über bewilligte Prozesskostenhilfe

☐ Im Fall eines Antrags auf Bewilligung von Prozesskostenhilfe: Erklärung über die persönlichen und wirtschaftlichen Verhältnisse des Gläubigers mit Belegen

☐ Vollmacht

☐ Geldempfangsvollmacht

☐ Belege zu Angaben über die persönlichen und wirtschaftlichen Verhältnisse der Schuldner oder Dritter

☐ Aufstellung über die geleisteten Zahlungen

☐ Aufstellung der Inkassokosten

☐ Aufstellung der bisherigen Vollstreckungskosten mit Belegen

☐ Bescheid nach § 9 Absatz 2 UhVorschG

☐ ____________________

☐ ____________________

☐ ____________________

Im ersten Teil sind die Anlagen zur **Zahlung der Gerichtskosten** zu bezeichnen. Diese können sich schon aus den eingangs gemachten Angaben zur Gerichtskostenmarke ergeben. Überraschend ist, dass das dort vorgesehene SEPA-Lastschriftmandat hier nicht aufgeführt wird, sondern in einem der freien Ankreuz-Zeilen anzugeben wäre. Stattdessen werden die – überkommenen und deshalb mit der 2. ÄndVO gestrichene – Möglichkeiten der Beifügung eines Verrechnungsschecks sowie des 171

Abdrucks eines Gerichtskostenstemplers aufgeführt. Die meisten Bundesländer haben die Verwendung des Gerichtskostenstemplers gerade befristet, sodass auch dessen Nutzung ausläuft.

172 Ist der Antragsteller nach seinen persönlichen und wirtschaftlichen Verhältnisse nicht in der Lage, die Kosten der Zwangsvollstreckung aufzubringen, so kann er – alternativ zum oben genannten Zusatzantrag – vorab **Prozesskostenhilfe** nach §§ 114 ff. ZPO oder **Verfahrenskostenhilfe** nach §§ 76 ff. FamFG beantragen. Wurde die Prozess- oder Verfahrenskostenhilfe schon vorab isoliert beantragt und bewilligt, ist dem Vollstreckungsantrag der Beschluss über die bewilligte Prozesskostenhilfe beizufügen.

> *Hinweis*
>
> Zu beachten ist, dass auch die Beantragung der Prozess- oder Verfahrenskostenhilfe einem gesonderten Formularzwang nach der PKHFV unterliegen kann.

Wird die Prozess- oder Verfahrenskostenhilfe dagegen gemeinsam mit dem Antrag auf Erlass eines Pfändungsbeschluss oder Pfändungs- und Überweisungsbeschlusses beantragt, ist die Erklärung über die wirtschaftlichen und persönlichen Verhältnisse des Antragstellers beizufügen.

173 Der Antrag nach Anlage 4 ZVFV unterscheidet sodann im Anlagenverzeichnis zwischen der **Vollmacht** und der **Geldempfangsvollmacht**. Soweit ein Rechtsanwalt oder ein Inkassodienstleister den Vollstreckungsantrag stellt, müssen diese nicht beigefügt werden. Vielmehr wird von diesen Bevollmächtigten im nachfolgenden Rahmen versichert, dass die entsprechende Bevollmächtigung besteht. Diese Versicherung umfasst auch die Geldempfangsvollmacht.[91]

Unter Vollmacht i.S.d. Anlage 1 ZVFV ist ansonsten die Verfahrensvollmacht als Prozessvollmacht nach § 81 ZPO zu verstehen.

> *Hinweis*
>
> Der Begriff der Vollmacht in § 753a ZPO greift über die Verfahrensvollmacht hinaus, wie schon der unterschiedliche Wortlaut zu § 81 ZPO zeigt, und erfasst auch die Geldempfangsvollmacht.[92] Das liegt auch daran, dass § 81 ZPO eine Außenvollmacht fingiert, während die Versicherung in § 753a ZPO die tatsächlich erteilte Vollmacht im Innenverhältnis betrifft und nach außen kundtut. Der Verordnungsgeber, dem insoweit keine Regelungs-, sondern nur eine Umsetzungskompetenz zukommt, ist in seiner Wortwahl danach nicht hinreichend präzise.

91 BGH v. 5.7.2023 – VII ZB 35/21.

92 BGH v. 5.7.2023 – VII ZB 35/21.

Mit dem *Gesetz zur weiteren Digitalisierung der Zwangsvollstreckung*[93] wird der Gesetzgeber in § 752a ZPO-E die Versicherung der Verfahrensvollmacht und in § 753a ZPO-E die Versicherung der Geldempfangsvollmacht für die Rechtsanwälte und Inkassodienstleister als ausreichend gelten lassen. Dabei ist auch keine Kontrollmöglichkeit für die Vollstreckungsorgane mehr vorgesehen.

Während die Verfahrensvollmacht Voraussetzung für die Antragstellung ist, bedarf es der Geldempfangsvollmacht ungeachtet der vorstehenden Streitfrage nicht. Da das Vollstreckungsgericht in der Forderungspfändung kein Geld in Empfang nimmt und demgemäß auch nicht weiterleitet, bedarf es im Zeitpunkt des Antrags, des Erlasses des Beschlusses und seiner Zustellung (noch) keiner Geldempfangsvollmacht. Allenfalls der Drittschuldner könnte bei entsprechender Zahlungsbereitschaft die Vorlage einer solchen Vollmacht fordern.

Soweit die Vollmacht oder eine Geldempfangsvollmacht vorzulegen ist, wird in einer geringen Anzahl veröffentlichter Entscheidungen eine Vorlage im Original verlangt. Die überwiegende Praxis gibt sich dagegen – wie im gerichtlichen Erkenntnisverfahren – mit der Vorlage von Kopien zufrieden[94] und verlangt die Originalvorlage nur dann, wenn der Mangel einer Bevollmächtigung gerügt wird oder sich aus der vorgelegten Kopie hierfür Anhaltspunkte ergeben. Nur die letztgenannte Praxis entspricht dem Beschleunigungsgebot der Zwangsvollstreckung. Es macht wenig Sinn, umfangreiche Anstrengungen für einen elektronischen Rechtsverkehr zu unternehmen, um diesen dann im Einzelfall durch das Verlangen der Vorlage von kaum relevanten – weil faktisch ohne feststellbaren Missbrauch in der Praxis – Urkunden wieder auszubremsen. Es ist auch kaum vermittelbar, dass bei der vereinfachten Antragstellung nach § 754a ZPO und § 829a ZPO der Titel als elektronisches Dokument übermittelt werden darf, die Geldempfangsvollmacht aber im Original vorgelegt werden soll. Dies wäre nur anders zu beurteilen, wenn die Praxis bei mehreren Millionen Vollstreckungsaufträgen im Jahr relevante Defizite bei den Bevollmächtigten der Antragsteller feststellen müsste. Daran fehlt es jedoch.

> *Hinweis*
>
> Ungeachtet dessen scheint der BGH der Ansicht zuzuneigen, dass die Vollmacht im Original vorzulegen ist.[95] Es wäre wünschenswert, dass der Gesetzgeber diese Frage – pragmatisch – entscheidet. So mag man – wie im Erkenntnisverfahren – im Einzelfall ein Original anfordern, wenn begründete Zweifel an der Bevollmächtigung bestehen. Im Kontext der gewollten weiteren Digitalisierung ist dagegen die regelhaft geforderte Vorlage eines Originals nicht nur

93 BT-Drucks 20/11310; hierzu *Goebel*, FoVo 2024, 66.

94 LG Meiningen v. 29.5.2019 – 5 T 95/19; *Goebel*, zfm 2019, 236.

95 Wenn auch in anderem Zusammenhang und zu § 80 ZPO BGH v. 23.1.2024 – VI ZB 16/22.

hinderlich und begründet einen Medienbruch, sondern auch ohne sachliche Rechtfertigung. Wenn der BGH in seiner aktuellen Entscheidung[96] auf die Sichtweise des Jahres 1994[97] referenziert, nimmt er den technischen und gesellschaftlichen Wandel nur unzureichend zur Kenntnis.

174 Werden Anträge nach § 850d oder § 850f Abs. 2 ZPO nach den Modulen Q oder S der Anlage 5 zur ZVFV gestellt, um eine privilegierte Zwangsvollstreckung zu ermöglichen, sind in Modul O **Angaben über die wirtschaftlichen und persönlichen Verhältnisse des Schuldners oder eines betroffenen Dritten** zu machen.

> **Es liegen folgende Angaben über die wirtschaftlichen und persönlichen Verhältnisse des Schuldners (zu Ziffer) vor** (Angaben für Pfändungen nach § 850d ZPO (**Modul Q**) oder § 850f Absatz 2 ZPO (**Modul S**)):

Soweit hierüber Belege vorliegen, kann es fachlich sinnvoll sein, diese dem Vollstreckungsantrag unmittelbar beizufügen. Dies vermeidet Nachfragen und sichert in der Praxis eine schnellere Entscheidung, weil die Angaben nicht infrage gestellt werden. Hierbei kann es sich etwa um Abschriften aus dem Personenstandsregister zu den gesetzlich unterhaltsberechtigten Personen (Ehegatte, Kinder, Eltern), Nachweise zum Familienstand sowie zur Erwerbstätigkeit der gesetzlich unterhaltsberechtigten Personen handeln.

Hinweis

Allerdings kann auch der Hinweis auf gesetzliche Regelungen reichen. So wird der Mindestlohn eines Auszubildenden in § 17 des Berufsbildungsgesetzes (BBiG) geregelt. Im Rahmen eines Antrags nach § 850c Abs. 6 ZPO oder auch bei der Vollstreckung nach § 850d ZPO müssen keine Nachweise zum Einkommen vorgelegt werden, wenn das danach nachgewiesene (Mindest-)Einkommen ausreicht, um den Antrag zu rechtfertigen. Auch der Verweis auf die Düsseldorfer Tabelle und die sich danach regelhaft ergebenden Beträge kann in dieser Weise ausreichen. Es obliegt dann dem – ggf. – anzuhörenden Schuldner, wider die vom Gläubiger nachgewiesene rechtliche Lage mit tatsächlichen Nachweisen im Sinne einer sekundären Darlegungs- und Beweislast vorzutragen und Nachweise vorzulegen.

175 Ohne korrespondierende rechtliche Verpflichtung in der ZPO sieht die Anlagenaufstellung dann weiter vor, dass der Antragsteller eine **Aufstellung der bisher geleisteten Zahlungen** vorlegen kann. Die Aufstellung ist also lediglich obligatorisch und nicht verpflichtend. Das Hinweisblatt des BMJ ist an dieser Stelle fehlerhaft, weil es davon ausgeht, dass der Gesamtbetrag der geleisteten Zahlungen in der Forderungsaufstellung (Anlage 7 oder 8) einzutragen sei. Dies ist dort aber nicht vorgesehen. Auch die 2. ÄndVO bringt hier keine Änderungen.

96 BGH v. 23.1.2024 – VI ZB 16/22, Rn 9.
97 BGH v. 23.6.1994 – I ZR 106/92.

Tatsächlich kann nur abgeraten werden, eine solche Aufstellung der erfolgten Zahlungen beizufügen, weil sie bei einer zu vollstreckenden Resthauptforderung ohne die Angabe der Kosten, Zinsen und Hauptforderungsteile, auf die die Zahlungen verrechnet wurde, die Forderungsaufstellung nach Maßgabe der Anlage 7 oder 8 ZVFV im Übrigen unplausibel macht. Höchstrichterlich ist geklärt, dass die Vollstreckungsorgane auf der Grundlage der mitgeteilten Zahlungen keine eigenständige Verrechnung nach §§ 366, 367 BGB vornehmen dürfen. Der BGH[98] formuliert hierzu:

> *„Das Vollstreckungsgericht ist im Rahmen des streng formalisierten Zwangsvollstreckungsverfahrens nicht befugt, eine vom Gläubiger vorgenommene Verrechnung an ihn geleisteter Zahlungen auf ihre Richtigkeit gemäß § 367 Abs. 1 BGB hin zu überprüfen."*

Die Art der Verrechnung führt insoweit zur (teilweisen) Erfüllung der bestehenden Forderungen. Die Erfüllung ist eine materiell-rechtliche Einwendung, die der Schuldner mit der Vollstreckungsgegenklage nach § 767 BGB geltend machen muss. Dem Vollstreckungsorgan steht insoweit keine Prüfungskompetenz zu. Dies gilt auch dann, wenn das Vollstreckungsgericht der Auffassung ist, eine durch Verrechnung erfüllte Kostenforderung früherer Vollstreckungsaufträge sei überhaupt nicht entstanden. Diese wird nämlich durch die erfolgte Verrechnung – sei sie berechtigt oder unberechtigt erfolgt – schon nicht Gegenstand des Vollstreckungsantrags. Prüfen darf der Rechtspfleger aber nur den konkret erteilten Antrag. Vor diesem Hintergrund ist eine Mitteilung von erfolgten Zahlungen an das Vollstreckungsgericht entbehrlich. Der Zweck kann allein darin liegen, eine vorläufige Einstellung der Zwangsvollstreckung zu vermeiden, wenn der Schuldner dem Vollstreckungsgericht erfolgte Teilzahlungen nachweist. Durch die Angabe in Anlage 7 oder 8 ZVFV, dass nur eine Resthauptforderung geltend gemacht wird, sollte dem aber hinreichend Rechnung getragen sein.

Anders als Rechtsanwälte, deren Vergütung auch im Detail in der Anlage 7 oder 8 ZVFV berücksichtigt wird, müssen Inkassodienstleister (weiterhin) eine eigenständige **Aufstellung der Inkassokosten** in der Zwangsvollstreckung vorlegen. Diese ist also regelhaft von Inkassodienstleistern vorzusehen. Tatsächlich geht dies an der Praxis vorbei. Auch Inkassodienstleister vereinbaren in der Praxis durchgängig eine Vergütung nach Maßgabe des Rechtsanwaltsvergütungsgesetzes für ihre Tätigkeit in der Zwangsvollstreckung. Dies erfolgt unabhängig von der Möglichkeit, sich den Erstattungsanspruch gegen den Schuldner nach § 364 BGB an Erfüllungs statt abtreten zu lassen und für die Übernahme des Liquiditätsrisikos eine eigenständige prozentuale Vergütung („Erfolgsprovision") zu vereinbaren. Es wäre deshalb für alle Beteiligten mit weniger Aufwand verbunden gewesen, die entsprechende Angaben der Kosten für das Verfahren nach § 788 ZPO so auszugestalten, 176

98 BGH v. 15.6.2016 – VII ZB 58/15, juris Rn 21 = JurBüro 2016, 544.

dass es sich um die Kosten eines Rechtsdienstleisters und nicht nur um die Kosten eines Rechtsanwalts handelt. Es bleibt die Hoffnung, dass dies mit der nächsten Überarbeitung der Formulare geschieht.

IV. Kosten der Zwangsvollstreckung gemäß § 788 Absatz 1 ZPO	
Bisherige Vollstreckungskosten gemäß Aufstellung in weiterer Anlage	Euro
Kosten für dieses Verfahren:	
Rechtsanwaltskosten nach RVG für Vollstreckungsmaßnahme ; Gegenstandswert (§ 25 RVG): Euro	
Verfahrensgebühr (VV Nr. 3309, ggf. i. V. m. VV Nr. 1008)	Euro
Entgelte für Post- und Telekommunikationsdienstleistungen, ggf. Pauschale (VV Nr. 7001 oder 7002)	Euro
weitere Auslagen	Euro
Umsatzsteuer (VV Nr. 7008)	Euro
Rechtsanwaltskosten nach RVG für Vollstreckungsmaßnahme ; Gegenstandswert (§ 25 RVG): Euro	
Verfahrensgebühr (VV Nr. 3309, ggf. i. V. m. VV Nr. 1008)	Euro
Entgelte für Post- und Telekommunikationsdienstleistungen, ggf. Pauschale (VV Nr. 7001 oder 7002)	Euro
weitere Auslagen	Euro
Umsatzsteuer (VV Nr. 7008)	Euro
Kosten von Inkassodienstleistern nach § 13e RDG gemäß Aufstellung in weiterer Anlage	Euro

Eine entsprechende Anlage hätte dann nur für den Ausnahmefall vorgelegt werden müssen, dass die vereinbarte Vergütung des Inkassodienstleisters mit dem Gläubiger und Auftraggeber von der des Rechtsanwalts nach dem Rechtsanwaltsvergütungsgesetz abweicht. Dass auch der Rechtsanwalt eine vom Rechtsanwaltsvergütungsgesetz abweichende Vergütung vereinbaren kann, ignoriert der Verordnungsgeber gleichheitswidrig. Dass die Vergütung eines Inkassodienstleisters für seine Tätigkeit in der Zwangsvollstreckung nach § 788 Abs. 1 ZPO erstattungsfähig ist, ergibt sich unmittelbar aus § 13e Abs. 2 RDG. Hieraus ist sogleich zu entnehmen, dass die Inkassokosten die nach dem RVG erstattungsfähigen Kosten nicht übersteigen dürfen. Nur in diesem Umfang sind sie notwendig i.S.d. § 788 ZPO.[99]

Angesichts der aktuellen Regelung bleibt dem Inkassodienstleister aber eben nur die Vorlage einer entsprechenden Anlage.

99 Vgl. hierzu im Einzelnen *Goebel*, Inkassodienstleistung und Inkassokosten, 3. Aufl. 2022.

Beispiel

Anlage Inkassokosten zur Anlage ___ der ZVFV

Soweit Inkassokosten geltend gemacht werden, beruhen diese auf den vertraglichen Vereinbarungen mit dem Gläubiger, die der Schuldner nach §§ 13e Abs. 2 RDG iVm. §§ 788, 91 ZPO zu erstatten hat.

Inkassokosten nach dem vertraglich insoweit vereinbarten Rechtsanwaltsvergütungsgesetz für dieses Verfahren

☒ Gegenstandswert nach § 25 Nr. 1 - 3 RVG: #Gesamtforderung#

☒ Gegenstandswert nach § 25 Nr. 4 RVG: #Gesamtforderung; max. 2.000 €)

☐ Verfahrensgebühr (VV 3309) ___ €

☐ Erhöhung der Verfahrensgebühr (VV 3309 iVm. VV 1008) ___ €

☐ Terminsgebühr (VV 3310) ___ €

☐ Einigungsgebühr (VV 1000 Nr. 2 aus halben Gegenstandswert) ___ €

☐ Entgelte für Post- und Telekommunikation

- ☐ Pauschale (VV 7002) ___ €
- ☐ gemäß anliegender Einzelaufstellung (VV 7001) ___ €

☐ weitere Auslagen ___ €

(Pop-Up-Menü zur Auswahl:

#Adressermittlung#

#Rücklastschrift#

#...#)

☐ Umsatzsteuer (VV 7008) ___ €

Gesamtsumme ___ €

Das Anlagenverzeichnis der Anlage 4 ZVFV sieht sodann eine Anlage mit der **Aufstellung der Vollstreckungskosten** nebst den dazugehörigen Belegen vor. Erfasst werden davon die vor dem jetzt gestellten Auftrag angefallenen Vollstreckungskosten, die nicht bereits durch die Verrechnung von Zahlungseingängen erstattet und damit erfüllt sind. Durch Verrechnung erfüllte Ansprüche sind in die Aufstellung 177 also nicht mit aufgenommen. Vielmehr beschränkt sich die Aufstellung auf die nach § 788 ZPO noch verfolgten Kostenerstattungsansprüche. Hier ist allerdings zu unterscheiden. Die Vollstreckungskosten sind grundsätzlich in einer Summe in der Anlage 7 oder 8 ZVFV anzugeben, wobei deren Art und Höhe im Einzelnen nach § 104 Abs. 2 S. 1 ZPO nur glaubhaft gemacht werden müssen, was nicht zwingend die Vorlage von Belegen voraussetzt. Es genügt vielmehr eine entsprechende Versicherung, dass diese Kosten entstanden sind. Anders verhält sich dies nur bei vereinfachten Vollstreckungsanträgen nach § 754a Abs. 1 S. 2 ZPO. Nur hier sieht das Gesetz ausdrücklich, wenn auch überflüssigerweise die Vorlage von Belegen, nunmehr allerdings in elektronischer Form, vor. Soweit deshalb beim Antrag an das Vollstreckungsgericht auf die Vorlage von Belegen verzichtet wird, kann der Satzteil „mit Belegen" nach § 3 Abs. 2 Nr. 6a ZVFV entfallen.

> *Hinweis*
>
> Leider sieht das *Gesetz zur weiteren Digitalisierung der Zwangsvollstreckung*[100] in § 754a ZPO nun entgegen § 104 Abs. 2 S. 1 ZPO vor, dass stets alle Vollstreckungsbelege vorgelegt werden müssen. Insoweit wird einerseits abzuwägen sein, welche Vollstreckungsaufträge auch die Vollstreckungskosten umfassen sollen oder auf die Hauptforderung beschränkt werden können. Alternativ muss erwogen werden – jedenfalls bei umfangreichen Belegsammlungen –, eine Kostenfestsetzung nach § 788 Abs. 2 ZPO zu beantragen. Die gesetzliche Neuregelung würde dann ermöglichen, auch aus dem Kostenfestsetzungsbeschluss mit einem vollelektronischen Antrag die Vollstreckung zu betreiben.

178 Betreibt das Land wegen der Rückforderung von Unterhaltsvorschussleistungen nach § 7 Abs. 5 des Unterhaltsvorschussgesetzes die Zwangsvollstreckung aus einem Vollstreckungsbescheid, so ist zum Nachweis des nach Abs. 1 übergegangenen Unterhaltsanspruchs dem Vollstreckungsantrag der **Bescheid gemäß § 9 Abs. 2 UhVorschG** beizufügen. Das Anlagenverzeichnis zu Anlage 4 zur ZVFV gibt die Möglichkeit, die Beifügung der Anlage zu kennzeichnen.

179 Die drei abschließenden Zeilen geben die Möglichkeit, weitere Anlagen beizufügen. Denkbar sind etwa Einkommensnachweise der gesetzlich unterhaltsberechtigten Personen bei Anträgen nach § 850c Abs. 6 ZPO auf deren Nichtberücksichtigung. Auch das Vermögensverzeichnis könnte beizufügen sein, wenn sich hieraus relevante Angaben zu den zu pfändenden Forderungen ergeben.

> *Hinweis*
>
> Zu beachten bleibt, dass Anlagen nach § 3 Abs. 2 Nr. 7 ZVFV nur insoweit zulässig sind, wie Angaben in den Modulen des Beschlussentwurfs nicht gemacht werden können.

100 BT-Drucks 20/11310; hierzu *Goebel*, FoVo 2024, 66.

IX. Versicherungen

Die ZPO sieht in unterschiedlichen Kontexten vor, dass der Antragsteller eine Ver- 180
sicherung abgeben kann. Diese Versicherungen finden ihre Aufnahme im Antrag auf Erlass des Pfändungsbeschlusses oder des Pfändungs- und Überweisungsbeschlusses nach Anlage 4 zur ZVFV, obwohl sie nicht nur gegenüber dem Vollstreckungsorgan, sondern zumindest auch gegenüber dem Drittschuldner abgegeben werden. Die freie Zeile zeigt dabei, dass die Aufzählung der Versicherungen nicht abschließend ist.

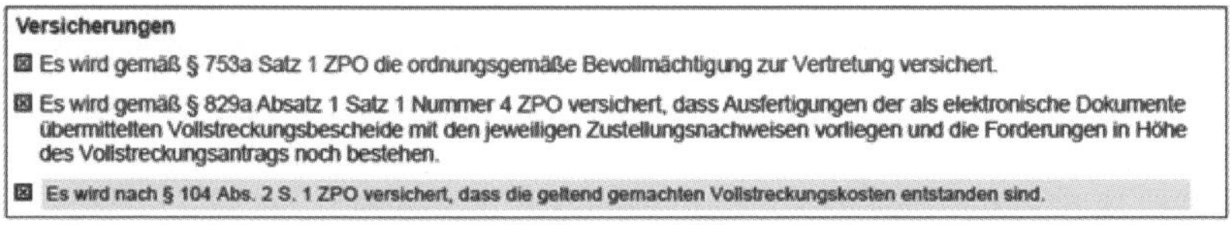

Versicherungen

☒ Es wird gemäß § 753a Satz 1 ZPO die ordnungsgemäße Bevollmächtigung zur Vertretung versichert.

☒ Es wird gemäß § 829a Absatz 1 Satz 1 Nummer 4 ZPO versichert, dass Ausfertigungen der als elektronische Dokumente übermittelten Vollstreckungsbescheide mit den jeweiligen Zustellungsnachweisen vorliegen und die Forderungen in Höhe des Vollstreckungsantrags noch bestehen.

☒ Es wird nach § 104 Abs. 2 S. 1 ZPO versichert, dass die geltend gemachten Vollstreckungskosten entstanden sind.

Der Rahmen sieht dabei zunächst die Versicherung der ordnungsgemäßen **Bevoll-** 181
mächtigung i.S.d. § 753a ZPO vor. Zu sehen ist, dass die Erklärung nach § 753a ZPO sich schon nach ihrem Wortlaut nicht auf die Verfahrensvollmacht beschränkt, während § 81 ZPO dem Wortlaut nach nur die Prozess- bzw. Verfahrensvollmacht betrifft. Das liegt auch daran, dass § 81 ZPO eine fiktive Außenvollmacht regelt, während § 753a ZPO die tatsächlich erteilte Vollmacht betrifft. Insoweit deckt die Versicherung auch das Vorliegen einer Geldempfangsvollmacht ab, ohne dass es beim Antrag auf Erlass des Pfändungsbeschlusses oder des Pfändungs- und Überweisungsbeschlusses hierauf ankäme. Wer also die Versicherung nach § 753a ZPO abgibt, muss weder eine Verfahrens- noch eine Geldempfangsvollmacht vorlegen.[101]

Dies ergibt sich auch aus der Gesetzesbegründung zu § 753a ZPO[102] und entspricht zusätzlich der Auffassung des Verordnungsgebers, d.h. des BMJ.[103] Die dem entgegenstehende Auffassung im Hinweisblatt des BMJ ist – jedenfalls soweit Rechtsanwälte, Verbraucherschutzverbände und Inkassodienstleister nach § 79 Abs. 2 S. 1 sowie Abs. 2 S. 2 Nr. 3 und 4 ZPO betroffen sind – unverbindlich und steht mit der Rechtslage nicht im Einklang, wie durch den BGH inzwischen höchstrichterlich festgestellt ist. Insoweit ist es schon bedenklich, dass die Hinweisblätter des BMJ noch immer online sind.[104] Sie widerspricht ebenfalls der zutreffenden Praxis der überwiegenden Zahl der Gerichtsvollzieher. Sie macht letztlich vor dem Hintergrund der mit § 753a ZPO gewollten Verfahrensvereinfachung und der Digitalisie-

101 BeckOK-ZPO/*Ulrici*, § 753a ZPO Rn 2; AG Burg v. 31.5.2021 – 36 M 905/22; AG Lübeck v. 2.3.2022 – 51b M 5/22; AG Mettmann v. 12.10.2022 – 6 M 511/22.

102 Vgl. BT-Drucks 19/20348, 72.

103 Schreiben des BMJ an den Autor vom 1.12.2021, RA4 – 3740/18 – R4 369/2021.

104 https://www.bmj.de/SharedDocs/Downloads/DE/Formular/2022_Hinweisblatt_GVA.html?nn=111266#download=1, abgerufen am 9.7.2024.

rung auch keinen Sinn, wenn dementgegen die Vorlage bestimmter Unterlagen doch wieder verwandt wird. Kaum vermittelbar ist auch, dass bei einem vereinfachten Auftrag nach § 754a ZPO zwar der im Zentrum der Vollstreckung zu sehende Vollstreckungstitel als elektronisches Dokument vorgelegt werden kann, nicht aber die Geldempfangsvollmacht. Dies gilt umso mehr, wenn ohne jede normative Grundlage die Auffassung vertreten wird, die Vollmacht müsse „aktuell" sein. In § 752a ZPO-E des Gesetzes zur weiteren Digitalisierung der Zwangsvollstreckung sieht der Gesetzgeber deshalb auch explizit vor, dass die Wirkung der Vollmacht erst mit der Anzeige des Erlöschens der Vollmacht bei dem Vollstreckungsorgan entfällt. Weder die §§ 164 ff. BGB noch die zivilprozessualen Regelungen kennen nämlich ein allgemeines Verfallsdatum einer Vollmacht. Vielmehr ist der Wegfall der Bevollmächtigung dort explizit für bestimmte Fälle geregelt. Der reine Zeitablauf gehört nicht dazu. Da Verfahrensvollmacht und Geldempfangsvollmacht regelmäßig in einer Urkunde erteilt werden, liefe § 753a ZPO ins Leere. Die mangelnde Notwendigkeit einer Differenzierung zeigt sich gerade auch beim Gerichtsvollzieher, der regelmäßig keine großen Beträge einzieht und weiterzuleiten hat, sodass das praktische Risiko, an einen die Geldempfangsvollmacht versichernden, aber trotzdem nichtberechtigten Rechtsdienstleister auszuzahlen, minimal ist. Fälle, in denen eine Auszahlung an einen Nichtberechtigten trotz Versicherung in der Vergangenheit vorgekommen sind, lassen sich der Rechtsprechung jedenfalls auch nicht entnehmen.

> *Hinweis*
>
> Wer hier unnötigen und sachlich nicht zu rechtfertigenden „Sand ins Getriebe der Zwangsvollstreckung streut", trägt seinen Teil dazu bei, dass Gläubiger und ihre Bevollmächtigten vor dem Hintergrund eines überbordenden Formalismus andere Wege der Forderungseinziehung außergerichtlich und im materiellen Recht suchen, bei denen der Schutz des Schuldners weit weniger ausgeprägt ist. Regelungen müssen auch vor dem Hintergrund von Notwendigkeiten angewandt werden. Dort, wo aus der praktischen Erfahrung heraus kein Missbrauch zu sehen ist, kann getrost einem pragmatischen Vorgehen der Vorzug gegeben werden. Die in einem gerichtlichen Verfahren bestätigte Berechtigung einer Forderung muss in der Zwangsvollstreckung auch durchgesetzt werden. Die wirtschaftliche und soziale Existenz des Schuldners muss dabei geschützt werden, nicht aber der Formalismus um seiner selbst willen. Auch steht dem Vollstreckungsorgan aufgrund der Titulierung der Forderung kein Werturteil über den Gläubiger mehr zu.

Die 2. ÄndVO hat hier keine Ergänzungen gebracht, was verwundert.

Hinweis

Mit dem *Gesetz zur weiteren Digitalisierung der Zwangsvollstreckung*[105] wird der Gesetzgeber in § 752a ZPO-E die Versicherung der Verfahrensvollmacht und in § 753a ZPO-E die Versicherung der Geldempfangsvollmacht für die Rechtsanwälte und Inkassodienstleister als ausreichend gelten lassen und auf eine Vorlage der Vollmachten versichern. Die Wirkung wird dabei in zeitlicher Hinsicht so weit erstreckt, bis das Erlöschen dem Vollstreckungsorgan angezeigt wurde. Dabei ist auch keine Kontrollmöglichkeit für die Vollstreckungsorgane mehr vorgesehen.

Hier wären vorsorgliche Regelungen im Hinblick auf das *Gesetz zur weiteren Digitalisierung der Zwangsvollstreckung* denkbar gewesen, in dem die entsprechenden Versicherungen in Modul E zu Verfahrensvollmacht und Geldempfangsvollmacht getrennt aufgeführt worden wären. Der Benennung einer oder mehrerer Normen wäre dabei nicht erforderlich gewesen. Die neuen Formulare hätten so schon die neue Rechtslage nach Maßgabe der höchstrichterlichen Rechtsprechung und künftig ggf. auch der gesetzlichen Lage abgebildet.

Im Fall eines elektronisch eingereichten **vereinfachten Auftrags zur Zwangsvoll-** 182
streckung aus einem Vollstreckungsbescheid nach § 829a ZPO, der einer Vollstreckungsklausel nicht bedarf, ist bei der Zwangsvollstreckung wegen Geldforderungen die Übermittlung der Ausfertigung des Vollstreckungsbescheids entbehrlich, wenn die sich aus dem Vollstreckungsbescheid ergebende fällige Geldforderung einschließlich titulierter Nebenforderungen und Kosten nicht mehr als 5.000 EUR beträgt, wobei Kosten der Zwangsvollstreckung bei der Berechnung der Forderungshöhe nur zu berücksichtigen sind, wenn sie allein Gegenstand des Vollstreckungsauftrags sind, die Vorlage anderer Urkunden als der Ausfertigung des Vollstreckungsbescheids nicht vorgeschrieben ist und der Gläubiger dem Auftrag eine Abschrift des Vollstreckungsbescheids nebst Zustellungsbescheinigung als elektronisches Dokument beifügt. Der Gläubiger muss in diesem Fall versichern, dass ihm eine Ausfertigung des Vollstreckungsbescheids und eine Zustellungsbescheinigung vorliegen und die Forderung in Höhe des Vollstreckungsauftrags noch besteht. Diese Versicherung ist im Antrag in dem aufgezeigten Rahmen abgebildet und kann durch ein einfaches Setzen des Kreuzchens abgegeben werden.

Hinweis

Das Kreuzchen sollte nicht standardmäßig gesetzt sein, wenn ein Antrag nach § 829a ZPO gestellt wird. Vielmehr sollte dies ein aktiver Akt auf die vorherige Kontrolle des tatsächlichen Vorhandenseins des Vollstreckungsbescheids sein. In der Praxis kommt es durchaus vor, dass ansonsten die Versicherung abge-

105 BT-Drucks 20/11310; hierzu *Goebel*, FoVo 2024, 66.

> geben wird, obwohl der Vollstreckungsbescheid – etwa weil er falsch abgelegt wurde – nicht auffindbar ist.

Es besteht die Hoffnung, dass die Regelung des § 829a ZPO zeitnah auf andere Vollstreckungstitel mit oder ohne Wertgrenze erweitert wird.[106] Mit dem *Gesetz zur weiteren Digitalisierung der Zwangsvollstreckung*[107] wird § 754a ZPO-E auf alle Vollstreckungstitel erstreckt. Zugleich entfallen alle Beschränkungen im Hinblick auf umgeschriebene Vollstreckungstitel (§ 727 ZPO) und für den Fall, dass weitere Vollstreckungsvoraussetzungen – etwa der Eintritt einer Bedingung i.S.d. § 726 ZPO – urkundlich nachzuweisen sind. Es kann nur gehofft werden, dass dieses Gesetz beschlossen wird. Im Zeitpunkt des Redaktionsschlusses dieser Auflage war eine Anhörung zu dem Gesetz im Rechtsausschuss des Bundestags anberaumt, das Gesetz mithin noch nicht beschlossen.[108]

183 Der Rahmen erlaubt es dann, dass **weitere Versicherungen** abgegeben werden können. Hierunter fällt etwa die Versicherung nach § 104 Abs. 2 S. 1 ZPO, dass die in der Anlage 7 oder 8 ZVFV, der Aufstellung der Forderungen, und in der Anlage über die aufgeführten Vollstreckungskosten – die individuelle Anlage mit der Aufstellung der Vollstreckungskosten – tatsächlich angefallen sind. Dies macht außerhalb des vereinfachten Vollstreckungsauftrags nach § 829a ZPO, der explizit die Vorlage von Belegen fordert, die Beifügung der Nachweise entbehrlich. Das vereinfacht die Antragstellung und reduziert Aufwand und Kosten. Dass die Anlagenübersicht ausdrücklich eine Aufstellung der Vollstreckungskosten „mit Belegen" vorsieht, bleibt ohne rechtliche Bedeutung, weil sich die Vorlagepflicht allein aus der ZPO ergeben kann und die Vorlage der Anlage und der Belege nicht zwingend, sondern nur optional ist. Dem Verordnungsgeber kommt insoweit wieder nur eine Umsetzungskompetenz, nicht aber eine eigenständige Regelungskompetenz zu, § 829 Abs. 4 ZPO.

> *Hinweis*
>
> Leider sieht das *Gesetz zur weiteren Digitalisierung der Zwangsvollstreckung*[109] in § 829a ZPO-E nun entgegen § 104 Abs. 2 S. 1 ZPO vor, dass stets alle Vollstreckungsbelege vorgelegt werden müssen. Insoweit wird einerseits abzuwägen sein, welche Vollstreckungsaufträge auch die Vollstreckungskosten umfassen sollen oder auf die Hauptforderung beschränkt werden können. Alternativ muss erwogen werden – jedenfalls bei umfangreichen Belegsammlungen

106 *Goebel*, FoVo 2023, 45.

107 BT-Drucks 20/11310; hierzu *Goebel*, FoVo 2024, 66.

108 Sobald die gesetzliche Neuregelung erfolgt, wird sie vom Autor in der Zeitschrift Forderung und Vollstreckung (FoVo) besprochen und mit den erforderlichen Anpassungen an die aktuellen wie an die neuen Formulare mit den notwendigen Mustern besprochen. Siehe dazu auch die FoVo-Sprechstunde des Autors; https://www.anwaltspraxis-wissen.de/fovo-sprechstunde.

109 BT-Drucks 20/11310; hierzu *Goebel*, FoVo 2024, 66.

– eine Kostenfestsetzung nach § 788 Abs. 2 ZPO zu beantragen. Die gesetzliche Neuregelung würde dann ermöglichen, auch aus dem Kostenfestsetzungsbeschluss mit einem vollelektronischen Antrag die Vollstreckung zu betreiben.

Keiner besonderen Versicherung bedarf es hier zur fehlenden Vorsteuerabzugsberechtigung nach § 104 Abs. 2 S. 3 ZPO. Diese ist bereits in Modul A im Beschlussentwurf vorgesehen.

X. Signatur und Unterschrift zur Entäußerung

Nach Maßgabe des jeweiligen Übermittlungswegs für den Antrag auf Erlass des 184
Pfändungs- oder des Pfändungs- und Überweisungsbeschlusses sieht Anlage 4 zur ZVFV die Angabe des Antragstellers als einfache Signatur und die Unterschrift des Antragstellers vor.

Namen der Antragsteller

Unterschriften der Antragsteller

Es bleibt ohne Bedeutung, dass in Anlage 1 zur ZVFV (Gerichtsvollzieherauftrag) von „Auftraggeber“ und in Anlage 4 zur ZVFV von „Antragsteller“ gesprochen wird. Die Begriffe werden synonym verwandt und folgen der Praxis, vom einem Gerichtsvollzieher**auftrag** und einem **Antrag** auf Erlass eines Pfändungsbeschluss oder Pfändungs- und Überweisungsbeschluss zu sprechen.

Als Antragsteller im Sinne dieser Angaben ist nicht der vertretene Gläubiger, son- 185
dern sein Bevollmächtigter anzusehen. Der Name des Antragstellers ist stets anzugeben und sollte bei der Anlage von Vorlagen deswegen standardisiert und automatisiert eingetragen sein. Unklar bleibt, ob bei einer juristischen Person als Auftraggeber die juristische Person (Beispiel: Inkasso Frankenberg GmbH) oder die tatsächlich handelnde Person (Beispiel: Sachbearbeiterin Sabine Emsig) anzugeben ist. Obwohl der tatsächlich handelnde Mitarbeiter regelmäßig keinen Antrag im eigenen Namen stellen wird, sondern allenfalls im Namen des Gläubigers oder des Rechtsdienstleisters, spricht doch viel dafür, dass die Angabe der Identifikation der konkret handelnden und im tatsächlichen Sinne beantragenden Person dient, deren handschriftliche Unterschrift im konkreten Einzelfall häufig unleserlich ist. Dieses Argument trägt allerdings nicht, wenn im Rahmen des elektronischen Rechtsverkehrs qualifiziert signiert wird. Insoweit wird die Frage letztlich in beiden Richtungen nach dem Zweck der Identifikation des konkreten Antragstellers zu beantworten sein. Bei der Übermittlung des Vollstreckungsantrags als elektronisches Dokument auf einem sicheren Übermittlungsweg nach § 130 Abs. 3 S. 1 Alt. 2 ZPO oder § 130d ZPO dient das Texteingabefeld dazu, das Dokument einfach zu signie-

ren. Dabei genügt nach der höchstrichterlichen Rechtsprechung die Berufsbezeichnung nicht. Vielmehr bedarf es der Angabe des Vor- und Nachnamens.[110]

Im Ergebnis bleibt also festzuhalten, dass als Auftraggeber links die Person anzugeben ist, die rechts unterschreibt oder qualifiziert elektronisch signiert. Hier ist eine entsprechende Übereinstimmung herzustellen.

186 Die Unterschrift des Antragstellers kann eigenhändig oder aber als qualifizierte elektronische Signatur geleistet werden. Die eigenhändige Unterschrift kommt auch dann in Betracht, wenn der ausgefüllte und eigenhändig unterschriebene Antrag sodann gescannt und dann nach Maßgabe der Vorschriften über den elektronischen Rechtsverkehr nach §§ 130a, 130d ZPO an das Vollstreckungsgericht übermittelt wird (sicherer Übermittlungsweg per beA oder eBO).

187 Von der Frage der Eintragungsmöglichkeit ist die Frage zu unterscheiden, ob eine Unterschrift auch tatsächlich notwendig ist. Grundsätzlich bedarf der Vollstreckungsantrag keiner Unterschrift. Erforderlich ist allein, dass erkennbar wird, dass der Antragsteller sich des Vollstreckungsantrags tatsächlich entledigen wollte.[111] Dies steht einerseits insbesondere bei automatisiert erstellten Vollstreckungsanträgen in Massenverfahren infrage. Gleichwohl bedarf es zur Feststellung nicht zwingend einer Unterschrift. Vielmehr können auch individuelle Weisungen bezogen auf den konkreten Einzelfall oder Angaben zur Kostentragung – insbesondere auch die individuelle Angabe einer ganz konkreten elektronischen Kostenmarke – hierauf hindeuten. Auch eine unterschriebene Bestätigung des Antrags auf eine Monierung der fehlenden Unterschrift begründet die Entäußerungsabsicht und erzwingt keine neue und unterschriebene Ausfertigung des ganzen Auftrags. Letztlich kann die Nutzung eines individualisierten sicheren Übermittlungswegs dafür ein Indiz sein.

> *Hinweis*
>
> Um Monierungen und Diskussionen, vor allem aber nach § 804 Abs. 3 ZPO nachteilige Verzögerungen zu vermeiden, ist es allerdings empfehlenswert, den Antrag zu unterschreiben oder qualifiziert elektronisch zu signieren. Wer sehr viele Anträge stellt, kann dabei auch auf eine Multisignaturkarte der Bundesdruckerei zurückgreifen,[112] die es erlaubt, bis zu 100 gleichzeitige elektronische Signaturvorgänge in einem durchzuführen.

110 BGH v. 7.9.2022 – XII ZB 215/22.

111 LG Bad Kreuznach v. 23.4.2010 – 1 T 78/10; LG Frankfurt/Oder v. 20.12.2018 – 15 T 183/18; Zöller/*Seibel*, ZPO, 35. Aufl. 2024, § 829 Rn 3: Der Antrag muss nur ernstlich gewollt sein.

112 https://www.d-trust.net/de/bestellen.

G. Anlage 5: Beschlussentwürfe nach §§ 829, 835 ZPO

I. Einführung

Der Entwurf eines Beschlusses für einen Pfändungsbeschluss oder einen Pfändungs- und Überweisungsbeschluss nach Anlage 5 zur ZVFV umfasst insgesamt neun Seiten in den Modulen A bis T. Anders als beim Gerichtsvollzieherauftrag nach der Anlage 1 zur ZVFV ist der Antragsteil mit der Anlage 4 zur ZVFV in ein eigenes Formular ausgegliedert. 188

Der Beschlussentwurf ist notwendiger Anhang zum Antrag nach Anlage 4 ZVFV und muss durch die Aufstellung der Forderungen nach Anlage 7 ZVFV bei gewöhnlichen Geldforderungen und nach Anlage 8 ZVFV bei Unterhaltsforderungen ergänzt werden.

Die Module A und B werden nachfolgend nicht mehr gesondert abgehandelt, da diese bereits vor die Klammer gezogen und für alle Formulare zentral erörtert wurden.[113]

Mit der 2. ÄndVO ergeben sich gegenüber den aktuellen Formularen, die ab dem 1.9.2024 verbindlich sind, für die ab dann optional einsetzbaren und erst ab dem 1.10.2025 verbindlichen neuen Formulare folgende Änderungen: 189

- Auf Seite 3 wird im Modul C (Vollstreckungstitel) ein Rahmen um die Angaben zum ersten Vollstreckungstitel gesetzt. Auf die Begründung zu der entsprechenden Änderung beim Vollstreckungsauftrag an den Gerichtsvollzieher, Anlage 1, wird verwiesen. Beim Pfändungs- und Überweisungsbeschluss kann damit das Modul C ggf. komplett entfallen. Die weiteren Änderungen sind Folgeänderung redaktioneller Art, um bei Entfall des Moduls C den Beschlusstext korrekt zu formulieren.
- Auf Seite 5 wird im Modul H die Größe des Freitextfelds am Ende des Moduls vergrößert. Dadurch haben Antragsteller, die das Dokument im PDF-Format oder auf Papier ausfüllen, mehr Platz für Angaben zu zusätzlichen Forderungen und Rechten gegenüber Kreditinstituten. Zusätzlich können Antragsteller auch weiterhin von den Möglichkeiten nach § 3 Abs. 2 Nr. 4, 5 und 7 ZVFV Gebrauch machen: Der Umfang der Texteingabefelder darf vergrößert werden; Texteingabefelder können mehrfach verwendet werden und – soweit in dem Formular die gewünschten Angaben nicht gemacht werden können – dürfen die Angaben in weiteren Anlagen gemacht werden.
- Auf Seite 6 wird im Modul K die Größe des Freitextfelds vergrößert. Dadurch haben Antragsteller, die das Dokument im PDF-Format oder auf Papier ausfüllen, mehr Platz für Angaben zu weiteren Forderungen, Ansprüchen und Vermögensrechten. Auch insoweit bestehen daneben die Möglichkeiten nach § 3 Abs. 2 Nr. 4, 5 und 7 ZVFV.

113 Vgl. Abschnitt 6.2.

- Im Weiteren ergeben sich durch die Vergrößerungen des Freitextfelds Verschiebungen der Module auf die Folgeseiten: Modul N verschiebt sich auf Seite 7, Modul P verschiebt sich auf Seite 8.
- In Modul M (weitere Anordnungen) wird eine zusätzliche Auswahlmöglichkeit für das Herausgabeverlangen einer Abschrift der dem Schuldner erteilten Bescheinigung nach § 903 Abs. 1 S. 2 ZPO geschaffen, um diesen in der Praxis häufig auftretenden Fall abzubilden.
- Auf Seite 8 wird im Modul P (Einkünfte von Unterhaltsberechtigten) ein Feld eingefügt, in dem Art und Höhe des Einkommens des Ehegatten oder des eingetragenen Lebenspartners des Schuldners eingegeben werden können, wenn diese Einkünfte für Pfändungen nach § 850d ZPO (Modul Q), § 850f Abs. 2 ZPO (Moduls S) oder bei Anträgen nach § 850c Abs. 6 ZPO (Modul R) relevant sind.
- Die Module Q und S werden ergänzt, damit das jeweilige Modul einem bestimmten Schuldner zugeordnet werden kann, wenn der Antrag in Bezug auf mehrere Schuldner gestellt wird.
- Im Modul Q wird die vorgegebene Möglichkeit, dass der monatliche unpfändbare Betrag für das Guthaben auf dem Pfändungsschutzkonto gilt, entfernt. Die Anordnung, sofern sie im Beschluss erforderlich ist, kann im Freifeld „Sonstige Anordnungen“ erfolgen.
- Das Modul R wird um die Möglichkeit ergänzt, die Forderung einem bestimmten Schuldner zuzuordnen, wenn der Antrag in Bezug auf mehrere Schuldner gestellt wird. Das Modul R verschiebt sich auf Seite 9.

II. Zuständiges Vollstreckungsgericht

190 Zur Einleitung des Beschlusses ist das nach § 828 ZPO örtlich und sachlich zuständige Vollstreckungsbericht zu bezeichnen. Für die Fertigung des Entwurfs bedarf es schlicht der Übernahme aus dem Antrag nach Anlage 4. Auf die Ausführungen zum Antrag auf Erlass eines Pfändungs- oder Pfändungs- und Überweisungsbeschlusses kann verwiesen werden.

Vom Gericht wiederum ist das Geschäftszeichen zu ergänzen, was voraussetzt, dass das übermittelte Formular ergänzbar bleibt. Die Übermittlungsart der Wahl ist danach ein fortgesetzt ausfüllbares und insoweit für den Rechtspfleger auch abänderbares PDF. Es ist der Rechtspfleger, der beschließt, und deshalb auch die Hoheit über den Beschlussinhalt haben muss.

> *Hinweis*
>
> Insoweit bedarf es auch nicht mehr der Unsitte, einen Antrag und Beschlussentwurf zu monieren und dann vom Gläubiger oder seinem Bevollmächtigten die Vorlage eines geänderten Entwurfs zu verlangen. Vielmehr kann – und muss – der Rechtspfleger selbst entscheiden und dabei ggf. den Entwurf ändern und im Übrigen den Antrag rechtsmittelfähig und durch einen ergänzenden formfreien

Beschluss zurückweisen. Der Nutzungspflicht unterliegt nur der stattgebende Beschluss. Eine andere Verfahrensweise kann die nach § 804 Abs. 3 ZPO maßgeblichen Rangverhältnisse verschieben. Wäre dies durch eine frühzeige teilweise Stattgabe und eine teilweise Zurückweisung vermeidbar gewesen, können sich daraus Amtshaftungsansprüche entwickeln.

Da das Formular nach Anlage 5 ZVFV vom Antragsteller nicht qualifiziert zu signieren ist (anders als Anlage 4 ZVFV), steht auch die Signatur der späteren Veränderung durch den nach § 20 Abs. 1 Nr. 17 RPflG funktionell zuständigen Rechtspfleger nicht entgegen. Das vermeidet Monierungen mit der Aufforderung, den Beschlussentwurf erneut verändert einzureichen, und damit Zeitverluste.

Amtsgericht
– Vollstreckungsgericht –

Vom Gericht auszufüllen:
Geschäftszeichen:

Beschluss

In der Zwangsvollstreckungssache

Mit Ausnahme des Umstands, dass die grau hinterlegten Felder entfallen, hat die 2. ÄndVO hier keine Anpassungen mit sich gebracht.

III. Wahl des Beschlusses

Nach den Modulen A und B, mithin der Bezeichnung des Gläubigers und des Schuldners, hat der Antragsteller, mithin der Gläubiger oder sein Bevollmächtigter, zu entscheiden, ob ein Pfändungsbeschluss oder ein Pfändungs- und Überweisungsbeschluss beantragt werden soll. 191

Hinweis

Anders als noch nach der ZVFV 2012 und dem inzwischen nicht mehr zulässigen Formular gibt es also keine Möglichkeit mehr, einen isolierten Überweisungsbeschluss mithilfe des Formulars zu beantragen und beschließen zu lassen. Insoweit bedarf es zwingend eines eigenständigen isolierten Formulars.

Der Regelfall wird der Pfändungs- und Überweisungsbeschluss nach §§ 829, 835 ZPO sein.

ergeht folgender

☒ Pfändungs- und Überweisungsbeschluss ☐ Pfändungsbeschluss:

In Ausnahmefällen ist der Überweisungsbeschluss nach § 835 ZPO zum Zeitpunkt der Pfändung (noch) nicht statthaft, sondern an weitere Voraussetzungen gebunden. Dies ist einerseits bei der Sicherungsvollstreckung vor Rechtskraft des Vollstreckungstitels nach § 720a ZPO der Fall. Andererseits kann auch in den Fällen des

§ 852 ZPO, d.h. bei der Pfändung des Pflichtteilsanspruchs, des Rückforderungsanspruchs des Schenkers oder des Zugewinnausgleichsanspruchs die Überweisung erst unter den dort genannten weiteren Voraussetzungen erfolgen. Um keine Rechtsnachteile zu erleiden, empfiehlt sich allerdings die vorzeitige isolierte Pfändung, auf die dann der spätere Antrag auf Überweisung der Forderung folgen kann.

> *Hinweis*
>
> Die spätere isolierte Überweisung nach § 835 ZPO ist im Antrag wie im Beschluss keinem Formularzwang nach der ZVFV unterworfen. Sie kann mithin formfrei erfolgen, was aber nicht ausschließt, hierfür auf einzelne Module, Texte und Textfelder der Anlagen 4 und 5 ZVFV zurückzugreifen.[114]

IV. Modul C – Der oder die Vollstreckungstitel

192 Auf die bereits vor die Klammer gezogenen und abgehandelten Module A zum Gläubiger und B zum Schuldner, die in allen Formularen gleich sind, folgen in Modul C die Angaben zu dem oder den Vollstreckungstiteln. Dabei ist im aktuellen Formular die Angabe mindestens eines Vollstreckungstitels zwingend (§§ 750, 704, 794, 795 ZPO), sodass sich die Angaben für den ersten Vollstreckungstitel auch außerhalb eines Rahmens befinden.

Aktuelles Formular:

C

Aus dem Vollstreckungstitel (zu Ziffer)

Art	Aussteller
Datum	**Geschäftszeichen**

sowie aus dem Vollstreckungstitel (zu Ziffer)

Art	Aussteller
Datum	**Geschäftszeichen**

☐ sowie aus den weiteren Vollstreckungstiteln aufgeführt in weiterer Anlage

können die Gläubiger von den Schuldnern die sich aus den als Anlagen beigefügten Forderungsaufstellungen ergebenden Beträge beanspruchen.

Werden mehr als ein Vollstreckungstitel angegeben, sind diese durchzunummerieren. Im Hinblick auf künftige Anträge als strukturierte Datensätze sollte schon bei der Anlage eines Vollstreckungstitels zur Akte erwogen werden, diesen zu nummerieren.

114 Siehe hierzu das Muster in FoVo 2023, 85.

Tipp

Der Gläubiger muss erwägen, ob er mehr als einen Vollstreckungstitel angibt, wenn er den Pfändungsbeschluss oder den Pfändungs- und Überweisungsbeschluss beantragt. Dabei sind etwa die gegenstandswertabhängigen Kosten auf Seiten des Bevollmächtigten, der Aufwand, die Vollstreckungstitel einzeln anzugeben zu müssen, die Frage des Rangs nach § 804 Abs. 3 ZPO oder auch die Notwendigkeit, die Verjährung zu unterbrechen (§ 212 BGB), als Aspekte in die Abwägung einzubeziehen. Anders als bei der Gerichtsvollziehervollstreckung, wo etwa für die Abnahme der Vermögensauskunft nicht alle titulierten Forderungen benötigt werden, begründet hier eine Beschränkung in der Zahl der genutzten Titel zugleich auch eine Beschränkung der Beschlagnahme und damit möglicherweise auch des Vollstreckungserfolgs. Insoweit wird auch abzuwägen sein, wie groß die Gefahr ist, dass ein anderer Gläubiger zwischen einer erfolgreichen Erstpfändung und der nachfolgenden Erweiterung einen Rangvorteil erzielen könnte.

Änderungen nach der 2. ÄndVO ergeben sich insoweit als auch die Angaben zu einem ersten Vollstreckungstitel in einen Rahmen gesetzt werden.

Die Gläubiger können von den Schuldnern

C

aus dem Vollstreckungstitel (zu Ziffer ______)

Art	Aussteller
Datum	Geschäftszeichen

sowie aus dem Vollstreckungstitel (zu Ziffer ______)

Art	Aussteller
Datum	Geschäftszeichen

☐ sowie aus den weiteren Vollstreckungstiteln aufgeführt in weiterer Anlage

die sich aus den als Anlagen beigefügten Forderungsaufstellungen ergebenden Beträge beanspruchen.

Gem. § 3 Abs. 2 Nr. 6 li. b ZVFV dürfen somit die Angaben (auch) zum rechnerisch ersten Vollstreckungstitel entfallen. Durch diese Änderung werden in dem Formular Fälle berücksichtigt, in denen Behörden bei der Vollstreckung wegen öffentlich-rechtlicher Forderungen dem Formularzwang unterliegen, bei denen jedoch die Vollstreckungsanordnung oder der Vollstreckungsauftrag den Vollstreckungstitel ersetzt. In solchen Fällen müssen Behörden also keine Angaben über einen Vollstreckungstitel machen. Eine Forderungsaufstellung müssen allerdings auch sie dem Vollstreckungsauftrag beifügen.

Hinweis

Wer das aktuelle Formular nutzt, hat damit auch kein Problem. Er lässt die Angaben zum Vollstreckungstitel schlicht unausgefüllt.

193 Anders als in Anlage 1 ZVFV (Gerichtsvollzieherauftrag) müssen hier keine Angaben zum Zustellungsnachweis gemacht werden, da diese Angaben bereits im Antrag nach Anlage 4 ZVFV enthalten sind.

> *Hinweis*
>
> Sinnvoller wäre es sicher gewesen, auch Modul C in allen Formularen gleich zu halten. Dies würde die spätere strukturierte Umsetzung der Formulare stärker unterstützen. Auch bei künftig weiteren verbindlichen oder optionalen Formularen erhöht dies den Wiedererkennungseffekt und erleichtert das Ausfüllen wie das Bearbeiten. Bei der sicher folgenden weiteren Überarbeitung der Formulare nach einer gewissen Evaluationszeit sollte dies bedacht werden.

194 Die **Art** des Titels ergibt sich zunächst über § 750 ZPO mit dem Urteil aus § 704 ZPO. Als weitere Vollstreckungstitel kommen über § 795 ZPO dann alle weiteren in § 794 ZPO genannten Vollstreckungstitel in Betracht. In der Praxis kommen hier dem Prozessvergleich (Nr. 1), dem Kostenfestsetzungsbeschluss (Nr. 2) und vor allem dem Vollstreckungsbescheid (Nr. 4)[115] eine besondere praktische Bedeutung zu. Denkbar sind aber auch Schuldtitel aus anderen Rechtsgrundlagen als die ZPO, etwa aus dem Strafrecht, landesrechtliche Titel oder auch ausländische Vollstreckungstitel. Diese sind in §§ 36 ff. GVGA aufgeführt. Während für die vereinfachten Vollstreckungsaufträge nach § 829a ZPO zwischen den Vollstreckungsbescheiden einerseits und den übrigen Vollstreckungstiteln andererseits unterschieden werden muss, soll dies nach dem *Gesetz zur weiteren Digitalisierung der Zwangsvollstreckung*[116] entfallen. Die digitale Vorlage des Vollstreckungstitels soll dann unabhängig von dessen Art möglich sein.

195 **Aussteller** ist diejenige Institution oder Person, die im Rahmen der ihr zustehenden Befugnisse den Vollstreckungstitel geschaffen hat, dies kann regelhaft ein Gericht, aber auch eine Behörde oder ein Notar sein.

196 Als **Datum** ist der Tag, der Monat und das Jahr anzugeben, an dem der Titel geschaffen wurde. Dies ist beim Vollstreckungsbescheid oder dem Kostenfestsetzungsbeschluss das Erlassdatum, beim Urteil das Verkündungsdatum, bei einem Prozessvergleich das Feststellungsdatum und bei einer vollstreckbaren Urkunde das Errichtungsdatum.

197 Das **Geschäftszeichen** ist das Aktenzeichen oder Geschäftszeichen des Gerichts, der Behörde oder sonstigen Institutionen oder der Person, die einen Vollstreckungstitel geschaffen hat. Es darf nicht mit dem eigenen Geschäftszeichen verwechselt werden, das im Kontext der Kontaktdaten anzugeben ist.

115 Siehe dazu dann § 796 ZPO.

116 BT-Drucks 20/11310; hierzu *Goebel*, FoVo 2024, 66.

Anders als bei der Angabe des Gläubigers oder des Schuldners ist im Modul C für 198
die Angabe eines weiteren Vollstreckungstitel ein optionaler Rahmen mit den gleichen Angaben wie zuvor dargestellt vorgesehen.

C

sowie aus dem Vollstreckungstitel (zu Ziffer)

Art	Aussteller
Datum	Geschäftszeichen

Dies ist dem Umstand geschuldet, das auf einen Vollstreckungstitel im Erkenntnisverfahren regelmäßig auch ein Kostenfestsetzungsbeschluss als weiterer gesonderter Vollstreckungstitel folgt. Wird dagegen aus dem häufigsten Titel, dem Vollstreckungsbescheid, die Vollstreckung betrieben, so kann der Rahmen insgesamt nach § 3 Abs. 2 Nr. 6 ZVFV entfallen. Die Angaben sind identisch zum ersten angegebenen Vollstreckungstitel.

Selbstverständlich ist es in der Praxis denkbar, dass gegen einen Schuldner auch 199
über einen gesonderten Kostenfestsetzungsbeschluss hinaus mehr als ein Vollstreckungstitel vorliegt. So kann im normalen Erkenntnisverfahren etwa ein Teil-Anerkenntnisurteil oder Teil-Versäumnisurteil, ein nachfolgendes Schlussurteil und ein Kostenfestsetzungsbeschluss ergangen sein. Auch sind mehrere Teilurteile denkbar. Letztlich sind Konstellationen denkbar, in denen der Schuldner in Dauerschuldverhältnissen immer wieder mit Zahlungsverpflichtungen rückständig wurde, die dann tituliert werden mussten. Als Beispiel sind Forderungen aus Mietverhältnissen zu nennen, wenn der Vermieter als Gläubiger trotz des Mietzinsverzugs auf eine Kündigung verzichtet hat. Aber auch bei einem Energieversorger, im ÖPNV (Abo-Preis oder auch häufigeres Fahren ohne gültigen Fahrausweis) oder in der Telekommunikation handelt es sich insoweit um Konstellationen in der Praxis. Das kann die Notwendigkeit mit sich bringen, im Vollstreckungsantrag weitere Vollstreckungstitel aufzuführen. Hierzu stehen dem Antragsteller wieder zwei Alternativen zur Verfügung. Er kann entweder nach Maßgabe des § 3 Abs. 2 Nr. 6 ZVFV den Rahmen für den zweiten Vollstreckungstitel ein- oder mehrfach duplizieren, um die weiteren Vollstreckungstitel aufzuführen. Alternativ kann dem Vollstreckungsantrag eine Anlage beigefügt werden, die weiteren Vollstreckungstitel aufführt.

☐ sowie die weiteren Vollstreckungstitel aufgeführt in weiterer Anlage

Dabei muss die Anlage mindestens die Angaben enthalten, die vorstehend für die Vollstreckungstitel dargestellt wurden, mithin Art, Aussteller, Datum und Geschäftszeichen des Vollstreckungstitels und die Angabe, ob ein Zustellnachweis beigefügt wurde. Gibt die Software keine Möglichkeit, den Rahmen zu duplizieren, kann es deshalb sinnvoll sein, diesen zu kopieren, auszufüllen und in eine Anlage zu kopieren.

Zwingender Bestandteil des Antrags nach Anlage 4 ZVFV und des Beschlussent- 200
wurfs ist die Beifügung zumindest einer Forderungsaufstellung nach der Anlage 7

ZVFV oder der Anlage 8 ZVFV. Diese übernehmen und ergänzen die Angaben aus dem Vollstreckungstitel.

Die Zahl – nicht allerdings die Art – der beigefügten Forderungsaufstellungen ist bereits im Antrag nach Anlage 4 ZVFV anzugeben und muss deshalb hier nicht wiederholt werden. Da sich der Text außerhalb eines Rahmens befindet, darf er nicht verändert werden.

können die Gläubiger von den Schuldnern die sich aus den als Anlagen beigefügten Forderungsaufstellungen ergebenden Beträge beanspruchen.

V. Zustellkosten bei mehreren Schuldnern und/oder Drittschuldnern

201 Die Kosten für den Erlass des Pfändungsbeschlusses oder des Pfändungs- und Überweisungsbeschlusses fallen dem Schuldner zur Last und werden zugleich mit den sonstigen geltend gemachten Forderungen beigetrieben (§ 788 Abs. 1 S. 1 Hs. 2 ZPO). Der Gläubiger ist allerdings nach § 12 GKG vorleistungspflichtig und trägt insoweit das Liquiditätsrisiko des Schuldners. Es handelt sich dabei um die Gerichtskosten und etwaige Kosten von Rechtsanwälten und Inkassodienstleistern (siehe Forderungsaufstellung „Unterhalt" unter III. und „sonstige Forderungen" unter IV.).

202 Werden Pfändungen gegen mehrere Drittschuldner gerichtet, so entstehen für die Zustellung des Beschlusses an jeden einzelnen Drittschuldner Zustellungskosten nach Nr. 100, 711, 716 KV GvKostG, wenn die Drittschuldnerauskunft nach § 840 ZPO begehrt wird und ansonsten üblicherweise nach Nr. 101, 701, 716 KV GvKostG, die in den Pfändungsbeschlüssen der übrigen Drittschuldner nicht als Vollstreckungskosten aufgeführt sind.

> *Hinweis*
>
> Mit dem KostRÄG 2025 soll eine eigenständige Gebührenziffer für die elektronische Zustellung eingeführt werden. Diese soll als neue Nr. 101 KV GvKostG eingefügt werden, sodass die sonstige Zustellung in Nr. 102 KV GvKostG geregelt wird. Hier kommt dann noch die Auslagenpauschale nach Nr. 716 KV GvKostG hinzu.[117]

Die Streitfrage, wie mit den Kosten bei gleichzeitigen Pfändungen im Erstattungsverhältnis umzugehen ist, hat der BGH am 10.6.2021 entschieden:[118]

„Ergeht ein Pfändungs- und Überweisungsbeschluss auch wegen der Zustellungskosten für diesen Beschluss, erstreckt sich die Pfändung auf die Kosten

117 Zum Zeitpunkt des Redaktionsschlusses dieser Auflage hat nur der Referentenentwurf vorgelegen. Vgl. dazu *Goebel*, FoVo 2024, 121.

118 BGH v. 10.6.2021 – IX ZR 90/20.

der Zustellung des Beschlusses an den Schuldner und an die im Beschluss genannten Drittschuldner.“

Vor diesem Hintergrund ist weder nachvollziehbar, weshalb der Verordnungsgeber hierfür ein eigenes Ankreuzfeld vorgesehen hat, noch warum das Ankreuzen dem Vollstreckungsgericht vorbehalten sein soll.

Wegen dieser Ansprüche

Vom Gericht auszufüllen:

☒ sowie wegen der Kosten für die Zustellung dieses Beschlusses an sämtliche aufgeführte Schuldner und sämtliche aufgeführte Drittschuldner

werden

Tatsächlich obliegt es zunächst der Dispositionsbefugnis des Gläubigers, ob er auch die Zustellkosten für den Beschluss nach § 788 ZPO vollstreckt sehen will, auch wenn keine vernünftigen Gründe dagegen sprechen. Insoweit ist das Kreuz standardmäßig zu setzen. Es müsste ihm dann zumindest in Anlage 4 ZVFV die Möglichkeit gegeben werden, diesem Begehren Ausdruck zu verleihen. Macht der Gläubiger von dieser Befugnis Gebrauch, was voraussetzt, dass er das Kreuzchen setzt, führt dies bei mehreren Drittschuldnern oder Schuldnern nach der höchstrichterlichen Rechtsprechung kraft Gesetzes dazu, dass auch die Kosten der Zustellung an alle anderen Drittschuldner erfasst sind. In der Praxis wird davon auszugehen sein, dass es keine Monierungen nach sich zieht, wenn das Kästchen vom Antragsteller standardmäßig angekreuzt ist und der Rechtspfleger zumindest die Möglichkeit hätte, dies zu ändern.

VI. Modul D – Der oder die Drittschuldner

In Modul D sind der oder die Drittschuldner zu bezeichnen, bei denen die Forderungen gepfändet werden. Dabei sind die Angaben von bis zu drei Drittschuldnern vorgegeben, während weitere Drittschuldner durch das Duplizieren des Rahmens oder durch Beifügung einer dann im Antrag nach Anlage 4 ZVFV zu benennenden weiteren Anlage aufgeführt werden können. **203**

Hinweis

Die Pfändung mehrerer Geldforderungen gegen verschiedene Drittschuldner **soll** nach § 829 Abs. 1 S. 3 ZPO auf Antrag des Gläubigers durch einheitlichen Beschluss ausgesprochen werden, soweit dies für Zwecke der Vollstreckung geboten erscheint und kein Grund zu der Annahme besteht, dass schutzwürdige Interessen der Drittschuldner entgegenstehen. Vor diesem Hintergrund sind mehrere bekannte Drittschuldner also in einem Verfahren zusammenzufassen, sodass auch nur einmal Gerichtskosten nach Nr. 2111 KVGKG anfallen. So ist eigentlich bei einem bekannten Arbeitgeber auch immer die Pfändung von Steuererstattungsansprüchen möglich, da das zuständige Finanzamt als Drittschuldner nach § 19 AO feststeht.

D

gegenüber dem Drittschuldner (zu Ziffer)

☐ Herrn ☐ Frau ☐ Unternehmen ☐

Name/Firma | ggf. Vorname(n)

Straße | Hausnummer

Postleitzahl | Ort

Land (wenn nicht Deutschland)

Registergericht | Registernummer

Geschäftszeichen | elektronische Zustelladresse

wegen der Forderungen, Ansprüche und sonstigen Rechte des Schuldners (zu Ziffer) aus den Modulen

sowie dem Drittschuldner (zu Ziffer)

☐ Herrn ☐ Frau ☐ Unternehmen ☐

Name/Firma | ggf. Vorname(n)

Straße | Hausnummer

Postleitzahl | Ort

Land (wenn nicht Deutschland)

Registergericht | Registernummer

Geschäftszeichen | elektronische Zustelladresse

wegen der Forderungen, Ansprüche und sonstigen Rechte des Schuldners (zu Ziffer) aus den Modulen

sowie dem Drittschuldner (zu Ziffer)

☐ Herrn ☐ Frau ☐ Unternehmen ☐

Name/Firma | ggf. Vorname(n)

Straße | Hausnummer

Postleitzahl | Ort

Land (wenn nicht Deutschland)

Registergericht | Registernummer

Geschäftszeichen | elektronische Zustelladresse

wegen der Forderungen, Ansprüche und sonstigen Rechte des Schuldners (zu Ziffer) aus den Modulen

☐ sowie den weiteren Drittschuldnern aufgeführt in weiterer Anlage

die angeblichen fälligen und noch künftig fällig werdenden nachfolgend aufgeführten Forderungen, sonstigen Ansprüche und anderen Vermögensrechte der Schuldner so lange gepfändet, bis der Gläubigeranspruch gedeckt ist:

Die 2. ÄndVO bringt hier keine Anpassungen mit Ausnahme des Umstands, dass der graue Hintergrund des Modulbalkens durch Rahmenlinien ersetzt wird und die graue Hinterlegung der Texteingabefelder entfällt.

Der Aufbau des Moduls überzeugt im Kontext der Gesamtsystematik der Formulare nach der ZVFV nicht. Auch wenn denkbar ist, dass der Schuldner oder der Gläubiger in einer Doppelrolle (auch) als Drittschuldner fungieren, bedarf es doch stets der Angabe mindestens eines Drittschuldners. Allenfalls wäre alternativ die Angabe „ohne Drittschuldner" vorzusehen gewesen. Insoweit wäre es richtig gewesen, die Angaben zum ersten Drittschuldner außerhalb eines Rahmens vorzusehen. Soweit Modul D dann die Angaben aus dem ersten Rahmen zweimal komplett und identisch wiederholt, wäre dies schon zur Reduzierung des Umfangs des Formulars entbehrlich gewesen. Nach § 3 Abs. 2 Nr. 6a ZVFV ist es zulässig, den Rahmen für die Benennung eines Drittschuldners mit dem Text und den Texteingabefeldern beliebig häufig zu wiederholen. Soweit mehr als drei Drittschuldner von dem Beschluss betroffen sind, können die Eingaberahmen dupliziert oder eine Anlage mit weiteren Drittschuldnern beigefügt werden. Die Anlage sollte entsprechend dem Rahmen, den Texten und den Texteingabefeldern für den Drittschuldner wie im Formular nach Anlage 5 ZVFV gestaltet sein. 204

Die Eingabefelder sind als solches selbsterklärend. Der Name einer Firma ist dabei immer im Namensfeld anzugeben. Text und Texteingabefelder können innerhalb der Rahmen mehrfach verwendet werden. Dies kann etwa bei der Firmenbezeichnung des Drittschuldners der Fall sein, wenn diese sehr lang ist oder auch bei natürlichen Personen als Drittschuldner, wenn es weiterer Angaben zu deren Identifizierung bedarf (Aliasnamen, Geburtsdatum, Hinweise zum Zustellungsort [Hinterhof]). Die anderen Texteingabefelder dürfen jedenfalls nicht für bezeichnungsfremde Angaben genutzt werden. Allerdings dürfen die Texteingabefelder auch erweitert (verlängert) oder verringert (gekürzt) werden. 205

Sofern bekannt, kann eine elektronische Zustelladresse i.S.v. § 130a Abs. 4 ZPO angegeben werden, z.B. die SAFE-ID zu einem elektronischen Bürger- und Organisationspostfach (eBO), einem besonderen elektronischen Anwaltspostfach (beA) oder einem besonderen elektronischen Behördenpostfach (beBPo). 206

Bei mehr als einem Drittschuldner sind diese einerseits zu nummerieren, andererseits ist ihnen der betroffene Schuldner und die jeweils zu pfändende Forderung durch die Bezeichnung der nachfolgenden Module zuzuordnen. 207

> *Hinweis*
>
> Sind dem Gläubiger im Zeitpunkt der Antragstellung mehrere Drittschuldner bekannt, soll ein einheitlicher Antrag gestellt werden, § 829 Abs. 1 S. 3 ZPO. Wenn es für eine andere Verfahrensweise keinen sachlichen Grund gibt, sind die dadurch anfallenden Mehrkosten in Form der Gerichtskosten i.S.d. § 788 ZPO ansonsten nicht notwendig und damit nicht erstattungsfähig. Insoweit ist etwa zu sehen, dass bei der Pfändung von Arbeitseinkommen immer auch das Finanzamt als Drittschuldner für Steuererstattungsansprüche bekannt ist (§ 19 AO). Soweit der Gläubiger die hohen Zustellkosten bei vielen Drittschuldnern

scheut, kann er den Zustellungsauftrag beschränken und dann in Kaskaden vorgehen, in dem er die weiteren Zustellungen isoliert beauftragt.

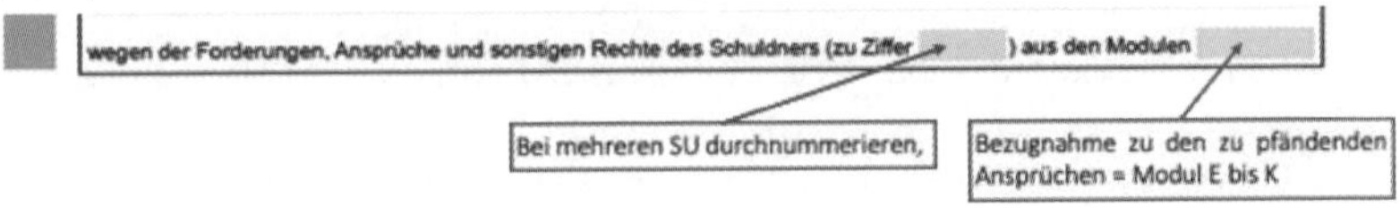

208 Gepfändet werden bei den Drittschuldnern

die angeblichen fälligen und noch künftig fällig werdenden nachfolgend aufgeführten Forderungen, sonstigen Ansprüche und anderen Vermögensrechte der Schuldner so lange gepfändet, bis der Gläubigeranspruch gedeckt ist:

sodass klargestellt ist, dass vergangene, gegenwärtige und künftige Forderungen des Schuldners gegen den Drittschuldner von der Pfändung erfasst sind. Dies ist ohne Auswahlmöglichkeit für den Antragsteller im Hinblick auf künftige Forderungen sehr weitgehend, da nicht in jedem Fall überhaupt künftige Forderungen existent werden können.

VII. Modul E – Pfändung von Arbeitseinkommen

209 Das Arbeitseinkommen stellt in der Praxis die Haupterwerbsgrundlage des Schuldners dar, sofern er nicht auf Sozialleistungen angewiesen ist. Hieraus muss er dann auch regelmäßig seine Verbindlichkeiten bedienen.

Tipp

Das Arbeitsverhältnis – und zwar sowohl das versicherungspflichtige als auch die geringfügige Beschäftigung – ist in der Vermögensauskunft nach §§ 802c, 802d ZPO anzugeben. Allein das versicherungspflichtige Arbeitsverhältnis kann durch die Einholung Auskünfte Dritter nach § 802l ZPO ermittelt werden. Von Vorteil ist natürlich auch, wenn schon die Datenerfassung des Mandanten auch das Arbeitsverhältnis umfasst und diese Daten abgerufen werden können. Gleiches gilt für den Fall, dass der Mandant aus seiner persönlichen Beziehung mit dem Schuldner entsprechende Erkenntnisse hat, etwa der Vermieter, der Handwerker oder das Dienstleistungsunternehmen vor Ort. Letztlich hilft ein einfaches Mittel: Fragen! Man wundert sich, wie häufig man dann auch eine konstruktive Antwort erhält.

Der Begriff des Arbeitseinkommens im Sinne des Vollstreckungsrechts ergibt sich aus § 850 ZPO. Letztlich sind danach alle Vergütungen in Geld, die dem Schuldner aus Arbeits- oder Dienstleistung zustehen, als Arbeitseinkommen zu klassifizieren. Dazu gehören auch die Ansprüche auf Zusatzversorgung im öffentlichen Dienst, gleich ob diese auf Bundes-, Landes- oder kommunaler Ebene gewährt werden, § 850 Abs. 3 ZPO. Es handelt sich bei diesen Zusatzversorgungen also nicht um Sozialleistungen (Modul L), worauf das Vollstreckungsorgan aber ggf. hinzuweisen hat.

> *Hinweis*
>
> Es kann also notwendig sein, die in § 850 ZPO insgesamt benannten Ansprüche auf Arbeitseinkommen bei verschiedenen Drittschuldnern zu pfänden und einen Antrag auf Zusammenrechnung nach § 850e ZPO zu stellen.

Für die in Ziffer 2 vorgesehene Pfändung der Ansprüche aus dem Lohnsteuerjahresausgleich des Arbeitgebers ist jeweils das Kalenderjahr anzugeben, in dem der Antrag nach Anlagen 4 und 5 ZVFV gestellt wird.

Die Formulierung der zu pfändenden Ansprüche ist schon in der Vergangenheit nicht hinreichend präzise und weitreichend genug gewesen, sodass zweifelhaft war, ob etwa das Kurzarbeitergeld oder Abfindungen anlässlich der Beendigung des Arbeitsverhältnisses davon erfasst waren. Das bringt die Notwendigkeit mit sich, die zu pfändenden Forderungen weiter zu benennen. Mit den neuen Formularen ist der Verordnungsgeber zumindest dem Vorschlag gefolgt, das Kurzarbeitergeld als standardisiert gepfändet aufzunehmen. Allerdings fehlen weiter die Abfindungen anlässlich der Beendigung des Arbeitsverhältnisses. Da der Gesetzgeber den Arbeitgeber im Kontext der aktuellen Krisen[119] nutzt, um staatliche Leistungen zu verteilen, kann es weiterhin sinnvoll sein, die Pfändung auch auf alle pfändbaren Zahlungen zu erstrecken, die dem Schuldner über den Arbeitgeber zugewandt werden. Insoweit hat die Rechtsprechung zwar weitgehend auch die Pfändung einer Inflationsausgleichsprämie[120] oder von Energiepreispauschalen für zulässig erachtet, dann aber die Frage aufgeworfen, ob diese denn im konkreten Einzelfall auch gepfändet wurden.

E

Forderungen gegenüber Arbeitgebern

1. Forderung auf Zahlung des gesamten gegenwärtigen und künftigen Arbeitseinkommens (einschließlich des Geldwertes von Sachbezügen)
2. Forderung auf Auszahlung des als Überzahlung jeweils auszugleichenden Erstattungsbetrages aus dem durchgeführten Lohnsteuer-Jahresausgleich sowie aus dem Kirchenlohnsteuer-Jahresausgleich für das Kalenderjahr 2022 und für alle folgenden Kalenderjahre
3. Forderung auf Zahlung des Kurzarbeitergeldes

☒ auf Abfindungen anlässlich der Beendigung des Arbeitsverhältnisses und aller Zahlen, die von oder über den Arbeitgeber erfolgen, auch soweit diese nicht unmittelbar Ausfluss der Arbeitsleistung sind (bspw. Inflationsausgleichsprämien, Energiepreispauschale)

Neben der Inflationsausgleichsprämie und der Energiepreispauschale ist auch ansonsten immer wieder darüber zu streiten, was alles unter den Begriff des Arbeitseinkommens fällt. So hat der BGH auch den Anspruch eines Hafenlotsen auf Zahlung anteiligen Lotsgeldes darunter gefasst.[121] Auf den Streit sollte sich der Gläubiger allerdings nur einlassen, wenn er abstrakt das Arbeitseinkommen gepfändet hat und der konkrete Anspruch dabei nicht präzise aufgeführt wurde. An-

119 COVID-19-Pandemie; Ukraine-Krieg.

120 BGH v. 25.4.2024 – IX ZB 55/23 gegen etwa AG Hannover v. 9.5.2023 – 907 IK 966/22–4.

121 BGH v. 20.50.2015 – VII ZB 50/14.

sonsten sollte das Bemühen stets dahin gehen, bekannte oder naheliegende Ansprüche zu ermitteln und zu benennen.

> *Tipp*
>
> Nicht selten kann im Internet gut recherchiert werden, welche Leistungen ein Arbeitnehmer beim konkret bekannten Arbeitgeber oder allgemein die Berufsgruppe als Zusatzleistungen erhält, die besser explizit aufgeführt werden.

Andererseits hat der BGH den Anspruch des Strafgefangenen auf Eigengeld nicht dem Arbeitseinkommen zugeordnet.[122] Es handelt sich vielmehr um eine sonstige Forderung, die nach Modul K (siehe nachfolgend) zu pfänden ist.

Die 2. ÄndVO bringt hier keine Anpassungen des Moduls E mit Ausnahme des Umstands, dass der graue Hintergrund des Modulbalkens durch Rahmenlinien ersetzt wird und die graue Hinterlegung der Texteingabefelder entfällt. Die fachlichen Optimierungen können also unverändert übernommen werden, sofern statt der aktuellen Formulare die neuen Formulare genutzt werden sollen.

VIII. Modul F – Forderungen aus Sozialleistungen

210 Wer über kein eigenes Arbeitseinkommen verfügt, erhält meist Sozialleistungen. Auch diese können unter der Beachtung der Pfändungsschutzbestimmungen des § 54 SGB I pfändbar sein. Modul F erfasst wahlweise die Pfändung gegenüber der Agentur für Arbeit, Versicherungsträgern oder Versorgungseinrichtungen. Auch wenn hier isoliert betrachtet regelmäßig kein Pfändungserfolg zu verzeichnen ist, kann sich dieser doch in Kombination mit der Pfändung und Zusammenrechnung anderer Einkünfte ergeben, die bei der Gewährung der Sozialleistungen unberücksichtigt bleiben, wie etwa Teile des Arbeitsentgelts für eine geringfügige Beschäftigung.

F	Forderungen gegenüber ☐ Agentur für Arbeit ☐ Versicherungsträger ☐ Versorgungseinrichtung	
	Forderung auf Zahlung der nachfolgend genannten gegenwärtig und künftig dem Schuldner zustehenden Geldleistungen:	
	Bezeichnung der Geldleistung	Konto-/Versicherungs-/Mitgliedsnummer
	☐	

Grundsätzlich geht der Verordnungsgeber davon aus, dass eine Pfändung nur gegenüber einem der genannten Leistungsträger erfolgt. Dies ist durch Ankreuzen deutlich zu machen. Sofern die Pfändung gleichzeitig gegenüber mehreren Leistungsträgern wegen unterschiedlicher Leistungen erfolgt, ist das Modul nach § 3 Abs. 2 Nr. 6a ZVFV mehrfach zu verwenden.

122 BGH v. 16.7.2004 – IXa ZB 191/03.

Die Geldleistung ist konkret zu bezeichnen.[123] In Betracht kommt etwa Arbeitslosengeld I, Bürgergeld, Teilarbeitslosengeld, Unterhaltsgeld bei Weiterbildung oder Beeinträchtigung, Ausbildungsgeld bei Beeinträchtigungen oder auch Insolvenzgeld oder Kurzarbeitergeld, soweit dieses nicht über den Arbeitgeber ausgezahlt wird bei der Agentur für Arbeit, eine Alters-, Erwerbsunfähigkeits- oder Hinterbliebenenrente, Abfindungen, Übergangsgeld, Beitragserstattungen etc. bei einem Versicherungsträger[124] oder einer Versorgungseinrichtung.[125]

Tipp

Die Angaben dazu kann der Schuldner auf Nachfrage des Gläubigers freiwillig machen oder durch die Abnahme der Vermögensauskunft nach § 802c oder § 802d ZPO oder durch die Nachbesserung eines in der Sperrfrist bereits abgegebenen Vermögensverzeichnisses dazu gezwungen werden. So weit wie möglich ist die Konto- oder Versicherungsnummer anzugeben. Diese hat der Schuldner grundsätzlich im Rahmen der Vermögensauskunft anzugeben, wenn er nicht schon auf eine Nachfrage des Gläubigers reagiert (Selbstauskunft). Fehlen solche Angaben, hat der Gläubiger im Verfahren über die Abnahme der Vermögensauskunft einen Nachbesserungsanspruch.

Der BGH[126] hat aktuell entschieden, dass Ansprüche gegen ein Versorgungswerk – im konkreten Fall die Architektenkammer Baden-Württemberg – trotz ihrer satzungsmäßigen Unabtretbarkeit grundsätzlich wie Arbeitseinkommen in den Grenzen von §§ 850c ZPO ff. pfändbar sind.[127]

Die 2. ÄndVO bringt hier keine Anpassungen des Moduls F mit Ausnahme des Umstands, dass der graue Hintergrund des Modulbalkens durch Rahmenlinien ersetzt wird und die graue Hinterlegung der Texteingabefelder entfällt. Die fachlichen Optimierungen können also unverändert übernommen werden, sofern statt der aktuellen Formulare die neuen Formulare genutzt werden sollen.

IX. Modul G – Forderungen gegenüber dem Finanzamt

Häufiger als in der Praxis bedacht wird, stehen Schuldnern Erstattungsansprüche gegen das Finanzamt zu. Dies gilt beispielsweise dann, wenn der Schuldner im lau- 211

123 BGH WM 2017, 1256; BGH NJW 2000, 1268.

124 Krankenversicherungen, Pflegeversicherungen, Renten- und Unfallversicherungsträger, namentlich die Deutsche Rentenversicherung und die Gemeindeunfallversicherung, die Unfallkassen, Berufsgenossenschaften.

125 Versorgungswerke der Rechtsanwälte, Steuerberater, Wirtschaftsprüfer, Notare, Architekten, Ärzte oder auch Apotheker. Sie sind meist der jeweiligen Berufsaufsicht, d.h. den Kammern für den jeweiligen Bezirk, angegliedert.

126 BGH v. 5.7.2023 – VII ZB 3/20.

127 Fortführung von BGH v. 25.8.2004 – IXa ZB 271/03, BGHZ 160, 197; BGH v. 28.3.2007 – VII ZB 43/06, MDR 2007, 907.

fenden Kalenderjahr vorübergehend arbeitslos geworden ist oder die Arbeitsstelle mit nicht nur unerheblichen Gehaltsunterschieden gewechselt oder die Arbeitszeit aufgestockt oder reduziert wurde.

Für die Pfändung des Anspruchs auf Erstattung der Einkommenssteuer bzw. als deren Untergattung der Lohnsteuer sowie bei der Kirchensteuer und der Körperschaftssteuer ist auf das Modul G zurückzugreifen.

G	**Forderungen gegenüber dem Finanzamt** Forderung auf Auszahlung des als Überzahlung auszugleichenden Erstattungsbetrages bzw. des Überschusses, der sich als Erstattungsanspruch bei Abrechnung der auf die Einkommensteuer (zuzüglich Solidaritätszuschlag) und Kirchensteuer sowie Körperschaftsteuer anzurechnenden Leistungen für das abgelaufene Kalenderjahr 2022 ☒ und für alle früheren Kalenderjahre ergibt. ☐

Bei anderen Steuerarten ist dagegen Modul K heranzuziehen. Dies gilt insbesondere für die Pfändung des Erstattungsanspruchs der im Voraus gezahlten Kraftfahrtsteuer, die auch vom Zoll[128] eingezogen und verwaltet wird, sodass das Hauptzollamt als Drittschuldner anzugeben ist. Auch die Umsatzsteuer wird nach Modul G gepfändet.

K	**Weitere Forderungen, Ansprüche und Vermögensrechte**

Maßgeblich bei der Pfändung von Steuererstattungsansprüchen zu beachten ist § 46 AO. Ein Pfändungs- und Überweisungsbeschluss darf nach dessen Abs. 6 nicht erlassen werden, bevor der Anspruch entstanden ist. Da die Einkommensteuer eine Jahressteuer ist, entsteht diese erst mit dem Schluss des Steuerjahres. Steuererstattungsansprüche für das Jahr 2023 können also schon seit dem 1.1.2024, die Erstattungsansprüche für das Jahr 2024 dagegen erst ab dem 1.1.2025 gepfändet werden. Die Abgabe der Steuererklärung oder gar die Festsetzung ist keine Voraussetzung für die Pfändung und Überweisung. Ein entgegen § 46 AO erwirkter Pfändungs- und Überweisungsbeschluss ist nichtig.

> *Hinweis*
>
> Pfändung und Überweisung sollten schon zum Ende des Vorjahres vorbereitet werden. Es empfiehlt sich, dann ggf. mit dem zuständigen Rechtspfleger Kontakt aufzunehmen, ob dieser den Antrag schon zum Ende des Vorjahres mit der bedingten Antragstellung zum 1.1. des Folgejahres entgegennehmen kann, um seinerseits die Beschlüsse schon vorzubereiten und am Jahresanfang nicht „überfahren“ zu werden. Die Praxis zeigt, dass viele Rechtspfleger ob ihrer Arbeitsbelastung das ausdrücklich begrüßen.

128 https://www.zoll.de/DE/Privatpersonen/Kraftfahrzeugsteuer/kraftfahrzeugsteuer_node.html, abgerufen am 14.7.2024.

Zuständig als Drittschuldner ist bei der Einkommensteuer bzw. der Körperschaftssteuer das Finanzamt, dass für die Entscheidung über den Steuererstattungsanspruch zuständig ist, mithin das Finanzamt am Wohnsitz oder Sitz des Schuldners, § 19 AO. Insoweit bedarf es – anders als bei anderen Forderungen – keiner umfangreichen Ermittlungen. Ansonsten muss auf die festzusetzende Stelle als Drittschuldner zurückgegriffen werden. Dabei sind auch länderspezifische Besonderheiten zu beachten. So gibt es in Bayern für die Kirchensteuer und deren Erstattung eigene Kirchensteuerämter. 212

Von wesentlicher Bedeutung ist, dass die Steuerart und der Erstattungsgrund anzugeben sind. Die Pfändung allein des „*Erstattungsanspruchs für das Steuerjahr ...*" genügt ohne Benennung der Steuerart (Einkommensteuer, Kirchensteuer etc.) nicht. 213

Die 2. ÄndVO bringt hier keine Anpassungen des Moduls G mit Ausnahme des Umstands, dass der graue Hintergrund des Modulbalkens durch Rahmenlinien ersetzt wird und die graue Hinterlegung der Texteingabefelder entfällt. Die fachlichen Optimierungen können also unverändert übernommen werden, sofern statt der aktuellen Formulare die neuen Formulare genutzt werden sollen.

X. Modul H – Forderungen und sonstige Rechte gegenüber Kreditinstituten

Neben der Pfändung von Arbeitseinkommen ist der Zugriff auf das Guthaben bei Kreditinstituten die zweite wichtige Säule der Forderungspfändung. 214

> *Tipp*
>
> Das Konto des Schuldners kann nicht selten aus der Lohnabrechnung entnommen werden, die bei der Pfändung von Arbeitseinkommen vom Drittschuldner herauszugeben ist.[129] Ansonsten sind Konten in der Vermögensauskunft nach §§ 802c, 802d ZPO anzugeben und durch die Einholung Auskünfte Dritter nach § 802l ZPO zu ermitteln. Von Vorteil ist natürlich auch, wenn schon die Datenerfassung des Mandanten auch die Kontodaten umfasst und diese Daten abgerufen werden können. Letztlich ist die gerade im ländlichen Raum die Zahl der Kreditinstitute überschaubar und konzentriert sich auf die Sparkasse, die Volks- und Raiffeisenbank und die Postbank, sodass auch eine Verdachtspfändung bei bis zu drei[130] Kreditinstituten sinnvoll sein kann, auch wenn die Bindung an die örtliche Bank bei jüngeren Schuldnern immer mehr abnimmt.

Rein statistisch erfolgt die Kontopfändung noch häufiger als die Lohnpfändung, da auch nicht erwerbstätige Schuldner in der Regel über ein Konto verfügen. Auch

129 BGH FoVo 2013, 56.

130 Hierzu BGH v. 19.3.2004 – IXa ZB 229/03.

setzt sich bei vielen an der Quelle pfändungsgeschützter Leistungen der Pfändungsschutz auf dem Konto nicht oder in vollem Umfang jedenfalls nur auf einen ausdrücklichen Antrag des Schuldners fort.

Die Pfändung erfolgt über das Modul H. Neu ist dabei die Aufteilung von Ansprüchen, die immer gepfändet werden sollen (Nr. 1–4), Ansprüche, die als Ankreuzmöglichkeit optional von der Pfändung erfasst werden können und die Möglichkeit, weitere Ansprüche frei formuliert anzugeben.

Aktuelles Formular:

H

Forderungen und sonstige Rechte gegenüber Kreditinstituten

1. Forderung auf Zahlung der zu Gunsten des Schuldners bestehenden Guthaben seiner sämtlichen Zahlungskonten bei diesen Kreditinstituten einschließlich der Ansprüche auf Gutschrift der eingehenden Beträge; mitgepfändet wird die angebliche (gegenwärtige und künftige) Forderung des Schuldners an den Drittschuldner auf Auszahlung eines vereinbarten Dispositionskredits („offene Kreditlinie"), soweit der Schuldner den Kredit in Anspruch nimmt
2. Forderung auf Auszahlung des Guthabens und der bis zum Tag der Auszahlung aufgelaufenen Zinsen sowie das Recht auf fristgerechte bzw. vorzeitige Kündigung der für ihn geführten Sparguthaben und/oder Festgeldkonten
3. Forderung auf Auszahlung der bereitgestellten, noch nicht abgerufenen Darlehensvaluta aus einem Kreditgeschäft, wenn es sich nicht um zweckgebundene Ansprüche handelt
4. Forderung auf Zahlung aus dem zum Wertpapierkonto gehörenden Gegenkonto, auf dem die Zinsgutschriften für die festverzinslichen Wertpapiere gutgeschrieben sind

☐ Anspruch auf Zugang zu Bankschließfächern und auf Mitwirkung des Drittschuldners bei der Öffnung des Bankschließfachs bzw. auf die Öffnung des Bankschließfachs allein durch den Drittschuldner zum Zweck der Entnahme des Inhalts

☐ Anspruch auf Herausgabe der in den Depots und Unterdepots des Schuldners verwahrten Wertpapiere aus Sonder- und Drittverwahrung mitsamt den Eigentumsrechten an den Wertpapieren sowie bei Sammelverwahrung den Anspruch auf Herausgabe einer dem Anteil bzw. dem Wertpapiernennbetrag des Schuldners entsprechenden Anzahl von Einzelstücken aus der Sammelverwahrung mitsamt dem Miteigentumsanteil des Schuldners am Sammelbestand sowie bei Verbriefung von Wertpapieren in Sammelurkunden, insbesondere Globalurkunden, den Anspruch auf Übertragung der Buchforderung bzw. auf Umbuchung von Girosammel-Depotgutschriften mitsamt dem Miteigentumsanteil des Schuldners an solchen Sammelurkunden, jeweils einschließlich des Anspruchs auf Auskehrung von jeglichen Wertpapiererträgen

☒ Rückabtretung zur Sicherheit abgetretener Rechte, etwa aus Lebensversicherungen

Mit der 2. ÄndVO wird in den neuen Formularen die Größe des Freitextfelds am Ende des Moduls vergrößert. Dadurch haben Antragsteller, die das Dokument im PDF-Format oder auf Papier ausfüllen, mehr Platz für Angaben zu zusätzlichen Forderungen und Rechten gegenüber Kreditinstituten. Zusätzlich können Antragsteller auch weiterhin von den Möglichkeiten nach § 3 Abs. 2 Nrn. 4, 5 und 7 ZVFV Gebrauch machen: Der Umfang der Texteingabefelder darf vergrößert werden; Texteingabefelder können mehrfach verwendet werden und – soweit in dem Formular die gewünschten Angaben nicht gemacht werden können – dürfen die Angaben in weiteren Anlagen gemacht werden.

Neues Formular:

H

Forderungen und sonstige Rechte gegenüber Kreditinstituten

1. Forderung auf Zahlung der zu Gunsten des Schuldners bestehenden Guthaben seiner sämtlichen Zahlungskonten bei diesen Kreditinstituten einschließlich der Ansprüche auf Gutschrift der eingehenden Beträge; mitgepfändet wird die angebliche (gegenwärtige und künftige) Forderung des Schuldners an den Drittschuldner auf Auszahlung eines vereinbarten Dispositionskredits („offene Kreditlinie"), soweit der Schuldner den Kredit in Anspruch nimmt
2. Forderung auf Auszahlung des Guthabens und der bis zum Tag der Auszahlung aufgelaufenen Zinsen sowie das Recht auf fristgerechte bzw. vorzeitige Kündigung der für ihn geführten Sparguthaben und/oder Festgeldkonten
3. Forderung auf Auszahlung der bereitgestellten, noch nicht abgerufenen Darlehensvaluta aus einem Kreditgeschäft, wenn es sich nicht um zweckgebundene Ansprüche handelt
4. Forderung auf Zahlung aus dem zum Wertpapierkonto gehörenden Gegenkonto, auf dem die Zinsgutschriften für die festverzinslichen Wertpapiere gutgeschrieben sind

☐ Anspruch auf Zugang zu Bankschließfächern und auf Mitwirkung des Drittschuldners bei der Öffnung des Bankschließfachs bzw. auf die Öffnung des Bankschließfachs allein durch den Drittschuldner zum Zweck der Entnahme des Inhalts

☐ Anspruch auf Herausgabe der in den Depots und Unterdepots des Schuldners verwahrten Wertpapiere aus Sonder- und Drittverwahrung mitsamt den Eigentumsrechten an den Wertpapieren sowie bei Sammelverwahrung den Anspruch auf Herausgabe einer dem Anteil bzw. dem Wertpapiernennbetrag des Schuldners entsprechenden Anzahl von Einzelstücken aus der Sammelverwahrung mitsamt dem Miteigentumsanteil des Schuldners am Sammelbestand sowie bei Verbriefung von Wertpapieren in Sammelurkunden, insbesondere Globalurkunden, den Anspruch auf Übertragung der Buchforderung bzw. auf Umbuchung von Girosammel-Depotgutschriften mitsamt dem Miteigentumsanteil des Schuldners an solchen Sammelurkunden, jeweils einschließlich des Anspruchs auf Auskehrung von jeglichen Wertpapiererträgen

☐

Inhaltliche Änderungen sind mit den Anpassungen damit also nicht verbunden gewesen, sodass die Eintragungen im aktuellen Formular bei der Nutzung des neuen Formulars ohne Änderungen übernommen werden können.

Die aufgeführten Ansprüche umfassen bei weitem nicht alle denkbaren Optionen. So fehlen etwa die Ansprüche auf Rückabtretung und Rückübereignung von zur Sicherheit abgetretenen Rechten (etwa von Lebensversicherungen oder Bausparverträgen bei der Immobilienfinanzierung) oder übereigneten Sachen (etwa bei der Pkw-Finanzierung). Auch fehlt bei den Volks- und Genossenschaftsbanken der Zugriff auf die Genossenschaftsanteile. Hier müssen Gläubiger bzw. deren Bevollmächtigte also in fachlicher Hinsicht nacharbeiten und die zu pfändenden Ansprüche ergänzen.[131] Dies unterscheidet sich allerdings nicht von den Notwendigkeiten der bisherigen Antragstellung nach der ZVFV 2012.

131 Hierzu *Goebel/Kraemer*, AnwaltFormulare Zwangsvollstreckung.

Es ist – nach entsprechender Vervielfältigung in den Freitextzeilen – beispielsweise folgender Text einzufügen (kursiver Text schon im Muster enthalten):

☒ *Die Ansprüche auf Auszahlung jedes Kontokorrentsaldos oder sonstigen Guthabens nach Maßgabe der vertraglichen* Bestimmungen; auch zwischen den gesetzlichen Rechnungsabschlüssen.

☒ Die Ansprüche auf Rückübereignung zur Sicherheit übereigneter Gegenstände.

☒ Die Ansprüche auf Rückübertragung von zur Sicherheit abgetretener Forderungen, insbesondere aus Lebensversicherungen, Sparverträgen, Bausparverträgen.

☒ Die Ansprüche auf Auszahlung eines aus der Verwertung von Gegenständen oder Rechten des Schuldners nach Maßgabe der getroffenen Sicherungsabrede entstandenen Überschusses.

☒ *nur bei einer Raiffeisen- oder Genossenschaftsbank als Drittschuldner*: Der Anspruch des Schuldners als Mitglied der Genossenschaft und damit des Drittschuldners auf Auszahlung des Geschäfts- bzw. Auseinandersetzungsguthabens, auf fortlaufende Auszahlung des Gewinns und auf Zahlung der Vergütungsansprüche, die dem Mitglied aus Warengeschäften (Rückvergütungen etc.) mit allen Nebenrechten, insbesondere dem Recht zur Kündigung, zustehen.

Für die Pfändung unerheblich bleibt, ob es sich um ein Pfändungsschutzkonto (P-Konto) nach § 850k ZPO oder ein gewöhnliches Zahlungskonto oder Geldmarktkonto handelt. Während bei einem Zahlungskonto das Guthaben in Gänze pfändbar ist, wird bei einem P-Konto lediglich der Pfändungsschutz vom Arbeitseinkommen aus § 850c ZPO (teilweise) auf das Kontoguthaben nach Maßgabe der §§ 899 ff. ZPO übertragen. Die Evaluation der Reform der Kontopfändung aus dem Jahre 2010 hat gezeigt, dass gleichwohl auch bei einem Drittel aller P-Konten sich noch ein Vollstreckungserfolg gezeigt hat.

> *Hinweis*
>
> Das Vollstreckungsgericht darf beim Erlass eines Pfändungs- und Überweisungsbeschlusses nicht anordnen, dass das Geldinstitut als Drittschuldner den verlängerten Pfändungsschutz gem. § 55 Abs. 4 SGB I ohne gesonderte gerichtliche Entscheidung zu beachten habe.[132]

XI. Modul I – Forderungen und sonstige Rechte gegenüber Bausparkassen

215 Unterhält der Schuldner mit einer Bausparkasse einen Bausparvertrag, so hat er einerseits einen Anspruch auf Auszahlung seiner Sparbeiträge samt den vertraglich vereinbarten Zinsen als auch andererseits auf das vereinbarte Bauspardarlehen.

> *Tipp*
>
> Dies ist nicht selten auf Lohnabrechnungen zu erkennen, weil ein monatlicher Sparbetrag unmittelbar vom Arbeitgeber abgeführt wird. Ansonsten sind Bausparkonten in der Vermögensauskunft nach §§ 802c, 802d ZPO anzugeben und durch die Auskünfte Dritter nach § 802l ZPO zu ermitteln. Diese Hauptrechte können mit den maßgeblichen Nebenrechten über Modul I gepfändet werden.

132 BGH v. 16.7.2004 – IXa ZB 44/04.

Letztlich ist die Zahl der großen Bausparkassen überschaubar, sodass bei entsprechenden Anhaltspunkten für ein Bausparguthaben auch eine Verdachtspfändung bei bis zu drei[133] Bausparkassen sinnvoll sein kann.

Auch bei der Pfändung des Bausparguthabens kann sich die Ergänzung der zu pfändenden Ansprüche über die Nutzung der Freizeile empfehlen. Wird etwa (auch) das Bauspardarlehen nicht zurückgezahlt, wird die Bausparkasse ihr eingeräumte Sicherheiten verwerten. Je nach Höhe der Darlehensforderung im Verhältnis zum Wert der Sicherheit ergibt sich ein Überschuss, auf den gleichermaßen zugegriffen werden kann.

I

Forderungen und sonstige Rechte gegenüber Bausparkassen

aus dem über eine Bausparsumme von (rund) 20.000 Euro abgeschlossenen Bausparvertrag Nummer Vertragsnummer

,

insbesondere

1. Forderung auf Auszahlung des Bausparguthabens nach Zuteilung
2. Forderung auf Auszahlung der Sparbeiträge nach Einzahlung der vollen Bausparsumme
3. Forderung auf Rückzahlung des Sparguthabens nach Kündigung
4. Recht zur Kündigung und Änderung des Vertrags

☒ auf Auszahlung der Erlöse nach der Verwertung von Sicherheiten

Die 2. ÄndVO bringt hier keine Anpassungen des Moduls E mit Ausnahme des Umstands, dass der graue Hintergrund des Modulbalkens durch Rahmenlinien ersetzt wird und die graue Hinterlegung der Texteingabefelder entfällt. Die fachlichen Optimierungen können also unverändert übernommen werden, sofern statt der aktuellen Formulare die neuen Formulare genutzt werden sollen.

XII. Modul J – Ansprüche gegenüber Versicherungsgesellschaften

Während die Überschrift suggeriert, dass Modul J alle Forderungen und sonstigen Rechte gegenüber Versicherungsgesellschaften umfasst, betrifft das Modul tatsächlich nur Ansprüche aus Lebensversicherungen. Es entspricht der bisherigen Formulierung nach der ZVFV 2012. Lebensversicherungen sind vom Schuldner in der Vermögensauskunft anzugeben, was eine vorherige freiwillige Information nicht ausschließt. 216

133 Hierzu BGH v. 19.3.2004 – IXa ZB 229/03.

J	Forderungen und sonstige Rechte gegenüber Versicherungsgesellschaften
	1. Forderung auf Zahlung der Versicherungssumme, der Gewinnanteile und des Rückkaufwertes aus den Lebensversicherungen, die mit dem Drittschuldner abgeschlossen sind
	2. Recht zur Bestimmung desjenigen, zu dessen Gunsten im Todesfall die Versicherungssumme ausgezahlt wird, bzw. Recht zur Bestimmung einer anderen Person an Stelle der von dem Schuldner vorgesehenen
	3. Recht zur Kündigung des Lebens-/Rentenversicherungsvertrages, Recht auf Umwandlung der Lebens-/Rentenversicherung in eine prämienfreie Versicherung sowie Recht zur Aushändigung der Versicherungspolice
	☐

Höchstrichterlich[134] geklärt ist, dass die Versicherungsnummer im Pfändungsbeschluss nicht angegeben werden muss. Ausreichend ist, wenn die Versicherung als solches bezeichnet wird. Ein auf Pfändung von Ansprüchen aus Versicherungsverträgen bei einer Lebensversicherungsgesellschaft gerichteter Pfändungs- und Überweisungsbeschluss, der die gepfändeten Forderungen nur abstrakt-generell ohne Bezug auf einen konkreten Versicherungsvertrag bezeichnet, ist allerdings regelmäßig dahingehend auszulegen, dass er lediglich uneingeschränkt pfändbare Forderungen umfasst, nicht aber solche, die zum Zeitpunkt des Erlasses des Pfändungs- und Überweisungsbeschlusses nicht oder nur nach Maßgabe des § 850b Abs. 1 Nr. 1 ZPO pfändbar waren.[135]

Ansprüche aus anderen Versicherungen, etwa Leistungs- oder Erstattungsansprüche aus Sachversicherungen (Kfz-Teil- oder Vollkaskoversicherung; Leistungen oder Beitragsrückerstattungen aus Haftpflichtversicherungen, Hausrat- oder Wohngebäudeversicherungen) oder auch nicht zweckgebundene Leistungen aus Personenversicherungen (etwa das Krankenhaustagegeld) müssen dagegen mit dem nachfolgenden Modul K gepfändet werden.

K	Weitere Forderungen, Ansprüche und Vermögensrechte

217 Vor der Pfändung sollte geprüft werden, welche Informationen zu der zu pfändenden Lebensversicherung vorliegen. Dient sie – insbesondere bei Selbstständigen – als Altersrente, kann ein besonderer Pfändungsschutz nach § 851c ZPO bestehen. Wird dies regelmäßig von Schuldnern geltend gemacht, ist allerdings zu sehen, dass die Versicherung dann alle in § 851c Abs. 1 Nrn. 1–4 genannten Voraussetzungen erfüllen muss. Die Praxis zeigt, dass dies in den seltensten Fällen gegeben ist.

Im Kontext der Lebensversicherungen ist weiter der besondere Pfändungsschutz nach § 850b Abs. 1 Nr. 4 ZPO zu beachten. Danach sind Ansprüche aus Lebensversicherungen, die nur auf den Todesfall des Versicherungsnehmers abgeschlossen sind, unpfändbar, wenn die Versicherungssumme 5.400 EUR nicht übersteigt. Die Pfändung solcher Versicherungen läuft also ins Leere, wenn diese nicht als ultima ratio betrieben wird, nachdem die Vollstreckung in das sonstige bewegliche Ver-

134 BGH v. 26.1.2012 – IX ZR 191/190, juris Rn 24.

135 BGH v. 25.1.2018 – IX ZR 104/17, juris.

mögen des Schuldners nicht zu einer vollständigen Befriedigung des Gläubigers geführt hat oder voraussichtlich nicht führen wird und wenn nach den Umständen des Falls, insbesondere nach der Art des beizutreibenden Anspruchs und der Höhe der Bezüge, die Pfändung der Billigkeit entspricht, § 850b Abs. 2 ZPO. Die Billigkeit muss dann gesondert und formfrei begründet werden, was zu einem entsprechenden Klarstellungsbeschluss des Vollstreckungsgerichts führt.

Weiter ist zu beachten, dass nach der Pfändung der Lebensversicherung unmittelbar der Gläubiger als Bezugsberechtigter der Versicherungsgesellschaft mitgeteilt werden muss.[136] Tritt der Versicherungsfall ansonsten zuvor ein, erhält der vom Schuldner benannte Bezugsberechtigte die Versicherungsleistung und die Pfändung ist ins Leere gelaufen. 218

Die 2. ÄndVO bringt hier keine Anpassungen des Moduls J mit Ausnahme des Umstands, dass der graue Hintergrund des Modulbalkens durch Rahmenlinien ersetzt wird und die graue Hinterlegung der Texteingabefelder entfällt. Die fachlichen Optimierungen können also unverändert übernommen werden, sofern statt der aktuellen Formulare die neuen Formulare genutzt werden sollen.

XIII. Modul K – Weitere Forderungen, Ansprüche und Vermögensrechte

Schon das alte Formular nach der ZVFV 2012 hat mit dem „Anspruch G“ die Möglichkeit vorgesehen, weitere Ansprüche, Forderungen und Vermögensrechte zu finden, die in den Modulen E bis J nicht aufgeführt sind. 219

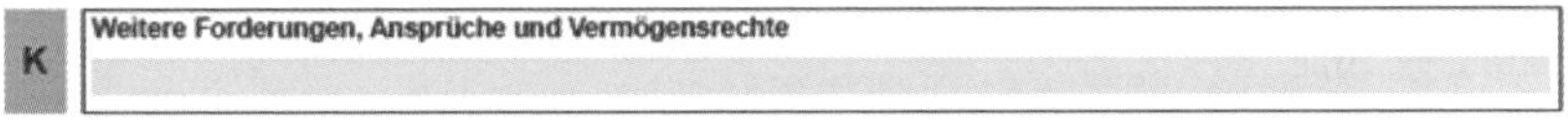
K
Weitere Forderungen, Ansprüche und Vermögensrechte

Es bedarf keiner weiteren Ausführungen, dass die vorgesehene Zeile nicht genügt, um solche Ansprüche hinreichend bestimmt zu bezeichnen. Es besteht einerseits die Option, die Zeile mehrfach zu duplizieren, § 3 Abs. 2 Nr. 6a ZVFV,

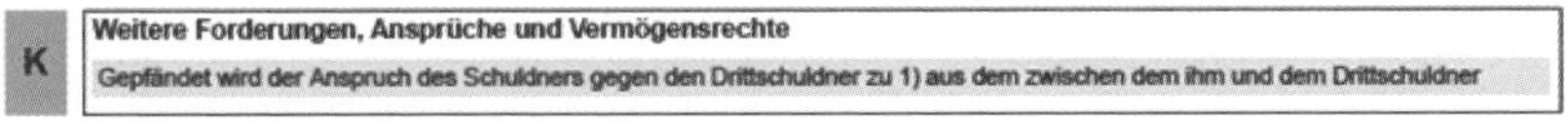
K
Weitere Forderungen, Ansprüche und Vermögensrechte
Gepfändet wird der Anspruch des Schuldners gegen den Drittschuldner zu 1) aus dem zwischen dem ihm und dem Drittschuldner

136 Hierzu auch BGH v. 12.10.2011 – IV ZR 113/10.

bestehenden Mietverhältnis über

- ☐ Wohnraum
- ☐ Gewerberaum

Insbesondere werden gepfändet:

- ☐ der Anspruch auf Erstattung zu viel gezahlter Nebenkostenvorauszahlungen
- ☐ der Anspruch auf Rückzahlung der geleisteten Mietkaution
- ☐ der Anspruch auf Rückzahlung eines gewährten Mietdarlehens
- ☐ der Erstattungsanspruch wegen überlassener Ein- oder Umbauten
- ☐ der Anspruch auf Auszahlung des Geschäfts- bzw. Auseinandersetzungsguthabens über den bei der Drittschuldnerin unterhaltenen Genossenschaftsanteil einschließlich des Anspruchs auf fortlaufende Auszahlung des Gewinns oder der Verzinsung

andererseits auch die Option, eine gesonderte Anlage nach Maßgabe des § 3 Abs. 2 Nr. 7 ZVFV beizufügen.

K	Weitere Forderungen, Ansprüche und Vermögensrechte
	gemäß Anlage "Weitere Forderungen, Ansprüche und Vermögensrechte"

Im letztgenannten Fall muss dann die Anlage im Antrag nach Maßgabe der Anlage 4 ZVFV bezeichnet werden:

Es werden folgende weitere Anlagen übermittelt:

- ☒ Anlage "Weitere Forderungen, Ansprüche und Vermögensrechte"
- ☐
- ☐

An dieser Grundsituation ändert sich nichts dadurch, dass mit der 2. ÄndVO das Eingabefeld nun vergrößert wurde.

K	Weitere Forderungen, Ansprüche und Vermögensrechte

Am Ende wird es darauf ankommen, dass der Softwareanbieter des Anwenders die Möglichkeit schafft, das Feld in Ausübung der nach § 3 Abs. 2 ZVFV eingeräumten Rechte dem Umfang des notwendigen Inhaltes anzupassen.

220 In Betracht kommt eine Vielzahl von weiteren Ansprüchen, die hier aufgeführt werden können. Nur beispielhaft genannt werden sollen:[137]

- Ansprüche aus Genossenschaftsanteilen

137 Ausführlich mit Musterformulierungen bei *Goebel/Kraemer*, AnwaltFormulare Zwangsvollstreckung.

Beispiel

- Gepfändet wird der Anspruch des Schuldners als Mitglied der Genossenschaft und damit des Drittschuldners auf
- Auszahlung des Geschäfts- bzw. Auseinandersetzungsguthabens
- Fortlaufende Auszahlung des Gewinns (§ 19 GenG)
- Zahlung der Vergütungsansprüche, die dem Mitglied aus Warengeschäften (Rückvergütungen etc.) zustehen
- Aufzahlung seines Anteils am Reservefond nach § 73 Abs. 3 GenG
- Auszahlung des Liquidationsguthabens nach § 91 GenG

- Anspruch auf den Zugewinnausgleich

Beispiel

Gepfändet wird der Anspruch des Schuldners gegen den Drittschuldner auf Auszahlung des Zugewinnausgleichs, gleich wie dieser benannt wird.

Gleichzeitig wird der Anspruch auf Auskunft über die Höhe des Zugewinnausgleichsanspruchs/Ausgleichsanspruchs gepfändet.

Der Güterstand ist beendet, der Anspruch damit pfändbar § 1378 Abs. 3 S. 1 BGB, § 852 ZPO.

- Es wird darauf hingewiesen, dass der Zugewinnausgleichsanspruch trotz § 852 Abs. 2 ZPO unabhängig von der Frage gepfändet werden kann, ob dieser bereits vertraglich anerkannt ist oder rechtshängig geworden ist (analog zum Pflichtteilsanspruch: BGH NJW 1993, 2876 und BGH NJW 1997, 2384).
- Der Schuldner hat den Zugewinnausgleichsanspruch/Ausgleichsanspruch durch Klage beim örtlich zuständigen Familiengericht rechtshängig gemacht.
- Der Drittschuldner hat den Zugewinnausgleichsanspruch/Ausgleichsanspruch dem Grunde nach bereits vertraglich anerkannt.

- Ansprüche aus dem Mietverhältnis des Schuldners als Mieter (Rückzahlung Kaution, Nebenkostenerstattung etc.)
- Ansprüche aus dem Mietverhältnis des Schuldners als Vermieter (Miete, Schadensersatz, Nebenkostennachzahlung etc.)
- Das Eigengeld der Strafgefangenen
- Ansprüche auf Elterngeld
- Ansprüche aus § 667 BGB wegen der Nutzung Konten Dritter
- Ansprüche aus Sachversicherungen
- Nicht zweckgebundene Ansprüche aus Personenversicherungen
- Ansprüche auf Wohngeld für frühere und gegenwärtige Vermieter
- Steuererstattungsansprüche, die nicht die Einkommensteuer oder Körperschaftsteuer betreffen
- Anwartschaftsrechte bei Sicherungsübereignungen

- Anspruch auf die Stammeinlage bei Kapitalgesellschaften
- Ansprüche auf Krankenhaustagegeld und Beitragsrückerstattungen aus Versicherungen
- Vergütungsansprüche eines Selbstständigen auf Dienst- oder Werkleistungsvergütung

XIV. Modul L – Arrestatorium, Inhibitorium und Überweisung

221 Modul L setzt zunächst § 829 Abs. 1 S. 1 und 2 ZPO um. Soll eine Geldforderung gepfändet werden, so hat das Gericht den Drittschuldner zu verbieten, an den Schuldner zu zahlen (Arrestatorium). Zugleich hat das Gericht an den Schuldner das Gebot zu erlassen, sich jeder Verfügung über die Forderung, insbesondere ihrer Einziehung, zu enthalten (Inhibitorium).

Im Weiteren wird entsprechend § 850c Abs. 5 S. 3 ZPO klargestellt, dass im Rahmen der Pfändung von Arbeitseinkommen (Modul E) sowie von Forderungen und sonstiger Rechte gegenüber Kreditinstituten (Modul H) ein sog. Blankettbeschluss ergeht, der auf § 850c ZPO i.V.m. mit der Pfändungsfreigrenzenbekanntmachung[138] referenziert.

L

Es ergehen folgende Anordnungen nach § 829 Absatz 1 und § 835 Absatz 1 ZPO:

Die Drittschuldner dürfen, soweit die Forderungen gepfändet sind, an die Schuldner nicht mehr zahlen; die Schuldner dürfen insoweit nicht über die Forderungen verfügen, sie insbesondere nicht einziehen. Im Anwendungsbereich des § 850c ZPO wird auf die Pfändungsfreigrenzenbekanntmachung in der jeweils geltenden Fassung Bezug genommen (§ 850c Absatz 5 Satz 3 ZPO).

Es handelt sich insoweit um Text außerhalb eines Rahmens, sodass er nicht verändert und auch nicht weggelassen werden darf. Der Text ist wesentlicher und unverzichtbarer Teil jedes Pfändungsbeschlusses.

222 Davon zu unterscheiden ist die Wahl des Gläubigers nach § 835 ZPO, ob er die Forderung des Schuldners gegen den Drittschuldner zur Einziehung oder an Zahlungs statt überwiesen haben möchte. Dieser kann beim reinen Pfändungsbeschluss – bei der Sicherungsvollstreckung nach § 720a ZPO, der Arrestpfändung nach § 930 ZPO sowie den Vollstreckungen nach § 852 ZPO – entfallen. Die Überweisung wird in diesen Fällen aufgrund eines später zu stellenden formfreien Antrags gesondert angeordnet.

Dem Gläubiger werden die Forderungen in Höhe des gepfändeten Betrages
☒ **zur Einziehung überwiesen.** ☐ an Zahlungs statt überwiesen.

Aus fachlicher Sicht macht hier – bis auf wenige exotische Fallkonstellationen – bei der Beantragung eines Pfändungs- und Überweisungsbeschlusses nur die Überweisung zur Einziehung Sinn. Anderenfalls würde der Gläubiger unnötigerweise das Liquiditätsrisiko bezüglich des Drittschuldners übernehmen.

138 Zuletzt vom 15.3.2023, BGBl I 2022, Nr. 79 für die ab dem 1.7.2023 gültigen Pfändungsfreigrenzen.

Erfolgt die Überweisung zur Einziehung, so geht die Forderung nicht unmittelbar auf den Pfändungspfandgläubiger über, sondern er erhält lediglich eine Einziehungsermächtigung, d.h. das Recht, die Forderung gegenüber dem Drittschuldner im eigenen Namen geltend zu machen. Damit korrespondiert allerdings die sich aus § 842 ZPO ergebende Einziehungspflicht. Der Gläubiger gilt nur in dem Umfang gegenüber dem Schuldner als befriedigt, in dem der Drittschuldner tatsächlich und beständig auf die gepfändete Forderung bezahlt hat. Es handelt sich um einen Fall der gesetzlichen Prozessstandschaft. Auf dieser Grundlage kann der Gläubiger auch die Drittschuldnerklage, d.h. die Einziehungsklage gegenüber dem Drittschuldner, erheben.

> *Hinweis*
>
> Hier muss beachtet werden, dass sich die Zuständigkeit für die Klage nach dem Grundverhältnis zwischen dem Drittschuldner und dem Schuldner richtet. Soll etwa eine Forderung auf Arbeitseinkommen geltend gemacht werden, so ist die Drittschuldnerklage vor den Arbeitsgerichten zu erheben.

Demgegenüber führt die Überweisung an Zahlungs statt dazu, dass der Gläubiger unmittelbar Eigentümer der gepfändeten Forderung mit der Folge wird, dass er im Umfang des Nennbetrags dieser Forderung im Verhältnis zum Schuldner unmittelbar mit der Zustellung des Beschlusses an den Drittschuldner (§ 829 Abs. 3 ZPO) als befriedigt gilt. Kommt es nachfolgend zu einem Forderungsausfall, weil der Drittschuldner – gleich aus welchem Grund – nicht zahlt, so liegt das Ausfallrisiko allein beim Gläubiger.

XV. Modul M – Herausgabeanordnungen

Modul M nimmt die Herausgabeanordnungen im Kontext der Forderungspfändung 223
auf. Dabei ist die Herausgabeanordnung bei der gleichzeitigen Pfändung gegenüber mehreren Schuldnern dem jeweiligen Schuldner nach Maßgabe der Bezeichnung in Modul B zuzuordnen.

Aktuelles Formular:

M

Es wird des Weiteren angeordnet, dass:

☐ der Schuldner (zu Ziffer _____) die ihm vom Drittschuldner (zu Ziffer _____) ausgestellten Lohn- oder Gehaltsabrechnungen oder die Verdienstbescheinigungen einschließlich der entsprechenden Bescheinigungen der letzten drei Monate vor Zustellung dieses Beschlusses an die Gläubiger herauszugeben hat.

☐ der Schuldner (zu Ziffer _____) die für ihn vom Drittschuldner (zu Ziffer _____) über das jeweilige Sparguthaben geführten Sparbücher bzw. die Sparurkunden an die Gläubiger herauszugeben hat und diese die Sparbücher bzw. Sparurkunden unverzüglich dem Drittschuldner vorzulegen haben.

☐ der Schuldner (zu Ziffer _____) die ihm vom Drittschuldner (zu Ziffer _____) erteilten Kontoauszüge ab Zustellung dieses Beschlusses an den Drittschuldner im Original oder als Kopie an die Gläubiger herauszugeben hat.

☐ ein von den Gläubigern zu beauftragender Gerichtsvollzieher für die Pfändung des Inhalts Zugang zum Schließfach des Schuldners (zu Ziffer _____) bei Drittschuldner (zu Ziffer _____) zu nehmen hat.

☐ der Drittschuldner (zu Ziffer _____) an einen von den Gläubigern zu beauftragenden Gerichtsvollzieher die Wertpapiere herauszugeben hat.

☐ der Schuldner (zu Ziffer _____) die ihm vom Drittschuldner (zu Ziffer _____) ausgestellten Versicherungspolicen an den Gläubiger herauszugeben hat und dieser sie unverzüglich dem Drittschuldner vorzulegen hat.

☐ _____

☐ _____

Die 2. ÄndVO hat eine Ergänzung am Ende der bisherigen Auflistung um die Bescheinigung nach § 903 ZPO bei der Pfändung von Kontoguthaben auf einem P-Konto mit sich gebracht.

M

Es wird des Weiteren angeordnet, dass:

☐ der Schuldner (zu Ziffer _____) die ihm vom Drittschuldner (zu Ziffer _____) ausgestellten Lohn- oder Gehaltsabrechnungen oder die Verdienstbescheinigungen einschließlich der entsprechenden Bescheinigungen der letzten drei Monate vor Zustellung dieses Beschlusses an die Gläubiger herauszugeben hat.

☐ der Schuldner (zu Ziffer _____) die für ihn vom Drittschuldner (zu Ziffer _____) über das jeweilige Sparguthaben geführten Sparbücher bzw. die Sparurkunden an die Gläubiger herauszugeben hat und diese die Sparbücher bzw. Sparurkunden unverzüglich dem Drittschuldner vorzulegen haben.

☐ der Schuldner (zu Ziffer _____) die ihm vom Drittschuldner (zu Ziffer _____) erteilten Kontoauszüge ab Zustellung dieses Beschlusses an den Drittschuldner im Original oder als Kopie an die Gläubiger herauszugeben hat.

☐ ein von den Gläubigern zu beauftragender Gerichtsvollzieher für die Pfändung des Inhalts Zugang zum Schließfach des Schuldners (zu Ziffer _____) bei Drittschuldner (zu Ziffer _____) zu nehmen hat.

☐ der Drittschuldner (zu Ziffer _____) an einen von den Gläubigern zu beauftragenden Gerichtsvollzieher die Wertpapiere herauszugeben hat.

☐ der Schuldner (zu Ziffer _____) die ihm vom Drittschuldner (zu Ziffer _____) ausgestellten Versicherungspolicen an den Gläubiger herauszugeben hat und dieser sie unverzüglich dem Drittschuldner vorzulegen hat.

☐ der Schuldner eine Abschrift der ihm erteilten Bescheinigung nach § 903 Absatz 1 Satz 2 ZPO an den Gläubiger herauszugeben hat.

☐ _____

☐ _____

Die Anordnungen richten sich primär, aber nicht ausschließlich, an den – jeweils zu bezeichnenden – Schuldner nach § 836 Abs. 3 ZPO. Der Schuldner ist danach verpflichtet, dem Gläubiger nicht nur die zur Geltendmachung der Forderung nötige Auskunft zu erteilen, sondern ihm auch die über die Forderung vorhandenen Urkunden herauszugeben. Herauszugeben sind alle Urkunden, die für die Durchsetzung der Forderung gegenüber dem Drittschuldner nötig sind.

Die Herausgabeanordnungen sind aber nicht auf den Schuldner beschränkt. Vielmehr können hier auch Herausgabeanordnungen gegenüber dem Drittschuldner aufgenommen werden. Dies gilt insbesondere für die Lohnabrechnung.[139] Bei der

139 BGH v. 19.12.2012 – VII ZB 50/11, FoVo 2013, 56.

Pfändung eines Anspruchs auf Lohnzahlung stellt der Anspruch auf Erteilung einer Lohnabrechnung einen unselbstständigen Nebenanspruch dar, wenn es der Abrechnung bedarf, um den Anspruch auf Lohnzahlung geltend machen zu können. Wenn nicht ausgeschlossen ist, dass dem Schuldner gegen den Drittschuldner derartige Ansprüche auf Lohnabrechnung zustehen, werden diese angeblichen Ansprüche des Schuldners gegen den Drittschuldner (Arbeitgeber) bei einer Lohnpfändung mitgepfändet. In derartigen Fällen der Mitpfändung kann das Vollstreckungsgericht nach der höchstrichterlichen Rechtsprechung auf Antrag des Gläubigers die Mitpfändung im Pfändungs- und Überweisungsbeschluss (klarstellend) aussprechen.[140]

Die vom Verordnungsgeber vorgegebenen Ankreuzmöglichkeiten stellen – wenig systematisch und vor allem nicht abschließende – Reaktionen auf höchstrichterliche Entscheidungen dar. Es fehlt ihnen an einer ausreichenden Strukturierung und Systematisierung im Hinblick auf die vorherigen Module und damit gepfändeten Ansprüche. 224

Tipp

Der Gläubiger sollte hier systematischer vorgehen und erwägen, welche Urkunden üblicherweise zu dem zu pfändenden Anspruch vorhanden sind. Diese Urkunden sollten dann aufgeführt werden.

- Bei der Pfändung von Arbeitseinkommen ist dies neben den Lohnabrechnungen etwa der Arbeitsvertrag, alle Zusatzvereinbarungen zum Arbeitsvertrag und entgeltrelevante (Betriebs-)Vereinbarungen.
- Bei der Pfändung von Kontoguthaben sind dies neben den in Modul M bereits genannten Urkunden auch der Zahlungskontenvertrag, Verträge über Wertpapierdepots, Darlehensverträge oder auch Verträge über Sicherungsrechte (Abtretung und Übereignung).

Entsprechend müssen für jeden einzelnen gepfändeten Anspruch nach den Modulen E bis K die notwendigen Ergänzungen in den beiden Freizeilen, notfalls durch deren Erweiterung oder in einer besonderen Anlage, geltend gemacht werden.

140 BGH v. 19.12.2012 – VII ZB 50/11, FoVo 2013, 56.

M

Es wird des Weiteren angeordnet, dass:

☒ der Schuldner (zu Ziffer 1.) die ihm vom Drittschuldner (zu Ziffer 2.) ausgestellten Lohn- oder Gehaltsabrechnungen oder die Verdienstbescheinigungen einschließlich der entsprechenden Bescheinigungen der letzten drei Monate vor Zustellung dieses Beschlusses an die Gläubiger herauszugeben hat.

☒ der Schuldner (zu Ziffer 1.) die für ihn vom Drittschuldner (zu Ziffer 2.) über das jeweilige Sparguthaben geführten Sparbücher bzw. die Sparurkunden an die Gläubiger herauszugeben hat und diese die Sparbücher bzw. Sparurkunden unverzüglich dem Drittschuldner vorzulegen haben.

☒ der Schuldner (zu Ziffer 1.) die ihm vom Drittschuldner (zu Ziffer 2.) erteilten Kontoauszüge ab Zustellung dieses Beschlusses an den Drittschuldner im Original oder als Kopie an die Gläubiger herauszugeben hat.

☒ ein von den Gläubigern zu beauftragender Gerichtsvollzieher für die Pfändung des Inhalts Zugang zum Schließfach des Schuldners (zu Ziffer 1.) bei Drittschuldner (zu Ziffer 2.) zu nehmen hat.

☒ der Drittschuldner (zu Ziffer) an einen von den Gläubigern zu beauftragenden Gerichtsvollzieher die Wertpapiere herauszugeben hat.

☐ der Schuldner (zu Ziffer) die ihm vom Drittschuldner (zu Ziffer) ausgestellten Versicherungspolicen an den Gläubiger herauszugeben hat und dieser sie unverzüglich dem Drittschuldner vorzulegen hat.

☒ der Schuldner den Arbeitsvertrag, alle Zusatzvereinbarungen und alle entgeltrelevanten Betriebsvereinbarungen herauszugeben hat

☒ der Drittschuldner alle laufenden Lohnabrechnungen ab der Zustellung des Beschlusses an den Gläubiger herauszugeben hat (BGH FoVo 2013, 56)

Beispiel

Ergänzungen bei der kombinierten Pfändung von Arbeitseinkommen und Kontoguthaben können etwa wie folgt formuliert werden: Es ist in einer weiteren zur Verfügung stehenden Freitextzeile folgender Text einzufügen (kursiver Text schon im Formular enthalten):

☒ der Schuldner (zu Ziffer 1) den Arbeitsvertrag mit dem Drittschuldner (zu Ziffer 1) nebst Zusatz- und Ergänzungsvereinbarungen – gleich wie diese bezeichnet sind –, Vereinbarungen über Naturalleistungen (bspw. Pkw, Laptop, Telefon, Kost, Logis etc.), entgeltrelevante Betriebsvereinbarungen sowie alle Vereinbarungen über die Abtretung pfändbarer Anteile des Arbeitseinkommens an die Gläubiger herauszugeben hat.

☒ der Drittschuldner (zu Ziffer 1) die laufenden Lohnabrechnungen des Schuldners für jeden Lohnabrechnungszeitraum zu überlassen hat (BGH v. 19.12.2012 – VII ZB 50/11). Die Überlassung von Kopien oder die elektronische Übermittlung (Lohnabrechnung@internetdomain.de) genügt.

☒ der Schuldner (zu Ziffer 1) alle Verträge über Zahlungskonten sowie alle Darlehensverträge und Verträge über Sicherungsabtretungen und Sicherungsübereignungen an die Gläubiger herauszugeben hat. Die Überlassung von Kopien oder die elektronische Übermittlung (kontopfändung@internetdomain.de) genügt.

☒ der Schuldner (zu Ziffer 1) eine Abschrift der ihm erteilten Bescheinigung(en) nach § 903 Abs. 1 S. 2 ZPO an den Gläubiger herauszugeben hat (die dem Drittschuldner [zu Ziffer 2] vorgelegten Bescheinigungen und Belege, die zu einer Erhöhung des Pfändungsbetrags nach § 850k Abs. 2, 5 ZPO führen, BGH VE 13, 78).

☒ *nur bei einer Raiffeisen- oder Genossenschaftsbank als Drittschuldner*: der Schuldner (zu Ziffer 1) alle Nachweise über den Erwerb und den Bestand von Genossenschaftsanteilen an die Gläubiger herauszugeben hat. Die Überlassung von Kopien oder die elektronische Übermittlung (kontopfändung@internetdomain.de) genügt.

Ziel der Herausgabeverlangen ist es, auf Grundlage der herauszugebenden Unterlagen den Anspruch gegenüber dem Drittschuldner qualifizierter verfolgen und im Zweifel auch klageweise durchsetzen zu können. Teilweise bedarf es der Unterlagen auch, um den Anspruch überhaupt realisieren zu können, wie etwa Sparbücher, Grundschuld- oder Hypothekenbriefe oder Versicherungsscheine.

Tipp

Soweit sich erst nach der Pfändung herausstellt, dass es zur weiteren Realisierung der Forderung noch bestimmter Urkunden bedarf, kann die Herausgabeverpflichtung auch nachträglich – aufgrund formlosen Antrags – beantragt werden. Das Vollstreckungsgericht erlässt dann einen Ergänzungsbeschluss.

Modul M erfasst ganz bewusst nur Herausgabeansprüche und nicht auch eine Kon- **225**
kretisierung der Auskunftsansprüche des Gläubigers gegenüber dem Schuldner nach § 836 Abs. 3 ZPO. Der BGH hat aktuell entschieden, dass ein Antrag des Gläubigers an das Vollstreckungsgericht auf Konkretisierung der von dem Schuldner nach § 836 Abs. 3 S. 1 ZPO zu erteilenden Auskunft in dem (Pfändungs- und) Überweisungsbeschluss oder einem diesen ergänzenden Beschluss unzulässig ist.[141] Die Entscheidung, ob eine von dem Gläubiger begehrte Auskunft zur Geltendmachung der Forderung gegenüber dem Drittschuldner nötig ist, obliegt nach Auffassung des BGH dem Gerichtsvollzieher.

Hinweis

Es besteht nach dem BGH kein praktisches Bedürfnis für eine „deklaratorische" Benennung der nötigen Auskünfte in einem Überweisungsbeschluss, um dem Gerichtsvollzieher eine Orientierungshilfe zu geben. Dem mag man nicht widersprechen müssen, um gleichwohl kein „Verbot" einer deklaratorischen Aufnahme anzunehmen. Auch in anderen Zusammenhängen hat der BGH die deklaratorische Aufnahme von Pflichten zugelassen. Der BGH verkennt mit seiner aktuellen Entscheidung ersichtlich, dass es eine – kostengünstige – Orientierung für den Schuldner, dem der Beschluss nach § 829 Abs. 2 BGB auch zugestellt wird, darstellt, wenn er erkennen kann, welche Auskünfte er erteilen muss. Die Rechtskenntnisse der in der Zwangsvollstreckung meist nicht vertretenen oder beratenen Schuldner geht nicht so weit, den Umfang von § 836 Abs. 3 ZPO abschätzen zu können. Den Gläubiger und mittelbar den Schuldner auf das gesonderte Verfahren zur Erzwingung der Auskunft nach § 836 Abs. 3 ZPO zu verweisen, trägt damit gerade nicht den praktischen Bedürfnissen Rechnung, sondern stellt eine zusätzliche Belastung im Hinblick auf Aufwand und Kosten für alle Beteiligten dar. Es bleibt die Hoffnung, dass der BGH die Kraft findet, diese Entscheidung noch einmal zu korrigieren oder aber der Verordnungsgeber hierauf reagiert und ein eigenständiges Modul für die (deklaratorische) Erteilung von Auskünften schafft.

Die 2. ÄndVO bringt hier keine weiteren Anpassungen des Moduls M über dessen Erweiterung im Hinblick auf die Bescheinigung nach § 903 ZPO und des Umstands, dass der graue Hintergrund des Modulbalkens durch Rahmenlinien ersetzt

141 BGH v. 7.9.2022 – VII ZB 38/21.

wird und die graue Hinterlegung der Texteingabefelder entfällt, mit sich. Die fachlichen Optimierungen können also unverändert übernommen werden, sofern statt der aktuellen Formulare die neuen Formulare genutzt werden sollen.

XVI. Modul N – Zusammenrechnung

226 Nach § 850e Nr. 1 ZPO knüpft die Pfändung von Arbeitseinkommen am Nettoeinkommen an. Die diesbezügliche Berechnung gibt § 850e ZPO vor.

> *Hinweis*
>
> Die Zusammenrechnungsmöglichkeiten entsprechen grundsätzlich den Vorgaben, die auch schon die ZVFV 2012 gemacht hatte. Ergänzt wurde sie mit der ZVFV 2022 um die Zusammenrechnung mehrerer Sozialleistungen.[142] Selbstverständlich dürfen nur grundsätzlich pfändbare Sozialleistungen in die Zusammenrechnung mit einbezogen werden.[143]

Nicht selten erzielt der Schuldner seine Einnahmen aber nicht nur aus einem Arbeitseinkommen, sondern auch aus weiteren Quellen. Die Folgen der COVID-19-Pandemie und die kriegsbedingte Inflation zwingen zunehmend viele Menschen dazu, eine weitere geringfügige Beschäftigung oder zwei Teilzeitstellen aufzunehmen oder verschiedene Sozialleistungen – teilweise in Ergänzung zum Arbeitseinkommen – in Anspruch zu nehmen. § 850e ZPO bildet die Grundlage ab, um die verschiedenen Einnahmequellen – unter der Voraussetzung, dass diese allesamt gepfändet sind – zusammenzurechnen. Die Anordnung zur Zusammenrechnung ist dann in Modul N zu wählen.

Nach § 850e Nr. 2 ZPO sind mehrere Arbeitseinkommen auf Antrag vom Vollstreckungsgericht bei der Pfändung zusammenzurechnen. Der unpfändbare Grundbetrag ist in erster Linie dem Arbeitseinkommen zu entnehmen, das die wesentliche Grundlage der Lebenshaltung des Schuldners bildet.

Es wird nach § 850e Nummer 2 und 2a ZPO angeordnet, dass zur Berechnung des nach § 850c ZPO pfändbaren Teils des Gesamteinkommens des Schuldners (zu Ziffer 1.) zusammenzurechnen sind:

☒ Arbeitseinkommen bei Drittschuldner (zu Ziffer 1.) in Höhe von 1500 Euro

und

Arbeitseinkommen bei Drittschuldner (zu Ziffer 2.) in Höhe von 520 Euro.

Der unpfändbare Grundbetrag ist in erster Linie den Einkünften des Schuldners bei Drittschuldner (zu Ziffer 1.) zu entnehmen, weil diese Einkünfte die wesentliche Grundlage der Lebenshaltung des Schuldners bilden.

> *Hinweis*
>
> Die Grundlagen für die Zusammenrechnung ergeben sich aus der Informationsermittlung über die Vermögensauskunft nach §§ 802c, d ZPO, möglicherweise die Einholung von Auskünften Dritter nach § 802l ZPO, die Drittschuldneraus-

142 Vgl. hierzu BGH v. 18.9.2014 – IX ZB 68/13.

143 BGH v. 5.4.2005 – VII ZB 20/05.

kunft nach § 840 ZPO sowie die Herausgabeansprüche gegenüber dem Schuldner nach § 836 Abs. 3 ZPO. Teilweise können die weiteren Angaben dann in Modul O angegeben werden, in dem die wirtschaftlichen und persönlichen Verhältnisse des Schuldners aufgeführt werden.

Mit Arbeitseinkommen sind nach § 850e Nr. 2 ZPO auf Antrag auch Ansprüche auf laufende Geldleistungen nach dem Sozialgesetzbuch zusammenzurechnen, soweit diese der Pfändung unterworfen sind. Der unpfändbare Grundbetrag ist, soweit die Pfändung nicht wegen gesetzlicher Unterhaltsansprüche erfolgt, in erster Linie den laufenden Geldleistungen nach dem Sozialgesetzbuch zu entnehmen. Ansprüche auf Geldleistungen für Kinder dürfen mit Arbeitseinkommen nur zusammengerechnet werden, soweit sie nach § 76 EStG oder nach § 54 Abs. 5 SGB I gepfändet werden können. Als Sozialleistung pfändbar und damit zusammenrechenbar ist etwa das Elterngeld oberhalb von 300 EUR, § 10 BEEG.

N

☒ Folgende laufende Geldleistung nach dem Sozialgesetzbuch: Elterngeld soweit es nach § 10 BEEG pfändbar ist
bei Drittschuldner (zu Ziffer 2.)

und

Arbeitseinkommen bei Drittschuldner (zu Ziffer 1.).

Der unpfändbare Grundbetrag ist in erster Linie

☐ dem Arbeitseinkommen ☒ der genannten laufenden Geldleistung nach dem Sozialgesetzbuch

zu entnehmen.

Hinweis

Der Zusammenrechnung unterliegen allerdings nur Sozialleistungen, die zumindest dem Grunde nach auch pfändbar sind.[144]

Zusammenrechenbar sind grundsätzlich auch mehrere Sozialleistungen in analoger Anwendung von § 850e Nr. 2a ZPO,[145] wobei dies in der Praxis aufgrund der sozialrechtlichen Anrechnungsvorschriften selten zu pfändbaren Beträgen führen wird. Denkbar ist etwa die Zusammenrechnung einer Erwerbsunfähigkeitsrente und ergänzender Leistungen zur Grundsicherung. Erfolgreicher mag die Zusammenrechnung einer Hinterbliebenenrente aus der gesetzlichen Unfallversicherung mit einer Altersrente aus der gesetzlichen Rentenversicherung sein.

☐ Folgende laufende Geldleistung nach dem Sozialgesetzbuch:
bei Drittschuldner (zu Ziffer) in Höhe von Euro

und

folgende laufende Geldleistung nach dem Sozialgesetzbuch:
bei Drittschuldner (zu Ziffer) in Höhe von Euro.

Der unpfändbare Grundbetrag ist in erster Linie den Einkünften des Schuldners bei Drittschuldner (zu Ziffer) zu entnehmen, weil diese Einkünfte die wesentliche Grundlage der Lebenshaltung des Schuldners bilden.

Keine Berücksichtigung in dem Formular hat die Zusammenrechnung nach § 850e Nr. 3 ZPO gefunden. Erhält der Schuldner neben seinem in Geld zahlbaren Ein-

144 BGH v. 5.4.2005 – VII ZB 20/05, NJW-RR 2005, 1010.

145 BeckOK-ZPO/*Riedel*, 53. Ed., Stand 1.7.2024, § 850e Rn 44.

kommen auch Naturalleistungen, so sind danach Geld- und Naturalleistungen zusammenzurechnen. In diesem Fall ist der in Geld zahlbare Betrag insoweit pfändbar, als der nach § 850c ZPO unpfändbare Teil des Gesamteinkommens durch den Wert der dem Schuldner verbleibenden Naturalleistungen gedeckt ist. Dies musste jedoch nicht berücksichtigt werden, weil beide Leistungen – die Geldleistung und die Naturalleistung – von dem gleichen Drittschuldner erbracht werden und deshalb schon von diesem zu berücksichtigen und zusammenzurechnen sind (ebenso wie die Bestimmung des Nettolohns nach § 850e Nr. 1 ZPO).

Hinweis

Über die Selbstauskunft des Schuldners, die Vermögensauskunft oder die Lohnabrechnung ist zu klären, ob der Schuldner Naturalleistungen erhält. Der Wert nach kann steuerlichen Grundsätzen bestimmt werden. Ob die Zusammenrechnung erfolgt ist, ergibt sich wieder aus der vom Drittschuldner laufend herauszugebenden[146] Lohnabrechnung.

Soweit der Drittschuldner die Naturalleistungen bei der Berechnung der pfändbaren Beträge nicht berücksichtigt, kann der Gläubiger formfrei einen Klarstellungsanspruch des Vollstreckungsgerichts beantragen.

XVII. Modul O – Wirtschaftliche und persönliche Verhältnisse des Schuldners

227 Gänzlich neu gegenüber der ZVFV 2012 ist die Zusammenfassung der Angaben über die wirtschaftlichen und persönlichen Verhältnisse des Schuldners in Modul O. Die Angaben sind selbsterklärend und werfen nur bei der Informationsbeschaffung Probleme auf.

Nach § 850c Abs. 2 ZPO erhält der Schuldner die dort genannten Freibeträge für die erste sowie die zweite bis fünfte gesetzlich unterhaltsberechtigte Person nur, wenn er den Unterhalt auch tatsächlich **gewährt**. Nur in Höhe des **gewährten** Unterhalts ist auch sein notwendiger Unterhalt bei der Unterhaltsvollstreckung nach § 850d Abs. 1 S. 2 ZPO aufzustocken.[147] Gleiches gilt bei der Vollstreckung einer Forderung, die zumindest auch aus vorsätzlich begangener unerlaubter Handlung i.S.d. § 850f Abs. 2 ZPO stammt. Es ist deshalb festzustellen, ob und in welcher Höhe der Schuldner seinen gesetzlichen Unterhaltspflichten auch tatsächlich nachkommt. In diesem Kontext ist auch der Personenstatus festzustellen.

146 BGH FoVo 2013, 56.

147 BGH v. 18.1.2023 – VII ZB 35/20.

O

Es liegen folgende Angaben über die wirtschaftlichen und persönlichen Verhältnisse des Schuldners (zu Ziffer 1) vor (Angaben für Pfändungen nach § 850d ZPO (Modul Q) oder § 850f Absatz 2 ZPO (Modul S)):

Der Schuldner kommt laufenden gesetzlichen Unterhaltspflichten gegenüber nachstehend genannten Personen wie folgt nach:

Name	Vorname(n)
Schuldig	Erna
Geburtsdatum	**Verwandtschaftsverhältnis zum Schuldner:**
12.01.1975	Ehefrau

☐ vollständig. ☐ teilweise. ☒ nicht.

Name	Vorname(n)
Schuldig	Julian
Geburtsdatum	**Verwandtschaftsverhältnis zum Schuldner:**
22.03.2003	Kind

☐ vollständig. ☒ teilweise. ☐ nicht.

Name	Vorname(n)
Schuldig	Felix
Geburtsdatum	**Verwandtschaftsverhältnis zum Schuldner:**
22.04.2005	Kind

☐ vollständig. ☒ teilweise. ☐ nicht.

Angaben zur teilweisen Erfüllung von Unterhaltspflichten:

Es werden für die Kinder jeweils 166 € statt der festgesetzten 322 € gezahlt

Sonstige Angaben:

Der Schuldner ist

☒ erwerbstätig. ☐ nicht erwerbstätig.

Der Schuldner ist

☐ ledig. ☐ mit dem Gläubiger verheiratet oder eine eingetragene Lebenspartnerschaft führend. ☐ mit einem Dritten verheiratet oder eine eingetragene Lebenspartnerschaft führend. ☒ geschieden.

Zusätzliche Angaben ausschließlich für Pfändungen nach § 850d ZPO (Modul Q):

☐ Der Schuldner hat sich in Bezug auf Unterhaltsrückstände, die länger als ein Jahr vor Stellung dieses Antrags fällig geworden sind, seiner Zahlungspflicht nicht absichtlich entzogen.

Die notwendigen Erkenntnisse muss der Gläubiger sich über Selbstauskünfte des Schuldners oder – gerade in Trennungsfällen – der gesetzlich unterhaltsberechtigten Personen oder über die Vermögensauskunft nach §§ 850c, d ZPO beschaffen.

> *Tipp*
>
> Die Personenstammdaten kann er aus dem Personenstandsregister nach Maßgabe der §§ 61, 52 PStG und im Hinblick auf den Personenstand auch durch eine erweiterte Melderegisterauskunft nach § 45 BMG beschaffen.

Abschließend ist anzugeben, ob der Schuldner hinsichtlich des überjährigen Unterhaltsrückstands sich seiner Zahlungsverpflichtung mutwillig oder nicht mutwillig entzogen hat.

Zusätzliche Angaben ausschließlich für Pfändungen nach § 850d ZPO (Modul Q):

☐ Der Schuldner hat sich in Bezug auf Unterhaltsrückstände, die länger als ein Jahr vor Stellung dieses Antrags fällig geworden sind, seiner Zahlungspflicht nicht absichtlich entzogen.

Das referenziert bei der Unterhaltsvollstreckung auf § 850d Abs. 1 S. 4 ZPO. Für die Pfändung wegen der Rückstände, die länger als ein Jahr vor dem Antrag auf Erlass des Pfändungsbeschlusses fällig geworden sind, gelten die Privilegierungen des § 850c Abs. 1 ZPO insoweit nicht, als nach Lage der Verhältnisse nicht anzunehmen ist, dass der Schuldner sich seiner Zahlungspflicht absichtlich entzogen hat. Für die überjährigen Unterhaltsansprüche gilt dann § 850c ZPO in vollem Umfang. Das Formular dreht die Formulierung – die Grundannahme ist, dass er sich nicht absichtlich entzogen hat – um und unterstellt, dass er sich absichtlich der Zahlungspflicht entzogen hat. Hintergrund ist der Umstand, dass der Schuldner die Darlegungs- und Beweislast für eine unabsichtliche Entziehung von der Zahlungspflicht hat.[148] Die Privilegierung gilt dann unbeschränkt. Der Gläubiger muss also durch ein Ankreuzen deutlich machen, wenn er nicht von einer absichtlichen Entziehung ausgeht.

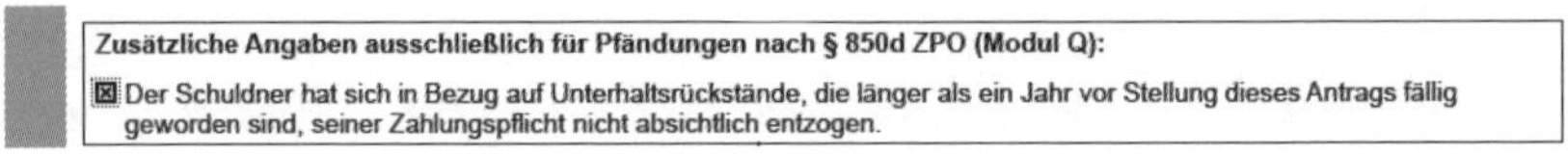
Zusätzliche Angaben ausschließlich für Pfändungen nach § 850d ZPO (Modul Q):

☒ Der Schuldner hat sich in Bezug auf Unterhaltsrückstände, die länger als ein Jahr vor Stellung dieses Antrags fällig geworden sind, seiner Zahlungspflicht nicht absichtlich entzogen.

Es obliegt dann dem Schuldner im Wege der Erinnerung nach § 766 ZPO hiergegen vorzugehen, soweit er nicht zuvor angehört wurde (§ 834 ZPO).

XVIII. Modul P – Einkünfte gesetzlich unterhaltsberechtigter Personen

228 Im Gegensatz zu Modul O, in dem die tatsächlichen Unterhaltsleistungen der Schuldnerin abgefragt werden, wird in Modul P erfasst, über welche eigenen Einkünfte die gesetzlich unterhaltsberechtigten Personen verfügen. Dies ist zentral für den Antrag auf Nichtberücksichtigung einer unterhaltsberechtigten Person nach § 850c Abs. 6 ZPO und ist im Übrigen bei den privilegierten Pfändungen nach § 850f Abs. 2 ZPO und § 850d ZPO für die Bedarfsprüfung von Relevanz. Irritierend ist dabei, dass im aktuellen Formular für den Ehegatten zwar Name und Vorname, nicht aber die Art und die Höhe des Einkommens abgefragt wird, während dies für die Kinder jeweils geschieht. Das Einkommen des Ehegatten muss dann im aktuellen Formular in der späteren Leerzeile angegeben werden.

148 BGH NJW-RR 2005, 718; Zöller/*Seibel*, ZPO, 35. Aufl. 2024, § 850d Rn 5a m.w.N.

Aktuelles Formular:

P

Angaben über Einkünfte von Unterhaltsberechtigten (zusätzliche Angaben für Pfändungen nach § 850d ZPO (**Modul Q**) oder § 850f Absatz 2 ZPO (**Modul S**) sowie bei Anträgen nach § 850c Absatz 6 ZPO (**Modul R**)):

Folgende Personen, denen der Schuldner (zu Ziffer 1.) aufgrund gesetzlicher Verpflichtung Unterhalt gewährt, haben eigenes Einkommen:

der Ehegatte oder eingetragene Lebenspartner

Name	Vorname(n)
Schuldig	Erna

die Kinder

Name	Vorname(n)	Geburtsdatum
Schuldig	Julian	22.03.2003

Art und Höhe des Einkommens
BaFöG in Höhe von monatlich 622 €

Name	Vorname(n)	Geburtsdatum
Schuldig	Felix	22.04.2005

Art und Höhe des Einkommens
Ausbildung zum Kaufmann für Bürokommunikation; Ausbildungsentgelt nach § 17 BBiG von 515 € im 1. Lehrjahr

Name	Vorname(n)	Geburtsdatum

Art und Höhe des Einkommens

☒ Einkommen der Ehefrau als Büroangestellte auf Basis geringfügiger Beschäftigung von 520 € monatlich

Mit der 2. ÄndVO wurde dieser Fehler behoben, sodass in dem neuen Formular nun auch die Angaben zum Einkommen des Ehegatten möglich sind.

Angaben über Einkünfte von Unterhaltsberechtigten (zusätzliche Angaben für Pfändungen nach § 850d ZPO (**Modul Q**) oder § 850f Absatz 2 ZPO (**Modul S**) sowie bei Anträgen nach § 850c Absatz 6 ZPO (**Modul R**)):

Folgende Personen, denen der Schuldner (zu Ziffer ______) aufgrund gesetzlicher Verpflichtung Unterhalt gewährt, haben eigenes Einkommen:

der Ehegatte oder eingetragene Lebenspartner

Name	Vorname(n)

Art und Höhe des Einkommens

Tipp

Der Gläubiger wird nicht immer wissen, welche Einkünfte die gesetzlich unterhaltsberechtigte Person aktuell hat. Einen Hinweis kann die Vermögensauskunft geben. Es kann aber auch auf gesetzliche Mindesteinkommen, etwa den gesetzlichen Mindestlohn oder aber auch der in § 17 BBiG festgelegte Mindestlohn für Auszubildende, zurückgegriffen werden. Dem Gläubiger kann hier nicht mehr abverlangt werden. Es obliegt dann dem Schuldner, im Rahmen einer Anhörung oder eines Rechtsmittels (§ 766 ZPO) ein abweichendes Einkommen im Rahmen einer sekundären Darlegungslast zu behaupten und zu belegen.

Der Angaben bedarf es nur, wenn auch tatsächlich Anträge nach § 850c Abs. 6 oder § 850d oder § 850f Abs. 2 ZPO gestellt werden. Die Antragstellung erfolgt dadurch, dass es im Antrag auf Erlass eines Pfändungsbeschlusses oder eines Pfändungs- und Überweisungsbeschlusses nach Anlage 4 ZVFV heißt

> Es wird beantragt, den beigefügten Entwurf wie ausgefüllt als Beschluss zu erlassen

und durch das hierauf folgende Ankreuzen des jeweiligen Kästchens zu den Modulen Q, R oder S der Anlage 5 ZVFV. Die aufgezeigte Formulierung zeigt zugleich, dass der Gläubiger oder sein Bevollmächtigter als „Vorschlag" auch die Module Q, R und S befüllen können, wenn nur gesichert ist, dass der Rechtspfleger die Voreintragungen entfernen, ergänzen oder ändern kann, d.h. das Formular nach Anlage 5 ZVFV als ausfüllbares und änderbares PDF übermittelt wird.

☐ **Es wird eine Pfändbarkeit bei Unterhaltsansprüchen nach § 850d ZPO angeordnet.**

☐ **Es wird die (teilweise) Nichtberücksichtigung von Unterhaltsberechtigten des Schuldners nach § 850c Absatz 6 ZPO angeordnet.**

☐ **Es wird eine Pfändbarkeit bei Forderungen aus einer vorsätzlich begangenen unerlaubten Handlung nach § 850f Absatz 2 ZPO angeordnet.**

Anderenfalls kann auf das Modul P vollständig verzichtet werden, § 3 Abs. 2 Nr. 6b ZVFV, was dann auch den optionalen Verzicht auf die Module Q, R und S begründet.

XIX. Modul Q – Privilegierte Pfändung bei Unterhaltsansprüchen

229 Wird wegen einer Geldforderung auf laufenden und rückständigen Unterhalt gepfändet, gelten nach § 850d ZPO die Pfändungsfreigrenzen nach § 850c ZPO nicht. Vielmehr steht die Unterhaltsberechtigte im privilegierten Bereich günstiger. Auch die ansonsten nachrangige Unterhaltsgläubigerin profitiert danach vorrangig im privilegierten Bereich, d.h. sie erhält die Differenz zwischen dem notwendigen Unterhalt i.S.d. § 850d ZPO und dem Pfändungsfreibetrag nach § 850c ZPO. Allerdings muss dies über Modul Q gesondert beantragt werden.

Aktuelles Formular:

Q	
	☐ **Es wird eine Pfändbarkeit bei Unterhaltsansprüchen nach § 850d ZPO angeordnet.**
	Vom Gericht auszufüllen: **Es ergehen folgende Anordnungen nach § 850d ZPO:** ☐ Für die Pfändung wegen der Rückstände, die länger als ein Jahr vor dem Antrag auf Erlass des Pfändungsbeschlusses, bei Gericht eingegangen am ______, fällig geworden sind, gilt § 850d Absatz 1 Satz 1 bis 3 ZPO nicht. Dem Schuldner sind bis zur Deckung des Gläubigeranspruchs für seinen eigenen notwendigen Unterhalt ______ Euro als unpfändbarer Betrag monatlich zu belassen. Darüber hinaus sind ihm bis zur Deckung des Gläubigeranspruchs als unpfändbarer Betrag monatlich zu belassen: ☐ ______ Euro zur Erfüllung seiner laufenden gesetzlichen Unterhaltspflichten gegenüber den Berechtigten, die dem Gläubiger vorgehen. ☐ ___ / ___ des verbleibenden Betrages zur gleichmäßigen Befriedigung der Unterhaltsansprüche der unterhaltsberechtigten Personen, die dem Gläubiger gleichstehen. Der dem Schuldner danach zu belassende Teil seines Arbeitseinkommens darf den Betrag nicht übersteigen, der ihm nach der Tabelle in der Pfändungsfreigrenzenbekanntmachung in der jeweils geltenden Fassung bei voller Berücksichtigung der genannten unterhaltsberechtigten Person zu verbleiben hätte. Dieser monatliche unpfändbare Betrag gilt für ☐ das Arbeitseinkommen und die in § 850a Nummer 1, 2 und 4 ZPO genannten Bezüge, jeweils ohne die in § 850c ZPO bezeichneten Pfändungsgrenzen. ☐ das Guthaben auf dem Pfändungsschutzkonto des Schuldners. Sonstige Anordnungen: Gründe:

Die 2. ÄndVO bringt für den Fall der gleichzeitigen Pfändung gegenüber mehreren Schuldnern die Möglichkeit mit sich, den Antrag zu differenzieren und auf den jeweiligen Schuldner zu beziehen. Im aktuellen Formular wäre dies bei den „Sonstigen Anordnungen“ zu notieren.

Neues Formular:

Q

☐ **Es wird eine Pfändbarkeit bei Unterhaltsansprüchen gegen den Schuldner (zu Ziffer ______) nach § 850d ZPO angeordnet.**

Vom Gericht auszufüllen:

Es ergehen folgende Anordnungen nach § 850d ZPO:

☐ Für die Pfändung wegen der Rückstände, die länger als ein Jahr vor dem Antrag auf Erlass des Pfändungsbeschlusses, bei Gericht eingegangen am ________, fällig geworden sind, gilt § 850d Absatz 1 Satz 1 bis 3 ZPO nicht.

Dem Schuldner sind bis zur Deckung des Gläubigeranspruchs für seinen eigenen notwendigen Unterhalt ________ Euro als unpfändbarer Betrag monatlich zu belassen.

Darüber hinaus sind ihm bis zur Deckung des Gläubigeranspruchs als unpfändbarer Betrag monatlich zu belassen:

☐ ________ Euro zur Erfüllung seiner laufenden gesetzlichen Unterhaltspflichten gegenüber den Berechtigten, die dem Gläubiger vorgehen.

☐ ____/____ des verbleibenden Betrages zur gleichmäßigen Befriedigung der Unterhaltsansprüche der unterhaltsberechtigten Personen, die dem Gläubiger gleichstehen.

Der dem Schuldner danach zu belassende Teil seines Arbeitseinkommens darf den Betrag nicht übersteigen, der ihm nach der Tabelle in der Pfändungsfreigrenzenbekanntmachung in der jeweils geltenden Fassung bei voller Berücksichtigung der genannten unterhaltsberechtigten Person zu verbleiben hätte.

Dieser monatliche unpfändbare Betrag gilt für

☐ das Arbeitseinkommen und die in § 850a Nummer 1, 2 und 4 ZPO genannten Bezüge, jeweils ohne die in § 850c ZPO bezeichneten Pfändungsgrenzen.

Sonstige Anordnungen:

Gründe:

Wegen der Unterhaltsansprüche, die kraft Gesetzes einem Verwandten, dem Ehegatten, einem früheren Ehegatten, der Lebenspartnerin, einer früheren Lebenspartnerin oder nach §§ 1615l, 1615n BGB einem Elternteil zustehen, sind das Arbeitseinkommen und die in § 850a Nr. 1, 2 und 4 ZPO genannten Bezüge ohne die in § 850c ZPO bezeichneten Beschränkungen pfändbar.

Dem Schuldner ist jedoch so viel zu belassen, als er für seinen notwendigen Unterhalt und zur Erfüllung seiner laufenden gesetzlichen Unterhaltspflichten gegenüber den der Gläubigerin vorgehenden Berechtigten oder zur gleichmäßigen Befriedigung der der Gläubigerin gleichstehenden Berechtigten bedarf; von den in § 850a Nr. 1, 2 und 4 ZPO genannten Bezügen hat ihm mindestens die Hälfte des nach § 850a ZPO unpfändbaren Betrags zu verbleiben.

230 *Hinweis*

Nach der neueren Rechtsprechung des BGH[149] ist § 850d Abs. 1 S. 2 ZPO dahin auszulegen, dass bei der Bestimmung des pfandfreien Betrags die laufenden gesetzlichen Unterhaltspflichten des Schuldners gegenüber den dem Gläubiger

149 BGH v. 18.1.2023 – VII ZB 35/20, FoVo 2023, 55.

vorgehenden oder gleichstehenden Unterhaltsberechtigten nur in dem Umfang zu berücksichtigen sind, in dem der Schuldner seine gesetzlichen Unterhaltspflichten den weiteren Unterhaltsberechtigten gegenüber erfüllt oder in dem er von den weiteren Unterhaltsberechtigten im Wege der Zwangsvollstreckung in Anspruch genommen wird. Seine früher abweichende Auffassung[150] hat er damit aufgegeben.

Der dem Schuldner hiernach verbleibende Teil seines Arbeitseinkommens darf den Betrag nicht übersteigen, der ihm nach den Vorschriften des § 850c ZPO gegenüber nicht bevorrechtigten Gläubigern zu verbleiben hätte. Mehrere danach Berechtigte sind mit ihren Ansprüchen in der Reihenfolge nach § 1609 BGB und § 16 des Lebenspartnerschaftsgesetzes zu berücksichtigen, wobei mehrere gleich nahe Berechtigte untereinander den gleichen Rang haben.

Für die Pfändung wegen der Rückstände, die länger als ein Jahr vor dem Antrag auf 231
Erlass des Pfändungsbeschlusses fällig geworden sind, gilt die Bevorrechtigung insoweit nicht, als nach Lage der Verhältnisse nicht anzunehmen ist, dass der Schuldner sich seiner Zahlungspflicht absichtlich entzogen hat.

Der gerichtliche Beschluss erfasst dabei nicht nur die Berechnung der pfändungsfreien Beträge bei der Pfändung von Arbeitseinkommen, sondern nach § 906 Abs. 1 ZPO auch die bei der Pfändung von Forderungen und sonstigen Rechten gegenüber Kreditinstituten.

Voraussetzung ist jedoch, dass die Privilegierung ausdrücklich beantragt wird. Die 232
Antragstellung erfolgt dadurch, dass es im Antrag auf Erlass eines Pfändungsbeschlusses oder eines Pfändungs- und Überweisungsbeschlusses nach Anlage 4 ZVFV heißt

> Es wird beantragt, den beigefügten Entwurf wie ausgefüllt als Beschluss zu erlassen

und durch das entsprechende Ankreuzen des Kästchens zu Modul Q der Anlage 5 ZVFV. Die aufgezeigte Formulierung zeigt zugleich, dass die Gläubigerin oder ihr Bevollmächtigter als „Vorschlag" auch das Modul Q befüllen darf und soll, wenn nur gesichert ist, dass der Rechtspfleger die Voreintragungen entfernen, ergänzen oder ändern kann, d.h. ihm das Formular nach Anlage 5 ZVFV als ausfüllbares und änderbares PDF übermittelt wird.

150 BGH v. 5.8.2010 – VII ZB 101/09, FoVo 2011, 55.

Q

■ **Es wird eine Pfändbarkeit bei Unterhaltsansprüchen nach § 850d ZPO angeordnet.**

Vom Gericht auszufüllen:

Es ergehen folgende Anordnungen nach § 850d ZPO:

□ Für die Pfändung wegen der Rückstände, die länger als ein Jahr vor dem Antrag auf Erlass des Pfändungsbeschlusses, bei Gericht eingegangen am , fällig geworden sind, gilt § 850d Absatz 1 Satz 1 bis 3 ZPO nicht.

Dem Schuldner sind bis zur Deckung des Gläubigeranspruchs für seinen eigenen notwendigen Unterhalt 932 Euro als unpfändbarer Betrag monatlich zu belassen.

Darüber hinaus sind ihm bis zur Deckung des Gläubigeranspruchs als unpfändbarer Betrag monatlich zu belassen:

■ 166 Euro zur Erfüllung seiner laufenden gesetzlichen Unterhaltspflichten gegenüber den Berechtigten, die dem Gläubiger vorgehen.

□ / des verbleibenden Betrages zur gleichmäßigen Befriedigung der Unterhaltsansprüche der unterhaltsberechtigten Personen, die dem Gläubiger gleichstehen.

Der dem Schuldner danach zu belassende Teil seines Arbeitseinkommens darf den Betrag nicht übersteigen, der ihm nach der Tabelle in der Pfändungsfreigrenzenbekanntmachung in der jeweils geltenden Fassung bei voller Berücksichtigung der genannten unterhaltsberechtigten Person zu verbleiben hätte.

Dieser monatliche unpfändbare Betrag gilt für

■ das Arbeitseinkommen und die in § 850a Nummer 1, 2 und 4 ZPO genannten Bezüge, jeweils ohne die in § 850c ZPO bezeichneten Pfändungsgrenzen.

⊠ das Guthaben auf dem Pfändungsschutzkonto des Schuldners.

Sonstige Anordnungen:

Der notwendige Unterhalt des Schuldners setzt sich aus dem Bürgergeld von 502 € sowie den tatsächlichen Wohnkosten von 300 Miete und 130 € zu berücksichtigender Nebenkosten zusammen.

Gründe:

Der Schuldner hat weder dargelegt noch nachgewiesen, dass er sich hinsichtlich des überjährigen Unterhaltes nicht mutwillig seiner Zahlungspflicht entzogen hat. Es ist weder dargelegt noch nachgewiesen, dass er sich fortwährend um eine Erwerbstätigkeit bemüht hat.

233 Wird der Antrag nach § 850d ZPO nicht gestellt, so kann auf das Modul als Ganzes verzichtet werden, § 3 Abs. 2 Nr. 6b i.V.m. § 3 Abs. 3 Nr. 2 ZVFV.

XX. Modul R – Nichtberücksichtigung unterhaltsberechtigter Personen

234 Der wohl wichtigste und für den einzelnen Gläubiger ertragreichste Antrag in der Zwangsvollstreckung stellt § 850c Abs. 6 ZPO, die Nichtberücksichtigung gesetzlich unterhaltsberechtigter Personen, dar. Der Antrag greift primär bei der Pfändung von Arbeitseinkommen, über § 906 ZPO aber auch bei der Kontopfändung und darf in beiden Zusammenhängen nicht vergessen werden. Bei der Kontopfändung bleibt unerheblich, ob es sich bei dem gepfändeten Konto tatsächlich um ein P-Konto handelt, da sich dies regelmäßig erst nachträglich herausstellt. Zum einen läuft der Beschluss über die Nichtberücksichtigung einer gesetzlich unterhaltsberechtigten Person bei der Kontopfändung ins Leere, zum anderen wird es regelmäßig so sein, dass der Schuldner sich spätestens mit der Zustellung der Pfändung veranlasst sieht, sein Konto in ein P-Konto umzuwandeln, soweit dies nach § 850k ZPO möglich ist. Es stellt einen unnötigen bürokratischen Aufwand dar, den Gläubiger in diesen Fällen auf eine weitere nachträgliche Antragstellung zu verweisen.

Dies verursacht bei allen Beteiligten nur zusätzlichen Aufwand und im Hinblick auf die weiteren Zustellkosten auch vom Schuldner unnötig zu tragende Kosten.

Tipp

Gerade der nachrangige Gläubiger muss die Möglichkeiten nach § 850c Abs. 6 ZPO in Betracht ziehen, da die Anordnung der Nichtberücksichtigung einer gesetzlich unterhaltsberechtigten Person nur relative Wirkung hat. D.h. der erstrangige Gläubiger erhält den pfändbaren Betrag unter Berücksichtigung aller gesetzlich unterhaltsberechtigten Personen, während der nachrangige Gläubiger, der einen erfolgreichen Antrag auf Nichtberücksichtigung gestellt hat, den Differenzbetrag zum pfändbaren Betrag ohne die nicht zu berücksichtigende Person erhält. Nur der aufmerksame vorrangige Gläubiger wird dies erkennen, wenn er Monat für Monat die Lohnabrechnung auswertet. Da ihm der Beschluss nicht gesondert zugestellt wird, bleibt er ansonsten ohne diese Information. Die Praxis zeigt, dass wenige vorrangige Gläubiger solche Situationen beobachten.

Beispiel

Der verheiratete Schuldner hat zwei Kinder (T und S) und verdient 2.700 EUR netto. Während seine Ehefrau und Kind T über keine eigenen Einnahmen verfügen, erhält das zweite Kind S eine Ausbildungsvergütung von 800 EUR netto. Der erstrangige Gläubiger G1 hat das Arbeitseinkommen gepfändet, ohne einen Zusatzantrag zu stellen. Der nachrangige Gläubiger G2 stellt dagegen den Antrag auf Nichtberücksichtigung des Kindes S nach § 850c Abs. 6 ZPO, dem auch stattgegeben wird.

Bei drei gesetzlich unterhaltsberechtigten Personen ist ein Betrag von 54,58 EUR pfändbar.[151] Bei nur zwei gesetzlich unterhaltsberechtigten Personen sind es 190,38 EUR. Der erstrangige G1 erhält nun also 54,58 EUR, während der nachrangige G2 135,80 EUR (190,38 EUR – 54,58 EUR) erlangen kann.

Hat eine Person, welcher der Schuldner aufgrund gesetzlicher Verpflichtung Unterhalt gewährt, eigene Einkünfte, so kann das Vollstreckungsgericht auf Antrag des Gläubigers nach billigem Ermessen bestimmen, dass diese Person bei der Berechnung des unpfändbaren Teils des Arbeitseinkommens ganz oder teilweise unberücksichtigt bleibt; soll die Person nur teilweise berücksichtigt werden, so kann entgegen § 850c Abs. 5 ZPO kein Bezug auf die Pfändungsfreigrenzenbekanntmachung genommen werden. Vielmehr ist der pfändungsfreie Betrag dann betragsmäßig festzusetzen.

151 Pfändungsfreigrenzen vom 1.7.2024 bis 30.6.2025.

Die Antragstellung erfolgt, indem im Antrag nach Anlage 4 der Erlass des Beschlusses wie vorgeschlagen beantragt wird, und im Modul R die Anordnung angekreuzt und das weitere Modul – als Vorschlag – befüllt wird.

Aktuelles Formular:

R

☐ **Es wird die (teilweise) Nichtberücksichtigung von Unterhaltsberechtigten des Schuldners nach § 850c Absatz 6 ZPO angeordnet.**

Vom Gericht auszufüllen:

Bei der Berechnung des unpfändbaren Teils des

☐ Arbeitseinkommens des Schuldners

☐ Guthabens auf dem Pfändungsschutzkonto des Schuldners

bleiben nachfolgende Personen, denen der Schuldner auf Grund gesetzlicher Verpflichtung Unterhalt gewährt und die eigene Einkünfte haben, wie folgt unberücksichtigt:

Name | Vorname(n) | Geburtsdatum

☐ ganz ☐ in Höhe von ______ Euro ☐ in Höhe von ______ Prozent.

Name | Vorname(n) | Geburtsdatum

☐ ganz ☐ in Höhe von ______ Euro ☐ in Höhe von ______ Prozent.

Name | Vorname(n) | Geburtsdatum

☐ ganz ☐ in Höhe von ______ Euro ☐ in Höhe von ______ Prozent.

Gründe:

Die 2. ÄndVO bringt für den Fall der gleichzeitigen Pfändung gegenüber mehreren Schuldnern die Möglichkeit mit sich, den Antrag zu differenzieren und auf den jeweiligen Schuldner zu beziehen. Im aktuellen Formular wäre dies bei den „Gründen" zu notieren, in dem diese auf einen bestimmten Schuldner konzentriert werden.

Neues Formular:

R

☐ **Es wird die (teilweise) Nichtberücksichtigung von Unterhaltsberechtigten des Schuldners (zu Ziffer ______) nach § 850c Absatz 6 ZPO angeordnet.**

Vom Gericht auszufüllen:

Bei der Berechnung des unpfändbaren Teils des

☐ Arbeitseinkommens des Schuldners

☐ Guthabens auf dem Pfändungsschutzkonto des Schuldners

bleiben nachfolgende Personen, denen der Schuldner auf Grund gesetzlicher Verpflichtung Unterhalt gewährt und die eigene Einkünfte haben, wie folgt unberücksichtigt:

Name | Vorname(n) | Geburtsdatum

☐ ganz ☐ in Höhe von ______ Euro ☐ in Höhe von ______ Prozent.

Name | Vorname(n) | Geburtsdatum

☐ ganz ☐ in Höhe von ______ Euro ☐ in Höhe von ______ Prozent.

Name | Vorname(n) | Geburtsdatum

☐ ganz ☐ in Höhe von ______ Euro ☐ in Höhe von ______ Prozent.

Gründe:

Die gesetzliche Regelung geht noch von dem gesellschaftlich überkommenen Bild aus, dass der Schuldner der Alleinverdiener ist. Insoweit wird nicht berücksichtigt, dass nach der gesellschaftlichen Wirklichkeit Ehegatten ebenso wie Eltern regelmäßig beide arbeiten. Bei Kindern ist zu sehen, dass diese in der Trennungssituation über Unterhaltsansprüche als eigenes Einkommen verfügen sowie in der Ausbildung den Mindestlohn für Auszubildende nach § 17 BBiG erhalten.

Tipp 235

Die notwendigen Erkenntnisse muss der Gläubiger sich über Selbstauskünfte des Schuldners oder – gerade in Trennungsfällen – der gesetzlich unterhaltsberechtigten Personen, über die Vermögensauskunft oder durch Rückgriff auf gesetzliche Regelungen zum Mindestlohn[152] oder Angaben auf der Lohnabrechnung[153] beschaffen.

Die Nichtberücksichtigung wirkt sich ganz erheblich auf den pfändbaren Betrag aus. Die nachfolgende Tabelle zeigt, wie sich der Pfändungsfreibetrag verändert, wenn eine unterhaltsberechtigte Person (uP) unberücksichtigt bleibt. 236

Schwellenbetrag	5 uP	4 uP	3 uP	2 uP	1.uP	SU
3.110 EUR	0,39 EUR	59,58 EUR	177,38 EUR	354,38 EUR	589,98 EUR	1.195,40 EUR
2.820 EUR	0 EUR	1,58 EUR	90,58 EUR	238,38 EUR	444,98 EUR	992,40 EUR
2.520 EUR	0 EUR	0 EUR	0,58 EUR	118,38 EUR	294,98 EUR	782,40 EUR
1.230 EUR	0 EUR	0 EUR	0 EUR	2,38 EUR	149,98 EUR	579,40 EUR
1.940 EUR	0 EUR	0 EUR	0 EUR	0 EUR	4,98 EUR	376,40 EUR
1.410 EUR	0 EUR	0 EUR	0 EUR	0 EUR	0 EUR	5,40 EUR

Beispiel

Hat der verheiratete Schuldner also vier Kinder und damit fünf unterhaltsberechtigte Personen (Ehegatte und vier Kinder), so ergibt sich bei einem Nettoeinkommen von 3.110 EUR nur ein pfändbarer Betrag von 0,39 EUR. Arbeiten allerdings der Ehegatte und zwei der vier Kinder und verdienen mehr als 500–600 EUR netto monatlich, so reduziert sich die Zahl der unterhaltsberechtigten Personen auf zwei, sodass nunmehr 354,38 EUR, mithin Monat für Monat 353,99 EUR mehr pfändbar sind.

Zu berücksichtigen ist auch, dass bei einem verheirateten Schuldner der Ehegatte möglicherweise nicht nur sich unterhalten kann, sondern aufgrund seines seinen eigenen Bedarf übersteigenden Einkommens (> 500–600 EUR) auch seinen (hälfti-

152 Gesetzlicher Mindestlohn und Mindestlohn für Auszubildende nach § 17 BBiG.

153 So geben die Lohnsteuerklassen 2, 4 und 5 Hinweise auf das Einkommen gesetzlich unterhaltsberechtigter Personen.

gen) Unterhaltspflichten gegenüber den gemeinsamen Kindern nachkommen kann, sodass diese dann – zur Hälfte – nicht zu berücksichtigen sind.

237 Die Nichtberücksichtigung unterhaltsberechtigter Personen erfolgt nach § 850c Abs. 6 ZPO nur auf Antrag des Gläubigers. Die Antragstellung erfolgt dadurch, dass es im Antrag auf Erlass eines Pfändungsbeschlusses oder eines Pfändungs- und Überweisungsbeschlusses nach Anlage 4 ZVFV heißt

Es wird beantragt, den beigefügten Entwurf wie ausgefüllt als Beschluss zu erlassen

und durch das entsprechende Ankreuzen des Kästchens zu Modul R der Anlage 5 ZVFV. Die aufgezeigte Formulierung zeigt zugleich, dass der Gläubiger oder sein Bevollmächtigter als „Vorschlag" auch das Modul R befüllen können, wenn nur gesichert ist, dass der Rechtspfleger die Voreintragungen entfernen, ergänzen oder ändern kann, d.h. das Formular nach Anlage 5 ZVFV als ausfüllbares und änderbares PDF übermittelt wird.

R

☒ **Es wird die (teilweise) Nichtberücksichtigung von Unterhaltsberechtigten des Schuldners nach § 850c Absatz 6 ZPO angeordnet.**

Vom Gericht auszufüllen:

Bei der Berechnung des unpfändbaren Teils des

☒ Arbeitseinkommens des Schuldners

■ Guthabens auf dem Pfändungsschutzkonto des Schuldners

bleiben nachfolgende Personen, denen der Schuldner auf Grund gesetzlicher Verpflichtung Unterhalt gewährt und die eigene Einkünfte haben, wie folgt unberücksichtigt:

Name	Vorname(n)	Geburtsdatum
Schuldig	Erna	12.01.1975
☒ ganz ☐ in Höhe von ___ Euro ☐ in Höhe von ___ Prozent.		
Schuldig	Julian	22.03.2003
☒ ganz ☐ in Höhe von ___ Euro ☐ in Höhe von ___ Prozent.		
Schuldig	Felix	22.04.2005
☒ ganz ☐ in Höhe von ___ Euro ☐ in Höhe von ___ Prozent.		

Gründe:

Alle gesetzlich unterhaltsberechtigten Personen verfügen über ein Nettoeinkommen von mehr als 500 €. Sie leben im Haushalt des Schuldners, so dass diese Einkünfte genügen, um den eigenen Unterhalt zu decken.

238 Wiederum nicht recht zu erklären ist, weshalb die Geburtsdaten der unterhaltsberechtigten Personen erneut angegeben werden müssen, obwohl diese schon in Modul P angegeben wurden. Eine Referenzierung auf die Module O und P durch eine Nummerierung könnte den Aufwand des Antragstellers sowie des kontrollierenden Rechtspflegers vermindern.

239 Wird der Antrag nach § 850c Abs. 6 ZPO nicht gestellt, so kann auf das Modul als Ganzes verzichtet werden, § 3 Abs. 2 Nr. 6b i.V.m. § 3 Abs. 3 Nr. 2 ZVFV.

240 Der Antrag kann auch nach dem Erlass des Pfändungs- und Überweisungsbeschlusses – dann isoliert – gestellt werden. Dies kann etwa dann notwendig werden, wenn der Gläubiger erst nach dem Erlass Informationen zu eigenen Einkünften der gesetzlich unterhaltsberechtigten Personen erlangt oder diese erst nach dem Erlass überhaupt eine eigene Erwerbstätigkeit mit entsprechenden Einkünften aufnehmen. Der Antrag nach § 850c Abs. 6 ZPO kann dann isoliert gestellt werden. Dafür kann auch sprechen, dass bei einer isolierten Antragstellung der Schuldner angehört wird und deshalb der Nachweis des Einkommens der gesetzlich unterhaltsberechtigten Person leichter fällt. Er unterfällt isoliert nach § 2 ZVFV nicht der Formularpflicht. Das schließt es nicht aus, auf das Modul R zurückzugreifen, um den Antrag mit einem gewissen Wiedererkennungseffekt für das Vollstreckungsgericht zu gestalten.

XXI. Modul S – Privilegierte Pfändung bei vorsätzlich unerlaubter Handlung

Viele Forderungen in der Zwangsvollstreckung stammen aus einer vorsätzlich begangenen unerlaubten Handlung auch, wenn sie als vertraglicher Zahlungsanspruch tituliert werden. 241

Hinweis

Besonders häufig ist hier der Eingehungsbetrug bei Onlinegeschäften zu sehen, der die Forderung (auch) aus § 823 Abs. 2 BGB i.V.m. § 263 StGB begründet oder die Leistungserschleichung, die zu einem entsprechenden Forderungsrecht aus § 823 Abs. 2 BGB i.V.m. § 265a StGB führt. Beim Eingehungsbetrug bestellt der Schuldner Ware oder Dienstleistungen, obwohl er weiß, dass er diese bei Fälligkeit nicht wird bezahlen können. Dies wird regelmäßig dadurch dokumentiert und – widerlegbar – indiziert, dass er drei Monate vor oder bis zu drei Monate nach dem Zeitpunkt der Eingehung der Verbindlichkeit im Schuldnerverzeichnis eingetragen ist, insbesondere wenn die Eintragung auf § 882c Abs. 1 Nr. 2 ZPO beruht. Bei der Leistungserschleichung nutzt er etwa den Öffentlichen Personennahverkehr (ÖPNV) ohne einen gültigen Fahrschein.

Der Gläubiger kann in diesen Fällen neben der Zahlungsverpflichtung auch die Feststellung titulieren lassen, dass die Forderung aus vorsätzlich unerlaubter Handlung stammt, um dies gegenüber dem Vollstreckungsorgan nachweisen zu können. Der Vollstreckungsbescheid genügt dafür nicht, da er nur die Zahlungsverpflichtung tituliert, auch wenn ein deliktischer Anspruchsgrund angegeben ist.[154] Eine materielle Prüfung im Vollstreckungsverfahren scheidet aus. Um die höheren Kosten einer solchen Titulierung zu vermeiden, kann als Nachweis auch eine entsprechende Bestätigung des Schuldners – etwa in einer Zahlungsvereinbarung –

154 BGH v. 5.4.2005 – VII ZB 17/05, NJW 2005, 1663.

dienen.[155] Auch ein Strafbefehl oder ein Strafurteil können als Nachweis dienen, wenn sich aus ihnen zweifelsfrei ergibt, dass der Verurteilung die Vollstreckungsforderung zugrunde liegt. Das Hinweisblatt des BMJ greift deshalb zu kurz, wenn es nur auf den Vollstreckungstitel als möglichen Nachweis abstellt. Der konkrete Nachweis ist dem Antrag auf Erlass des Pfändungs- und Überweisungsbeschlusses beizufügen und in der Anlage 4 zur ZVFV im Anlagenverzeichnis anzugeben.

Der Vorteil zeigt sich dann nicht nur nach § 850f Abs. 2 ZPO in der Zwangsvollstreckung, sondern nach § 302 InsO – bei entsprechender Anmeldung – auch in der potenziellen Insolvenz des Schuldners, da eine solche Forderung an der Restschuldbefreiung nicht teilnimmt.

242 Wird die Zwangsvollstreckung wegen einer Forderung aus einer vorsätzlich begangenen unerlaubten Handlung betrieben, so kann das Vollstreckungsgericht auf Antrag des Gläubigers den pfändbaren Teil des Arbeitseinkommens ohne Rücksicht auf die in § 850c ZPO vorgesehenen Pfändungsfreigrenzen bestimmen; dem Schuldner ist jedoch so viel zu belassen, wie er für seinen notwendigen Unterhalt und zur Erfüllung seiner laufenden gesetzlichen Unterhaltspflichten bedarf.

243 Die Privilegierung bei der Vollstreckung einer Forderung (auch) aus vorsätzlich begangener unerlaubter Handlung erfolgt nach § 850f Abs. 2 ZPO nur auf Antrag des Gläubigers. Die Antragstellung erfolgt dadurch, dass es im Antrag auf Erlass eines Pfändungsbeschlusses oder eines Pfändungs- und Überweisungsbeschlusses nach Anlage 4 ZVFV heißt

> Es wird beantragt, den beigefügten Entwurf wie ausgefüllt als Beschluss zu erlassen

und durch das entsprechende Ankreuzen des Kästchens zu Modul S der Anlage 5 ZVFV. Die aufgezeigte Formulierung zeigt zugleich, dass der Gläubiger oder sein Bevollmächtigter als „Vorschlag" auch das Modul S befüllen können, wenn nur gesichert ist, dass der Rechtspfleger die Voreintragungen entfernen, ergänzen oder ändern kann, d.h. das Formular nach Anlage 5 ZVFV als ausfüllbares und änderbares PDF übermittelt wird.

155 Vgl. hierzu OLG Düsseldorf v. 7.6.2013– 7 U 198/11; vgl. auch BGH NJW 2015, 3029, Rn 13, der ein solches Anerkenntnis nur innerhalb von AGB für unwirksam erachtet. Es bedarf also der Individualisierung des Anerkenntnisses. Nichts anderes ergibt sich aus dem Beschl. des BGH v. 22.9.2002 – IX ZB 180/02, wo der BGH nur ausspricht, dass ohne eine titulierte Feststellung § 850f Abs. 2 ZPO nicht angewandt werden kann, wenn der Schuldner nicht zustimmt. Die Zustimmung ergibt sich aber aus dem außergerichtlichen Anerkenntnis. Das kann dadurch verstärkt werden, dass das Anerkenntnis ausdrücklich auf § 850f Abs. 2 ZPO und § 302 InsO hinweist.

Aktuelles Formular:

S

☒ **Es wird eine Pfändbarkeit bei Forderungen aus einer vorsätzlich begangenen unerlaubten Handlung nach § 850f Absatz 2 ZPO angeordnet.**

Vom Gericht auszufüllen:

Der pfändbare Teil des Arbeitseinkommens wird ohne Rücksicht auf die in § 850c ZPO vorgesehenen Beschränkungen bestimmt.

Dem Schuldner sind

☒ von dem pfändbaren Arbeitseinkommen

☒ von dem Guthaben auf seinem Pfändungsschutzkonto

für seinen eigenen notwendigen Unterhalt 932 Euro

☒ sowie zur Erfüllung seiner laufenden gesetzlichen Unterhaltspflichten 166 Euro monatlich zu belassen.

Gründe:

Der notwendige Unterhalt des Schuldners setzt sich aus dem Bürgergeld von 502 € sowie den tatsächlichen Wohnkosten von 300 Miete und 130 € zu berücksichtigender Nebenkosten zusammen. Der Nachweis der vorsätzlich unerlaubten Handlung ist geführt.

Die 2. ÄndVO bringt für den Fall der gleichzeitigen Pfändung gegenüber mehreren Schuldnern die Möglichkeit mit sich, den Antrag zu differenzieren und auf den jeweiligen Schuldner zu beziehen. Im aktuellen Formular wäre dies bei den „Gründen“ zu notieren, in dem diese auf einen bestimmten Schuldner konzentriert werden.

Neues Formular:

S

☐ **Es wird eine Pfändbarkeit bei Forderungen aus einer vorsätzlich begangenen unerlaubten Handlung des Schuldners (zu Ziffer ______) nach § 850f Absatz 2 ZPO angeordnet.**

Vom Gericht auszufüllen:

Der pfändbare Teil des Arbeitseinkommens wird ohne Rücksicht auf die in § 850c ZPO vorgesehenen Beschränkungen bestimmt.

Dem Schuldner sind

☐ von dem pfändbaren Arbeitseinkommen

☐ von dem Guthaben auf seinem Pfändungsschutzkonto

für seinen eigenen notwendigen Unterhalt ______________ Euro

☐ sowie zur Erfüllung seiner laufenden gesetzlichen Unterhaltspflichten ______________ Euro monatlich zu belassen.

Gründe:

Der Antrag kann auch nach dem Erlass des Pfändungs- und Überweisungsbeschlusses – dann isoliert – gestellt werden. Dies kann etwa dann notwendig werden, wenn der Gläubiger erst nach dem Erlass Informationen zur vorsätzlich unerlaubten Handlung des Schuldners erlangt. Der Antrag nach § 850f Abs. 2 ZPO kann dann isoliert gestellt werden. Er unterfällt isoliert nach § 2 ZVFV nicht der Formularpflicht. Das schließt es nicht aus, auf das Modul Q zurückzugreifen, um den Antrag mit einem gewissen Wiedererkennungseffekt für das Vollstreckungsgericht zu gestalten. **244**

Wird der Antrag nach § 850f Abs. 2 ZPO nicht gestellt, so kann auf das Modul als Ganzes verzichtet werden, § 3 Abs. 2 Nr. 6b i.V.m. § 3 Abs. 3 Nr. 2 ZVFV.

Die 2. ÄndVO zur ZVFV hat in den neuen Formularen insoweit keine Änderungen gebracht.

XXII. Modul T – Weitere gerichtliche Anordnungen

245 Das Modul T soll dem Gericht die Möglichkeit geben, weitere Anordnungen zu treffen. Auch können hier weitere Anordnungen zu den Modulen Q, R und S aufgenommen werden, wenn der dortige Platz nicht genügt.

T

Vom Gericht auszufüllen:

Denkbar wäre etwa, dass das Gericht den Gläubigerantrag teilweise zurückweist und die Teilzurückweisung hier begründet. Dies kann dann in Betracht kommen, wenn der Gläubiger oder sein Bevollmächtigter auf eine (Teil-)Monierung nicht mit einer Änderung des Antrags reagiert, sondern auf dem Ausgangsantrag beharrt.

> *Hinweis*
>
> Der Gläubiger bzw. sein Bevollmächtigter müssen dann beachten, dass dies eine Entscheidung in der Zwangsvollstreckung darstellt, die mit der sofortigen Beschwerde nach § 793 ZPO angegriffen werden kann. Diese ist nach § 569 ZPO fristgebunden und muss in einer Notfrist – mithin nicht verlängerbar – von zwei Wochen ab der Zustellung des Beschlusses eingelegt werden.

246 Auf das Modul darf nach § 3 Abs. 3 Nr. 2 ZVFV nicht verzichtet werden, auch wenn der Antrag oder das Verfahren keinen Anlass für weitergehende Anordnungen gibt. Die 2. ÄndVO zur ZVFV hat in den neuen Formularen insoweit keine Änderungen gebracht.

XXIII. Unterschrift, Ausfertigung, Beglaubigung

247 Bei dem Pfändungsbeschluss oder dem Pfändungs- und Überweisungsbeschluss handelt es sich um eine dem Rechtspfleger nach § 20 Abs. 1 Nr. 17 RPflG funktionell übertragene gerichtliche Entscheidung. Sie ist grundsätzlich zu unterschreiben oder qualifiziert elektronisch zu signieren. Der Gläubiger oder sein Bevollmächtigter sind hier also nicht gefragt, insbesondere dürfen sie die Anlage 5 zur ZVFV – anders als den Antrag nach Anlage 4 ZVFV – nicht unterzeichnen oder signieren.

Vom Gericht auszufüllen:

Datum | Name Rechtspflegerin/Rechtspfleger

Unterschrift Rechtspflegerin/Rechtspfleger

☐ Ausgefertigt ☐ Beglaubigt

Datum | Name Urkundsbeamtin/Urkundsbeamter

Unterschrift Urkundsbeamtin/Urkundsbeamter

Ausfertigungen des Beschlusses werden nur auf Antrag und nur in Papierform erteilt (§ 317 Abs. 2 S. 1 ZPO). Der entsprechende Antrag wird in Anlage 4 ZVFV gestellt.

Zusätzlich wird beantragt,

☒ anstelle einer beglaubigten Abschrift eine Ausfertigung des Beschlusses zu erteilen.

☒ die Zustellung durch die Geschäftsstelle zu vermitteln (anstatt die Zustellung selbst in Auftrag zu geben).

☒ Gleichzeitig ist der Drittschuldner aufzufordern, eine Erklärung nach § 840 Absatz 1 ZPO abzugeben.

Wird ein solcher Antrag nicht gestellt, sieht das Gesetz vor, dass das Gericht (nur) eine beglaubigte Abschrift des Beschlusses erteilt. Da der Gerichtsvollzieher dem Drittschuldner und dem Schuldner den Beschluss nach § 829 Abs. 2 und 3 ZPO zum Beginn der Zwangsvollstreckung zustellen muss, und streitig ist, ob dafür eine beglaubigte Abschrift[156] Ausgangspunkt sein kann,[157] ist es allerdings dem Grundsatz des sichersten Wegs folgend ratsam, eine Ausfertigung des Beschlusses und dessen Weiterleitung an den Gerichtsvollzieher zu beantragen.

H. Anlage 6: Forderungsaufstellung zum Gerichtsvollzieherauftrag

I. Einführung

Zwingende Anlage zum Gerichtsvollzieherauftrag nach Anlage 1 ZVFV ist die Anlage 6 ZVFV, die Aufstellung von Forderungen für Vollstreckungsaufträge an den Gerichtsvollzieher. Es besteht nach § 2 Abs. 2 ZVFV eine umfassende Nutzungspflicht. Insoweit ist es auch nach § 3 Abs. 1 ZVFV i.V.m. § 3 Abs. 2 Nr. 7 ZVFV unzulässig, eine eigene Forderungsaufstellung beizufügen, auch wenn dem Nutzer dies im Einzelfall als sinnvoll erscheinen mag. In die Forderungsaufstellung sind sämtliche Forderungen einzutragen, die der Gläubiger geltend macht. Sofern die Eintragungsmöglichkeiten nicht ausreichen, sind die Forderungsaufstellungen insgesamt oder teilweise mehrfach zu verwenden (§ 2 Abs. 5 ZVFV). 248

156 So OLG München v. 12.3.2015 – 23 U 1960/14.

157 Zöller/*Seibel*, ZPO, 35. Aufl. 2024, § 829 Rn 15.

Die 2. ÄndVO hat hier kleinere Anpassungen vorgenommen, die allerdings ohne praktische Relevanz bleiben, auch wenn sie vielfach gefordert wurden.

- In der Forderungsaufstellung werden Felder für die Eingabe von Prozentpunkten, Prozentsätzen und für die Eingabe von Eurobeträgen vergrößert. So wird die Eingabe auch von Prozentpunkten und Prozentsätzen mit mehreren Nachkommastellen sowie von besonders hohen Eurobeträgen ermöglicht.
- In dem Rahmen zu Ziffer I. wird die Angabe „§ 193 Absatz 6 Satz 2 VVG" als Rechtsgrundlage für Säumniszuschläge durch ein Freitextfeld für die Rechtsgrundlage von Säumniszuschlägen ersetzt. Dadurch können auch Säumniszuschläge auf Grundlage anderer Regelungen in der Forderungsaufstellung aufgeführt werden. Dies erleichtert die Benutzung für Behörden, wenn sie wegen öffentlich-rechtlicher Forderungen vollstrecken. Zudem wird das Wort „nach" durch das Wort „gemäß" ersetzt, um deutlich zu machen, dass in das neue Freitextfeld die Rechtsgrundlage und nicht etwa eine Zeitangabe einzutragen ist.
- Auf Seite 2 werden im Rahmen zu Ziffer IV. bei den Angaben zu den Rechtsanwaltskosten Zeilen mit Feldern für Zwischensummen eingefügt. Dies erleichtert dem Gerichtsvollzieher die Prüfung der insgesamt angegebenen Kosten.
- Zudem wird am Ende des Rahmens zu Ziffer IV. eine weitere Zeile mit einem Ankreuzfeld und einem Freitextfeld eingefügt, um ggf. weitere notwendige Kosten der Zwangsvollstreckung eintragen zu können.
- Des Weiteren wird am Ende der Forderungsaufstellung ein Feld für die Summe aller Forderungen aus den Ziffern I. bis IV. der Forderungsaufstellung eingefügt. Dies dient der Transparenz. Die Formulierung macht dabei deutlich, dass offene Zinsläufe und offene Läufe von Säumniszuschlägen, die in den Rahmen mit den Ziffern I. bis III. jeweils nur mit dem Datum „seit dem" aufgeführt sind, nicht in diese Summe einzuberechnen sind.

> *Hinweis*
>
> Gerade die Summenbildung ist zu kritisieren, da sie irreführend ist. Durch die Zinsansprüche ist die Vollstreckungsforderung dynamisch und muss so ohnehin von dem Gerichtsvollzieher berechnet werden. Es besteht dann aber die Gefahr, dass der Schuldner remonstriert oder eben einen unzureichenden Betrag überweist, wenn er auf den niedrigeren saldierten Betrag verweist. Dabei kann die Differenz wegen der offenen Zinsansprüche ganz erheblich sein.

249 Die Aufstellung der Forderungen nach Anlage 6 ZVFV ist auf einen Vollstreckungstitel bezogen, der entsprechend der Nummerierung im Modul C im Gerichtsvollzieherauftrag nach Anlage 1 ZVFV zu nummerieren ist. Diese Nummerierung ist dann in die Forderungsaufstellung zu übernehmen.

der Vollstreckungstitel (zu Ziffer 1.)

Art	Aussteller
Vollstreckungsbescheid	AG Mayen
Datum	**Geschäftszeichen**
23.03.2023	23-1234567-0-8

Aufstellung von Forderungen
für Vollstreckungsaufträge an Gerichtsvollzieher

Lfd. Nr.
1.

Die Gläubiger können von den Schuldnern aus dem Vollstreckungstitel (zu Ziffer 1.) die nachfolgend aufgeführten Beträge beanspruchen:

I. Hauptforderungen einschließlich dazugehöriger Zinsen und Säumniszuschläge			
☒ Hauptforderung	☐ Restforderung aus Hauptforderung in Höhe von Euro	☐ Teilforderung aus Hauptforderung in Höhe von Euro	593,81 Euro
(Teil-/Rest-)Zinsen wie im Vollstreckungstitel ausgerechnet			21,81 Euro

Für den Standard sollte eine Forderungsaufstellung je Vollstreckungstitel genügen, um die Hauptforderung sowie die Nebenforderungen darzustellen. Bei komplexeren Vollstreckungsforderungen kann es im Einzelfall erforderlich sein, die einzelnen Zeilen mit Text und Texteingabefeldern nach § 3 Abs. 2 Nr. 6a ZVFV zu duplizieren. Genügt auch dies nicht, darf anders als bisher nicht die eigene Forderungsaufstellung mitübersandt werden, sondern die Anlage 6 ZVFV ist mehrfach zu verwenden. Dies ist dann sowohl im Antrag in Modul C als auch auf der Forderungsaufstellung zu kennzeichnen.

und die Forderungsaufstellung (bei Mehrfachverwendung 3 Forderungsaufstellungen) übermittelt.

Aufstellung von Forderungen
für Vollstreckungsaufträge an Gerichtsvollzieher

Lfd. Nr.
2 von 3

Anders als in der Forderungspfändung – hier mit der Anlage 7 und der Anlage 8 ZVFV – wird beim Gerichtsvollzieherauftrag für die beizufügende Anlage nicht unterschieden, ob Gegenstand des Vollstreckungsauftrags eine gewöhnliche Geldforderung oder eine Unterhaltsforderung ist. Diese Unterscheidung wird vielmehr in der Untergruppierung der Vollstreckungsforderung getroffen. Nr. I. umfasst die Vollstreckung einer gewöhnlichen Geldforderung 250

Die Gläubiger können von den Schuldnern aus dem Vollstreckungstitel (zu Ziffer 1.) die nachfolgend aufgeführten Beträge beanspruchen:

I. Hauptforderungen einschließlich dazugehöriger Zinsen und Säumniszuschläge			
☒ Hauptforderung	☐ Restforderung aus Hauptforderung in Höhe von Euro	☐ Teilforderung aus Hauptforderung in Höhe von Euro	593,81 Euro
(Teil-/Rest-)Zinsen wie im Vollstreckungstitel ausgerechnet			21,81 Euro

während Nr. II. die zu vollstreckende Unterhaltsforderung umfasst:

II. Rückständiger Unterhalt oder rückständige Renten aus Anlass einer Verletzung des Körpers oder der Gesundheit für		
Name	Vorname(n)	geboren am
Schuldig	Julian	22.03.2003
Rückstand für die Zeit vom 01.01.2023 bis		1.500,00 Euro

II. Hauptforderung in Variationen

251 Anzugeben ist bei der Vollstreckung gewöhnlicher Geldforderungen

- die titulierte **Hauptforderung**, wenn diese wie tituliert geltend gemacht wird und noch keine hierauf nach §§ 366, 367 oder 497 BGB zu verrechnenden Zahlungen eingegangen sind;

Die Gläubiger können von den Schuldnern aus dem Vollstreckungstitel (zu Ziffer 1.) die nachfolgend aufgeführten Beträge beanspruchen:

I. Hauptforderungen einschließlich dazugehöriger Zinsen und Säumniszuschläge			
☒ Hauptforderung	☐ Restforderung aus Hauptforderung in Höhe von Euro	☐ Teilforderung aus Hauptforderung in Höhe von Euro	593,81 Euro
(Teil-/Rest-)Zinsen wie im Vollstreckungstitel ausgerechnet			21,81 Euro

- die **Restforderung** aus der Hauptforderung, wenn bereits Zahlungseingänge auf die titulierte Hauptforderung zu verrechnen waren und im Übrigen mit dem Vollstreckungsauftrag noch die vollständig verbliebene Restforderung geltend gemacht wird. Zu beachten ist, dass hier zur Restforderung in Spalte 2 zur 2. Zeile („in Höhe von ... EUR") die Ursprungshauptforderung wie tituliert anzugeben ist, während in der letzten Spalte die offene Restforderung aus der Hauptforderung anzugeben ist; anderenfalls würde auch die Saldierung, wie nach der 2. ÄndVO nun vorgesehen, zu einem falschen Ergebnis führen;

Die Gläubiger können von den Schuldnern aus dem Vollstreckungstitel (zu Ziffer 1.) die nachfolgend aufgeführten Beträge beanspruchen:

I. Hauptforderungen einschließlich dazugehöriger Zinsen und Säumniszuschläge			
☐ Hauptforderung	☒ Restforderung aus Hauptforderung in Höhe von 593,81 Euro	☐ Teilforderung aus Hauptforderung in Höhe von Euro	443,81 Euro
(Teil-/Rest-)Zinsen wie im Vollstreckungstitel ausgerechnet			21,81 Euro

- eine **Teilforderung**, wenn nicht die gesamte noch offene Haupt- oder Resthauptforderung geltend gemacht wird, weil etwa die streitwertabhängigen Kosten gering gehalten werden sollen. Dabei muss beachtet werden, dass der Verjährungsneubeginn nach § 212 Abs. 1 BGB nur den Teil der Forderung erfasst, der auch zum Gegenstand des Vollstreckungsauftrags gemacht wird. Auch hier ist zur Teilforderung in Spalte 3, 2. Zeile („in Höhe von ... EUR") die Ursprungshauptforderung wie tituliert anzugeben.

Die Gläubiger können von den Schuldnern aus dem Vollstreckungstitel (zu Ziffer 1.) die nachfolgend aufgeführten Beträge beanspruchen:

I. Hauptforderungen einschließlich dazugehöriger Zinsen und Säumniszuschläge			
☐ Hauptforderung	☐ Restforderung aus Hauptforderung in Höhe von Euro	☒ Teilforderung aus Hauptforderung in Höhe von 15.000 Euro	2.000 Euro

> *Hinweis*
>
> Anders als in den Hinweisen des BMJ suggeriert, sind die Zahlungen des Schuldners in der Aufstellung der Forderungen nicht anzugeben. Da Zahlungseingänge nach §§ 366, 367, 497 BGB auch zunächst auf Zinsen und/oder Kosten zu verrechnen sein können, kann aus der Angabe einer Resthauptforderung nicht auf den tatsächlichen Zahlungseingang geschlossen werden. Tatsächlich bedarf es der Angabe der Zahlungen auch nicht. Das Vollstreckungsorgan, mit-

hin auch der Gerichtsvollzieher, ist im Rahmen des streng formalisierten Zwangsvollstreckungsverfahrens nämlich nach der höchstrichterlichen Rechtsprechung[158] nicht befugt, eine vom Gläubiger vorgenommene Verrechnung an ihn geleisteter Zahlungen auf ihre Richtigkeit gem. § 367 Abs. 1 BGB hin zu überprüfen. Es bedarf deshalb auch keiner gesonderten Aufstellung der vom Schuldner bereits geleisteten Zahlungen wie es – optional – die Auflistung der Anlagen zum Antrag nach Anlage 1 ZVFV vorsieht.

Das Formular sieht die Eingabemöglichkeit für bis zu drei Hauptforderungen bereits vor. Weitere Hauptforderungen können berücksichtigt werden, in dem die Texte und Texteingabefelder zu den Hauptforderungen und hierauf bezogenen Zinsen im notwendigen Umfang zeilenweise nach § 3 Abs. 2 Nr. 6a ZVFV dupliziert werden oder die Forderungsaufstellung nach § 2 Abs. 5 ZVFV mehrfach verwendet wird. Dies setzt voraus, dass der Softwareanbieter diese Möglichkeit bereitstellt. Ist dies nicht der Fall, ist nicht etwa eine gesonderte Anlage zu verwenden, sondern ein weiteres Mal die gesamte Anlage 6. Insoweit ist eine individuelle Anlage nämlich nicht erforderlich, um weitere Hauptforderungen darzustellen. 252

Die 2. ÄndVO bringt hier keine Anpassungen der neuen Formulare mit sich, sodass bei der Nutzung der neuen Formulare auf die gleichen Inhalte wie bei den aktuellen Formularen zurückgegriffen werden kann.

III. Unterhaltsforderungen

Statt der Hauptforderung kann unter Nr. II bei der **Vollstreckung von Unterhaltsforderungen** der Rückstand des Unterhalts anzugeben sein. Dabei ist die Angabe für jeden unterhaltsberechtigten Gläubiger und jeden diesem zustehenden Titel gesondert vorzunehmen. Statt einen Verweis auf die durchnummerierten Schuldner verlangt das Formular nach Anlage 6 ZVFV hier die erneute Angabe der unterhaltsberechtigten Person mit dem Nachnamen, dem Vornamen und dem Geburtsdatum. 253

II. Rückständiger Unterhalt oder rückständige Renten aus Anlass einer Verletzung des Körpers oder der Gesundheit für		
Name	Vorname(n)	geboren am
Schuldig	Julian	22.03.2003
Rückstand für die Zeit vom 01.01.2023 bis 30.06.2022		1.500,00 Euro

Da das Formular unter Nr. II nur die Angabe rückständigen Unterhalts oder rückständiger Renten aus Anlass einer Verletzung des Körpers oder der Gesundheit vorgibt, muss der laufende und künftige bereits titulierte Unterhalt durch Antragsergänzungen geltend gemacht werden. Hierzu genügt es nach der hier vertretenen Auffassung, dass die Aufstellung von Forderungen für Vollstreckungsaufträge an Gerichtsvollzieher jeweils isoliert nach einem neuen Rückstand dem Gerichtsvollzieher zum Vorgang übermittelt wird.

158 BGH v. 15.6.2016 – VII ZB 58/15, DGVZ 1016, 1115 = NJW 2016, 2810.

254 Das Formular sieht die Eingabemöglichkeit für nur eine rückständige Forderung aus Unterhalt für einen Zeitraum vor. Weitere Unterhaltsrückstände können differenziert nur berücksichtigt werden, in dem die Texte und Texteingabefelder zeilenweise nach § 3 Abs. 2 Nr. 6a ZVFV dupliziert werden oder die Forderungsaufstellung nach § 2 Abs. 5 ZVFV mehrfach verwandt wird.

Die 2. ÄndVO bringt hier keine Anpassungen der neuen Formulare mit sich, sodass bei der Nutzung der neuen Formulare auf die gleichen Inhalte wie bei den aktuellen Formularen zurückgegriffen werden kann.

IV. Zinsen

255 Auf die Angaben zur Hauptforderung wie auf den mitgeteilten rückständigen Unterhalt folgen die Angaben zu den **Zinsen**.

Teilweise sind die Zinsen schon betragsmäßig tituliert. Dies gilt insbesondere im Vollstreckungsbescheid. Hier erfasst die betragsmäßige Titulierung der Zinsen den Zeitraum vom angegebenen Verzugszeitpunkt bis zum Erlasstag des Vollstreckungsbescheids.

Die Gläubiger können von den Schuldnern aus dem Vollstreckungstitel (zu Ziffer 1.) die nachfolgend aufgeführten Beträge beanspruchen:

I. Hauptforderungen einschließlich dazugehöriger Zinsen und Säumniszuschläge			
☒ Hauptforderung	☐ Restforderung aus Hauptforderung in Höhe von Euro	☐ Teilforderung aus Hauptforderung in Höhe von Euro	593,81 Euro
➡ (Teil-/Rest-)Zinsen wie im Vollstreckungstitel ausgerechnet			21,81 Euro
(Teil-/Rest-)Zinsen in Höhe von			

> *Hinweis*
>
> Diese Zinsen verjähren nach § 197 Abs. 1 Nr. 3 BGB erst nach 30 Jahren, weil es sich nicht um **künftig** wiederkehrende Leistungen i.S.d. § 197 Abs. 2 BGB handelt.

Vor dem Hintergrund der Verjährung kann es aus fachlichen Gründen sinnvoll sein, in einer gesonderten Zeile noch einmal die Zinsen vorzusehen und auszurechnen vom Erlassdatum bis zum Ablauf der Rechtsmittelfrist. Man hat dann in diesen Zeilen die Zinsen zusammengefasst, die grundsätzlich nach § 197 Abs. 1 Nr. 3 BGB frühestens nach 30 Jahren verjähren.

Die Gläubiger können von den Schuldnern aus dem Vollstreckungstitel (zu Ziffer 1.) die nachfolgend aufgeführten Beträge beanspruchen:

I. Hauptforderungen einschließlich dazugehöriger Zinsen und Säumniszuschläge			
☒ Hauptforderung	☐ Restforderung aus Hauptforderung in Höhe von Euro	☐ Teilforderung aus Hauptforderung in Höhe von Euro	593,81 Euro
(Teil-/Rest-)Zinsen wie im Vollstreckungstitel ausgerechnet			21,81 Euro
(Teil-/Rest-)Zinsen in Höhe von			
➡ ☒ 5 Prozentpunkten über dem jeweiligen Basiszinssatz ☐ Prozent aus 593,81 Euro seit dem 23.03.2023 bis 11.04.2023			2,15 Euro
☒ 5 Prozentpunkten über dem jeweiligen Basiszinssatz ☐ Prozent aus 593,81 Euro seit dem 12.04.2023 bis 30.06.2023			8,62 Euro

In der vierten Zinszeile wäre dann der Zins vom Zeitpunkt der formellen Rechtskraft bis zum nächsten Wechsel des Basiszinssatzes anzugeben, um dann in der letzten Zeile den Zinssatz ab diesem Zeitpunkt anzugeben.

Die Gläubiger können von den Schuldnern aus dem Vollstreckungstitel (zu Ziffer 1.) die nachfolgend aufgeführten Beträge beanspruchen:

I. Hauptforderungen einschließlich dazugehöriger Zinsen und Säumniszuschläge			
☒ Hauptforderung	☐ Restforderung aus Hauptforderung in Höhe von Euro	☐ Teilforderung aus Hauptforderung in Höhe von Euro	593,81 Euro
(Teil-/Rest-)Zinsen wie im Vollstreckungstitel ausgerechnet			21,81 Euro
(Teil-/Rest-)Zinsen in Höhe von			
☒ 5 Prozentpunkten über dem jeweiligen Basiszinssatz ☐ Prozent aus 593,81 Euro seit dem 23.03.2023 bis 11.04.2023			2,15 Euro
☒ 5 Prozentpunkten über dem jeweiligen Basiszinssatz ☐ Prozent aus 593,81 Euro seit dem 12.04.2023 bis 30.06.2023			8,62 Euro
☐ Prozentpunkten über dem jeweiligen Basiszinssatz ☐ Prozent aus Euro seit dem			
☒ 5 Prozentpunkten über dem jeweiligen Basiszinssatz ☐ Prozent aus 593,81 Euro seit dem 01.07.2023			

Hinweis

Eine solche Differenzierung ist nicht zwingend. Sie folgt aber den Rechtsfolgen der genannten Zeiträume nach dem materiellen Recht und gibt so eine rechtliche Struktur vor. An diese Struktur kann dann eine automatisierte Weiterverarbeitung geknüpft werden. Dies ist insbesondere im Kontext von Legal Tech und KI sinnvoll.

Die Eingabe der Zinsen erlaubt einerseits die übliche und regelhafte Anbindung an den Basiszinssatz nach § 288 Abs. 1 und 2 BGB i.V.m. § 247 BGB. Andererseits kann der Gläubiger aber nach § 288 Abs. 3 und 4 BGB aus einem anderen Rechtsgrund auch höhere Zinsen geltend machen und damit auch titulieren. Diese sind dann in das Formular in der jeweils ersten Zinszeile zum zweiten Ankreuzkästchen und zum zweiten Texteingabefeld einzugeben.

Beispiel

Der Gläubiger nimmt fortlaufend Bankkredit in einer die titulierte Forderung übersteigenden Höhe in Anspruch, den er mit 10,42 % zu verzinsen hat und jederzeit in Höhe der Vollstreckungsforderung zurückführen könnte. Dann ist sein Zinsschaden mit 10,42 % höher als 5 Prozentpunkte über dem Basiszinssatz (bis zum 1.7.2024 3,37 %, sodass 8,37 % Zinsen anfallen).

☒ Hauptforderung	☐ Restforderung aus Hauptforderung in Höhe von Euro	☐ Teilforderung aus Hauptforderung in Höhe von Euro	593,81 Euro
(Teil-/Rest-)Zinsen wie im Vollstreckungstitel ausgerechnet			21,81 Euro
(Teil-/Rest-)Zinsen in Höhe von			
☐ Prozentpunkten über dem jeweiligen Basiszinssatz ☒ 8,42 Prozent aus 593,81 Euro seit dem 23.03.2023 bis 11.04.2023			2,74 Euro

Das Formular sieht fünf Eingabemöglichkeiten für Zinsen vor. Das sollte für die überwiegende Zahl von Standardfällen genügen. Sind weitere Zeilen notwendig, können Texte und Texteingabefelder zeilenweise nach § 3 Abs. 2 Nr. 6a ZVFV dupliziert werden oder die Forderungsaufstellung nach § 2 Abs. 5 ZVFV mehrfach verwendet werden.

Die 2. ÄndVO bringt hier keine Anpassungen der neuen Formulare mit sich, sodass bei der Nutzung der neuen Formulare auf die gleichen Inhalte wie bei den aktuellen Formularen zurückgegriffen werden kann.

V. Titulierte Kosten einschließlich dazugehöriger Nebenforderungen

256 In Abschnitt III folgen die **Angaben zu den titulierten Kosten**, wobei

- zwischen den im Vollstreckungsbescheid aufgenommenen Kosten des gerichtlichen Mahnverfahrens

III. Titulierte Kosten einschließlich dazugehöriger Nebenforderungen			
In den Vollstreckungsbescheid aufgenommene Kosten des Mahnverfahrens			
☐ Gesamtkosten	☐ Restkosten aus Gesamtkosten in Höhe von Euro	☐ Teilkosten aus Gesamtkosten in Höhe von Euro	Euro
(Teil-/Rest-)Zinsen wie im Vollstreckungsbescheid ausgerechnet			Euro
(Teil-/Rest-)Zinsen in Höhe von			
☐ Prozentpunkten über dem jeweiligen Basiszinssatz ☐ Prozent aus Euro seit dem bis			Euro
☐ Prozentpunkten über dem jeweiligen Basiszinssatz ☐ Prozent aus Euro seit dem bis			Euro
☐ Prozentpunkten über dem jeweiligen Basiszinssatz ☐ Prozent aus Euro seit dem			
☐ Prozentpunkten über dem jeweiligen Basiszinssatz ☐ Prozent aus Euro seit dem			

- den titulierten vorgerichtlichen Kosten

Titulierte vorgerichtliche Kosten			
☐ Gesamtkosten	☐ Restkosten aus Gesamtkosten in Höhe von Euro	☐ Teilkosten aus Gesamtkosten in Höhe von Euro	Euro
(Teil-/Rest-)Zinsen wie im Vollstreckungstitel ausgerechnet			Euro
(Teil-/Rest-)Zinsen in Höhe von			
☐ Prozentpunkten über dem jeweiligen Basiszinssatz ☐ Prozent aus Euro seit dem bis			Euro
☐ Prozentpunkten über dem jeweiligen Basiszinssatz ☐ Prozent aus Euro seit dem bis			Euro
☐ Prozentpunkten über dem jeweiligen Basiszinssatz ☐ Prozent aus Euro seit dem			
☐ Prozentpunkten über dem jeweiligen Basiszinssatz ☐ Prozent aus Euro seit dem			

- und den durch Kostenfestsetzungsbeschluss nach §§ 103 ff. ZPO festgesetzten Kosten unterschieden wird.

Festgesetzte Kosten			
☐ Gesamtkosten	☐ Restkosten aus Gesamtkosten in Höhe von Euro	☐ Teilkosten aus Gesamtkosten in Höhe von Euro	Euro
(Teil-/Rest-)Zinsen wie im Kostenfestsetzungsbeschluss ausgerechnet			Euro
(Teil-/Rest-)Zinsen in Höhe von			
☐ Prozentpunkten über dem jeweiligen Basiszinssatz ☐ Prozent aus Euro seit dem bis			Euro
☐ Prozentpunkten über dem jeweiligen Basiszinssatz ☐ Prozent aus Euro seit dem bis			Euro
☐ Prozentpunkten über dem jeweiligen Basiszinssatz ☐ Prozent aus Euro seit dem			
☐ Prozentpunkten über dem jeweiligen Basiszinssatz ☐ Prozent aus Euro seit dem			

Auch hier ist – wie bei den Hauptforderungen – zu differenzieren, ob die Kosten noch insgesamt geltend gemacht werden, ob lediglich noch eine Restforderung geltend gemacht wird oder ob nur eine Teilvollstreckung erfolgt, obwohl die Gesamtforderung zu den titulierten Kosten noch höher ist.

Die Angaben zu den Gesamtkosten sind aus den zugrunde liegenden Urkunden, dem Vollstreckungsbescheid, dem sonstigen Vollstreckungstitel oder dem Kostenfestsetzungsbeschluss lediglich zu übernehmen.

Für die Verzinsung der Kosten ist gleichermaßen auf den Vollstreckungstitel abzustellen. Für die titulierten vorgerichtlichen Kosten ist deren Verzinsung schon im Hauptsacheverfahren zu beantragen und wird dann auch entsprechend tenoriert. Grundsätzlich sind Zinsen auf die Kosten ansonsten ab Antragstellung im Kostenfestsetzungsverfahren zu verzinsen, § 104 Abs. 1 S. 2 ZPO. Gleiches gilt für die Kosten im gerichtlichen Mahnverfahren über § 699 Abs. 3 ZPO. Auch hier gilt, dass die Anordnungen aus dem Vollstreckungstitel nur in das Formular der Aufstellung der Forderungen zu übernehmen ist.

Die 2. ÄndVO bringt hier keine Anpassungen der neuen Formulare mit sich, sodass bei der Nutzung der neuen Formulare auf die gleichen Inhalte wie bei den aktuellen Formularen zurückgegriffen werden kann.

VI. Kosten der Zwangsvollstreckung

Das Formular schließt mit dem Abschnitt IV zu den nach § 788 Abs. 1 ZPO zu be- **257**
rücksichtigenden **Kosten der Zwangsvollstreckung** ab.

In Zeile 1 sind die **Vollstreckungskosten früherer Vollstreckungsmaßnahmen** in einer Summe anzugeben. Zu berücksichtigen sind dabei nur die offenen Vollstreckungskosten, nicht also diejenigen zu erstattenden Kosten, die durch die Verrechnung von Zahlungseingängen bereits erfüllt sind. Die Verrechnung früherer Zahlungen des Schuldners darf der Gerichtsvollzieher nicht prüfen.[159]

159 BGH v. 15.6.2016 – VII ZB 58/15.

IV. Kosten der Zwangsvollstreckung gemäß § 788 Absatz 1 ZPO	
Bisherige Vollstreckungskosten gemäß Aufstellung in weiterer Anlage	Euro

258 Die ZPO sieht außerhalb des vereinfachten Vollstreckungsauftrags nach § 754a ZPO grundsätzlich keine Einzelaufstellung der Kosten, der hierauf verrechneten Zahlungen und auch nicht die Vorlage von Belegen vor. Vielmehr genügt nach § 104 Abs. 2 S. 1 ZPO die Versicherung, dass die geltend gemachten Kosten angefallen sind.

E

Versicherungen

☒ Es wird gemäß § 753a Satz 1 ZPO die ordnungsgemäße Bevollmächtigung zur Vertretung versichert.

☐ Es wird gemäß § 754a Absatz 1 Satz 1 Nummer 4 ZPO versichert, dass Ausfertigungen der als elektronische Dokumente übermittelten Vollstreckungsbescheide mit den jeweiligen Zustellungsnachweisen vorliegen und die Forderungen in Höhe des Vollstreckungsauftrags noch bestehen.

☒ Es wird versichert (§ 104 Abs. 2 S. 1 ZPO), dass die geltend gemachten Vollstreckungskosten angefallen sind

Das hindert nicht, eine entsprechende Aufstellung der Vollstreckungskosten – mit oder ohne Belege – beizufügen. Diese ist dann im Anlagenverzeichnis aufzuführen. Sie sollte sich aber gleichermaßen auf die bisherigen Vollstreckungskosten beschränken, die noch nicht erstattet sind.

D

☒ Aufstellung der Inkassokosten

☒ Aufstellung der bisherigen Vollstreckungskosten mit Belegen

Abweichend verhält es sich nur bei den vereinfachten Vollstreckungsaufträgen nach § 754a ZPO. Hier sieht Abs. 1 S. 2 ausdrücklich vor, dass eine Aufstellung der Kosten nebst Belegen als elektronisches Dokument beizufügen ist.

> *Hinweis*
>
> Leider sieht das *Gesetz zur weiteren Digitalisierung der Zwangsvollstreckung*[160] vor, die Verpflichtung zur Vorlage von Belegen zu den Vollstreckungskosten auf alle Vollstreckungsaufträge auszuweiten. Insoweit wird einerseits abzuwägen sein, welche Vollstreckungsaufträge auch die Vollstreckungskosten umfassen sollen oder auf die Hauptforderung beschränkt werden können. Alternativ muss erwogen werden – jedenfalls bei umfangreichen Belegsammlungen – eine Kostenfestsetzung nach § 788 Abs. 2 ZPO zu beantragen. Die gesetzliche Neuregelung würde dann ermöglichen, auch aus dem Kostenfestsetzungsbeschluss mit einem vollelektronischen Antrag die Vollstreckung zu betreiben.

259 Auf die früheren Vollstreckungskosten folgt die Angabe der Kosten für den konkreten Vollstreckungsauftrag. Da dieser mehrere Vollstreckungsmaßnahmen als eigenständige Angelegenheit umfassen kann, sind die Rechtsanwaltskosten zweifach vorgesehen. Die Aufstellung ist allerdings unvollständig, weil die Terminsgebühr nach Nr. 3310 VV RVG für die Teilnahme ab Termin zur Abnahme der Vermögensauskunft keine Berücksichtigung gefunden hat.

160 Entwurf eines Gesetzes zur weiteren Digitalisierung der Zwangsvollstreckung, BT-Drucks 20/11310; vgl. hierzu *Goebel*, FoVo 2023, 45 ff.

Kosten für dieses Verfahren:	
Rechtsanwaltskosten nach RVG für Vollstreckungsmaßnahme : Gegenstandswert (§ 25 RVG): Euro	
Verfahrensgebühr (VV Nr. 3309, ggf. i. V. m. VV Nr. 1008)	Euro
Entgelte für Post- und Telekommunikationsdienstleistungen, ggf. Pauschale (VV Nr. 7001 oder 7002)	Euro
weitere Auslagen	Euro
Umsatzsteuer (VV Nr. 7008)	Euro
Rechtsanwaltskosten nach RVG für Vollstreckungsmaßnahme : Gegenstandswert (§ 25 RVG): Euro	
Verfahrensgebühr (VV Nr. 3309, ggf. i. V. m. VV Nr. 1008)	Euro
Entgelte für Post- und Telekommunikationsdienstleistungen, ggf. Pauschale (VV Nr. 7001 oder 7002)	Euro
weitere Auslagen	Euro
Umsatzsteuer (VV Nr. 7008)	Euro

Soweit der Gläubiger nicht durch einen Rechtsanwalt, sondern einen Inkassodienstleister vertreten wird, muss dieser eine eigenständige Aufstellung über die Inkassokosten beifügen. 260

Beispiel für eine Anlage zu den Inkassokosten

Anlage Inkassokosten zur Anlage der ZVFV

Soweit Inkassokosten geltend gemacht werden, beruhen diese auf den vertraglichen Vereinbarungen mit dem Gläubiger, die der Schuldner nach § 13e Abs. 2 RDG i.V.m. §§ 788, 91 ZPO zu erstatten hat.

Inkassokosten nach dem vertraglich insoweit vereinbarten Rechtsanwaltsvergütungsgesetz für dieses Verfahren

☒ Gegenstandswert nach § 25 Nr. 1–3 RVG: #Gesamtforderung#

☒ Gegenstandswert nach § 25 Nr. 4 RVG: #Gesamtforderung; max 2.000 EUR

☐ Verfahrensgebühr (VV 3309) €

☐ Erhöhung der Verfahrensgebühr (VV 3309 i.V.m. VV 1008) €

☐ Terminsgebühr (VV 3310) €

☐ Einigungsgebühr (VV 1000 Nr. 2 aus halben Gegenstandswert) €

☐ Entgelte für Post- und Telekommunikation €

  ☐ Pauschale (VV 7002) €

  ☐ gemäß anliegender Einzelaufstellung (VV 7001) €

☐ weitere Auslagen
(Pop-Up-Menü zur Auswahl:
#Adressermittlung#
#Rücklastschrift#
#...#)

☐ Umsatzsteuer (VV 7008) €

Gesamtsumme €

Die Differenzierung stellt eine unangemessene Diskriminierung von Inkassodienstleistern dar. Es dürfte allgemein bekannt sein, dass Inkassodienstleister mit ihren Mandanten in der Regel – zumindest seit der Einführung des Rechtsdienstleistungsgesetzes (RDG) zum 1.7.2008 – für ihre Tätigkeit in der Zwangsvollstreckung eine Vergütung nach Maßgabe des Rechtsanwaltsvergütungsgesetzes vereinbaren.[161] Das ergibt sich auch aus der – vom BMJ beauftragten – letzten Evaluation der Inkassoregulierung in den Jahren 2016 bis 2021. Dieser Erkenntnis liegt letztlich auch die gesetzliche Regelung in § 13e Abs. 2 RDG zugrunde. Geht man zugleich davon aus, dass Inkassodienstleister und Rechtsanwälte (zumindest) im Bereich der Postulationsfähigkeit von Inkassodienstleistern nach § 79 Abs. 2 S. 2 Nr. 4 ZPO schon aus verfassungsrechtlichen Gründen gleich zu behandeln sind,[162] ist die unterschiedliche Behandlung in der Darstellung der erstattungsfähigen Vergütung nicht zu rechtfertigen, da sie die Inkassodienstleister – ohne rechtliche Grundlage – in ihrer Berufsausübung mit einem zusätzlichen und gleichheitswidrigen Aufwand belastet. Es wäre deshalb angemessen, statt von „Rechtsanwaltskosten nach RVG für Vollstreckungsmaßnahme" von „Rechtsdienstleisterkosten entsprechend RVG für Vollstreckungsmaßnahme" zu sprechen und nur eine abweichende Anlage vorzusehen, wenn den Vollstreckungskosten keine Vergütung nach dem RVG zugrunde liegt. Dies auch vor dem Hintergrund, dass schon lange nicht mehr jeder Rechtsanwalt nach dem Rechtsanwaltsvergütungsgesetz abrechnet, sondern eine Honorarvereinbarung trifft. Diese Vorgehensweise würde die verfassungsrechtlich gebotene Gleichstellung repräsentieren, ohne zusätzlichen Raum in den Formularen zu beanspruchen.

VII. Summenbildung

261 Am Ende der Forderungsaufstellung wird mit der 2. ÄndVO ein Feld für die Summe aller Forderungen aus den Ziffern I. bis IV. der Forderungsaufstellung eingefügt. Dies dient nach Ansicht des Verordnungsgebers der Transparenz. Die Formulierung soll dabei deutlich machen, dass offene Zinsläufe und offene Läufe von Säumniszuschlägen, die in den Rahmen mit den Ziffern I. bis III. jeweils nur mit dem Datum „seit dem" aufgeführt sind, nicht in diese Summe einzuberechnen sind.

Summe I. bis IV. (Zinsen und Säumniszuschläge nur, soweit nicht laufend)	Euro

161 Dass der Erstattungsanspruch dabei häufig an Erfüllung statt (§ 364 BGB) abgetreten wird, stellt zunächst nur eine besondere Form der Erfüllung des Vergütungsanspruchs dar. Dass dafür eine Erfolgsprovision gezahlt wird, stellt wiederum nur eine Vergütung für die Übernahme des – in der Zwangsvollstreckung hohen – Liquiditätsrisikos des Schuldners dar.

162 Vgl. BT-Drucks 19/20348, 27.

Hinweis

Die Ergänzung überzeugt nicht, da sie irreführend ist. Durch die Zinsansprüche ist die Vollstreckungsforderung dynamisch und muss so ohnehin von dem Gerichtsvollzieher berechnet werden. Es besteht dann aber die Gefahr, dass der Schuldner remonstriert oder eben einen unzureichenden Betrag überweist, wenn er auf den niedrigeren saldierten Betrag verweist. Dabei kann die Differenz wegen der offenen Zinsansprüche ganz erheblich sein. In der Praxis hilft dies nicht und schafft gerade keine Transparenz.

I. Anlage 7: Forderungsaufstellung bei gewöhnlichen Geldforderungen

I. Einführung

Zwingende Anlage zum Antrag auf Erlass eines Pfändungsbeschlusses oder eines Pfändungs- und Überweisungsbeschlusses nach Anlage 4 ZVFV sowie des hierauf bezogenen Beschlussentwurfs nach Anlage 5 ZVFV ist entweder die Anlage 7 ZVFV **262**

- Aufstellung von Forderungen, die keine gesetzlichen Unterhaltsansprüche sind, für den Antrag auf Erlass eines Pfändungsbeschlusses und eines Pfändungs- und Überweisungsbeschlusses

oder die Anlage 8 ZVFV

- Aufstellung von Forderungen bei der Vollstreckung von gesetzlichen Unterhaltsansprüchen für den Antrag auf Erlass eines Pfändungsbeschlusses und eines Pfändungs- und Überweisungsbeschlusses.

Es besteht nach § 2 Abs. 2 ZVFV eine umfassende Nutzungspflicht. Insoweit ist es auch nach § 3 Abs. 1 ZVFV i.V.m. § 3 Abs. 2 Nr. 7 ZVFV unzulässig, eine eigene Forderungsaufstellung beizufügen, auch wenn dem Nutzer dies im Einzelfall als sinnvoll erscheinen mag. In die Forderungsaufstellungen sind sämtliche Forderungen einzutragen, die der Gläubiger geltend macht. Sofern die Eintragungsmöglichkeiten nicht ausreichen, sind die Forderungsaufstellungen insgesamt oder teilweise mehrfach zu verwenden (§ 2 Abs. 5 ZVFV).

Die 2. ÄndVO hat hier kleinere Anpassungen vorgenommen, die allerdings ohne praktische Relevanz bleiben, auch wenn sie vielfach gefordert wurden.

- In der Forderungsaufstellung werden Felder für die Eingabe von Prozentpunkten und Prozentsätzen vergrößert, so wird die Eingabe auch von Prozentpunkten und Prozentsätzen mit mehreren Nachkommastellen ermöglicht.
- Auf Seite 1 wird in dem Rahmen zu Ziffer I. die Angabe „§ 193 Absatz 6 Satz 2 VVG" als Rechtsgrundlage für Säumniszuschläge durch ein Freitextfeld für die Rechtsgrundlage von Säumniszuschlägen ersetzt. Insoweit wird auf die Begründung zu Anlage 6 verwiesen.

- Zudem werden in dem Rahmen zu Ziffer II. die Eingabefelder „laufend ab“ und „bis“ vergrößert, um neben Datumsangaben auch die wörtliche Beschreibung eines Beginn- oder Endereignisses eintragen zu können.
- Auf Seite 2 wird in dem Rahmen zu Ziffer IV., bei den Angaben zu den Rechtsanwaltskosten eine Zeile mit einem Feld für eine Zwischensumme eingefügt. Dies erleichtert dem Rechtspfleger die Prüfung der insgesamt angegebenen Kosten.
- Zudem wird am Ende von Ziffer IV. eine weitere Zeile mit einem Ankreuzfeld und einem Freitextfeld eingefügt, um ggf. weitere notwendige Kosten der Zwangsvollstreckung eintragen zu können.
- Des Weiteren wird am Ende der Forderungsaufstellung ein Feld für die Summe aller Forderungen aus den Ziffern I. bis IV. der Forderungsaufstellung eingefügt. Dies dient aus Sicht des Verordnungsgebers allein der Transparenz. Die Formulierung macht dabei deutlich, dass offene Zinsläufe und offene Läufe von Säumniszuschlägen und Unterhalt, die in den Rahmen mit den Ziffern I. bis IV. jeweils nur mit dem Datum „seit dem“ aufgeführt sind, nicht in diese Summe einzuberechnen sind.

Hinweis

Gerade die Summenbildung ist zu kritisieren, da sie irreführend ist. Durch die Zinsansprüche ist die Vollstreckungsforderung dynamisch und muss so ohnehin von dem Gerichtsvollzieher berechnet werden. Es besteht dann aber die Gefahr, dass der Schuldner remonstriert oder eben einen unzureichenden Betrag überweist, wenn er auf den niedrigeren saldierten Betrag verweist. Dabei kann die Differenz wegen der offenen Zinsansprüche ganz erheblich sein.

263 Die Aufstellung der Forderungen nach Anlage 7 ZVFV ist auf einen Vollstreckungstitel bezogen, der entsprechend der Nummerierung im Modul C des Entwurfs für einen Beschluss für einen Pfändungsbeschluss oder einen Pfändungs- und Überweisungsbeschlusses nach Anlage 5 ZVFV zu nummerieren ist. Diese Nummerierung ist dann in die Forderungsaufstellung zu übernehmen.

der Vollstreckungstitel (zu Ziffer 1.)

Art	Aussteller
Vollstreckungsbescheid	AG Mayen
Datum	Geschäftszeichen
23.03.2023	23-1234567-0-8

Aufstellung von Forderungen, die keine gesetzlichen Unterhaltsansprüche sind, für den Antrag auf Erlass eines Pfändungsbeschlusses und eines Pfändungs- und Überweisungsbeschlusses

Lfd. Nr.
1.

Die Gläubiger können von den Schuldnern aus dem Vollstreckungstitel (zu Ziffer 1.) die nachfolgend aufgeführten Beträge beanspruchen:

I. Hauptforderungen einschließlich dazugehöriger Zinsen und Säumniszuschläge			
☒ Haupt-forderung	☐ Restforderung aus Hauptforderung in Höhe von Euro	☐ Teilforderung aus Hauptforderung in Höhe von Euro	593,81 Euro
(Teil-/Rest-)Zinsen wie im Vollstreckungstitel ausgerechnet			21.81 Euro

Für den Standard sollte eine Forderungsaufstellung je Vollstreckungstitel genügen, um die Hauptforderung sowie die Nebenforderungen darzustellen. Bei komplexeren Vollstreckungsforderungen kann es im Einzelfall erforderlich sein, die einzelnen Zeilen mit Text und Texteingabefeldern nach § 3 Abs. 2 Nr. 6a ZVFV zu duplizieren. Genügt auch dies nicht, darf anders als bisher nicht die eigene Forderungsaufstellung mitübersandt werden, sondern die Anlage 7 ZVFV ist mehrfach zu verwenden. Dies ist dann sowohl im Antrag nach Anlage 4 ZVFV als auch auf der Forderungsaufstellung zu kennzeichnen.

Es werden

- **die in dem Beschlussentwurf bezeichneten Vollstreckungstitel mit den jeweiligen Zustellungsnachweisen**
- **und die Forderungsaufstellung (bei Mehrfachverwendung: 3 Forderungsaufstellungen)**

übermittelt.

Aufstellung von Forderungen, die keine gesetzlichen Unterhaltsansprüche sind, für den Antrag auf Erlass eines Pfändungsbeschlusses und eines Pfändungs- und Überweisungsbeschlusses

Lfd. Nr.
2 von 3

Anlage 7 ZVFV ist einschlägig, wenn Gegenstand des Vollstreckungsauftrages eine gewöhnliche Geldforderung oder eine Rente aus Anlass einer Verletzung des Körpers oder der Gesundheit ist. Demgegenüber bildet Anlage 8 ZVFV die Forderungen bei der Vollstreckung von Unterhaltsansprüchen ab. Abschnitt I umfasst insoweit die gewöhnlichen Geldforderungen **264**

Die Gläubiger können von den Schuldnern aus dem Vollstreckungstitel (zu Ziffer 1.) die nachfolgend aufgeführten Beträge beanspruchen:

I. Hauptforderungen einschließlich dazugehöriger Zinsen und Säumniszuschläge			
☒ Haupt-forderung	☐ Restforderung aus Hauptforderung in Höhe von Euro	☐ Teilforderung aus Hauptforderung in Höhe von Euro	593,81 Euro
(Teil-/Rest-)Zinsen wie im Vollstreckungstitel ausgerechnet			21,81 Euro

während Ziffer II. die zu vollstreckende Renten aus Anlass einer Verletzung des Körpers oder der Gesundheit umfasst:

II. Renten aus Anlass einer Verletzung des Körpers oder der Gesundheit
Die Rente in Höhe von 435 Euro ist zu zahlen:
☐ wöchentlich ☒ monatlich ☐ vierteljährlich
laufend ab 01.03.2023
zahlbar am 03. (Wochentag bzw. bezifferten Tag des Monats oder des Jahres angeben)
☐ jeder Woche ☒ jeden Monats ☐ jeden Jahres ☐ bis

II. Angabe der Hauptforderung

265 Anzugeben ist bei der Vollstreckung gewöhnlicher Geldforderungen

- die titulierte **Hauptforderung**, wenn diese wie tituliert geltend gemacht wird und noch keine hierauf nach §§ 366, 367 oder 497 BGB zu verrechnenden Zahlungen eingegangen sind;

Die Gläubiger können von den Schuldnern aus dem Vollstreckungstitel (zu Ziffer 1.) die nachfolgend aufgeführten Beträge beanspruchen:

I. Hauptforderungen einschließlich dazugehöriger Zinsen und Säumniszuschläge			
☒ Hauptforderung	☐ Restforderung aus Hauptforderung in Höhe von Euro	☐ Teilforderung aus Hauptforderung in Höhe von Euro	593,81 Euro
(Teil-/Rest-)Zinsen wie im Vollstreckungstitel ausgerechnet			21,81 Euro

- die **Restforderung** aus der Hauptforderung, wenn bereits Zahlungseingänge auf die titulierte Hauptforderung zu verrechnen waren, und im Übrigen mit dem Vollstreckungsauftrag noch die vollständige verbliebene Restforderung geltend gemacht wird. Zu beachten ist, dass hier zur Restforderung in Spalte 2 zur 2. Zeile („in Höhe von ... EUR) die Ursprungshauptforderung wie tituliert anzugeben ist, während in der letzten Spalte die offene Restforderung anzugeben ist; anderenfalls würde auch die Saldierung, wie nach der 2. ÄndVO nun vorgesehen, zu einem falschen Ergebnis führen;

Die Gläubiger können von den Schuldnern aus dem Vollstreckungstitel (zu Ziffer 1.) die nachfolgend aufgeführten Beträge beanspruchen:

I. Hauptforderungen einschließlich dazugehöriger Zinsen und Säumniszuschläge			
☐ Hauptforderung	☒ Restforderung aus Hauptforderung in Höhe von 593,81 Euro	☐ Teilforderung aus Hauptforderung in Höhe von Euro	443,81 Euro
(Teil-/Rest-)Zinsen wie im Vollstreckungstitel ausgerechnet			21,81 Euro

- eine **Teilforderung**, wenn nicht die gesamte, noch offene Haupt- oder Resthauptforderung geltend gemacht wird, weil etwa die streitwertabhängigen Kosten gering gehalten werden sollen. Dabei muss beachtet werden, dass der Verjährungsneubeginn nach § 212 Abs. 1 BGB nur den Teil der Forderung erfasst, der auch zum Gegenstand des Vollstreckungsauftrags gemacht wird. Auch hier ist zur Teilforderung in Spalte 3, 2. Zeile („in Höhe von ... EUR“) die Ursprungshauptforderung wie tituliert anzugeben.

Die Gläubiger können von den Schuldnern aus dem Vollstreckungstitel (zu Ziffer 1.) die nachfolgend aufgeführten Beträge beanspruchen:

I. Hauptforderungen einschließlich dazugehöriger Zinsen und Säumniszuschläge			
☐ Hauptforderung	☐ Restforderung aus Hauptforderung in Höhe von Euro	☒ Teilforderung aus Hauptforderung in Höhe von 15.000 Euro	2.000 Euro

Hinweis

Anders als in den Hinweisen des BMJ suggeriert, sind die Zahlungen des Schuldners in der Aufstellung der Forderungen nicht anzugeben. Da Zahlungseingänge nach den §§ 366, 367, 497 BGB zunächst auf Zinsen und/oder Kosten zu verrechnen sein können, kann aus der Angabe einer Resthauptforderung nicht auf den tatsächlichen Zahlungseingang geschlossen werden. Tatsächlich bedarf es der Angabe der Zahlungen auch nicht. Das Vollstreckungsgericht ist im Rahmen des streng formalisierten Zwangsvollstreckungsverfahrens nämlich nach der höchstrichterlichen Rechtsprechung[163] nicht befugt, eine vom Gläubiger vorgenommene Verrechnung an ihn geleisteter Zahlungen auf ihre Richtigkeit gem. § 367 Abs. 1 BGB hin zu überprüfen. Es bedarf deshalb auch keiner gesonderten Aufstellung der vom Schuldner bereits geleisteten Zahlungen wie es – optional – die Auflistung der Anlagen zum Antrag nach Anlage 1 ZVFV vorsieht.

Das Formular sieht die Eingabemöglichkeit für bis zu drei Hauptforderungen bereits vor. Weitere Hauptforderungen können berücksichtigt werden, indem die Texte und Texteingabefelder zu den Hauptforderungen und hierauf bezogene Zinsen im notwendigen Umfang zeilenweise nach § 3 Abs. 2 Nr. 6a ZVFV dupliziert werden oder die Forderungsaufstellung nach § 2 Abs. 5 ZVFV mehrfach verwandt wird.

Dies setzt voraus, dass der Softwareanbieter diese Möglichkeit bereitstellt. Ist dies nicht der Fall, ist nicht etwa eine gesonderte Anlage zu verwenden, sondern ein weiteres Mal die gesamte Anlage 6. Insoweit ist eine individuelle Anlage nämlich nicht erforderlich, um weitere Hauptforderungen darzustellen.

Die 2. ÄndVO bringt hier keine Anpassungen der neuen Formulare mit sich, sodass bei der Nutzung der neuen Formulare auf die gleichen Inhalte wie bei den aktuellen Formularen zurückgegriffen werden kann.

III. Zinsen

Auf die Angaben zur Hauptforderung folgen die Angaben zu den **Zinsen**. 266

Teilweise sind die Zinsen schon betragsmäßig tituliert. Dies gilt insbesondere im Vollstreckungsbescheid. Hier erfasst die betragsmäßige Titulierung der Zinsen den Zeitraum vom angegebenen Verzugszeitpunkt bis zum Erlasstag des Vollstreckungsbescheids.

163 BGH v. 15.6.2016 – VII ZB 58/15, DGVZ 1016, 1115 = NJW 2016, 2810.

Die Gläubiger können von den Schuldnern aus dem Vollstreckungstitel (zu Ziffer 1.) die nachfolgend aufgeführten Beträge beanspruchen:

I. Hauptforderungen einschließlich dazugehöriger Zinsen und Säumniszuschläge			
☒ Hauptforderung	☐ Restforderung aus Hauptforderung in Höhe von Euro	☐ Teilforderung aus Hauptforderung in Höhe von Euro	593,81 Euro
(Teil-/Rest-)Zinsen wie im Vollstreckungstitel ausgerechnet			21,81 Euro
(Teil-/Rest-)Zinsen in Höhe von			

Hinweis

Diese Zinsen verjähren nach § 197 Abs. 1 Nr. 3 BGB erst nach 30 Jahren, weil es sich nicht um **künftig** wiederkehrende Leistungen i.S.d. § 197 Abs. 2 BGB handelt.

Vor dem Hintergrund der Verjährung kann es aus fachlichen Gründen sinnvoll sein, in einer gesonderten Zeile noch einmal die Zinsen vorzusehen und auszurechnen vom Erlassdatum bis zum Ablauf der Rechtsmittelfrist. Man hat dann in diesen Zeilen die Zinsen zusammengefasst, die grundsätzlich nach § 197 Abs. 1 Nr. 3 BGB frühestens nach 30 Jahren verjähren.

Die Gläubiger können von den Schuldnern aus dem Vollstreckungstitel (zu Ziffer 1.) die nachfolgend aufgeführten Beträge beanspruchen:

I. Hauptforderungen einschließlich dazugehöriger Zinsen und Säumniszuschläge			
☒ Hauptforderung	☐ Restforderung aus Hauptforderung in Höhe von Euro	☐ Teilforderung aus Hauptforderung in Höhe von Euro	593,81 Euro
(Teil-/Rest-)Zinsen wie im Vollstreckungstitel ausgerechnet			21,81 Euro
(Teil-/Rest-)Zinsen in Höhe von			
☒ 5 Prozentpunkten über dem jeweiligen Basiszinssatz ☐ Prozent aus 593,81 Euro seit dem 23.03.2023 bis 11.04.2023			2,15 Euro
☒ 5 Prozentpunkten über dem jeweiligen Basiszinssatz ☐ Prozent aus 593,81 Euro seit dem 12.04.2023 bis 30.06.2023			8,62 Euro

In der vierten Zinszeile wäre dann der Zins vom Zeitpunkt der formellen Rechtskraft bis zum nächsten Wechsel des Basiszinssatzes anzugeben, um dann in der letzten Zeile den Zinssatz ab diesem Zeitpunkt anzugeben.

Die Gläubiger können von den Schuldnern aus dem Vollstreckungstitel (zu Ziffer 1.) die nachfolgend aufgeführten Beträge beanspruchen:

I. Hauptforderungen einschließlich dazugehöriger Zinsen und Säumniszuschläge			
☒ Hauptforderung	☐ Restforderung aus Hauptforderung in Höhe von Euro	☐ Teilforderung aus Hauptforderung in Höhe von Euro	593,81 Euro
(Teil-/Rest-)Zinsen wie im Vollstreckungstitel ausgerechnet			21,81 Euro
(Teil-/Rest-)Zinsen in Höhe von			
☒ 5 Prozentpunkten über dem jeweiligen Basiszinssatz ☐ Prozent aus 593,81 Euro seit dem 23.03.2023 bis 11.04.2023			2,15 Euro
☒ 5 Prozentpunkten über dem jeweiligen Basiszinssatz ☐ Prozent aus 593,81 Euro seit dem 12.04.2023 bis 30.06.2023			8,62 Euro
☐ Prozentpunkten über dem jeweiligen Basiszinssatz ☐ Prozent aus Euro seit dem			
☒ 5 Prozentpunkten über dem jeweiligen Basiszinssatz ☐ Prozent aus 593,81 Euro seit dem 01.07.2023			

Hinweis

Eine solche Differenzierung ist nicht zwingend. Sie folgt aber den Rechtsfolgen der genannten Zeiträume nach dem materiellen Recht und gibt so eine rechtliche Struktur vor. An diese Struktur kann dann eine automatisierte Weiterverarbeitung geknüpft werden. Dies ist insbesondere im Kontext von legal Tech und KI sinnvoll.

Die Eingabe der Zinsen erlaubt einerseits die übliche und regelhafte Anbindung an den Basiszinssatz nach § 288 Abs. 1 und 2 BGB i.V.m. § 247 BGB. Andererseits kann der Gläubiger aber nach § 288 Abs. 3 und 4 BGB aus einem anderen Rechtsgrund auch höhere Zinsen geltend machen und damit auch titulieren. Diese sind dann in das Formular in der ersten Zinszeile zum zweiten Ankreuzkästchen und zum zweiten Texteingabefeld einzugeben. 267

Beispiel

Der Gläubiger nimmt fortlaufend Bankkredit in einer die titulierte Forderung übersteigenden Höhe in Anspruch, den er mit 10,42 % zu verzinsen hat und jederzeit in Höhe der Vollstreckungsforderung zurückführen könnte. Dann ist sein Zinsschaden mit 10,42 % höher als 5 Prozentpunkte über dem Basiszinssatz (bis zum 31.12.2024 3,37 %, sodass 8,37 % Zinsen anfallen).

☒ Hauptforderung	☐ Restforderung aus Hauptforderung in Höhe von Euro	☐ Teilforderung aus Hauptforderung in Höhe von Euro	593,81 Euro
(Teil-/Rest-)Zinsen wie im Vollstreckungstitel ausgerechnet			21,81 Euro
(Teil-/Rest-)Zinsen in Höhe von			
☐ Prozentpunkten über dem jeweiligen Basiszinssatz ☒ 8,42 Prozent aus 593,81 Euro seit dem 23.03.2023 bis 11.04.2023			2,74 Euro

Das Formular sieht fünf Eingabemöglichkeiten für Zinsen vor. Das sollte für die überwiegende Zahl von Standardfällen genügen. Sind weitere Zeilen notwendig, können Texte und Texteingabefelder zeilenweise nach § 3 Abs. 2 Nr. 6a ZVFV dupliziert oder die Forderungsaufstellung nach § 2 Abs. 5 ZVFV mehrfach verwendet werden. 268

Die 2. ÄndVO bringt hier keine Anpassungen der neuen Formulare mit sich, sodass bei der Nutzung der neuen Formulare auf die gleichen Inhalte wie bei den aktuellen Formularen zurückgegriffen werden kann.

IV. Vollstreckung von Unterhaltsrenten

Statt der Hauptforderung kann unter Nr. II bei der **Vollstreckung von Renten aus Anlass einer Verletzung des Körpers oder der Gesundheit** die jeweilige Rente nach den titulierten Zeitabschnitten (wöchentlich, monatlich oder jährlich) angegeben werden. 269

II. Renten aus Anlass einer Verletzung des Körpers oder der Gesundheit
Die Rente in Höhe von 435 Euro ist zu zahlen:
☐ wöchentlich ☒ monatlich ☐ vierteljährlich
laufend ab 01.03.2023
zahlbar am 03. (Wochentag bzw. bezifferten Tag des Monats oder des Jahres angeben)
☐ jeder Woche ☒ jeden Monats ☐ jeden Jahres ☐ bis

Das Formular sieht dazu keine weitergehenden Zinsansprüche vor, obwohl solche tituliert sein können. Es erscheint rechtlich fraglich, ob dieses Defizit durch die Übernahme von Texten und Texteingabefeldern aus dem Abschnitt I behoben werden kann.

II. Renten aus Anlass einer Verletzung des Körpers oder der Gesundheit
Die Rente in Höhe von 435 Euro ist zu zahlen: ☐ wöchentlich ■ monatlich ☐ vierteljährlich laufend ab 01.03.2023 zahlbar am 03. (Wochentag bzw. bezifferten Tag des Monats oder des Jahres angeben) ☐ jeder Woche ■ jeden Monats ☐ jeden Jahres ☐ bis

☐ Prozentpunkten über dem jeweiligen Basiszinssatz ☐ Prozent aus Euro seit dem	

Dies müsste einem sehr weiten Verständnis von § 3 Abs. 2 Nr. 6a ZVFV entsprechen. Andererseits kann dem auch nicht nach § 2 Abs. 5 ZVFV durch die mehrfache Verwendung des Formulars begegnet werden, sodass ein entsprechend weites Verständnis zumindest den praktischen Erfordernissen entsprechen würde. Alternativ und dem Grundsatz des sichersten Wegs folgend oder jedenfalls auf eine Monierung reagierend, müsste eine gesonderte Anlage über die Zinsen beigefügt werden. Dies ist in jedem Fall nach § 3 Abs. 2 Nr. 7 ZVFV zulässig.

V. Titulierte Kosten einschließlich dazugehöriger Nebenforderungen

270 In Abschnitt III folgen die **Angaben zu den titulierten Kosten**, wobei

- zwischen den im Vollstreckungsbescheid aufgenommenen Kosten des gerichtlichen Mahnverfahrens

III. Titulierte Kosten einschließlich dazugehöriger Nebenforderungen			
In den Vollstreckungsbescheid aufgenommene Kosten des Mahnverfahrens			
☐ Gesamtkosten	☐ Restkosten aus Gesamtkosten in Höhe von Euro	☐ Teilkosten aus Gesamtkosten in Höhe von Euro	Euro
(Teil-/Rest-)Zinsen wie im Vollstreckungsbescheid ausgerechnet			Euro
(Teil-/Rest-)Zinsen in Höhe von			
☐ Prozentpunkten über dem jeweiligen Basiszinssatz ☐ Prozent aus Euro seit dem bis			Euro
☐ Prozentpunkten über dem jeweiligen Basiszinssatz ☐ Prozent aus Euro seit dem bis			Euro
☐ Prozentpunkten über dem jeweiligen Basiszinssatz ☐ Prozent aus Euro seit dem			
☐ Prozentpunkten über dem jeweiligen Basiszinssatz ☐ Prozent aus Euro seit dem			

- den titulierten vorgerichtlichen Kosten

Titulierte vorgerichtliche Kosten	
☐ Gesamtkosten ☐ Restkosten aus Gesamtkosten in Höhe von Euro ☐ Teilkosten aus Gesamtkosten in Höhe von Euro	Euro
(Teil-/Rest-)Zinsen wie im Vollstreckungstitel ausgerechnet	Euro
(Teil-/Rest-)Zinsen in Höhe von	
☐ Prozentpunkten über dem jeweiligen Basiszinssatz ☐ Prozent aus Euro seit dem bis	Euro
☐ Prozentpunkten über dem jeweiligen Basiszinssatz ☐ Prozent aus Euro seit dem bis	Euro
☐ Prozentpunkten über dem jeweiligen Basiszinssatz ☐ Prozent aus Euro seit dem	
☐ Prozentpunkten über dem jeweiligen Basiszinssatz ☐ Prozent aus Euro seit dem	

- und den durch Kostenfestsetzungsbeschluss nach §§ 103 ff. ZPO festgesetzten Kosten unterschieden wird.

Festgesetzte Kosten	
☐ Gesamtkosten ☐ Restkosten aus Gesamtkosten in Höhe von Euro ☐ Teilkosten aus Gesamtkosten in Höhe von Euro	Euro
(Teil-/Rest-)Zinsen wie im Kostenfestsetzungsbeschluss ausgerechnet	Euro
(Teil-/Rest-)Zinsen in Höhe von	
☐ Prozentpunkten über dem jeweiligen Basiszinssatz ☐ Prozent aus Euro seit dem bis	Euro
☐ Prozentpunkten über dem jeweiligen Basiszinssatz ☐ Prozent aus Euro seit dem bis	Euro
☐ Prozentpunkten über dem jeweiligen Basiszinssatz ☐ Prozent aus Euro seit dem	
☐ Prozentpunkten über dem jeweiligen Basiszinssatz ☐ Prozent aus Euro seit dem	

Auch hier ist – wie bei den Hauptforderungen – zu differenzieren, ob die Kosten noch insgesamt geltend gemacht werden, ob lediglich noch eine Restforderung geltend gemacht wird oder ob nur eine Teilvollstreckung erfolgt, obwohl die Gesamtforderung zu den titulierten Kosten noch höher ist.

Die Angaben zu den Gesamtkosten sind aus den zugrunde liegenden Urkunden, dem Vollstreckungsbescheid, dem Vollstreckungstitel oder dem Kostenfestsetzungsbeschluss lediglich zu übernehmen.

Für die Verzinsung der Kosten ist gleichermaßen auf den Vollstreckungstitel abzustellen. Für die titulierten vorgerichtlichen Kosten ist deren Verzinsung schon im Hauptsacheverfahren zu beantragen und wird dann auch entsprechend tenoriert. Grundsätzlich sind Zinsen auf die Kosten ansonsten ab Antragstellung im Kostenfestsetzungsverfahren zu verzinsen, § 104 Abs. 1 S. 2 ZPO. Gleiches gilt für die Kosten im gerichtlichen Mahnverfahren über § 699 Abs. 3 ZPO. Auch hier gilt, dass die Anordnungen aus dem Vollstreckungstitel nur in das Formular der Aufstellung der Forderungen zu übernehmen ist. 271

Die 2. ÄndVO bringt hier keine Anpassungen der neuen Formulare mit sich, sodass bei der Nutzung der neuen Formulare auf die gleichen Inhalte wie bei den aktuellen Formularen zurückgegriffen werden kann.

VI. Kosten der Zwangsvollstreckung

272 Das Formular schließt mit dem Abschnitt IV zu den nach § 788 Abs. 1 ZPO zu berücksichtigenden **Kosten der Zwangsvollstreckung** ab.

In Zeile 1 sind die **Vollstreckungskosten früherer Vollstreckungsmaßnahmen** in einer Summe anzugeben. Zu berücksichtigen sind dabei nur die offenen Vollstreckungskosten, nicht also diejenigen zu erstattenden Kosten, die durch die Verrechnung von Zahlungseingängen bereits erfüllt sind. Die Verrechnung früherer Zahlungen des Schuldners darf das Vollstreckungsgericht nicht prüfen.[164]

IV. Kosten der Zwangsvollstreckung gemäß § 788 Absatz 1 ZPO	
Bisherige Vollstreckungskosten gemäß Aufstellung in weiterer Anlage	Euro

273 Die ZPO sieht außerhalb des vereinfachten Vollstreckungsauftrags nach § 754a ZPO grundsätzlich keine Einzelaufstellung der Kosten, der hierauf verrechneten Zahlungen und auch nicht die Vorlage von Belegen vor. Vielmehr genügt nach § 104 Abs. 2 S. 1 ZPO die Versicherung, dass die geltend gemachten Kosten angefallen sind.

E	Versicherungen
	☒ Es wird gemäß § 753a Satz 1 ZPO die ordnungsgemäße Bevollmächtigung zur Vertretung versichert.
	☐ Es wird gemäß § 754a Absatz 1 Satz 1 Nummer 4 ZPO versichert, dass Ausfertigungen der als elektronische Dokumente übermittelten Vollstreckungsbescheide mit den jeweiligen Zustellungsnachweisen vorliegen und die Forderungen in Höhe des Vollstreckungsauftrags noch bestehen.
	☒ Es wird versichert (§ 104 Abs. 2 S. 1 ZPO), dass die geltend gemachten Vollstreckungskosten angefallen sind

Das hindert nicht, eine entsprechende Aufstellung der Vollstreckungskosten – mit oder ohne Belege – beizufügen. Diese ist dann im Anlagenverzeichnis aufzuführen. Sie sollte sich aber gleichermaßen auf die bisherigen Vollstreckungskosten beschränken, die noch nicht erstattet sind.

D	
	☒ Aufstellung der Inkassokosten
	☒ Aufstellung der bisherigen Vollstreckungskosten mit Belegen

Abweichend verhält es sich nur bei den vereinfachten Vollstreckungsaufträgen nach § 754a ZPO. Hier sieht Abs. 1 S. 2 ausdrücklich vor, dass eine Aufstellung der Kosten nebst Belegen als elektronisches Dokument beizufügen ist.

164 BGH v. 15.6.2016 – VII ZB 58/15.

Hinweis

Leider sieht das *Gesetz zur weiteren Digitalisierung der Zwangsvollstreckung*[165] vor, die Verpflichtung zur Vorlage von Belegen zu den Vollstreckungskosten auf alle Vollstreckungsaufträge auszuweiten. Insoweit wird einerseits abzuwägen sein, welche Vollstreckungsaufträge auch die Vollstreckungskosten umfassen sollen oder auf die Hauptforderung beschränkt werden können. Alternativ muss erwogen werden – jedenfalls bei umfangreichen Belegsammlungen – eine Kostenfestsetzung nach § 788 Abs. 2 ZPO zu beantragen. Die gesetzliche Neuregelung würde dann ermöglichen, auch aus dem Kostenfestsetzungsbeschluss mit einem vollelektronischen Antrag die Vollstreckung zu betreiben.

Auf die früheren Vollstreckungskosten folgt die Angabe der Kosten für den konkre- 274
ten Vollstreckungsauftrag. Da dieser mehrere Vollstreckungsmaßnahmen als eigenständige Angelegenheit umfassen kann, sind die Rechtsanwaltskosten zweifach vorgesehen.

Kosten für dieses Verfahren:	
Rechtsanwaltskosten nach RVG für Vollstreckungsmaßnahme : Gegenstandswert (§ 25 RVG): Euro	
Verfahrensgebühr (VV Nr. 3309, ggf. i. V. m. VV Nr. 1008)	Euro
Entgelte für Post- und Telekommunikationsdienstleistungen, ggf. Pauschale (VV Nr. 7001 oder 7002)	Euro
weitere Auslagen	Euro
Umsatzsteuer (VV Nr. 7008)	Euro
Rechtsanwaltskosten nach RVG für Vollstreckungsmaßnahme : Gegenstandswert (§ 25 RVG): Euro	
Verfahrensgebühr (VV Nr. 3309, ggf. i. V. m. VV Nr. 1008)	Euro
Entgelte für Post- und Telekommunikationsdienstleistungen, ggf. Pauschale (VV Nr. 7001 oder 7002)	Euro
weitere Auslagen	Euro
Umsatzsteuer (VV Nr. 7008)	Euro

Soweit der Gläubiger nicht durch einen Rechtsanwalt, sondern einen Inkassodienst- 275
leister vertreten wird, muss dieser eine eigenständige Aufstellung über die Inkassokosten beifügen.

Beispiel für eine Anlage zu den Inkassokosten

Anlage Inkassokosten zur Anlage der ZVFV

Soweit Inkassokosten geltend gemacht werden, beruhen diese auf den vertraglichen Vereinbarungen mit dem Gläubiger, die der Schuldner nach §§ 13e Abs. 2 RDG i.V.m. §§ 788, 91 ZPO zu erstatten hat.

Inkassokosten nach dem vertraglich insoweit vereinbarten Rechtsanwaltsvergütungsgesetz für dieses Verfahren

165 Entwurf eines Gesetzes zur weiteren Digitalisierung der Zwangsvollstreckung, BT-Drucks 20/11310; vgl. hierzu *Goebel*, FoVo 2023, 45 ff.

☒ Gegenstandswert nach § 25 Nr. 1–3 RVG: #Gesamtforderung#

☒ Gegenstandswert nach § 25 Nr. 4 RVG: #Gesamtforderung; max 2.000 EUR

☐ Verfahrensgebühr (VV 3309) €

☐ Erhöhung der Verfahrensgebühr (VV 3309 i.V.m. VV 1008) €

☐ Terminsgebühr (VV 3310) €

☐ Einigungsgebühr (VV 1000 Nr. 2 aus halben Gegenstandswert) €

☐ Entgelte für Post- und Telekommunikation €

  ☐ Pauschale (VV 7002) €

  ☐ gemäß anliegender Einzelaufstellung (VV 7001) €

☐ weitere Auslagen
(Pop-Up-Menü zur Auswahl:
#Adressermittlung#
#Rücklastschrift#
#...#)

☐ Umsatzsteuer (VV 7008) €

Gesamtsumme €

Die Differenzierung stellt eine unangemessene Diskriminierung von Inkassodienstleistern dar. Es dürfte allgemein bekannt sein, dass Inkassodienstleister mit ihren Mandanten in der Regel – zumindest seit der Einführung des Rechtsdienstleistungsgesetzes (RDG) zum 1.7.2008 – für ihre Tätigkeit in der Zwangsvollstreckung eine Vergütung nach Maßgabe des Rechtsanwaltsvergütungsgesetzes vereinbaren.[166] Das ergibt sich auch aus der – vom BMJ beauftragten – letzten Evaluation der Inkassoregulierung. Diese Erkenntnis liegt letztlich auch der gesetzlichen Regelung in § 13e Abs. 2 RDG zugrunde. Geht man zugleich davon aus, dass Inkassodienstleister und Rechtsanwälte (zumindest) im Bereich der Postulationsfähigkeit von Inkassodienstleistern nach § 79 Abs. 2 S. 2 Nr. 4 ZPO schon aus verfassungsrechtlichen Gründen gleich zu behandeln sind,[167] ist die unterschiedliche Behandlung in der Darstellung der erstattungsfähigen Vergütung nicht zu rechtfertigen, da sie die Inkassodienstleister – ohne rechtliche Grundlage – in ihrer Berufsausübung mit einem zusätzlichen und gleichheitswidrigen Aufwand belastet. Es wäre deshalb angemessen, statt von „Rechtsanwaltskosten nach RVG für Vollstreckungsmaßnahme" von „Rechtsdienstleisterkosten entsprechend RVG für Vollstreckungsmaßnahme" zu sprechen und nur eine abweichende Anlage vorzusehen, wenn den Vollstre-

166 Dass der Erstattungsanspruch dabei häufig an Erfüllung statt (§ 364 BGB) abgetreten wird, stellt zunächst nur eine besondere Form der Erfüllung des Vergütungsanspruchs dar. Dass dafür eine Erfolgsprovision gezahlt wird, stellt wiederum nur eine Vergütung für die Übernahme des – in der Zwangsvollstreckung hohen – Liquiditätsrisikos des Schuldners dar.

167 Vgl. BT-Drucks 19/20348, 27.

ckungskosten keine Vergütung nach dem RVG zugrunde liegt. Dies ist auch vor dem Hintergrund zu sehen, dass Rechtsanwälte einer Honorarvereinbarung vielfach den Vorzug vor einer Vergütung nach dem Rechtsanwaltsvergütungsgesetz geben. Diese Vorgehensweise würde die verfassungsrechtlich gebotene Gleichstellung repräsentieren, ohne zusätzlichen Raum in den Formularen zu beanspruchen.

VII. Summenbildung

Am Ende der Forderungsaufstellung wird mit der 2. ÄndVO ein Feld für die Summe aller Forderungen aus den Ziffern I. bis IV. der Forderungsaufstellung eingefügt. Dies dient nach Ansicht des Verordnungsgebers der Transparenz. Die Formulierung soll dabei deutlich machen, dass offene Zinsläufe und offene Läufe von Säumniszuschlägen, die in den Rahmen mit den Ziffern I. bis III. jeweils nur mit dem Datum „seit dem“ aufgeführt sind, nicht in diese Summe einzuberechnen sind. 276

Summe I. bis IV. (Zinsen und Säumniszuschläge nur, soweit nicht laufend)	Euro

Hinweis

Die Ergänzung überzeugt nicht, da sie irreführend ist. Durch die Zinsansprüche ist die Vollstreckungsforderung dynamisch und muss so ohnehin von dem Gerichtsvollzieher berechnet werden. Es besteht dann aber die Gefahr, dass der Schuldner remonstriert oder eben einen unzureichenden Betrag überweist, wenn er auf den niedrigeren saldierten Betrag verweist. Dabei kann die Differenz wegen der offenen Zinsansprüche ganz erheblich sein. In der Praxis hilft dies nicht und schafft gerade keine Transparenz.

J. Anlage 8: Forderungsaufstellung bei Unterhaltsforderungen

I. Einführung

Zwingende Anlage zum Antrag auf Erlass eines Pfändungsbeschlusses oder eines Pfändungs- und Überweisungsbeschlusses nach Anlage 4 ZVFV sowie des hierauf bezogenen Beschlussentwurfs nach Anlage 5 ZVFV ist entweder die Anlage 7 ZVFV 277

- Aufstellung von Forderungen, die keine gesetzlichen Unterhaltsansprüche sind, für den Antrag auf Erlass eines Pfändungsbeschlusses und eines Pfändungs- und Überweisungsbeschlusses

oder die Anlage 8 ZVFV

- Aufstellung von Forderungen bei der Vollstreckung von gesetzlichen Unterhaltsansprüchen für den Antrag auf Erlass eines Pfändungsbeschlusses und eines Pfändungs- und Überweisungsbeschlusses.

Es besteht nach § 2 Abs. 2 ZVFV eine umfassende Nutzungspflicht. Insoweit ist es auch nach § 3 Abs. 1 ZVFV i.V.m. § 3 Abs. 2 Nr. 7 ZVFV unzulässig, eine eigene Forderungsaufstellung beizufügen, auch wenn dem Nutzer dies im Einzelfall als sinnvoll erscheinen mag. In die Forderungsaufstellungen sind sämtliche Forderungen einzutragen, die der Gläubiger geltend macht. Sofern die Eintragungsmöglichkeiten nicht ausreichen, sind die Forderungsaufstellungen insgesamt oder teilweise mehrfach zu verwenden (§ 2 Abs. 5 ZVFV).

278 Die 2. ÄndVO hat hier kleinere Anpassungen vorgenommen, die allerdings ohne praktische Relevanz bleiben, auch wenn sie vielfach gefordert wurden.

- In der Forderungsaufstellung werden Felder für die Eingabe von Prozentpunkten, Prozentsätzen und für die Eingabe von Eurobeträgen vergrößert. So wird die Eingabe auch von Prozentpunkten und Prozentsätzen mit mehreren Nachkommastellen ermöglicht.
- Auf Seite 1 wird die erste umrahmte Tabellenzeile durch Entfernung des Zwischenraums an die Tabelle angeschlossen.
- Es wird in dem Rahmen zu Ziffer I. die Angabe „§ 193 Absatz 6 Satz 2 VVG“ als Rechtsgrundlage für Säumniszuschläge durch ein Freitextfeld für die Rechtsgrundlage von Säumniszuschlägen ersetzt.
- Zudem wird in der Zeile, in der Säumniszuschläge seit einem bestimmten Datum ohne Endzeitpunkt aufgelistet werden können, in der rechten Spalte das Euro-Feld gestrichen. Denn bei laufenden Zuschlägen, Zinsen, Kosten oder Forderungen ist keine Summe anzugeben.
- Auf Seite 2 werden im Rahmen zu Ziffer II. jeweils die Auswahlfelder und die Angabe „Auflistung der geleisteten Zahlungen auf Zinsforderungen in weiterer Anlage“ entfernt. Denn geleistete Zahlungen sind nicht aufzulisten.
- Im Rahmen zu Ziffer III. wird bei den Angaben zu den Rechtsanwaltskosten eine Zeile mit einem Feld für eine Zwischensumme eingefügt. Dies erleichtert dem Rechtspfleger die Prüfung der insgesamt angegebenen Kosten.
- Zudem wird am Ende des Rahmens eine weitere Zeile mit einem Ankreuzfeld und einem Freitextfeld eingefügt, um ggf. weitere notwendige Kosten der Zwangsvollstreckung eintragen zu können.
- Auf Seite 3 wird im Rahmen zu Ziffer IV. in der letzten Zeile neben den Wörtern „Unterhalt für die Zeit ab“ das Eingabe-Feld und das Wort „Euro“ entfernt. Denn bei laufenden Forderungen ist keine Zwischensumme anzugeben.
- Im Rahmen zu Ziffer V. wird für den Abzug des Kindergelds die Unterscheidung der Beträge zwischen den ersten drei Kindern und weiteren Kindern entfernt, da Kindergeld nunmehr für alle Kinder in gleicher Höhe gewährt wird.
- Es werden als redaktionelle Änderung schließende Klammern eingefügt.

Zudem wird am Ende der Forderungsaufstellung ein Feld für die Summe aller Forderungen aus den Ziffern I. bis V. der Forderungsaufstellung eingefügt. Dies dient nach Ansicht des Verordnungsgebers der Transparenz. Die Formulierung macht dabei deutlich, dass offene Zinsläufe und offene Läufe von Säumniszuschlägen und

Unterhalt, die in den Rahmen mit den Ziffern I. bis V. jeweils nur mit dem Datum „seit dem“ bzw. als dynamisierter Unterhalt aufgeführt sind, nicht in diese Summe einzuberechnen sind.

> *Hinweis*
>
> Gerade die Summenbildung ist zu kritisieren, da sie irreführend ist. Durch die Zinsansprüche ist die Vollstreckungsforderung dynamisch und muss so ohnehin von dem Gerichtsvollzieher berechnet werden. Es besteht dann aber die Gefahr, dass der Schuldner remonstriert oder eben einen unzureichenden Betrag überweist, wenn er auf den niedrigeren saldierten Betrag verweist. Dabei kann die Differenz wegen der offenen Zinsansprüche ganz erheblich sein.

Die Aufstellung der Forderungen nach Anlage 8 ZVFV ist auf einen Vollstre- 279
ckungstitel bezogen, der entsprechend der Nummerierung im Modul C des Entwurfs für einen Beschluss für einen Pfändungsbeschluss oder einen Pfändungs- und Überweisungsbeschlusses nach Anlage 5 ZVFV zu nummerieren ist. Diese Nummerierung ist dann in die Forderungsaufstellung zu übernehmen.

der Vollstreckungstitel (zu Ziffer 1. **)**

Art	Aussteller
Vollstreckungsbescheid	AG Mayen
Datum	Geschäftszeichen
23.03.2023	23-1234567-0-8

Aufstellung von Forderungen bei der Vollstreckung von gesetzlichen Unterhaltsansprüchen für den Antrag auf Erlass eines Pfändungsbeschlusses und eines Pfändungs- und Überweisungsbeschlusses

Lfd. Nr.
1.

	Name	Vorname(n)	geboren am
Unterhaltsberechtigter:	Schuldig	Julian	22.03.2003

Der Gläubiger kann von dem Schuldner (zu Ziffer 1. **) aus dem Vollstreckungstitel (zu Ziffer** 1. **) die nachfolgend aufgeführten Beträge beanspruchen:**

I. Rückständigen Unterhalt einschließlich dazugehöriger Zinsen und Säumniszuschläge

Unterhaltsrückstand für die Zeit vom 01.01.2023 bis 30.06.2023	1.500,00 Euro

Für den Standard sollte eine Forderungsaufstellung je Vollstreckungstitel genügen, um die Unterhaltsforderungen sowie die Nebenforderungen darzustellen. Bei komplexeren Unterhaltsforderungen kann es im Einzelfall erforderlich sein, die einzelnen Zeilen mit Text und Texteingabefeldern nach § 3 Abs. 2 Nr. 6a ZVFV zu duplizieren. Genügt auch dies nicht, darf anders als bisher nicht die eigene Forderungsaufstellung mitübersandt werden, sondern die Anlage 8 ZVFV ist mehrfach zu verwenden. Dies ist dann sowohl im Antrag nach Anlage 4 ZVFV als auch auf der Forderungsaufstellung zu kennzeichnen.

Es werden

- **die in dem Beschlussentwurf bezeichneten Vollstreckungstitel mit den jeweiligen Zustellungsnachweisen**
- **und die Forderungsaufstellung (bei Mehrfachverwendung: 3 Forderungsaufstellungen)**

übermittelt.

Aufstellung von Forderungen bei der Vollstreckung von gesetzlichen Unterhaltsansprüchen für den Antrag auf Erlass eines Pfändungsbeschlusses und eines Pfändungs- und Überweisungsbeschlusses

Lfd. Nr.
2 von 3

280 Anlage 8 ZVFV ist einschlägig, wenn Gegenstand des Vollstreckungsauftrags rückständiger Unterhalt sowie eine statische oder dynamische Unterhaltsrente ist. Demgegenüber bildet Anlage 7 ZVFV die Forderungen bei der Vollstreckung von gewöhnlichen Geldforderungen sowie Renten wegen der Verletzung des Körpers oder der Gesundheit ab. Abschnitt I umfasst insoweit die Unterhaltsrückstände

	Name	Vorname(n)	geboren am
Unterhaltsberechtigter:	Schuldig	Julian	22.03.2003

Der Gläubiger kann von dem Schuldner (zu Ziffer 1.) aus dem Vollstreckungstitel (zu Ziffer 1.) die nachfolgend aufgeführten Beträge beanspruchen:

I. Rückständigen Unterhalt einschließlich dazugehöriger Zinsen und Säumniszuschläge

Unterhaltsrückstand für die Zeit vom 01.01.2023 bis 30.06.2023	1.500,00 Euro

während Nr. IV. die statischen Unterhaltsrenten umfasst

IV. Statische Unterhaltsrente

Unterhalt für

☒ Kind ☐ Ehegatten/eingetragenen Lebenspartner ☐ Mutter oder Vater nach § 1615l BGB ☐ Eltern ☐ Enkel

Der Unterhalt ist zu zahlen:

☐ wöchentlich ☒ monatlich ☐ vierteljährlich

☒ laufend ab 01.01.2023

☒ zahlbar am 3. (Wochentag bzw. bezifferten Tag des Monats oder des Jahres angeben)

☐ jeder Woche ☒ jeden Monats ☐ jeden Jahres ☐ bis

☐ Unterhalt bis zur Vollendung des **sechsten** Lebensjahres des Kindes	Euro
☐ Unterhalt von der Vollendung des **sechsten** Lebensjahres bis zur Vollendung des **zwölften** Lebensjahres des Kindes	Euro
☒ Unterhalt von der Vollendung des **zwölften** Lebensjahres bis zur Vollendung des **achtzehnten** Lebensjahres des Kindes	618 Euro
☒ Unterhalt von der Vollendung des **achtzehnten** Lebensjahres des Gläubigers an	660 Euro

und Nr. V. die dynamischen Unterhaltsrenten abbildet:

V. Dynamisierte Unterhaltsrente

Unterhalt, veränderlich gemäß dem Mindestunterhalt nach § 1612a Absatz 1 BGB, zahlbar am Ersten jeden Monats, laufend ab 01.01.2023 bis

Prozent des Mindestunterhalts der **ersten Altersstufe**,

☐ abzüglich

☐ des hälftigen Kindergeldes ☐ des vollen Kindergeldes

für ein ☐ erstes/zweites/drittes Kind ☐ Kind

☐ abzüglich Kindergeld in Höhe von Euro

☐ abzüglich sonstiger kindesbezogener Leistungen in Höhe von Euro
(derzeitiger monatlicher Zahlbetrag des Unterhalts: Euro bis zur Vollendung des **sechsten** Lebensjahres des Kindes (Zeitraum vom bis)

Prozent des Mindestunterhalts der **zweiten Altersstufe**,

☐ abzüglich

☐ des hälftigen Kindergeldes ☐ des vollen Kindergeldes

für ein ☐ erstes/zweites/drittes Kind ☐ Kind

☐ abzüglich Kindergeld in Höhe von Euro

☐ abzüglich sonstiger kindesbezogener Leistungen in Höhe von Euro
(derzeitiger monatlicher Zahlbetrag des Unterhalts: Euro vom **siebten** bis zur Vollendung des **zwölften** Lebensjahres des Kindes (Zeitraum vom bis)

100% Prozent des Mindestunterhalts der **dritten Altersstufe**,

☒ abzüglich

☒ des hälftigen Kindergeldes ☐ des vollen Kindergeldes

für ein ☒ erstes/zweites/drittes Kind ☐ Kind

☐ abzüglich Kindergeld in Höhe von Euro

☐ abzüglich sonstiger kindesbezogener Leistungen in Höhe von Euro
(derzeitiger monatlicher Zahlbetrag des Unterhalts: Euro ab dem **dreizehnten** Lebensjahres des Kindes (Zeitraum vom bis)

Die Angabe der Unterhaltsforderungen teilt sich mithin in Abschnitt I zur Angabe des rückständigen Unterhalts, in Abschnitt IV zu den Angaben der statischen und Abschnitt V zur Angabe der dynamisierten Unterhaltsrenten auf.

II. Angabe der Unterhaltsforderung

Bei der **Vollstreckung von Unterhaltsforderungen** ist der Rückstand des Unterhalts in Abschnitt I anzugeben sein. Dabei ist die Angabe für jeden unterhaltsberechtigten Gläubiger und Titel gesondert vorzunehmen. Statt einen Verweis auf die durchnummerierten Schuldner verlangt das Formular nach Anlage 6 ZVFV hier die erneute Angabe der unterhaltsberechtigten Person mit dem Nachnamen, dem Vornamen und dem Geburtsdatum. 281

	Name	Vorname(n)	geboren am
Unterhaltsberechtigter:	Schuldig	Julian	22.03.2003

Der Gläubiger kann von dem Schuldner (zu Ziffer 1.) aus dem Vollstreckungstitel (zu Ziffer 1.) die nachfolgend aufgeführten Beträge beanspruchen:

I. Rückständigen Unterhalt einschließlich dazugehöriger Zinsen und Säumniszuschläge

Unterhaltsrückstand für die Zeit vom 01.01.2023 bis 30.06.2023	1.500,00 Euro

Da das Formular unter Nr. I nur die Angabe rückständigen Unterhalts vorgibt, muss der laufende und künftige bereits titulierte Unterhalt nach Maßgabe der Abschnitte IV (statische Unterhaltsrente) oder V (dynamische Unterhaltsrente) geltend gemacht werden.

Anlage 8 ZVFV erlaubt die Angabe von rückständigem Unterhalt differenziert nach zwei Zeiträumen. Weitere Unterhaltsrückstände können differenziert nur berücksichtigt werden, in dem die Texte und Texteingabefelder zeilenweise nach § 3 Abs. 2 Nr. 6a ZVFV dupliziert werden oder die Forderungsaufstellung nach § 2 Abs. 5 ZVFV mehrfach verwandt wird.

Sollen zugleich weitere Hauptforderungen von den Pfändungsbeschluss oder Pfändungs- und Überweisungsbeschluss erfasst werden, können diese ebenso wie Säumniszuschläge nach § 193 Abs. 6 S. 2 VVG am Ende des Abschnitts I aufgeführt werden. Wegen der Angaben zu den Hauptforderungen wird auf den Abschnitt I zur Anlage 7 ZVFV verwiesen.

III. Zinsen

282 Auf die Angaben zum rückständigen Unterhalt folgen die Angaben zu den **Zinsen**.

Teilweise sind die Zinsen schon betragsmäßig tituliert. Dies gilt insbesondere im Vollstreckungsbescheid. Hier erfasst die betragsmäßige Titulierung der Zinsen den Zeitraum vom angegebenen Verzugszeitpunkt bis zum Erlasstag des Vollstreckungsbescheids.

	Name	Vorname(n)	geboren am
Unterhaltsberechtigter:	Schuldig	Julian	22.03.2003

Der Gläubiger kann von dem Schuldner (zu Ziffer 1.) aus dem Vollstreckungstitel (zu Ziffer 1.) die nachfolgend aufgeführten Beträge beanspruchen:

I. Rückständigen Unterhalt einschließlich dazugehöriger Zinsen und Säumniszuschläge

Unterhaltsrückstand für die Zeit vom 01.01.2023 bis 30.06.2023	1.500,00 Euro
(Teil-/Rest-)Zinsen wie im Vollstreckungstitel ausgerechnet	43,58 Euro

Hinweis

Diese Zinsen verjähren nach § 197 Abs. 1 Nr. 3 BGB erst nach 30 Jahren, weil es sich nicht um **künftig** wiederkehrende Leistungen i.S.d. § 197 Abs. 2 BGB handelt.

Vor dem Hintergrund der Verjährung kann es aus fachlichen Gründen sinnvoll sein, in einer gesonderten Zeile noch einmal die Zinsen vorzusehen und auszurechnen vom Erlassdatum bis zum Ablauf der Rechtsmittelfrist. Man hat dann in diesen Zeilen die Zinsen zusammengefasst, die grundsätzlich nach § 197 Abs. 1 Nr. 3 BGB frühestens nach 30 Jahren verjähren.

	Name	Vorname(n)	geboren am
Unterhaltsberechtigter:	Schuldig	Julian	22.03.2003

Der Gläubiger kann von dem Schuldner (zu Ziffer 1.) aus dem Vollstreckungstitel (zu Ziffer 1.) die nachfolgend aufgeführten Beträge beanspruchen:

I. Rückständigen Unterhalt einschließlich dazugehöriger Zinsen und Säumniszuschläge

Unterhaltsrückstand für die Zeit vom 01.01.2023 bis 30.06.2023	1.500,00 Euro
(Teil-/Rest-)Zinsen wie im Vollstreckungstitel ausgerechnet	43,58 Euro
(Teil-/Rest-)Zinsen in Höhe von	
☒ 5 Prozentpunkten über dem jeweiligen Basiszinssatz ☐ Prozent aus 1.500 Euro seit dem 23.08.2023 bis 08.09.2023	4,62 Euro
☒ 5 Prozentpunkten über dem jeweiligen Basiszinssatz ☐ Prozent aus 1.500 Euro seit dem 09.09.2023 bis 31.12.2023	38,63 Euro

In der vierten Zinszeile wäre dann der Zins vom Zeitpunkt der formellen Rechtskraft bis zum nächsten Wechsel des Basiszinssatzes anzugeben, um dann in der letzten Zeile den Zinssatz ab diesem Zeitpunkt anzugeben.

	Name	Vorname(n)	geboren am
Unterhaltsberechtigter:	Schuldig	Julian	22.03.2003

Der Gläubiger kann von dem Schuldner (zu Ziffer 1.) aus dem Vollstreckungstitel (zu Ziffer 1.) die nachfolgend aufgeführten Beträge beanspruchen:

I. Rückständigen Unterhalt einschließlich dazugehöriger Zinsen und Säumniszuschläge

Unterhaltsrückstand für die Zeit vom 01.01.2023 bis 30.06.2023	1.500,00 Euro
(Teil-/Rest-)Zinsen wie im Vollstreckungstitel ausgerechnet	43,58 Euro
(Teil-/Rest-)Zinsen in Höhe von	
☒ 5 Prozentpunkten über dem jeweiligen Basiszinssatz ☐ Prozent aus 1.500 Euro seit dem 23.08.2023 bis 08.09.2023	4,62 Euro
☒ 5 Prozentpunkten über dem jeweiligen Basiszinssatz ☐ Prozent aus 1.500 Euro seit dem 09.09.2023 bis 31.12.2023	38,63 Euro
☐ Prozentpunkten über dem jeweiligen Basiszinssatz ☐ Prozent aus Euro seit dem	
☒ 5 Prozentpunkten über dem jeweiligen Basiszinssatz ☐ Prozent aus 1.500 Euro seit dem 01.01.2024	

Hinweis

Eine solche Differenzierung ist nicht zwingend. Sie folgt aber den Rechtsfolgen der genannten Zeiträume nach dem materiellen Recht und gibt so eine rechtliche Struktur vor. An diese Struktur kann dann eine automatisierte Weiterverarbeitung geknüpft werden. Dies ist insbesondere im Kontext von legal Tech und KI sinnvoll.

Die Eingabe der Zinsen erlaubt einerseits die übliche und regelhafte Anbindung an 283
den Basiszinssatz nach §§ 288 Abs. 1 und 2 BGB i.V.m. § 247 BGB. Andererseits kann der Gläubiger aber nach § 288 Abs. 3 und 4 BGB aus einem anderen Rechtsgrund auch höhere Zinsen geltend machen und damit auch titulieren. Diese sind dann in das Formular in der ersten Zinszeile zum zweiten Ankreuzkästchen und zum zweiten Texteingabefeld einzugeben.

Beispiel

Der Gläubiger nimmt fortlaufend Bankkredit in einer die titulierte Forderung übersteigenden Höhe in Anspruch, den er mit 10,42 % zu verzinsen hat und jederzeit in Höhe der Vollstreckungsforderung zurückführen könnte. Dann ist sein Zinsschaden mit 10,42 % höher als 5 Prozentpunkte über dem Basiszinssatz (bis zum 30.12.2024 3,37 %, sodass 8,37 % Zinsen anfallen).

	Name	Vorname(n)	geboren am
Unterhaltsberechtigter:	Schuldig	Julian	22.03.2003

Der Gläubiger kann von dem Schuldner (zu Ziffer 1.) aus dem Vollstreckungstitel (zu Ziffer 1.) die nachfolgend aufgeführten Beträge beanspruchen:

I. Rückständigen Unterhalt einschließlich dazugehöriger Zinsen und Säumniszuschläge

Unterhaltsrückstand für die Zeit vom 01.01.2023 bis 30.06.2023	1.500,00 Euro
(Teil-/Rest-)Zinsen wie im Vollstreckungstitel ausgerechnet	43,58 Euro
(Teil-/Rest-)Zinsen in Höhe von	
☐ Prozentpunkten über dem jeweiligen Basiszinssatz ☒ 8,42 Prozent aus 1.500 Euro seit dem 23.08.2023 bis 08.09.2023	5,88 Euro

284 Das Formular sieht fünf Eingabemöglichkeiten für Zinsen vor. Das sollte für die überwiegende Zahl von Standardfällen genügen. Sind weitere Zeilen notwendig, können Texte und Texteingabefelder zeilenweise nach § 3 Abs. 2 Nr. 6a ZVFV dupliziert oder die Forderungsaufstellung nach § 2 Abs. 5 ZVFV mehrfach verwendet werden.

IV. Titulierte Kosten einschließlich dazugehöriger Nebenforderungen

285 In Abschnitt II folgen die **Angaben zu den titulierten Kosten**.

286 Soweit die aktuelle Anlage 8 ZVFV – anders als die Anlage 7 ZVFV – eine „Auflistung der geleisteten Zahlungen auf Zinsforderungen in weiterer Anlage“ vorsieht, ist dies ohne Rechtsgrundlage. Die Ausführungen in den Hinweisen des BMJ,[168] die Eintragungsmöglichkeiten würden sich nicht unterscheiden, sind ersichtlich unzutreffend. Nicht mehr valutierende Erstattungsansprüche auf die Kosten sowie die Nebenforderungen (Zinsen) müssen im Vollstreckungsantrag nicht angegeben werden, weil sie nicht (mehr) dessen Gegenstand sind. Das Vollstreckungsgericht ist im Rahmen des streng formalisierten Zwangsvollstreckungsverfahrens nach der höchstrichterlichen Rechtsprechung[169] auch nicht befugt, eine vom Gläubiger vorgenommene Verrechnung an ihn geleisteter Zahlungen auf ihre Richtigkeit gem. § 367 Abs. 1 BGB hin zu überprüfen. Es bedarf deshalb auch keiner gesonderten Aufstellung der vom Schuldner bereits geleisteten Zahlungen. Diese schon in der ersten Auflage aufgezeigten Zusammenhänge haben beim Verordnungsgeber Gehör gefunden, sodass dieser mit der 2. ÄndVO die Zeile gestrichen hat (siehe nachfolgend).

168 Abruf vom 14.7.2024.

169 BGH v. 15.6.2016 – VII ZB 58/15, DGVZ 1016, 1115 = NJW 2016, 2810.

Das Formular unterscheidet also:

- zwischen den im Vollstreckungsbescheid aufgenommenen Kosten des gerichtlichen Mahnverfahrens

  Aktuelles Formular:

II. Titulierte Kosten einschließlich dazugehöriger Nebenforderungen			
In den Vollstreckungsbescheid aufgenommene Kosten des Mahnverfahrens			
☐ Gesamtkosten	☐ Restkosten aus Gesamtkosten in Höhe von Euro	☐ Teilkosten aus Gesamtkosten in Höhe von Euro	Euro
(Teil-/Rest-)Zinsen wie im Vollstreckungsbescheid ausgerechnet			Euro
(Teil-/Rest-)Zinsen in Höhe von			
☐ Prozentpunkten über dem jeweiligen Basiszinssatz ☐ Prozent aus Euro seit dem bis			Euro
☐ Prozentpunkten über dem jeweiligen Basiszinssatz ☐ Prozent aus Euro seit dem bis			Euro
☐ Prozentpunkten über dem jeweiligen Basiszinssatz ☐ Prozent aus Euro seit dem			
☐ Prozentpunkten über dem jeweiligen Basiszinssatz ☐ Prozent aus Euro seit dem			
☐ Auflistung der geleisteten Zahlungen auf Zinsforderungen in weiterer Anlage			

  Nach der 2. ÄndVO ist in den neuen Formularen die letzte Zeile mit der Auflistung der geleisteten Zahlungen entfallen, da diese nicht angegeben werden müssen. Das begründet zugleich, dass diese Zeile in den aktuellen Formularen schlicht nicht ausgefüllt wird.

  Neues Formular:

II. Titulierte Kosten einschließlich dazugehöriger Nebenforderungen			
In den Vollstreckungsbescheid aufgenommene Kosten des Mahnverfahrens			
☐ Gesamtkosten	☐ Restkosten aus Gesamtkosten in Höhe von Euro	☐ Teilkosten aus Gesamtkosten in Höhe von ______ Euro	______ Euro
(Teil-/Rest-)Zinsen wie im Vollstreckungsbescheid ausgerechnet			______ Euro
(Teil-/Rest-)Zinsen in Höhe von			
☐ ______ Prozentpunkten über dem jeweiligen Basiszinssatz ☐ ______ Prozent aus ______ Euro seit dem ______ bis ______			______ Euro
☐ ______ Prozentpunkten über dem jeweiligen Basiszinssatz ☐ ______ Prozent aus ______ Euro seit dem ______ bis ______			______ Euro
☐ ______ Prozentpunkten über dem jeweiligen Basiszinssatz ☐ ______ Prozent aus ______ Euro seit dem ______			
☐ ______ Prozentpunkten über dem jeweiligen Basiszinssatz ☐ ______ Prozent aus ______ Euro seit dem ______			

- den titulierten vorgerichtlichen Kosten

Titulierte vorgerichtliche Kosten	
☐ Gesamtkosten ☐ Restkosten aus Gesamtkosten in Höhe von Euro ☐ Teilkosten aus Gesamtkosten in Höhe von Euro	Euro
(Teil-/Rest-)Zinsen wie im Vollstreckungstitel ausgerechnet	Euro
(Teil-/Rest-)Zinsen in Höhe von	
☐ Prozentpunkten über dem jeweiligen Basiszinssatz ☐ Prozent aus Euro seit dem bis	Euro
☐ Prozentpunkten über dem jeweiligen Basiszinssatz ☐ Prozent aus Euro seit dem bis	Euro
☐ Prozentpunkten über dem jeweiligen Basiszinssatz ☐ Prozent aus Euro seit dem	
☐ Prozentpunkten über dem jeweiligen Basiszinssatz ☐ Prozent aus Euro seit dem	
☐ Auflistung der geleisteten Zahlungen auf Zinsforderungen in weiterer Anlage	

Nach der 2. ÄndVO ist in den neuen Formularen die letzte Zeile mit der Auflistung der geleisteten Zahlungen entfallen, da diese nicht angegeben müssen. Das begründet zugleich, dass diese Zeile in den aktuellen Formularen schlicht nicht ausgefüllt wird.

Neues Formular:

Titulierte vorgerichtliche Kosten	
☐ Gesamtkosten ☐ Restkosten aus Gesamtkosten in Höhe von ________ Euro ☐ Teilkosten aus Gesamtkosten in Höhe von ________ Euro	________ Euro
(Teil-/Rest-)Zinsen wie im Vollstreckungstitel ausgerechnet	________ Euro
(Teil-/Rest-)Zinsen in Höhe von	
☐ ____ Prozentpunkten über dem jeweiligen Basiszinssatz ☐ ____ Prozent aus ________ Euro seit dem ______ bis ______	________ Euro
☐ ____ Prozentpunkten über dem jeweiligen Basiszinssatz ☐ ____ Prozent aus ________ Euro seit dem ______ bis ______	________ Euro
☐ ____ Prozentpunkten über dem jeweiligen Basiszinssatz ☐ ____ Prozent aus ________ Euro seit dem ______	
☐ ____ Prozentpunkten über dem jeweiligen Basiszinssatz ☐ ____ Prozent aus ________ Euro seit dem ______	

- und den durch Kostenfestsetzungsbeschluss nach §§ 103 ff. ZPO festgesetzten Kosten unterschieden wird.

Aktuelles Formular:

Festgesetzte Kosten	
☐ Gesamtkosten ☐ Restkosten aus Gesamtkosten in Höhe von Euro ☐ Teilkosten aus Gesamtkosten in Höhe von Euro	Euro
(Teil-/Rest-)Zinsen wie im Kostenfestsetzungsbeschluss ausgerechnet	Euro
(Teil-/Rest-)Zinsen in Höhe von	
☐ Prozentpunkten über dem jeweiligen Basiszinssatz ☐ Prozent aus Euro seit dem bis	Euro
☐ Prozentpunkten über dem jeweiligen Basiszinssatz ☐ Prozent aus Euro seit dem bis	Euro
☐ Prozentpunkten über dem jeweiligen Basiszinssatz ☐ Prozent aus Euro seit dem	
☐ Prozentpunkten über dem jeweiligen Basiszinssatz ☐ Prozent aus Euro seit dem	
☐ Auflistung der geleisteten Zahlungen auf Zinsforderungen in weiterer Anlage	
☐	Euro

Nach der 2. ÄndVO ist in den neuen Formularen die letzte Zeile mit der Auflistung der geleisteten Zahlungen entfallen, da diese nicht angegeben müssen. Das begründet zugleich, dass diese Zeile in den aktuellen Formularen schlicht nicht ausgefüllt wird.

Neues Formular:

Festgesetzte Kosten			
☐ Gesamtkosten	☐ Restkosten aus Gesamtkosten in Höhe von ____ Euro	☐ Teilkosten aus Gesamtkosten in Höhe von ____ Euro	____ Euro
(Teil-/Rest-)Zinsen wie im Kostenfestsetzungsbeschluss ausgerechnet			____ Euro
(Teil-/Rest-)Zinsen in Höhe von			
☐ ____ Prozentpunkten über dem jeweiligen Basiszinssatz ☐ ____ Prozent aus ____ Euro seit dem ____ bis ____			____ Euro
☐ ____ Prozentpunkten über dem jeweiligen Basiszinssatz ☐ ____ Prozent aus ____ Euro seit dem ____ bis ____			____ Euro
☐ ____ Prozentpunkten über dem jeweiligen Basiszinssatz ☐ ____ Prozent aus ____ Euro seit dem ____			
☐ ____ Prozentpunkten über dem jeweiligen Basiszinssatz ☐ ____ Prozent aus ____ Euro seit dem ____			
☐ ____			____ Euro

Auch hier ist – wie bei den Hauptforderungen – zu differenzieren, ob die Kosten noch insgesamt geltend gemacht werden, ob lediglich noch eine Restforderung geltend gemacht wird oder ob nur eine Teilvollstreckung erfolgt, obwohl die Gesamtforderung zu den titulierten Kosten noch höher ist.

Die Angaben sind aus den zugrunde liegenden Urkunden, dem Vollstreckungsbescheid, dem Vollstreckungstitel oder dem Kostenfestsetzungsbeschluss lediglich zu übernehmen und dabei zusammenzufassen. Bei den titulierten vorgerichtlichen Kosten sind also die titulierten Gläubigermahnspesen und die titulierten weiteren vorgerichtlichen Rechtsverfolgungskosten beim Rechtsdienstleister (Geschäftsgebühr nebst Auslagen) zu addieren. **287**

Für die Verzinsung der Kosten ist gleichermaßen auf den Vollstreckungstitel abzustellen. Für die titulierten vorgerichtlichen Kosten ist deren Verzinsung schon im Hauptsacheverfahren zu beantragen und wird dann auch entsprechend tenoriert. Grundsätzlich sind Zinsen auf die Kosten ansonsten ab Antragstellung im Kostenfestsetzungsverfahren zu verzinsen, § 104 Abs. 1 S. 2 ZPO. Gleiches gilt für die Kosten im gerichtlichen Mahnverfahren über § 699 Abs. 3 ZPO. Auch hier gilt, dass die Anordnungen aus dem Vollstreckungstitel nur in das Formular der Aufstellung der Forderungen zu übernehmen ist. **288**

V. Kosten der Zwangsvollstreckung

Das Formular schließt mit dem Abschnitt IV zu den nach § 788 Abs. 1 ZPO zu berücksichtigenden **Kosten der Zwangsvollstreckung** ab. **289**

In Zeile 1 sind die **Vollstreckungskosten früherer Vollstreckungsmaßnahmen** in einer Summe anzugeben. Zu berücksichtigen sind dabei nur die offenen Vollstreckungskosten, nicht also diejenigen zu erstattenden Kosten, die durch die Verrechnung von Zahlungseingängen bereits erfüllt sind. Die Verrechnung früherer Zahlungen des Schuldners darf der Gerichtsvollzieher nicht prüfen.[170]

III. Kosten der Zwangsvollstreckung gemäß § 788 Absatz 1 ZPO	
Bisherige Vollstreckungskosten gemäß Aufstellung in weiterer Anlage	Euro

290 Die ZPO sieht außerhalb des vereinfachten Vollstreckungsauftrags nach § 754a ZPO grundsätzlich keine Einzelaufstellung der Kosten, der hierauf verrechneten Zahlungen und auch nicht die Vorlage von Belegen vor. Vielmehr genügt nach § 104 Abs. 2 S. 1 ZPO die Versicherung, dass die geltend gemachten Kosten angefallen sind.

E

Versicherungen

☒ Es wird gemäß § 753a Satz 1 ZPO die ordnungsgemäße Bevollmächtigung zur Vertretung versichert.

☐ Es wird gemäß § 754a Absatz 1 Satz 1 Nummer 4 ZPO versichert, dass Ausfertigungen der als elektronische Dokumente übermittelten Vollstreckungsbescheide mit den jeweiligen Zustellungsnachweisen vorliegen und die Forderungen in Höhe des Vollstreckungsauftrags noch bestehen.

☒ Es wird versichert (§ 104 Abs. 2 S. 1 ZPO), dass die geltend gemachten Vollstreckungskosten angefallen sind

Das hindert nicht, eine entsprechende Aufstellung der Vollstreckungskosten – mit oder ohne Belege – beizufügen. Diese ist dann im Anlagenverzeichnis aufzuführen. Sie sollte sich aber gleichermaßen auf die bisherigen Vollstreckungskosten beschränken, die noch nicht erstattet sind.

D

☒ Aufstellung der Inkassokosten

☒ Aufstellung der bisherigen Vollstreckungskosten mit Belegen

Abweichend verhält es sich nur bei den vereinfachten Vollstreckungsaufträgen nach § 754a ZPO. Hier sieht Abs. 1 S. 2 ausdrücklich vor, dass eine Aufstellung der Kosten nebst Belegen als elektronisches Dokument beizufügen ist.

Hinweis

Leider sieht das *Gesetz zur weiteren Digitalisierung der Zwangsvollstreckung*[171] vor, die Verpflichtung zur Vorlage von Belegen zu den Vollstreckungskosten auf alle Vollstreckungsaufträge auszuweiten. Insoweit wird einerseits abzuwägen sein, welche Vollstreckungsaufträge auch die Vollstreckungskosten umfassen sollen oder auf die Hauptforderung beschränkt werden können. Alternativ muss erwogen werden – jedenfalls bei umfangreichen Belegsammlungen – eine Kostenfestsetzung nach § 788 Abs. 2 ZPO zu beantragen. Die gesetzliche Neuregelung würde dann ermöglichen, auch aus dem Kostenfestsetzungsbeschluss mit einem vollelektronischen Antrag die Vollstreckung zu betreiben.

291 Auf die früheren Vollstreckungskosten folgt die Angabe der Kosten für den konkreten Vollstreckungsauftrag. Da dieser mehrere Vollstreckungsmaßnahmen als eigen-

170 BGH v. 15.6.2016 – VII ZB 58/15.

171 Entwurf eines Gesetzes zur weiteren Digitalisierung der Zwangsvollstreckung, BT-Drucks 20/11310; vgl. hierzu *Goebel*, FoVo 2023, 45 ff.

ständige Angelegenheit umfassen kann, sind die Rechtsanwaltskosten zweifach vorgesehen.

Kosten für dieses Verfahren:	
Rechtsanwaltskosten nach RVG für Vollstreckungsmaßnahme : Gegenstandswert (§ 25 RVG): Euro	
Verfahrensgebühr (VV Nr. 3309, ggf. i. V. m. VV Nr. 1008)	Euro
Entgelte für Post- und Telekommunikationsdienstleistungen, ggf. Pauschale (VV Nr. 7001 oder 7002)	Euro
weitere Auslagen	Euro
Umsatzsteuer (VV Nr. 7008)	Euro
Rechtsanwaltskosten nach RVG für Vollstreckungsmaßnahme : Gegenstandswert (§ 25 RVG): Euro	
Verfahrensgebühr (VV Nr. 3309, ggf. i. V. m. VV Nr. 1008)	Euro
Entgelte für Post- und Telekommunikationsdienstleistungen, ggf. Pauschale (VV Nr. 7001 oder 7002)	Euro
weitere Auslagen	Euro
Umsatzsteuer (VV Nr. 7008)	Euro

Soweit der Gläubiger nicht durch einen Rechtsanwalt, sondern einen Inkassodienstleister vertreten wird, muss dieser eine eigenständige Aufstellung über die Inkassokosten beifügen. 292

Kosten von Inkassodienstleistern nach § 13e RDG gemäß Aufstellung in weiterer Anlage	Euro

Die zu fertigende Anlage ist dann auch im Anlagenverzeichnis im Antrag nach Anlage 4 ZVFV aufzuführen.

Beispiel für eine Anlage zu den Inkassokosten

Anlage Inkassokosten zur Anlage der ZVFV

Soweit Inkassokosten geltend gemacht werden, beruhen diese auf den vertraglichen Vereinbarungen mit dem Gläubiger, die der Schuldner nach §§ 13e Abs. 2 RDG i.V.m. §§ 788, 91 ZPO zu erstatten hat.

Inkassokosten nach dem vertraglich insoweit vereinbarten Rechtsanwaltsvergütungsgesetz für dieses Verfahren

- ☒ Gegenstandswert nach § 25 Nr. 1–3 RVG: #Gesamtforderung#
- ☒ Gegenstandswert nach § 25 Nr. 4 RVG: #Gesamtforderung; max 2.000 EUR
- ☐ Verfahrensgebühr (VV 3309) €
- ☐ Erhöhung der Verfahrensgebühr (VV 3309 i.V.m. VV 1008) €
- ☐ Terminsgebühr (VV 3310) €
- ☐ Einigungsgebühr (VV 1000 Nr. 2 aus halben Gegenstandswert) €
- ☐ Entgelte für Post- und Telekommunikation €
  - ☐ Pauschale (VV 7002) €
  - ☐ gemäß anliegender Einzelaufstellung (VV 7001) €

☐ weitere Auslagen
(Pop-Up-Menü zur Auswahl:
#Adressermittlung#
#Rücklastschrift#
#...#)

☐ Umsatzsteuer (VV 7008) €

Gesamtsumme €

Die Differenzierung stellt eine unangemessene Diskriminierung von Inkassodienstleistern dar. Es dürfte allgemein bekannt sein, dass Inkassodienstleister mit ihren Mandanten in der Regel – zumindest seit der Einführung des Rechtsdienstleistungsgesetzes (RDG) zum 1.7.2008 – für ihre Tätigkeit in der Zwangsvollstreckung eine Vergütung nach Maßgabe des Rechtsanwaltsvergütungsgesetzes vereinbaren.[172] Das ergibt sich auch aus der – vom BMJ beauftragten – letzten Evaluation der Inkassoregulierung in den Jahren 2016 bis 2021. Diese Erkenntnis liegt letztlich auch der gesetzlichen Regelung in § 13e Abs. 2 RDG zugrunde. Geht man zugleich davon aus, dass Inkassodienstleister und Rechtsanwälte (zumindest) im Bereich der Postulationsfähigkeit von Inkassodienstleistern nach § 79 Abs. 2 S. 2 Nr. 4 ZPO schon aus verfassungsrechtlichen Gründen gleich zu behandeln sind,[173] ist die unterschiedliche Behandlung in der Darstellung der erstattungsfähigen Kosten nicht zu rechtfertigen, da sie die Inkassodienstleister – ohne rechtliche Grundlage – in ihrer Berufsausübung mit einem zusätzlichen und gleichheitswidrigen Aufwand belastet. Es wäre deshalb angemessen, statt von „Rechtsanwaltskosten nach RVG für Vollstreckungsmaßnahme" von „Rechtsdienstleisterkosten entsprechend RVG für Vollstreckungsmaßnahme" zu sprechen und nur eine abweichende Anlage vorzusehen, wenn den Vollstreckungskosten keine Vergütung nach dem RVG zugrunde liegt. Dies ist auch vor dem Hintergrund zu sehen, dass Rechtsanwälte vielfach einer Vergütung aufgrund einer Honorarvereinbarung statt nach dem Rechtsanwaltsvergütungsgesetz den Vorzug geben. Diese Vorgehensweise würde die verfassungsrechtlich gebotene Gleichstellung repräsentieren, ohne zusätzlichen Raum in den Formularen zu beanspruchen.

VI. Statische Unterhaltsrente

293 Wird Unterhalt tituliert, kann dies statisch oder dynamisch geschehen. Beim statischen Unterhaltstitel wird der konkrete Zahlungsbetrag für den Unterhalt in der Re-

172 Dass der Erstattungsanspruch dabei häufig an Erfüllung statt (§ 364 BGB) abgetreten wird, stellt zunächst nur eine besondere Form der Erfüllung des Vergütungsanspruchs dar. Dass dafür eine Erfolgsprovision gezahlt wird, stellt wiederum nur eine Vergütung für die Übernahme des – in der Zwangsvollstreckung hohen – Liquiditätsrisikos des Schuldners dar.

173 Vgl. BT-Drucks 19/20348, 27.

gel anhand der Düsseldorfer Tabelle[174] festgelegt. Die maßgeblichen Parameter sind dabei der Nettoverdienst des Unterhaltsschuldners, das Alter des Kindes und der Kindergeldbezug. Ändern sich die Rahmenbedingungen, kann dieser nur durch die Abänderungsklage angepasst werden.

Die entsprechenden Parameter sind aus dem Vollstreckungstitel in die Anlage 8 ZVFV zu übernehmen.

Aktuelles Formular:

IV. Statische Unterhaltsrente

Unterhalt für

☒ Kind ☐ Ehegatten/eingetragenen Lebenspartner ☐ Mutter oder Vater nach § 1615l BGB ☐ Eltern ☐ Enkel

Der Unterhalt ist zu zahlen:

☐ wöchentlich ☒ monatlich ☐ vierteljährlich

☒ laufend ab 01.01.2023

☒ zahlbar am 3. (Wochentag bzw. bezifferten Tag des Monats oder des Jahres angeben)

☐ jeder Woche ☒ jeden Monats ☐ jeden Jahres ☐ bis

☐ Unterhalt bis zur Vollendung des **sechsten** Lebensjahres des Kindes	Euro
☐ Unterhalt von der Vollendung des **sechsten** Lebensjahres bis zur Vollendung des **zwölften** Lebensjahres des Kindes	Euro
☒ Unterhalt von der Vollendung des **zwölften** Lebensjahres bis zur Vollendung des **achtzehnten** Lebensjahres des Kindes	618 Euro
☒ Unterhalt von der Vollendung des **achtzehnten** Lebensjahres des Gläubigers an	660 Euro
☐ Unterhalt für die Zeit von bis	Euro
☐ Unterhalt für die Zeit von bis	Euro
☐ Unterhalt für die Zeit von bis	Euro
☐ Unterhalt für die Zeit ab	Euro

Mit der 2. ÄndVO wird im Rahmen zu Ziffer IV. in der letzten Zeile neben den Wörtern „Unterhalt für die Zeit ab" das Eingabe-Feld und das Wort „Euro" entfernt. Denn bei laufenden Forderungen ist keine Zwischensumme anzugeben. In dem aktuellen Formular bleibt das Feld schlichtweg frei.

174 https://www.olg-duesseldorf.nrw.de/infos/Duesseldorfer_Tabelle/Tabelle-2023/Duesseldorfer-Tabelle-2023.pdf.

Neues Formular:

IV. Statische Unterhaltsrente
Unterhalt für

☐ Kind ☐ Ehegatten/eingetragenen Lebenspartner ☐ Mutter oder Vater nach § 1615l BGB ☐ Eltern ☐ Enkel
Der Unterhalt ist zu zahlen:

☐ wöchentlich ☐ monatlich ☐ vierteljährlich

☐ laufend ab ________

☐ zahlbar am ________ (Wochentag bzw. bezifferten Tag des Monats oder des Jahres angeben)

☐ jeder Woche ☐ jeden Monats ☐ jeden Jahres ☐ bis ________

☐ Unterhalt bis zur Vollendung des **sechsten** Lebensjahres des Kindes	________ Euro
☐ Unterhalt von der Vollendung des **sechsten** Lebensjahres bis zur Vollendung des **zwölften** Lebensjahres des Kindes	________ Euro
☐ Unterhalt von der Vollendung des **zwölften** Lebensjahres bis zur Vollendung des **achtzehnten** Lebensjahres des Kindes	________ Euro
☐ Unterhalt von der Vollendung des **achtzehnten** Lebensjahres des Gläubigers an	________ Euro
☐ Unterhalt für die Zeit von ________ bis ________	________ Euro
☐ Unterhalt für die Zeit von ________ bis ________	________ Euro
☐ Unterhalt für die Zeit von ________ bis ________	________ Euro
☐ Unterhalt für die Zeit ab ________	

VII. Dynamische Unterhaltsrente

294 Wird Unterhalt tituliert, kann dies statisch oder dynamisch geschehen. Bei der dynamischen Unterhaltsrente wird kein fester Zahlbetrag tituliert, sondern ein Prozentsatz des jeweiligen Mindestunterhalts. Auch bei einem Wechsel der Altersstufen oder im Fall der Erhöhung der Zahlungsbeträge nach der Düsseldorfer Tabelle kann der Unterhaltstitel dann auch Grundlage für die Vollstreckung der Erhöhungsbeträge sein. Das schließt allerdings eine Änderung im Wege der Abänderungsklage nicht aus.

Die entsprechenden Parameter sind aus dem Vollstreckungstitel in die Anlage 8 ZVFV zu übernehmen.

Aktuelles Formular:

V. Dynamisierte Unterhaltsrente

Unterhalt, veränderlich gemäß dem Mindestunterhalt nach § 1612a Absatz 1 BGB, zahlbar am Ersten jeden Monats, laufend ab 01.01.2023 bis

Prozent des Mindestunterhalts der **ersten Altersstufe**,

☐ abzüglich

☐ des hälftigen Kindergeldes ☐ des vollen Kindergeldes

für ein ☐ erstes/zweites/drittes Kind ☐ Kind

☐ abzüglich Kindergeld in Höhe von Euro

☐ abzüglich sonstiger kindesbezogener Leistungen in Höhe von Euro
(derzeitiger monatlicher Zahlbetrag des Unterhalts: Euro bis zur Vollendung des **sechsten** Lebensjahres des Kindes (Zeitraum vom bis)

Prozent des Mindestunterhalts der **zweiten Altersstufe**,

☐ abzüglich

☐ des hälftigen Kindergeldes ☐ des vollen Kindergeldes

für ein ☐ erstes/zweites/drittes Kind ☐ Kind

☐ abzüglich Kindergeld in Höhe von Euro

☐ abzüglich sonstiger kindesbezogener Leistungen in Höhe von Euro
(derzeitiger monatlicher Zahlbetrag des Unterhalts: Euro vom **siebten** bis zur Vollendung des **zwölften** Lebensjahres des Kindes (Zeitraum vom bis)

100% Prozent des Mindestunterhalts der **dritten Altersstufe**,

☒ abzüglich

☒ des hälftigen Kindergeldes ☐ des vollen Kindergeldes

für ein ☒ erstes/zweites/drittes Kind ☐ Kind

☐ abzüglich Kindergeld in Höhe von Euro

☐ abzüglich sonstiger kindesbezogener Leistungen in Höhe von Euro
(derzeitiger monatlicher Zahlbetrag des Unterhalts: Euro ab dem **dreizehnten** Lebensjahres des Kindes (Zeitraum vom bis)

Im Rahmen zu Ziffer V. wird für den Abzug des Kindergelds die Unterscheidung der Beträge zwischen den ersten drei Kindern und weiteren Kindern entfernt, da Kindergeld nunmehr für alle Kinder in gleicher Höhe gewährt wird. Es werden als redaktionelle Änderung schließende Klammern eingefügt.

Neues Formular:

V. Dynamisierte Unterhaltsrente

Unterhalt, veränderlich gemäß dem Mindestunterhalt nach § 1612a Absatz 1 BGB, zahlbar am Ersten jeden Monats, laufend ab ________ bis ________

______Prozent des Mindestunterhalts der **ersten Altersstufe**,

☐ abzüglich

☐ des hälftigen Kindergeldes ☐ des vollen Kindergeldes

☐ abzüglich Kindergeld in Höhe von ________ Euro

☐ abzüglich sonstiger kindesbezogener Leistungen in Höhe von ________ Euro
(derzeitiger monatlicher Zahlbetrag des Unterhalts: ________ Euro) bis zur Vollendung des **sechsten** Lebensjahres des Kindes (Zeitraum vom ________ bis ________)

______Prozent des Mindestunterhalts der **zweiten Altersstufe**,

☐ abzüglich

☐ des hälftigen Kindergeldes ☐ des vollen Kindergeldes

☐ abzüglich Kindergeld in Höhe von ________ Euro

☐ abzüglich sonstiger kindesbezogener Leistungen in Höhe von ________ Euro
(derzeitiger monatlicher Zahlbetrag des Unterhalts: ________ Euro) vom **siebten** bis zur Vollendung des **zwölften** Lebensjahres des Kindes (Zeitraum vom ________ bis ________)

______Prozent des Mindestunterhalts der **dritten Altersstufe**,

☐ abzüglich

☐ des hälftigen Kindergeldes ☐ des vollen Kindergeldes

☐ abzüglich Kindergeld in Höhe von ________ Euro

☐ abzüglich sonstiger kindesbezogener Leistungen in Höhe von ________ Euro
(derzeitiger monatlicher Zahlbetrag des Unterhalts: ________ Euro) ab dem **dreizehnten** Lebensjahres des Kindes (Zeitraum vom ________ bis ________)

VIII. Summenbildung

295 Am Ende der Forderungsaufstellung wird mit der 2. ÄndVO ein Feld für die Summe aller Forderungen aus den Ziffern I. bis IV. der Forderungsaufstellung eingefügt. Dies dient nach Ansicht des Verordnungsgebers der Transparenz. Die Formulierung soll dabei deutlich machen, dass offene Zinsläufe und offene Läufe von Säumniszuschlägen, die in den Rahmen mit den Ziffern I. bis III. jeweils nur mit dem Datum „seit dem" aufgeführt sind, nicht in diese Summe einzuberechnen sind.

Summe I. bis IV. (Zinsen und Säumniszuschläge nur, soweit nicht laufend)	________ Euro

Hinweis

Die Ergänzung überzeugt nicht, da sie irreführend ist. Durch die Zinsansprüche ist die Vollstreckungsforderung dynamisch und muss so ohnehin von dem Gerichtsvollzieher berechnet werden. Es besteht dann aber die Gefahr, dass der Schuldner remonstriert oder eben einen unzureichenden Betrag überweist, wenn er auf den niedrigeren saldierten Betrag verweist. Dabei kann die Differenz wegen der offenen Zinsansprüche ganz erheblich sein. In der Praxis hilft dies nicht und schafft gerade keine Transparenz.

Stichwortverzeichnis

fette Zahlen = Paragrafen, magere Zahlen = Randnummern